Assessor-Basics

Das Zivilurteil

Hemmer/Wüst/Gold

Das Skript ist urheberrechtlich geschützt. Die dadurch begründeten Rechte, insbesondere des Nachdrucks, der Wiedergabe auf photomechanischem oder ähnlichem Wege und der Speicherung in Datenverarbeitungsanlagen bleiben, auch bei nur auszugsweiser Verwertung, der Hemmer/Wüst-Verlagsgesellschaft vorbehalten.

Gold-Skripten-Gesellschaft
Hemmer/Wüst/Gold, Assessor-Basics, Das Zivilurteil

ISBN 978-3-86193-879-8
13. Auflage 2020

gedruckt auf chlorfrei gebleichtem Papier
von Schleunungdruck GmbH, Marktheidenfeld

Vorwort

Zielsetzung dieses Skripts ist nicht die *abstrakte* Vermittlung von zivilprozessualem Detailwissen, sondern die Erläuterung derjenigen Regeln, deren Beherrschung notwendig ist, um die Examensaufgabenstellung „Fertigung eines Zivilurteils" bewältigen zu können. Dabei geht es einerseits um die Formalia des Zivilurteils und der wichtigsten Probleme, die sich bei Fertigung einer Klausur dieses Typs typischerweise stellen, vor allem aber auch um Klausurtechnik. Es gibt zahlreiche Examenskandidaten, denen es weniger am zivilprozessualen *Wissen* mangelt, sondern mehr an den *technischen Fähigkeiten*, die sie bei der Fertigung einer Klausur benötigen. Dieses Skript setzt daher einen klaren didaktischen Schwerpunkt bei der Darstellung der notwendigen Maßnahmen zur Erlangung dieser unverzichtbaren klausurtechnischen und klausurtaktischen Fähigkeiten.

Die Kenntnis gewisser einfacher Begrifflichkeiten der ZPO (etwa Streitgenossenschaft oder Widerklage), wie sie bereits im Referendarexamen verlangt werden, kann man guten Gewissens voraussetzen. Im Übrigen aber geht es in diesem vorliegenden Skript um die absoluten „Basics" des Referendariats, also um die Dinge, mit denen sich der Referendar in seinen ersten Klausuren zu beschäftigen hat.

Natürlich werden in diesem Skript auch zahlreiche ZPO-Probleme dargestellt. Diese werden aber nicht lehrbuchartig isoliert behandelt, sondern sie werden exakt an der Stelle besprochen, an der sie typischerweise auch *in einer Klausur* auftauchen: Aufbau des Tatbestands und der Entscheidungsgründe, Auswirkung auf den Tenor usw. Dem liegt die Erfahrung zugrunde, dass die aufbaumäßige Einordnung des Problems, aber auch das Erkennen, wann und in welcher Tiefe man dazu überhaupt in einem Urteil Stellung nimmt und wann nicht, dem Examenskandidaten oft wesentlich schwerer fällt als die *inhaltliche* Stellungnahme zum selben Problem.

Da dem Examenskandidaten *inhaltliche* Aussagen im Kommentar durchaus vorliegen, er die dortigen knappen Fundstellen aber oft nicht richtig versteht bzw. verschiedene Varianten eines Problems ggf. miteinander verwechselt, wurde dieses Skript mit zahlreichen kleinen Beispielsfällen versehen. Bei deren Auswahl war entscheidend, inwieweit eine bestimmte Konstellation überhaupt in einer nur fünfstündigen und ohne Taschenrechner zu fertigenden *Examensklausur* mit der Zielsetzung „Fertigung eines Zivilurteils" darstellbar ist.

Eingeflossen in dieses Skript sind nicht nur meine didaktischen Erfahrungen aus ca. 30 Jahren Repetitortätigkeit und Examensanalyse, sondern auch die Erkenntnisse einer ganzen Reihe weiterer Hemmer-Dozenten. Wichtige Beiträge leistete auch mein inzwischen als Richter am Bundesgerichtshof tätiger früherer Hemmer-Kollege Dr. Peter Günter, der seine Erfahrung als Repetitor und späterer Examenskorrektor sowie hauptamtlicher Referendarausbilder einbrachte. Eingearbeitet sind auch einige sehr hilfreichen Anregungen, die uns immer wieder von Seiten staatlicher AG-Leiter erreichen.

So wichtig Ihnen dieses Skript für den Einstieg in die Referendarzeit und zur kompakten Wiederholung einzelner Problemkreise werden kann, sollten Sie dennoch Folgendes beachten: Kleine Beispielsfälle, wie sie in diesem Skript eingesetzt werden, können nie *der Schwerpunkt* einer vernünftigen Examensvorbereitung sein, sondern nur deren Anfang. *Effektive* Examensvorbereitung heißt beim Assessorexamen noch mehr als beim Referendarexamen Lernen am „Großen Fall", Training der Technik der Sachverhaltsanalyse, Schulung des Problemgespürs und der richtigen Schwerpunktsetzung. Erfahrungsgemäß haben nicht wenige Referendare noch im Examen Probleme im Umgang mit den langen Sachverhalten, vor allem aber auch mit dem richtigen „Timing".

Ein erster Schritt der Erlernung dieser Fähigkeit besteht in der Bearbeitung des zu diesem Einstiegsskript dazugehörigen Parallelbands „Klausurentraining Zivilurteile" (Fallsammlung).

Dort sind konkrete Beispiele der wichtigsten Klausurtypen dargestellt. Die wichtigsten Regeln etwa hinsichtlich des Aufbaus oder der Tenorierung werden – anders als im vorliegenden Band – nicht in säuberlich herausisolierter Form behandelt, sondern an den jeweiligen Stellen des konkreten *examenstypischen* Falles erläutert. Dadurch steht dem Leser einerseits immer gleich ein konkretes Beispiel zur Verfügung. Andererseits kann dabei aber auch - was *mindestens* genauso wichtig ist - zusätzlich gleich das Gespür trainiert werden, auf welche Weise die jeweiligen Konstellationen im langen Sachverhalt einer Examensklausur des Assessorexamens verankert sind.

Der Leser sollte die Durcharbeitung dieses Skripts dazu nutzen, sich anhand der erteilten Hinweise in die im Assessorexamen zugelassenen Kommentare einzuarbeiten. Der Kommentar kann im Examen ebenso zur gewissermaßen „tödlichen Falle" werden wie er bei richtigem Einsatz zum unverzichtbaren Hilfsmittel wird. Dazu siehe im Kapitel „Klausurtechnik".

Ingo Gold

INHALTSVERZEICHNIS - DAS ZIVILURTEIL IM ASSESSOREXAMEN

§ 1 Klausurtechnik im Assessorexamen 1

    A. Zusätzliche Anforderungen an den Klausurbearbeiter 1

    B. Einarbeitung in den Sachverhalt 2

        I. Die Aufgabe: Möglichst schnell Ordnung herstellen 2

        II. Vorschlag einer Reihenfolge der Arbeitsschritte 3

            1. Bearbeitervermerk 3

            2. Evtl.: kurzes Querlesen des Falles 4

            3. Erstes (volles) Durchlesen 4

            4. Zweites Durchlesen mit Querverweisen 5

            5. Fertigung einer Lösungsskizze 7

            6. Evtl. noch: „Abschlussdurchlesen" 9

            7. Fertigung der Reinschrift 10

            8. Kontrollschritte kurz vor Abgabe 10

    C. Zeiteinteilung 11

    D. Umgang mit den Kommentaren 13

        I. Zeitprobleme 13

        II. Gefahr der Irreführung durch den Kommentar 14

    E. Äußere Form der Arbeit 15

        I. Die Sprache 15

        II. Die Schrift 15

        III. Die Gliederung 16

§ 2 Überblick zum Zivilurteil 17

    A. Urteilsarten 17

        I. Einteilung nach der Rechtskraftwirkung 17

        II. Einteilung nach der Rechtsschutzform 17

        III. Einteilung nach der Art des Zustandekommens 17

        IV. Einteilung nach der Bedeutung für die Erledigung des Rechtsstreits 18

            1. Endurteil 18

            2. Zwischenurteil 18

            3. Vorbehaltsurteile 18

        V. Entscheidungsform im Familienverfahrensrecht (Überblick) 19

    B. Überblick zum Inhalt und Aufbau des Zivilurteils 20

        I. Aufbauschema 20

        II. Anmerkungen zu „kleineren" Detailfragen 20

            1. Berufungszulassung im Tenor 20

                a. Fall 1: Beschwer von nicht über 600 Euro 20

                    aa. Positive Zulassungsentscheidung 21

                    bb. Negative Entscheidung: Nichtzulassung (Regelfall) 21

                b. Fall 2: Beschwer über 600 Euro 22

                c. Fall 3: Beschwer teilweise über, teilweise unter 600 Euro 23

            2. Streitwertfestsetzung 23

            3. Rechtsbehelfsbelehrung 24

            4. Unterschrift(en) 24

§ 3 Das Rubrum 25

A. Allgemeines 25

B. Bestandteile / Aufbau im Grundfall 25

    I. Aktenzeichen 27

    II. Überschrift / Bezeichnung der Urteilsart 27

    III. Parteibezeichnung 27

        1. Bedeutung des formellen Parteibegriffs 27

        2. Vertreterangabe 28

        3. Parteien kraft Amtes 28

        4. Klage unter einer Firma 29

    IV. Prozessbevollmächtigte 29

    V. Betreff 29

    VI. Bezeichnung des Gerichts 29

    VII. Schluss der mündlichen Verhandlung 30

    VIII. Bezeichnung der Urteilsart 30

C. Klausurtypische Besonderheiten 30

    I. Rubrum bei Streitgenossenschaft / Parteierweiterung 30

    II. Rubrum bei Parteiausscheiden 31

    III. Rubrum bei Parteiwechsel 31

        1. Gewillkürter Parteiwechsel 31

        2. Gesetzlicher Parteiwechsel 32

    IV. Rubrum bei Streithilfe 33

    V. Rubrum bei Widerklage 33

    VI. Rubrum bei einstweiligem Rechtsschutz 33

    VII. Rubrum des Berufungsurteils 34

§ 4 Der Tenor über die Hauptforderung 35

A. Rechtliche Vorgaben für die Gestaltung des Hauptsachetenors 35

    I. Begrenzung durch die Parteianträge 35

    II. Eindeutigkeit und Vollstreckbarkeit 36

B. Tenor bei Leistungsklagen 37

    I. Grundfall: Tenor bei Zahlungsklagen / Normales Verfahren 37

        1. Erfolgreiche Klage 37

            a. Grundfall: Sofortige Zahlung an Kläger 37

            b. Verurteilung bei Gesamtschuldnern 38

            c. Verurteilung bei Gesellschafterhaftung 38

            d. Verurteilung eines Bürgen 39

            e. Tenor bei Klage in Prozessstandschaft 39

            f. Klage auf wiederkehrende Leistung 40

        2. Klageabweisung 40

            a. Normalfall eines Sachurteils 40

            b. Prozessurteil 40

            c. Sonderfall: Klage derzeit unbegründet 41

        3. Teilerfolg der Klage 41

        4. Varianten des Tenors bei Zahlungsanspruch Zug um Zug 42

II. Tenor bei anderen Klagezielen der Leistungsklage 43
1. Tenor bei Herausgabeklagen 43
2. Tenor bei kombinierter Klage auf Herausgabe und Schadensersatz (§§ 255, 259, 260 ZPO) 43
3. Tenor beim Verschaffungsanspruch 44
4. Tenor bei Klage auf Abgabe einer Willenserklärung 44
5. Tenor bei Unterlassungs- und Duldungsklage 45
6. Tenor bei reiner Auskunftsklage 46

C. Tenor der Feststellungsklage 46
I. (Positive) Feststellungsklage gemäß § 256 I ZPO 46
1. Allgemeines Zivilrecht 46
2. Erbrecht 47
3. Arbeitsrecht 47
II. Negative Feststellungsklage 48
III. Zwischenfeststellungsklage gemäß § 256 II ZPO 48

D. Tenor in weiteren wichtigen Fällen 49
I. Tenor bei Drittwiderspruchsklage (§ 771 ZPO) 49
II. Tenor bei Vorzugsklage (§ 805 ZPO) 49
III. Tenor bei Vollstreckungsgegenklage (§ 767 ZPO) 50

§ 5 Die Zinsentscheidung 51

A. Prozesszinsen 51
I. Grundfragen zum Anspruch auf Prozesszinsen 51
1. Eintritt der Rechtshängigkeit 51
2. Beginn der Datierung / Verschiebung analog § 187 I BGB 52
3. Höhe des Anspruchs 52
II. Fragen der Tenorierung 53
1. Anforderungen an die Vollstreckungsfähigkeit 53
2. Typische Probleme bzw. Fehlerquellen bei Prozesszinsen 54
a. Zinsen bei Klageerweiterung bzw. Parteierweiterung 54
b. Sonderproblem: Zinsen bei erst später geheiltem Klageerhebungsfehler 54
c. Teilabweisung auch bei kleineren Einschränkungen 55

B. Ansprüche auf Zinsen für die Zeit vor Rechtshängigkeit 56
I. Zinsansprüche wegen Verzug 56
1. Verzugszinsen gemäß § 288 I, II BGB 57
2. Verzögerungsschaden (§ 280 I, II BGB) 57
a. Aufgewandte Kreditzinsen 57
b. Verlust von Anlagezinsen 58
II. Deliktszinsen gemäß § 849 BGB 58
III. Zinsähnlicher Anspruch wegen Nutzungen am Geld (§§ 346 I, II Nr. 1, 347 oder 818 II BGB) 58

§ 6 Die Kostenentscheidung 60

A. Grundbegriffe 60
I. Prozesskosten 60
1. Gerichtskosten 60
2. Außergerichtliche Kosten 61
a. Erstattungsfähige Anwaltskosten 61
b. Parteikosten (§ 91 I 2 ZPO) 64

II. Kostenhaftung 64
1. Kostenschuld 64
a. Kostenschuld der Parteien gegenüber der Staatskasse 64
b. Kostenschuld der Partei gegenüber dem eigenen Rechtsanwalt 65
2. Kostenerstattung 65
a. Prozessualer Kostenerstattungsanspruch 65
b. Materiell-rechtlicher Kostenerstattungsanspruch 66
III. Kostengrundentscheidung und Kostenfestsetzung 67
IV. Gebührenstreitwert 67
1. Allgemeines 67
2. Besondere Berechnungsmodalitäten für bestimmte Streitgegenstände 68
a. Klage und Widerklage 68
b. Haupt- und Hilfsantrag 69
c. Aufrechnung 69
d. Feststellungsklagen 69
e. Einseitige Erledigterklärung 70
f. Übereinstimmende Erledigterklärung 71
g. Kündigungsschutz im Miet- und Pachtverhältnis 71

B. Grundsätze 71
I. Erfordernis der Kostenentscheidung 71
1. Grundsatz: Urteile mit Kostenentscheidung 71
2. Ausnahme: Urteile ohne Kostenentscheidung 72
a. Teilurteile (§ 301 ZPO) 72
b. Zwischenurteile (§§ 280, 303 ZPO) 72
c. Grundurteile (§ 304 ZPO) 72
d. Zurückverweisende Urteile (vgl. § 538 II ZPO) 73
3. Ausnahme: Kostenentscheidung nur auf Antrag 73
II. Grundsatz der Kosteneinheit 73
1. Hintergrund bzw. Bedeutung dieses Grundsatzes 73
2. Ausnahmen vom Grundsatz der Kosteneinheit: Kostentrennung 74
a. Versäumniskosten (§ 344 ZPO) 74
b. Kosten der Wiedereinsetzung (§ 238 IV ZPO) 74
c. Mehrkosten bei Verweisung (§ 281 III 2 ZPO) 74
d. Sonstige Fälle der Kostentrennung 75

C. Kostenentscheidung 75
I. Kostenentscheidung bei vollem Unterliegen (§ 91 ZPO) 75
II. Kostenentscheidung bei teilweisem Obsiegen und Unterliegen (§ 92 ZPO) 76
1. Verhältnismäßige Kostenteilung (Kostenquotierung, § 92 I 1, 2. Alt ZPO) 76
2. Kostenaufhebung (§ 92 I 1, 1. Alt., 2 ZPO) 77
3. Volle Kostenauferlegung trotz Teilunterliegens (§ 92 II ZPO) 77
a. Erster Fall: Geringfügiges Unterliegen 78
b. Zweiter Fall: Abhängigkeit vom Ermessen des Gerichts 79
III. Kostenentscheidung bei sofortigem Anerkenntnis (§ 93 ZPO) 79
IV. Kostenentscheidung bei übereinstimmender Erledigterklärung (§ 91a ZPO) 79
1. Urteil nur bei einverständlicher Teilerledigterklärung 80
2. Vorgehen im Rahmen einer solchen (gemischten) Kostenentscheidung 80
V. Kostenentscheidung bei Klagerücknahme (§ 269 III ZPO) 81
1. Grundregel: Kostenlast des Klägers 81
2. Ausnahmsweise Kostenlast des Beklagten 81
3. Formelle Behandlung 83
VI. Kostenentscheidung bei Beteiligung von Streitgenossen 83
1. Obsiegen aller Streitgenossen 83
2. Gleichmäßiges Unterliegen bei gleichmäßiger Beteiligung aller Streitgenossen 83

        a. Streitgenossen auf Klägerseite 83
        b. Streitgenossen auf Beklagtenseite 84
    3. Unterschiedliche Beteiligung der Streitgenossen 85
    4. Kosten eines besonderen Angriffs- oder Verteidigungsmittels 85
    5. Unterschiedliches Unterliegen der Streitgenossen 85
  VII. Kostenentscheidung bei Beteiligung eines Streithelfers (§ 101 ZPO) 88

D. Kostenentscheidungen zu häufigen Klausurkonstellationen 88

  I. Eventualaufrechnung 88

  II. Haupt- und Hilfsantrag 89

    1. Haupt- und Hilfsantrag mit wirtschaftlich verschiedenen Gegenständen (vgl. § 45 I 2 GKG) 89
    2. Haupt- und Hilfsantrag mit denselben wirtschaftlichem Gegenstand 90

  III. Änderung des Streitwerts in einer Instanz 91

§ 7 Die vorläufige Vollstreckbarkeit 94

A. Erfordernis des Ausspruchs der vorläufigen Vollstreckbarkeit 94

  I. Grundsatz: Urteile mit Ausspruch 94

  II. Ausnahmen: Urteile ohne Ausspruch 95

B. Vorläufige Vollstreckbarkeit ohne Sicherheitsleistung 96

  I. Ohne Abwendungsbefugnis (§ 708 Nr. 1 bis 3 ZPO) 96

  II. Mit Abwendungsbefugnis (§§ 708 Nr. 4 bis 11, 711 ZPO) 96

    1. Wichtigster Fall: § 708 Nr. 11 ZPO 96
        a. Verurteilung in der Hauptsache bis 1.250 € (§ 708 Nr. 11, 1. Alt. ZPO) 96
        b. Ausschließliche Kostenvollstreckung bis 1.500 € (§ 708 Nr. 11, 2. Alt. ZPO) 96
        c. Entsprechende Anwendung von § 709 S. 2 ZPO (vgl. § 711 S. 2 ZPO) 97
    2. Die Abwendungsbefugnis des § 711 ZPO und ihre Auswirkung in der Vollstreckung 98
    3. Ausnahme des § 713 ZPO 98

C. Vorläufige Vollstreckbarkeit gegen Sicherheitsleistung 99

  I. Grundtatbestand des § 709 S. 1 ZPO 99

    1. Wirkung von § 709 S. 2 ZPO 99
    2. Reichweite der Anwendbarkeit des § 709 S. 2 ZPO 100

  II. Besonderheiten bei Aufrechterhaltung von Versäumnisurteilen (§ 709 S. 3 ZPO) 101

D. Vollstreckungsschutzanträge 101

  I. Schuldnerschutzantrag (§ 712 ZPO) 102

  II. Gläubigerschutzanträge (§§ 710, 711 S. 2 ZPO) 103

E. Art, Bemessung und Höhe der Sicherheitsleistung 104

  I. Art der Sicherheitsleistung 104

  II. Bemessung und Höhe der Sicherheitsleistung 104

F. Prüfungsschema 105

§ 8 Der Tatbestand 106

A. Allgemeines 106

  I. Notwendigkeit des Tatbestandes 106

  II. Grundprinzipien des Tatbestandes: Vollständigkeit und Straffung 106

  III. Aufbau des Tatbestandes 107

  IV. Klausurtaktik / Zeiteinteilung 108

B. Stilfragen / allg. Fehlerquellen / Formulierungsbeispiele zum Grundfall ... 109

I. Einleitungssätze ... 109

II. Darstellung des unstreitigen Sachverhalts (Imperfekt) ... 110
1. Abgrenzung (unzulässiger) rechtlicher Wertungen von sog. „Rechtstatsachen" ... 110
2. Keine Vorwegnahme der Beweiswürdigung ... 111
3. Unzulängliches Bestreiten ... 111

III. Streitiger Klägervortrag ... 112
1. Differenzierung nach Art des Bestreitens ... 112
   a. Einfaches (auch konkludentes) Bestreiten ... 112
   b. Fälle qualifizierten Bestreitens ... 112
   c. Unzulässiges Bestreiten ... 113
      aa. Bestreiten mit Nichtwissen ... 113
      bb. Verspätetes Bestreiten (§ 296 I ZPO) ... 113
      cc. Völlig pauschales Bestreiten ... 113
2. Klare Trennung von den bloßen Rechtsansichten ... 114
3. Einbau von Unstreitigem ... 114
4. Behandlung von Indizienvortrag ... 115

IV. (Sog. „kleine") Prozessgeschichte ... 115

V. Die Anträge der Parteien ... 115
1. Der Hauptsacheantrag ... 115
2. V.A.w. zu prüfende „Anträge" ... 116

VI. Streitiges Beklagtenvorbringen ... 116
1. Zulässigkeitsrüge ... 116
2. Einfach bestrittene Tatsachenbehauptungen ... 117
3. Bestreiten mit konkretem Gegenvorbringen ... 117

VII. Replik (nur manchmal erforderlich) ... 117

VIII. Noch einmal (jetzt „große") Prozessgeschichte: ... 118

IX. Verweisungen / Abschlusssatz? ... 118

C. Detailfragen / alphabetische Checkliste wichtiger Fallgruppen ... 119

I. Berufungsurteil ... 119

II. Einspruch gegen Versäumnisurteil ... 119

III. Erledigterklärung ... 120
1. Einseitige Erledigterklärung ... 120
2. übereinstimmende (beiderseitige) Erledigterklärung ... 120

IV. Klageänderung ... 121

V. Klagehäufung ... 121
1. kumulative Klagehäufung ... 121
2. Haupt- und Hilfsantrag (Eventualklagehäufung) ... 122

VI. Klagerücknahme ... 123

VII. Mahnverfahren ... 124
1. Grundregel: Schilderung nur bei Bedeutung für die Lösung ... 124
2. Schilderung aber bei Bedeutung für die Entscheidungsgründe (Spiegelbild-Regel) ... 124
   a. Verfahren bis zum Vollstreckungsbescheid ... 124
   b. Mahnverfahren und Verjährung oder Rechtshängigkeit ... 124

VIII. Parteiwechsel ... 125

IX. Prozessaufrechnung ... 125

X. Prozessvergleich ... 126

XI. Streithelfer ... 127

XII. Schlussurteil ... 127

XIII. Streitverkündung: 128

XIV. Unerledigte Beweisangebote 128

XV. Verjährungseinrede 129

XVI. Verspätete Angriffs- / Verteidigungsmittel 129

XVII. Widerklage 129

    1. Widerklage mit ein- und demselben Lebenssachverhalt 129

    2. Widerklage mit unterschiedlichen Lebenssachverhalten 130

XVIII. Wiedereinsetzung 130

§ 9 Die Entscheidungsgründe 131

A. Allgemeines, Aufbau usw. 131

I. Bedeutung der Entscheidungsgründe 131

II. Aufbau der Entscheidungsgründe 132

    1. Normalfall 132

    2. Vorabklärung der Prüfungskompetenz 132

    3. Vorabklärung der Parteistellung 133

    4. Aufbau bei Klagehäufung 133

        a. „Normale" objektive Klagehäufung 133

        b. Haupt- und Hilfsantrag 135

        c. Subjektive Klagehäufung / Streitgenossenschaft 137

    5. Aufbau bei Klage / Widerklage 138

B. Formale Regeln / der Urteilsstil 139

I. Beispiel 1: Obersätze bei Klage / Widerklage 139

II. Weiteres Beispiel: Obersätze bei Haupt- und Hilfsantrag sowie Prozessvergleich 140

C. Die Zulässigkeitsprüfung der Klage 141

I. Der unproblematische Fall 141

II. Diskussion der problematischen Fragen 143

    1. Schwerpunktsetzung 143

    2. Einzelfragen 143

        a. Klageänderung und Klagerücknahme 143

        b. Beiderseitige Teilerledigungserklärung 143

        c. Partei- und Prozessfähigkeit 144

        d. Abgrenzung von Klagearten 144

        e. Prozessstandschaft 145

        f. Rechtsschutzbedürfnis 145

D. Die Begründetheitsprüfung 145

I. Grundsätze / Allgemeines 145

II. Aufbauregeln 146

    1. Die voll begründete Klage 146

    2. Die unbegründete Klage 148

        a. Grundregel: Prüfung aller Anspruchsgrundlagen 148

        b. Technik des Offenlassens 149

        c. Unzulässigkeit des Offenlassens 150

    3. Sonderfall: Die negative Feststellungsklage 150

    4. Die teilweise begründete Klage 150

        a. Grundregel 150

        b. Häufiger Sonderfall: Verkehrsunfallklausur 151

    5. Zusammenfassung / Arbeitsschritte 152

III. Der Schreibstil 152
1. Durchgliedern der Entscheidungsgründe 153
2. Kommentarzitate 154
3. Notwendiger Tiefgang des Schreibstils / Schwerpunktsetzung 155
   a. Knappe Behandlung unproblematischer Prüfungspunkte 155
   b. Schwerpunktsetzung an den Schlüsselstellen 156
   c. Beachtung des „Echo-Prinzips" 157
4. Alternative Lösungsmöglichkeiten / „Zwar-Aber-Methode"? 157

IV. Sonderproblem: Behandlung der Bindung an andere Urteile 158
1. Einbau der materiellen Rechtskraft (§ 322 ZPO) 159
2. Einbau der Nebeninterventionswirkung (§ 68 ZPO) 160
3. Bindung an Musterfeststellungsverfahren (§§ 606 ff ZPO) 161

V. Nebenforderungen und Nebenentscheidungen 161
1. Zinsforderung 161
2. Begründung der Kostenentscheidung 162
3. Begründung der Vollstreckbarkeitsentscheidung 162
4. Begründung der Entscheidung zur Zulassung der Berufung 163

§ 10 Beweisprobleme im Zivilurteil 164

A. Beweisarten und Beweisrichtung 164

I. Beweisarten 164
1. Strengbeweis 164
2. Freibeweis 165
3. Glaubhaftmachung 165

II. Beweisrichtung 166
1. Hauptbeweis und Gegenbeweis 166
2. Unmittelbarer und mittelbarer Beweis 167

B. Beweismittel 168

I. Augenschein 168

II. Zeuge 168
1. Abgrenzung zum Sachverständigen 168
2. Abgrenzung zur Parteivernehmung 169

III. Sachverständiger 170

IV. Urkunden 171
1. Urkundsbegriff 171
2. Öffentliche Urkunden 172
   a. Öffentliche Urkunden über Willenserklärungen 172
   b. Öffentliche Urkunden über amtliche Entscheidungen 172
   c. Öffentliche Urkunden über andere Vorgänge 173
3. Privaturkunden 173

V. Parteivernehmung 174
1. Begriff 174
2. Zulässigkeit 174

C. Beweisgegenstand 175

I. Tatsachenbegriff 175

II. Entscheidungserheblichkeit 176

III. Beweisbedürftigkeit 177
1. Offenkundige Tatsachen (§ 291 ZPO) 177
   a. Allgemeinkundige Tatsachen 177
   b. Gerichtskundige Tatsachen 177

2. Streitige Tatsachen 178
    a. Geständnis i.S.d. § 288 ZPO 179
    b. Geständnisfiktion des § 138 III ZPO 180
        aa. Pauschales Bestreiten 180
        bb. Umfang der Substanziierungspflicht des Bestreitenden 180
        cc. Bestreiten mit Nichtwissen (§ 138 IV ZPO) 181
3. Entfallen der Beweiserhebung wegen Präklusion (§ 296 ZPO) 183
    a. Voraussetzungen der Zurückweisung nach § 296 I ZPO 183
        aa. Begriff Angriffs- oder Verteidigungsmittel 183
        bb. Verspätung 184
        cc. Keine ausreichende Entschuldigung 184
        dd. Kausale Verzögerung 184
    b. Rechtsfolge der Zurückweisung 188
    c. Behandlung der Präklusion in den Entscheidungsgründen 188
4. Entfallen der Beweiserhebung wegen Bindung an frühere gerichtliche Entscheidungen 189

D. Beweislast 190

I. Begriffe 190
1. Behauptungslast (Darlegungslast) 190
2. Subjektive Beweislast 190
3. Objektive Beweislast 190

II. Beweislastverteilung 191
1. Grundregeln der Darlegungs- und Beweislast 191
2. Unerheblichkeit der prozessualen Parteirolle 191
3. Auseinanderfallen von Darlegungs- und Beweislast 192
4. Ausdrückliche Regelungen der Beweislast / Vermutungen 192
5. Rückschluss aus Gesetzesformulierung 194
6. (Ungeschriebenes) Regel-Ausnahme-Verhältnis 194
7. Sonderfall der Arzthaftung 195

III. Richterrechtliche Modifikationen der Beweislast 196
1. Vertragsrecht: „Sphärentheorie" 196
2. Produzentenhaftung 197
    a. Begriff Produzentenhaftung und Abgrenzung 197
    b. Reichweite der Beweislastumkehr 197
3. Beweisvereitelung 198
    a. Begriff und Voraussetzungen 198
    b. Rechtsfolgen 199

IV. Beweiserleichterungen 200
1. Indizienbeweis 200
2. Anscheinsbeweis (prima facie Beweis) 200
    a. Anwendungsbereich 200
    b. Reichweite des Anscheinsbeweises / „Gegenmaßnahmen" 203
    c. Abgrenzung zu anderen Beweiserleichterungen 204
3. „Schätzung" nach § 287 ZPO 205

V. Beweisverwertungsverbote 206

VI. Beweisvereinbarungen 207

E. Beweisführung 207

I. Beweisantrag 207

II. Beweiserhebung 208
1. Beweisanordnung durch das Gericht 208
2. Beweisaufnahme 209

F. Beweiswürdigung 209

I. Notwendigkeit der Darstellung im Urteil 209
II. Formulierungsbeispiele 209

1. Normalfall des § 286 ZPO 209
   a. Erfolgreiche Beweiswürdigung in einfachen Fällen 210
   b. Nicht erfolgreiche Beweiswürdigung 210
2. Beweiswürdigung beim Anscheinsbeweis 211
3. Beweiswürdigung bei Möglichkeit der Schätzung (§ 287 ZPO) 212
4. Beweiswürdigung bei einstweiligem Rechtsschutz (§§ 920 II, 936, 294 I ZPO) 212

§ 11 Urteile im Säumnisverfahren 213

A. Urteil im Säumnistermin bzw. schriftlichen Vorverfahren (§§ 330, 331 ZPO) 213

I. Voraussetzungen des Versäumnisurteils 213
II. Zu einzelnen Prüfungspunkten 213

1. Prozessantrag auf Erlass eines Versäumnisurteils 213
2. Säumnis 214
   a. Nichterscheinen 214
      aa. Fehlende Postulationsfähigkeit 214
      bb. Streithilfe (§ 67 ZPO) 215
      cc. (Notwendige?) Streitgenossenschaft (§ 62 ZPO) 216
   b. Nichtverhandeln 216
   c. Erlasshindernis gemäß § 337 ZPO: fehlendes Verschulden 216
   d. Erlasshindernisse gemäß § 335 ZPO 217
3. Zulässigkeit der Klage 217
4. Schlüssigkeit der Klage 218
   a. Wirkung der Wahrunterstellung (§ 331 I I ZPO) 218
   b. Volle Prüfung des materiellen Rechts 219
   c. Besonderheiten bei Einwendungen / Einreden 219

III. Die Entscheidung des Gerichts 220

1. Entscheidungsform 220
   a. „Echtes" Versäumnisurteil 220
   b. „Unechtes" Versäumnisurteil 220
   c. Teil-Versäumnisurteil 220
2. Die Tenorierung 220
   a. „Echtes" Versäumnisurteil gegen den Kläger (§ 330 ZPO) 221
   b. „Unechtes" Versäumnisurteil gegen den Kläger 221
   c. „Echtes" Versäumnisurteil gegen Beklagten (§ 331 ZPO) 221
   d. Teil-Versäumnisurteil gegen Beklagten (§ 331 ZPO) 221

IV. Aufbau der Entscheidungsgründe / Klausurbedeutung 223
V. Tatbestand 224

B. Streitiges Urteil nach Einspruch gegen ein Versäumnisurteil 225

I. Vorbereitung des Ergebnisses / Prüfungsschritte 225

1. Überblick 225
2. Zulässigkeit des Einspruchs 225
   a. Statthaftigkeit gemäß § 338 ZPO 225
      aa. Behandlung unklarer Urteile 226
      bb. Sonderproblem: Statthaftigkeit des Einspruchs vor vollständigem Erlass des Versäumnisurteils 227
      cc. Statthaftigkeit bei Vollstreckungsbescheid: 227
      dd. Statthaftigkeit bei „nicht-technisch-erstem" Versäumnisurteil 227
   b. Form gemäß § 340 I, II ZPO 228

	c. Frist des § 339 ZPO	229
	aa. Fristbeginn	229
	bb. Berechnung	230
	cc. Wiedereinsetzung in den vorigen Stand	230
	dd. Einbau eines Streithelfers	230
	ee. Behandlung von Streitgenossen	232
	d. Rechtsfolge der Unzulässigkeit des Einspruchs (§ 341 ZPO)	233
3. Zulässigkeit der Klage		233
4. Prüfung der Begründetheit der Klage		234
	a. Allgemeines / Einheit der mündlichen Verhandlung	235
	b. Sonderproblem: „Flucht in die Säumnis"	235
5. Besonderheiten in der Kostenentscheidung (§ 344 ZPO)		236
6. Besonderheit in der Vollstreckbarkeitsentscheidung (§ 709 S. 3 ZPO)		238

II. Die Formalia des (streitigen) Urteils 238
   1. Tenorierung des Endurteils 238
      a. Einspruch des Beklagten / erfolgreiche Klage 239
      b. Einspruch des Beklagten / abzuweisende Klage 239
      c. Einspruch des Beklagten / teilweise erfolgreiche Klage 239
      d. Einspruch des Klägers / erfolgreiche Klage 240
      e. Tenor bei unzulässigem Einspruch 241
   2. Tatbestand 241
   3. Entscheidungsgründe 242
      a. Aufbau 242
      b. Schreibstil / Typische Formulierungen 243

C. Zweites Versäumnisurteil (§ 345 ZPO) 244

I. Voraussetzungen des § 345 ZPO 244
   1. Zulässiger Einspruch 244
   2. Säumnis im Einspruchs- oder Vertagungstermin: 244
   3. Gesetzmäßigkeit des ersten Versäumnisurteils / Vollstreckungsbescheides ... 245
      a. Säumnis nach vorangegangenem Vollstreckungsbescheid 245
      b. Säumnis nach vorangegangenem „echten" Versäumnisurteil 245

II. Tenorierungsvarianten bei erneuter Säumnis 247
   1. Vollständiger Erlass eines zweiten Versäumnisurteils 247
   2. Ablehnung des zweiten Versäumnisurteils 247
   3. Teilweises Vorliegen der Voraussetzungen 248
   4. Zweite Säumnis eines von zwei Streitgenossen 248
   5. Tenor beim erneuten „technisch ersten" Versäumnisurteil 248
   6. Sonderfall: Teils erstes und zweites Versäumnisurteil 249

§ 12 Der Tenor in weiteren Sonderfällen des Zivilurteils 250

A. Urteil bei Klage und Widerklage 250

B. Urteil bei Erledigungserklärung 251

I. Tenor bei einseitiger Erledigungserklärung (Sonderfall einer Feststellungsklage) ... 251
   1. Tenor bei Vorliegen aller drei Voraussetzungen: 252
   2. Tenor bei Fehlen einer der drei Voraussetzungen: 253
   3. Tenor bei Erfolg einer Teilerledigungserklärung 253
   4. Tenor bei Teilerfolg einer vollständigen Erledigungserklärung 253
   5. Tenor bei Teilerfolg einer teilweisen Erledigungserklärung: 253

II. Tenor bei einverständlicher Teilerledigung (§ 91a ZPO) 254

C. Entscheidungen im Rahmen einer Stufenklage (§ 254 ZPO) 255

I. Urteil über die erste Stufe (Auskunft) 255
II. Urteil über die dritte Stufe (Leistung) 256
III. Behandlung der zweiten Stufe 257

D. Entscheidungen im Urkundenprozess 257

I. Entscheidungsmöglichkeiten im ersten Verfahrensabschnitt 258
1. Entscheidung gegen den Kläger..258
2. Erfolgreicher Urkundenprozess / Entscheidung zugunsten des Klägers........................258

II. Entscheidungsmöglichkeiten im Nachverfahren 259
1. Klage immer noch begründet 260
2. Klage nun unbegründet...260
3. Klage nun nur noch teilweise begründet..260

E. Vorbehaltsurteile bei Aufrechnung 261

I. Fertigung des Vorbehaltsurteils..261

II. Entscheidung über die Gegenforderung / Schlussurteil 262
1. Gegenforderung besteht nicht 262
2. Gegenforderung besteht 263

F. Urteil nach teilweisem Anerkenntnis... 263

I. Prüfungsschritte in den Vorüberlegungen 264

II. Fall- und Formulierungsbeispiele..264

G. Berufungsurteil 265

I. Entscheidung im Misserfolgsfall 265
1. Unzulässige Berufung:..265
2. Unbegründete Berufung:...266

II. Entscheidung im (zumindest teilweise) Erfolgsfall..266
1. Aufhebung und Zurückverweisung 267
2. Regelfall: Eigene Sachentscheidung des Berufungsgerichts 267
    a. Voll erfolgreiche Berufung:...267
    b. Tenor bei Erfolg einer nur teilweise eingelegten Berufung 268
    c. Tenor bei Teilerfolg der Berufung..269

H. Urteil im einstweiligen Rechtsschutzverfahren (Arrest, einstweilige Verfügung).................. 270

I. Erlass eines Arrestes..270

II. Erlass einer einstweiligen Verfügung 272

III. Aufhebung von Arrest oder einstweiliger Verfügung nach Widerspruch gegen Beschluss 274

Autoren	Titel/Auflage	zitiert als
Anders, Monika und Gehle, Burkhard	Assessorexamen im Zivilrecht, 14. Aufl., 2019	"Anders/Gehle".
Baumbach/Hopt	HGB, 38. Aufl., 2018	"Baumbach/Hopt"
Baumbach/Lauterbach/ Albers/Hartmann	ZPO, 77. Aufl., 2019	„Baumbach/Autor "
Kroiß/Neurauter	Formularsammlung für Rechtsprechung und Verwaltung, 27. Aufl., 2019	„Kroiß/Neurauter"
Erfurter Kommentar zum Arbeitsrecht, 19. Aufl., 2019		„ErfK"/Autor
Hartmann, Peter / Touissant, Guido	„Kostengesetze", 49. Aufl., 2019	„Hartmann"
Huber, Michael	„Das Zivilurteil", JuS-Schriftenreihe Nr. 131, 2. Aufl. 2003	"Huber".
Knöringer, Dieter	„Die Assessorklausur im Zivilrecht", 17. Aufl., 2018	„Knöringer".
Musielak/Voit	ZPO, 16. Aufl., 2019	„Musielak/Autor"
Oberheim, Rainer	„Zivilprozessrecht für Referendare", 13. Aufl. 2019	„Oberheim"
Palandt	BGB, 78. Aufl., 2019	"Pal./Autor "
Siegburg, Peter	Einführung in die Urteilstechnik, 5. Aufl., 2003	„Siegburg"
Thomas/Putzo	ZPO, 40. Aufl., 2019	"Thomas/Putzo"
Zöller	ZPO, 32. Aufl. 2018	"Zöller/Autor "

Die Assessor-Basics: Das Erfolgsprogramm
Ihr Training für das Assessorexamen

Unsere Assessorskriptenreihe richtet sich an die Kandidaten des Zweiten Staatsexamens. Der „Einsteiger" ins Referendariat soll mit den wichtigsten formellen und technischen Regeln der Assessorklausur vertraut gemacht werden. Die Reihe dient aber auch der kompakten Wiederholung der wesentlichen Dinge durch den bereits Fortgeschrittenen.

Wir unterteilen zwei Arten von Skripten im Assessorbereich, die jeweils paarweise miteinander korrespondieren:

■ THEORIESKRIPTEN

In den Theorieskripten, die aber auch viele kleine praktische Beispielsfälle enthalten, wird die Leserin oder der Leser an die jeweilige Materie herangeführt.

- Die zivilrechtliche Anwaltsklausur
- Das Zivilurteil
- Die Strafrechtsklausur im Assessorexamen
- Die Assessorklausur im Öffentlichen Recht

■ KLAUSURENTRAINING

In den Bänden Klausurentraining wird eine - in einer ganz besonderen didaktischen Form aufbereitete - Fallsammlung präsentiert.

- Zivilurteile
- Arbeitsrecht
- Strafrecht
- Zivilrechtliche Anwaltsklausuren

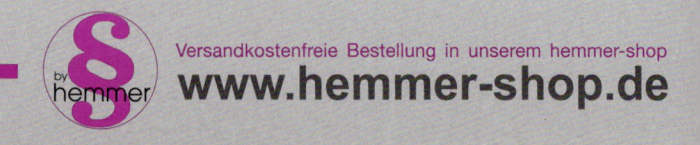

Versandkostenfreie Bestellung in unserem hemmer-shop
www.hemmer-shop.de

§ 1 Klausurtechnik im Assessorexamen

Mit dem Beginn des Referendariats kommen andere Aufgabenstellungen und Anforderungen auf den jungen Juristen zu.

Achtung: nach wie vor enorme Bedeutung des materiellen Rechts

Das bislang materiell und klausurtechnisch Gelernte wird dadurch nicht entbehrlich. Im Gegenteil: Der große Fehler mancher Referendare besteht gerade darin, dass sie nun meinen, das Bisherige vernachlässigen zu können, weil völlig andere Dinge von ihnen verlangt würden und sie im Übrigen ja ihren Kommentar einsetzen dürften. Wenn dann irgendwann die Erkenntnis einkehrt, dass auch im Assessorexamen die Punkte - mit Schwankungen je nach Bundesland[1] bzw. Examenstermin – zu einem sehr großen Teil im materiellen Recht vergeben werden, wird es oft sehr hektisch.

Auf der anderen Seite gibt es nun eine ganze Reihe von - insbesondere formellen - Anforderungen an die abzuliefernde Arbeit, ohne deren Beherrschung und Beachtung der Prüfling auch keine ordentliche Note erwarten kann.

Grundregel des Verhältnisses von Prozessrecht und materiellem Recht

Im Verhältnis von alten und neuen Anforderungen gilt dabei die Regel: Prozessrechtliche Kenntnisse, die oft erst den Einstieg in die Klausur ermöglichen, und die Beherrschung der Formalia sind unverzichtbar, um den *Mindestanforderungen* des Assessorexamens gerecht zu werden. Die „großen Punkte" wird man aber meist nur im materiellen Recht holen können.

A. Zusätzliche Anforderungen an den Klausurbearbeiter

Überblick über neue Anforderungen

Zunächst einmal ein Überblick, welche neuen Anforderungen auf den Referendar zukommen:

(u.U. viel) längere Sachverhalte

Die erste und gewiss augenscheinlichste Veränderung ist die Länge der Sachverhalte, die nun nicht mehr zwischen einer halben Seite und drei Seiten liegt, sondern zwischen drei Seiten[2] bis hoch zu fast 20 Seiten, in manchen Bundesländern sogar noch mehr. Diese Tatsache führt alleine schon dazu, dass das Training von Klausur*technik* noch bedeutsamer ist als schon im Referendarexamen.

Trennung des Streitigen vom Unstreitigen nötig

Die zweite Neuigkeit hängt mit der ersten zusammen: Die Lösung ist nun nicht mehr aus der „Vogelperspektive" des – bezüglich der Tatsachen – Allwissenden zu fertigen. Stattdessen wird ein Sachverhalt präsentiert, der auf mehrere Schriftsätze verteilt ist und in tatsächlicher Hinsicht teilweise unstreitig, in einigen Bereichen aber streitig ist.

---

1 Dabei ist tendenziell im Süden (v.a. Bayern und B.W.) die Bedeutung des materiellen Rechts gegenüber den Formalia noch höher als im Norden und Westen, weil in vielen Urteilen nach dem Bearbeitervermerk formelle Teile erlassen werden, um innerhalb der fünf Stunden mehr Rechtsprobleme abprüfen zu können (z.B. Rubrum fast immer erlassen, nur ein einziges Urteil *mit Tatbestand* pro Examenstermin [von in Bayern fünf Zivilrechtsklausuren], Kosten praktisch immer dann erlassen, wenn komplizierte Rechnereien anstünden).

2 Dies ist im Zivilrecht ein eher seltenerer Fall, kommt aber in Form von Gutachten auch immer wieder einmal vor. V.a. Gutachten *zur Vertragsgestaltung* haben regelmäßig recht kurze Sachverhalte.

Diese Trennung des Streitigen vom Unstreitigen und der korrekte Umgang mit den streitigen Tatsachen ist dann üblicherweise eine Schlüsselstelle der Falllösung:[3] Wer hier einen Fehler begeht, geht bei der Anwendung des materiellen Rechts letztlich von einem *anderen Sachverhalt* aus als die amtliche Lösungsskizze.

Beachtung zahlreicher Formalia

Notwendig ist nun weiterhin die Beachtung zahlreicher Formalia, die die gestellte Aufgabe gegenüber dem Gutachten des Referendarexamens zusätzlich erschweren.

größere Anzahl von Einzelproblemen pro Klausur

Große Probleme bereitet vielen Referendaren die Tatsache, dass der Klausurbearbeiter sich nun meist durch eine im Vergleich zum Referendarexamen *enorm* angestiegene Anzahl von Einzelproblemen pro Klausur durchkämpfen muss. Eine Tatsache, die den Zeitdruck deutlich erhöht und zu einer veränderten Arbeitsweise zwingt.

Orientierung an der Rechtsprechung, nicht an Literaturmindermeinungen

Die Notwendigkeit der Praxistauglichkeit der Arbeit zwingt zur Orientierung an der Rechtsprechung. Literaturmindermeinungen werden weitgehend bedeutungslos. Das kann sich vorteilhaft wie nachteilig auswirken: Einerseits kann man seine Lösung konsequenter in eine bestimmte Linie zwingen, ohne x Meinungen diskutieren zu müssen. Andererseits ist die Tatsache, dass irgendein Querdenker am Lehrstuhl Y eine andere Lösung vertritt, *keine Rechtfertigung*, einfach eine gefestigte Rechtsprechung zu übergehen.[4]

> **Hinweis:** Mit den Begriffen „praxistauglich" oder „praxisüblich" ist allerdings durchaus auch etwas Vorsicht angebracht. Nicht selten werden diese Attribute als Ersatz für nicht vorhandene Sachargumente eingesetzt, und es stellt sich bei näherer Überprüfung heraus, dass es letztlich um eine ZPO-widrige Unsitte an einem bestimmten Gericht oder gar eines einzelnen Praktikers geht. Wie in diesem Skript an zahlreichen Stellen zu demonstrieren sein wird, ist das, was im Examen als „praxistauglich" abzuliefern ist, oft etwas *völlig anderes* als das, was man im Streit zwischen Einzelkämpferanwalt X und Einzelkämpferanwältin Y beim Richter am Amtsgericht Z erlebt!

B. Einarbeitung in den Sachverhalt

I. Die Aufgabe: Möglichst schnell Ordnung herstellen

unverzichtbare Fähigkeit: möglichst schnell genaue Ordnung herstellen

Für ein erfolgreiches Examen ist es unverzichtbar, die Fähigkeit zu erwerben, einen Sachverhalt in möglichst kurzer Zeit möglichst exakt in den Griff zu bekommen. Die Frage danach, mit welcher Technik man dies angehen sollte, lässt sich aber nicht pauschal beantworten:

individuelle Eigenheiten von Klausur und Bearbeiter

⇨ Zum einen wird es zumindest in den Details des Vorgehens immer *mehrere* Möglichkeiten geben, von denen die eine Variante dem einen Klausurbearbeiter besser liegt, während die andere Variante bei den Stärken und Schwächen eines anderen Prüflings besser „passt".

---

3 Hierzu siehe ausführlich unten im Kapitel „Beweisrecht" (§ 10).
4 Zu solchen Fragen, die sich dann nicht nur auf den Inhalt, sondern v.a. auch auf den *Schreibstil* der Entscheidungsgründe auswirken, siehe nochmals dort im Kapitel Entscheidungsgründe (§ 9, Rn. 35 ff.).

⇨ Weiterhin aber hat jede Klausur ihr „Eigenleben", durch das von einem Examenstag auf den anderen eine völlig andere Arbeitsweise notwendig werden kann. Dies gilt insbesondere für die großen Unterschiede hinsichtlich der Anzahl und des Schwierigkeitsgrads der in den Klausuren enthaltenen Probleme.[5]

ohne ständiges Klausurentraining geht gar nichts!

Diese Erkenntnis lässt aber jedenfalls eine Folgerung als völlig sicher erscheinen: Ohne ausreichende Erfahrung, ohne *ständiges* „trial and error" wird niemand seine Fähigkeiten im Examen auch nur annähernd ausschöpfen können. Wer während der Ausbildung nur massenweise Wissen *konsumiert*, ohne permanent dessen *Anwendung* zu üben und die konkreten Erfahrungen zu reflektieren, wird noch weiter entfernt von seinen eigenen Möglichkeiten landen, als dies im Referendarexamen üblich ist.

Eine Frage, in der die Meinungen weit auseinander gehen, ist die nach der Art und Intensität des Einsatzes zusätzlicher Notizzettel bei der Vorbereitung der Reinschrift:

„dosierter Einsatz" von Notizzetteln

⇨ Ohne zusätzliche Übersichten, auf denen man sich einige der (möglicherweise) fallentscheidenden Vorgänge und Daten knapp, komprimiert und übersichtlich herausschreibt, wird es gewiss kaum jemandem gelingen, auch komplizierte Sachverhalte mit vielleicht versteckten Fallen in den Daten in den Griff zu bekommen.

⇨ Andererseits darf man es dabei nicht übertreiben: Der Einsatz von pro Klausur ca. 10 bis 20 Notizblättern zur Vorbereitung der Reinschrift[6] mag bei manchen Examenskandidaten wunderbar funktioniert haben. Nach unseren Erfahrungen aber wird eine derartige Technik bei den weitaus meisten Klausurbearbeitern zur Folge haben, dass damit viel zu viel Zeit mit der Vorbereitung der Reinschrift verloren geht, u.U. gar gerade *durch* die Vielzahl der Notizzettel bzw. durch die Ausführlichkeit von deren Inhalt der Überblick verloren geht.

Vorstrukturierung am Rand des Sachverhalts

Das Bestreben sollte daher sein, sich eine Technik anzugewöhnen, bei der einige der wichtigen ersten Schritte der Sachverhaltsordnung noch in zeitsparendem Stil am Rand des Sachverhalts erledigt und nur die absoluten „Knackpunkte" auf zusätzliche Notizzettel herausnotiert werden. Dabei ist es dann durchaus empfehlenswert, großzügig mit dem Papier umzugehen, also v.a. für verschiedene Fragenkreise eigene Notizzettel anzulegen, also beispielsweise die Komplexe „Zulässigkeit des Einspruchs", „Zulässigkeit der Klage", „Begründetheit des Hauptantrages" oder „Begründetheit des Hilfsantrages" jeweils getrennt zu notieren.

II. Vorschlag einer Reihenfolge der Arbeitsschritte

1. Bearbeitervermerk

Bearbeitervermerk zuerst!

Die Erarbeitung des Falles beginnt gewissermaßen von hinten, indem zunächst eine genaue Lektüre des Bearbeitervermerks erfolgt. Bevor die Details des Sachverhalts gelesen werden, muss die gestellte Aufgabe klar sein:

---

[5] In Bayern etwa ist es so, dass meist - wenn auch nicht immer - die Klausur am ersten Tag *viel* einfacher ist als die dritte oder vierte Zivilrechtsklausur.

[6] So die Empfehlung von WIMMER, Klausurtipps für das Assessorexamen, § 3 II.

Eine Anwaltsklausur ist aus einer anderen Perspektive zu lesen als eine Richterklausur.

"Streichliste" vorhanden?

Weiter bedarf es einer genauen Analyse des Aufgabenumfangs. Während im Großteil Deutschlands bei einer richterlichen Aufgabe ein vollständiges Urteil zu fertigen ist, sind im Süden und Osten oft Teile erlassen, um das „Timing" der Klausur zu steuern und/oder unzumutbare Rechenschritte zu eliminieren. In den Südbundesländern etwa ist nicht einmal in der Hälfte der Urteilsklausuren ein Tatbestand zu fertigen, selten ist das Rubrum gefordert und oft sind auch die Entscheidungen zu Kosten und Vollstreckbarkeit erlassen.

Angesichts der Tatsache, dass von Bearbeitern immer wieder versehentlich erlassene Teile gefertigt oder nicht erlassene Teile weggelassen werden, empfiehlt sich in einem solchen Fall eine deutliche Hervorhebung der „Streichliste" des Bearbeitervermerks (etwa mit Textmarkern).

auch Zusatzangaben beachten: Hilfsgutachten, richterliche Hinweise u.a.

Wichtig ist es natürlich auch, die üblichen Zusatzangaben des Bearbeitervermerks zu beachten: So ist etwa in einigen Bundesländern regelmäßig ein Hilfsgutachten bezüglich derjenigen Fragen zu fertigen, die im Sachverhalt „berührt" wurden, also v.a. von den Parteien angesprochen wurden, aber letztlich für die Fertigung des Urteils nicht von Bedeutung sein werden.[7] In anderen Bundesländern ist ein solches Hilfsgutachten im Bearbeitervermerk zumindest unüblich. Weiterhin ist nach dem Bearbeitervermerk regelmäßig zu unterstellen, dass kraft ZPO nötige richterliche Hinweise erteilt worden sind und dass die richterliche Aufklärungspflicht nicht verletzt ist.

2. Evtl.: kurzes Querlesen des Falles

evtl. kurzes Querlesen des Falles

Anschließend erscheint es oft als sinnvoll, mit einem „Querlesen" die groben Umrisse des Falles auszuloten, um damit eine präzisere Aufnahme der Details beim ersten vollen Durchlesen zu ermöglichen.

> *Bsp.: Das klassische Klausurstrickmuster „streitiges Urteil nach Einspruch gegen Versäumnisurteil" kann der Bearbeiter bereits bei einer Schnelldurchsicht des Sachverhalts erkennen. Er hat dann die Möglichkeit, die in einem solchen Fall typischerweise auftauchenden prozessualen Eckpunkte und Daten frühzeitig gezielt zu suchen und anstreichen.*

3. Erstes (volles) Durchlesen

Beginn einer ersten Ordnung des Falles

Anschließend erfolgt das erste Durchlesen des Sachverhaltes. Dabei erscheint es sinnvoll, soweit dies möglich ist, bereits mit der Ordnung des Falles zu beginnen, indem man bestimmte Auffälligkeiten schon am Rand vermerkt, bestimmte Daten sofort hervorhebt.

> *Bspe.:*
>
> *Das Datum der Zustellung der Klage kann bereits angestrichen und beim Zinsantrag der Klageschrift vermerkt werden.*

---

7 Um darüber entscheiden zu können, welche Fragen letztlich ins Hilfsgutachten gehören, muss man zum einen den Fall bei den Vorüberlegungen schon „gelöst" haben und v.a. aber auch die Aufbauregeln des Urteilsstils beherrschen. Zu letzteren siehe ausführlich unten im Kapitel „Entscheidungsgründe" (§ 9, Rn. 35 ff.).

Ein „krummer" Klageantrag wird oft bereits (oder: wenn überhaupt, dann nur!) beim ersten Durchlesen erkannt und sollte dann gleich mit einem entsprechenden Vermerk versehen werden.

Bei Zustellung eines Versäumnisurteils ist sofort dieses Datum anzustreichen. Am besten sollte man gleich das sich daraus ergebende Datum des Fristablaufes dazuschreiben (zwei Wochen draufrechnen gemäß § 339 ZPO, Wochenenden und Feiertage im Kalender kontrollieren). Anschließend ist der Eingangsstempel des Einspruchs mit einem „o.k.; siehe Seite X" oder einem „Problem: Fristablauf?; siehe Seite X" zu versehen.

4. Zweites Durchlesen mit Querverweisen

Verbindung zusammengehöriger Teile der jeweiligen Schriftsätze herstellen

Unverzichtbar ist (mindestens) ein zweites Lesen des Sachverhalts, bei dem durch Einsatz von Querverweisen v.a. die Verbindungen zwischen den zusammengehörigen Teilen der jeweiligen Schriftsätze herzustellen sind. Dabei muss man v.a. die Punkte anstreichen, die in tatsächlicher Hinsicht umstritten sind.

Man vergleicht also beispielsweise die Klageschrift mit der Klageerwiderung und notiert sich bei den jeweiligen Behauptungen den Vermerk „unstr." oder den Vermerk „bestr.; siehe Seite X, 3. Abs.".

Geht es um einen neuen Vortrag, der typischerweise erstmals in der Klagerwiderung auftaucht (v.a. Einwendungen und Einreden), so gilt das Gleiche quasi spiegelbildlich entsprechend: Die Reaktion in den Folgeschriftsätzen, v.a. die in der Replik, wird dann auf diese Weise zu den jeweiligen Behauptungen der Klageerwiderung dazu notiert.

Arbeitsschritte des sog. „zweiten" Durchlesens notfalls mit mehreren Lesevorgängen

Dieses - hier so bezeichnete - „zweite" Durchlesen besteht u.U. aus weiteren Lesevorgängen mit *derselben* Zielsetzung (Herstellung der Querverbindungen), *wenn* dies zum Erschließen des Falles notwendig erscheint.

hemmer-Klausur-Tipp

Für die auf die Sachverhaltsanalyse zu investierende Zeit gilt das Motto: „So wenig wie möglich, aber so viel wie nötig!"
Viele unserer Ratschläge – in diesem Skript wie in unseren Kursen – laufen auf das Ziel hinaus, *so früh wie möglich* mit der Reinschrift der Klausur zu beginnen, damit anschließend die Zeit vorhanden ist, den stilistischen Anforderungen an eine gute Bewertung gerecht zu werden. Gleichzeitig sei hiermit aber die Warnung vor einem *zu frühen* Beginn der Reinschrift verbunden: Wenn ein Bearbeiter einfach länger braucht als andere, um den Sachverhalt zu erschließen, so *muss* er sich diese Zeit trotzdem nehmen (sollte aber für die Zukunft die Fähigkeit schnelleren Vorgehens konsequent trainieren!). Löst der Bearbeiter nämlich infolge eines Sachverhaltsaufnahmefehlers die berühmt-berüchtigte „so ähnliche" Klausur mit ausführlichen Begründungen, wird er ohne Zweifel *extrem schlecht* wegkommen. Wenn er dagegen nach einem zu hohen Zeitverlust bei der Sachverhaltsanalyse bei der Ausformulierung einen knapperen Schreibstil wählt *und* die Klausur dann tatsächlich konsequent zu Ende bringt, wird er sicherlich mangels ausreichender Überzeugungskraft der Begründungen Punkte verlieren; er wird aber bei einer in sich stimmigen Lösung wenigstens „über dem Strich" landen.

meist weitere Hilfsmittel fertigen

Je nach Situation, also v.a. Umfang bzw. Komplexität des konkreten Sachverhalts, werden im Zusammenhang mit diesem „zweiten Durchlesen" weitere Hilfsmittel gefertigt:

T-Blatt als Hilfsmittel nutzen

Eine bewährte und auch von erfahrenen Praktikern genutzte Methode, den Sachverhalt eines Zivilrechtsfalles zu strukturieren, ist die Fertigung eines sog. „T-Blatts". Hierbei wird auf einem oder mehreren Blättern eine zweispaltige Tabelle angelegt, bei der in der linken Tabellenspalte das tatsächliche klägerische Vorbringen in kurzen Stichworten eingetragen wird. Empfehlenswert ist es, sich auch die Blattzahlen zu notieren, wo sich in der Akte bzw. dem Klausursachverhalt das genaue Vorbringen befindet. Anschließend stellt man in der rechten Spalte das tatsächliche Beklagtenvorbringen dem klägerischen Sachvortrag synoptisch gegenüber.

Dabei kann auch gleichzeitig die Form des Beklagtenvorbringens berücksichtigt werden, also ob der Beklagte sich zu einem Punkt überhaupt nicht äußert (§ 138 III ZPO), pauschal oder mit Nichtwissen bestreitet (§ 138 IV ZPO) oder man trägt das substanziierte Vorbringen[8] des Beklagten schlagwortartig ein.

Der Vorteil dieser Methode besteht darin, dass man anhand des T-Blatts sofort erkennen kann, ob ein tatsächliches Vorbringen des Klägers vom Beklagten bestritten wurde, und sich sehr einfach ermitteln lässt, welches die Tatsachen sind, über die Beweis zu erheben war. Zudem erleichtert das T-Blatt die erforderliche Prüfung der Schlüssigkeit des Klagevorbringens und die Fertigung des Tatbestandes des Zivilurteils.

Bsp.:

Kläger	Beklagter
Kauf eines gebr. VW Golf vom Bekl. am 20.7. für 6.000 € (Bl. 2)	unstr.
Bekl. wies ausdrücklich darauf hin, dass Fzg. unfallfrei ist (Bl. 3)	über Vorschäden wurde nicht gesprochen (Bl. 12)
B: Zeuge Müller	B: Zeugin Meier
Fzg. hat erheblichen Rahmenschaden (Bl. 3)	bestr.
B: Sachverständigengutachten	

hemmer-Klausur-Tipp

**Die Fertigung eines T-Blatts ist (u.E. nur!) in zwei Konstellationen sinnvoll: 1. Für Bearbeiter, die noch am Anfang der Ausbildung stehen und sich noch schwer tun mit der Ordnung von Streitigem und Unstreitigem; diesen wird die erforderliche Strukturierung des Sachverhalts dadurch u.U. erheblich erleichtert. 2. Für Klausuren, deren Sachverhalt aus *vielen streitigen* Tatsachen bestehen.
Anders herum: Hat der Bearbeiter entsprechende Klausurroutine (der Muss-Zustand für das Examen!) und hat die Klausur einen nur in einem oder in wenigen Punkten streitigen Tatsachenvortrag (in Süddeutschland ebenso der Regelfall wie etwa im Bereich des GPA[9]), so ist die Verwendung eines T-Blatts oft uneffektiv. Bedenken Sie den zusätzlichen Zeitaufwand! Mit wachsender Klausurerfahrung sollte bei jeder Klausur überlegt werden, ob ein T-Blatt wirklich erforderlich ist oder man mit der Anfertigung von entsprechenden Randvermerken im Klausursachverhalt auskommt. Entscheidend ist aber auch hier wieder, dass nur regelmäßiges Schreiben von Klausuren die nötige Erfahrung für die Wahl der im Einzelfall sinnvollsten Vorgehensweise bringen wird!**

---

8   Zu diesen Begriffen siehe im Kapitel „Der Tatbestand" (§ 8, Rn. 31 ff.).
9   Das gemeinsame Prüfungsamt für Hamburg, Schleswig-Holstein und Bremen.

kurze Datenchecklisten erstellen

In den weitaus meisten Fällen ist es sinnvoll, sich Checklisten für die entscheidenden Daten des Falles zu erstellen. Oft werden ganz versteckte Klausurfallen *einzig* auf diese Weise erkennbar, weil bestimmte Daten, die erst in ihrem Zusammenspiel in ein bestimmtes Problem führen, im Sachverhalt mehrere Seiten auseinander angegeben sind.

grafische Skizze der jeweiligen Beziehungen anfertigen

Agieren im materiell-rechtlichen Teil des Falles mehr als nur zwei Personen, so erscheint es auch fast als zwingend, sich eine kurze *grafische* Skizze der jeweiligen Beziehungen zueinander anzufertigen (Forderungsabtretung oder -überweisung; bereicherungsrechtliches Dreieck; erbrechtliche Verwandtschaftsverhältnisse u.a.).

5. Fertigung einer Lösungsskizze

Fertigung einer Lösungsskizze

Vor der Fertigung der Reinschrift steht natürlich zunächst die Fertigung einer Lösungsskizze. Dabei kann es sinnvoll sein, jeweils eigene Notizzettel für den Versuch einer Lösung des materiell-rechtlichen Teils und des prozessualen Teils zu verwenden. Letzteres gilt selbstverständlich nicht, wenn eine *gegenseitige* Beeinflussung, etwa eine Auswirkung des prozessualen Problems auf den materiell-rechtlichen Teil gegeben ist.[10]

In der Arbeitsweise geht man zunächst weitgehend so vor wie bereits im Referendarexamen:

Sammlung aller ernsthaft in Betracht kommender Anspruchsgrundlagen

In einem ersten Schritt erstellen Sie eine Sammlung *sämtlicher* Anspruchsgrundlagen, die für den Kläger oder beide Parteien (Widerklage, Aufrechnung) ernsthaft in Betracht kommen.

Subsumtion sämtlicher Tatbestandsmerkmale

Anschließend subsumieren Sie sämtliche Tatbestandsmerkmale präzise durch.

Achtung: Skizzen nur in „Kurzschrift" (Zeitproblem!)

Dabei genügt es nicht nur, sondern ist nahezu unverzichtbar, dass der Bearbeiter sich mit Hilfe von Abkürzungen sowie Verwendung von (+)- oder (-)-Zeichen eine Art individuelle „Kurzschrift" zulegt, anhand derer er das Wesentlichste auf engstem Raum zusammentragen kann. Diese sollten *maximal* die Ausführlichkeit haben wie der Bearbeiter es beispielsweise von den Kurzübersichten gewohnt ist, die den ausführlichen Lösungen von hemmer-Klausuren regelmäßig mitgegeben werden.

Zumindest dann, wenn man die Linie des Falles erkennt und deswegen weiß, ob das konkrete Tatbestandsmerkmal zu bejahen oder zu verneinen sein muss (notfalls Kommentar; dazu s.u.), kann man es sich sparen, *hier schon* eine ausführliche Sammlung von Argumenten vorzunehmen. Zum einen hat man solche Details erfahrungsgemäß zumindest teilweise wieder vergessen, wenn man später bei der Ausformulierung an diese Stelle kommt. Zum anderen fällt einem das Finden von Argumenten ohnehin meist leichter (und erfolgt daher oft schneller), wenn man bereits einen Schreibrhythmus gefunden hat.

---

10 Als Beispiel für eine solche Wechselwirkung siehe etwa die Aufbauschemata zum Klausureinbau von Nebeninterventionswirkung oder Rechtskraft im Kapitel „Entscheidungsgründe" (unten § 9, Rn. 63 ff.).

Kennzeichnung der Schlüsselstellen als Vorbereitung der richtigen Schwerpunktsetzung

Allerdings sollte man sich in jedem Fall Vermerke machen, wo sich Hauptprobleme bzw. Schlüsselstellen des Falles befinden, sodass es später klar ist, wo die richtigen *Schwerpunkte* gesetzt werden müssen.[11]

hemmer-Klausur-Tipp

> Beginnen Sie den „Kampf gegen die Uhr" bereits dort, wo Sie ihn am stärksten beeinflussen können: Bei den *Vorarbeiten* für die Reinschrift!
> Extrem viele Notenpunkte gehen im Assessorexamen verloren, weil der Bearbeiter nicht mehr die Zeit für eine vernünftige Argumentation oder – noch schlimmer – überhaupt die Fertigstellung aller Teile der Klausur hatte. Dies liegt v.a. daran, dass viele Referendare zu viel Zeit verbrauchen, bis sie mit der Fertigung der Reinschrift beginnen. Neben zu langsamem Lesen, Anfertigung von sog. T-Blättern in dafür nicht geeigneten Fällen oder falscher Kommentartechnik – zu all dem wird hier noch Stellung genommen – liegt dies nicht selten schlichtweg am Zeitverbrauch durch zu umfangreiche vorbereitende Notizen.

Diese Phase ist üblicherweise jetzt auch diejenige, in der frühestens der Einsatz des Kommentars erfolgt.

Umgang mit den in tatsächlicher Hinsicht umstrittenen Prüfungspunkten

Eines der größten Probleme für zumindest den Neu-Referendar ist der Umgang mit den Prüfungspunkten, bezüglich derer der Sachverhalt nicht nur bezüglich der Rechtsfragen, sondern auch in *tatsächlicher* Hinsicht umstritten ist. Hierfür geht man zumindest im Regelfall folgendermaßen vor:

Relation

⇨ Sog. Klägerstation: Ist die Schlüssigkeit des Anspruchs überhaupt gegeben? Sind also die *vom Kläger selbst* behaupteten Tatsachen überhaupt geeignet, die von ihm begehrte Rechtsfolge zu tragen? Wenn nein: Ein Bestreiten ist dann letztlich bedeutungslos und eine Beweisaufnahme unnötig.

⇨ Sog. Beklagtenstation: Wurde der schlüssige Klägervortrag vom Beklagten (ausreichend) bestritten?[12]

⇨ Wenn ja: Wer hat die Beweislast? Hat diese Partei ein Beweisangebot abgegeben? Wenn ja: Welches Ergebnis brachte die Beweisaufnahme?

Exakt umgekehrt wird natürlich bei Einwendungen und Einreden des Beklagten vorgegangen (etwa Prozessaufrechnung gegen Leistungsklage): Wurde die Gegenforderung schlüssig vorgetragen, vom *Kläger* ausreichend bestritten, wie ist die Beweislast verteilt usw.?

hemmer-Klausur-Tipp

> Trainieren Sie diese gedankliche Prüfungsreihenfolge, die Relationstechnik, durch regelmäßige Anwendung bei der *Vorbereitung* Ihrer Lösung. Lassen Sie sich insoweit nicht vom Streit um den Sinn der Relationsklausur verwirren. Fakt ist zwar: Die Relationstechnik ist *als Klausurtyp* höchst umstritten. Sie existiert in einigen Bundesländern als eigenständiger Klausurtypus in Gutachtenform[13], während Derartiges etwa im Süden und im Prüfungsgebiet des GPA eher amüsiert zur Kenntnis genommen wird.[14]

---

[11] Zur enormen Bedeutung einer richtigen Schwerpunktsetzung siehe auch unten im Kapitel „Entscheidungsgründe" (§ 9).
[12] Zu Details von Darlegungs- und Beweislast bzw. zur Art des Bestreitens siehe unten im Kapitel „Beweisrecht" (§ 10, Rn. 50 ff.).
[13] Ausführlich hierzu siehe etwa ANDERS/GEHLE, A, Rn. 2 ff.
[14] Hier sieht man die Aufgabe des Rechtsanwalts eher in der Fertigung von Schriftsätzen an das Gericht oder an den Mandanten und die des Richters eher in der Fertigung des Urteils als in der Fertigung eines Relationsgutachtens.

> Zur Systematisierung der Vorgehensweise beim Erarbeiten der Lösung, also *zur Vorbereitung* der eigentlichen Aufgabe, hat diese Arbeitsweise zweifelsohne ihre grundsätzliche Berechtigung. Zum Selbstzweck sollte sie aber keinesfalls werden.

Gesamtergebnis feststellen

Schließlich gelangt der Klausurbearbeiter bei den jeweiligen Anspruchsgrundlagen zu Ergebnissen, aus denen er sein Gesamtergebnis bildet: Selbstverständlich ist die Klage dann – gegebenenfalls teilweise – begründet, wenn auch *nur eine* Anspruchsgrundlage die begehrte Rechtsfolge trägt. Ob der Kläger diese in seinen Schriftsätzen genannt hatte, ist unerheblich, weil er zur Rechtslage grds. gar nichts vortragen müsste.

Aufbau des Urteils kann erst jetzt am Ende entschieden werden!

Aufgrund der Aufbauregeln des Urteilsstils, die ja nach Umfang des Erfolgs der Klage völlig unterschiedlich sind, kann *nun erst* entschieden werden, wie im Detail das Urteil aufzubauen ist, also v.a. welche Aspekte in das Urteil selbst eingefügt gehören und welche ggf. in das Hilfsgutachten (wenn vom Bearbeitervermerk gefordert).[15]

hemmer-Klausur-Tipp

> Warnung vor der „Scheibchenmethode"! Vereinzelt wird der Ratschlag gegeben, die stichpunktartig gelösten Rechtsprobleme *jeweils sofort* danach *einzeln* im Urteilsstil niederzuschreiben, die Reinschrift der Klausur also nicht in einem Zuge nach Abschluss der Vorarbeiten zu fertigen, sondern „scheibchenweise".[16] Dem kann nicht zugestimmt werden. Dieser Ratschlag beruht auf der These, dass sich später, wenn man die Gesamtlösung „stehen" hat, nur noch die Frage nach der Einordnung stellt, die letztlich eine reine Frage der Seitennummerierung sei.
> Hiergegen spricht: Viele Klausuren sind derart umfassend, dass es erforderlich ist, in Sachen „Timing" ein „Krisenmanagement" in der Hinterhand zu haben. Bei diesem ist Folgendes zu berücksichtigen: Das Urteil als Hauptaufgabe ist in stilistischer Hinsicht wesentlich bedeutsamer als das Hilfsgutachten und das Urteil muss auch - will man nicht riesige Punktabzüge riskieren - *in jedem Fall* fertiggestellt werden. Daher wird das „Krisenmanagement"[17] oft so aussehen, dass man sich im Hilfsgutachten deutlich knapper fasst als im Urteil selbst. Ein *solches* Vorgehen aber ist mit der „Scheibchenmethode" nicht möglich; dies v.a. deswegen, weil der Bearbeiter nicht von Anfang an in der Lage sein wird zu erkennen, welche Rechtsausführungen überhaupt das Urteil *stützen* werden und welche als für das Ergebnis unerheblich aussortiert werden müssen.
> Auch wird der Prüfling in einem frühen Stadium der Klausur oft noch nicht in der Lage sein zu erkennen, wo er die nötigen Schwerpunkte der Argumentation zu setzen hat und wo er sich knapp fassen kann und muss!

6. Evtl. noch: „Abschlussdurchlesen"

alle am Rande vermerkten Probleme bearbeitet?

Steht die Lösung skizzenartig, so empfiehlt sich noch einmal eine Kontrolle der eigenen Hinweise, die man sich an den Rand des Sachverhalts hingeschrieben hatte: Habe ich auch wirklich alle angesprochenen Probleme untergebracht, also notfalls für die Behandlung im Hilfsgutachten vorgesehen?

---

15 Vgl. dazu die entsprechende Zusammenfassung der notwendigen Arbeitsschritte der Selektion im Kapitel „Entscheidungsgründe" (§ 9, Rn. 4 ff.).

16 Siehe WIMMER, Klausurtipps für das Assessorexamen § 3 II (6. Regel). Der dort weiterhin gegebene Ratschlag, zum „Einschreiben" zunächst einmal mit Rubrum und Unterschrift (!) zu beginnen, ist wohl eher als Scherz des Verfassers gedacht?

17 Siehe hierzu wiederum die zutreffende Anmerkung von WIMMER, a.a.O., selbst: Erforderlich sei eine „möglichst geschickte Verwaltung des Zeitmangels".

Nach dem sog. „Echo-Prinzip" bzw. oft schon ausdrücklich nach dem Bearbeitervermerk muss sich eben jede im Sachverhalt angesprochene Frage irgendwo in der Lösung wiederfinden.

Klar ist aber, dass mit diesem Kontrollschritt nicht mehr viel Zeit vertan werden darf!

hier nun „Gegenprobe"

Ist eine größere Zahl von Sachverhaltsaspekten für die gefundene Lösung unerheblich, so spricht erfahrungsgemäß eine Art (widerlegliche) Vermutung dafür, dass man irgendwo aus der Linie, die der Aufgabensteller gewählt hatte, ausgeschert war. Dies ist nun gewiss die letzte realistische Chance, um das Ruder in dieser Klausur noch einmal herumreißen zu können.

Andernfalls sollte man konsequent bei dem Gefundenen bleiben: Eine Lösung, die einen Fehler enthält, aber konsequent durchgezogen wird und zumindest mit Hilfe des Hilfsgutachtens alle Probleme des Falles behandelt, wird immer noch besser sein als ein missglückter Rettungsversuch, der zwar vielleicht zu einem zutreffenden Gesamtergebnis führt, aber zahlreiche innere Ungereimtheiten des Falles zu Tage treten lässt!

7. Fertigung der Reinschrift

Fertigung der Reinschrift

Nun erfolgt die Fertigung der Reinschrift. Je nach Komplexität des Klausursachverhalts, Anzahl der entdeckten Probleme und Auffassungsschnelligkeit des Bearbeiters sollte dies bei Anfertigung eines Urteils meist nach einer Zeit von ca. 1 ½ Stunden bis ca. 2 ½ Stunden sein.

8. Kontrollschritte kurz vor Abgabe

Kontrollschritte kurz vor Abgabe?

Den Luxus, den Fall vor der Abgabe noch einmal komplett gegenlesen zu können, wird man sich im Assessorexamen regelmäßig nicht leisten können. Im Gegenteil: Wird man zu früh fertig, so ist dies oft ein Indikator dafür, dass man Wichtiges übersehen oder zumindest nicht genau genug behandelt hat. Es ist gewiss kein Zufall, dass man *gerade* von den „Stars" der jeweiligen Examenstermine zu hören bekommt, dass sie in den weitaus meisten Klausuren das Schreibwerkzeug erst quasi „im Angesicht der einsammelnden Aufsichtskraft" und mit völlig verkrampfter Schreibhand weglegten!

Tenor noch einmal kontrollieren („Betriebsblindheit")

Aufgrund der enormen Bedeutung des Tenors als „Visitenkarte" des Klausurbearbeiters und Grundlage der Zwangsvollstreckung sollte dieser aber noch einmal gegengelesen werden (Stichwort: „Betriebsblindheit").[18] Dies gilt *zumindest* dann, wenn es sich nicht um eine einfache Klageabweisung oder Zahlungsverurteilung handelt. Es ist aber auch immer wieder bemerkenswert (und wohl nur auf die Stresssymptome des Examens zurückzuführen), wie viele (auch eigentlich gute) Bearbeiter beispielsweise oft das einfache „im Übrigen wird die Klage abgewiesen" vergessen und damit ihre Note überproportional nach unten ziehen.

---

18   Dazu siehe noch einmal ausführlich unten im Kapitel „Der Tenor über die Hauptforderung" (§ 4, Rn. 1).

§ 1 KLAUSURTECHNIK IM ASSESSOREXAMEN

C. Zeiteinteilung

Zeiteinteilung

Ein Scheitern oder eine Note „unter Wert" im Assessorexamen resultiert in einer Vielzahl von Fällen auf demselben Problem: Den Bearbeitern gingen weit überproportional viele Punkte deswegen verloren, weil sie die Arbeit nicht fertigstellen oder zumindest wichtige Probleme nicht mehr in der hierfür notwendigen Tiefe ausarbeiten konnten.

deutlich größerer Zeitdruck als im Referendarexamen

Die Tatsache, dass im Assessorexamen der Zeitdruck gegenüber dem Referendarexamen *enorm* zunimmt (Bearbeitung eines langen Sachverhalts, aber auch Zunahme der Anzahl der Einzelprobleme), ist ebenso eindeutig wie sie fatalerweise von vielen Referendaren bis zum Examen hin verdrängt wird.

hemmer-Klausur-Tipp

> Trainieren Sie ständig unter Examensbedingungen! Seien Sie v.a. beim Timing ehrlich zu sich selbst und nutzen Sie möglichst jede Klausur zur Simulation des „Kampfes gegen die Uhr"!
> Referendare, die bei der Fertigung ihrer *ersten* Klausuren im Referendariat keine Zeitprobleme hatten, neigen manchmal dazu, sich anschließend selbst zu betrügen: Sie bearbeiten Übungsklausuren, die ihnen „zu umfangreich" erscheinen, einfach länger statt – wie es richtig wäre – Arbeitsmethode und Schreibstil zu modifizieren. Viele Referendare halten den Zeitdruck in *unseren* Klausuren für größer als den in Ihren Pflichtklausuren zu Beginn des Referendariats. Ehemalige Teilnehmer weisen uns aber oft darauf hin, dass sie den Zeitdruck in ihrem eigenen Examen als genauso groß oder gar *größer* empfanden als bei uns im Kurs.
> Diese unterschiedliche Wahrnehmung hat verschiedene Ursachen:
> Zum einen: Von den in Schwierigkeitsgrad und Umfang manchmal *extrem unterschiedlich* gestalteten Examensklausuren bekommt man in den Anfangsmonaten des Referendariats natürlich nicht gleich die „Kracher" schlechthin vorgesetzt. Oft – aber nicht bei allen Ausbildern! – ändert sich dies bei späteren Pflichtklausuren.
>
> *„Sonderphänomene" berücksichtigen*
>
> Zum anderen aber entstehen im Examen bei vielen Prüflingen bestimmte „Sonderphänomene" gegenüber der vorherigen Situation, die zusätzlichen Zeitdruck bescheren:
> - Im jetzt gegebenen „Ernstfall" ist das Thema der Klausur nicht in der Phase unmittelbar zuvor ausführlich besprochen worden (es sei denn „zufällig" bei uns im Kurs).
> - Weil es *jetzt* um viel mehr geht, zögert der Prüfling im Examen bei der Entscheidung an den „Knackpunkten" wesentlich länger als in den Übungsklausuren, bis er sich entschieden hat.
> - Eine BGH-Entscheidung, auf die die Klausur kurz nach Ergehen der Entscheidung zugeschnitten war und ggf. sogar das Zentralproblem behandelte, war damals, als der Fall tatsächlich im Examen lief, unzutreffend oder unvollständig kommentiert, ist aber inzwischen in den Kommentar eingearbeitet.
> - Und schließlich: Dem einen oder anderen Prüfling fehlt vielleicht einfach nur der sonst beim Gang auf die Toilette geholte Kollegentipp!
>
> All dies macht es nach unserer Auffassung zur Erlangung eines echten Leistungstests notwendig, dass im Training *vor* dem Examen ein paar Prozent *mehr* abverlangt werden als dann „im Ernstfall".

Training des „Zeitmanagements" nötig

Das Training eines richtigen „Zeitmanagements" gehört daher zu den wichtigsten Dingen einer effektiven Examensvorbereitung!

Diskutiert man über die richtige Zeiteinteilung im Rahmen einer Assessorklausur, so bekommt man viele Ratschläge zu hören. Dabei gibt es eigentlich nur einen Ratschlag, der wirklich zutreffend ist, nämlich die berühmte Juristenantwort: „Es kommt darauf an."

pauschale Ratschläge verbieten sich!	Wie schon angedeutet, sind Examensklausuren höchst unterschiedlich konzipiert. Damit sind nicht nur die Unterschiede zwischen den jeweiligen Bundesländern gemeint, sondern auch der Ablauf innerhalb eines konkreten Examenstermins. Dazu folgendes authentische Beispiel aus einem bayerischen Examenstermin:
authentisches Beispiel	*Als an einem Examenstag ein nur zweieinhalbseitiger einfach strukturierter Sachverhalt mit der Aufforderung, ein Gutachten zu erstellen, ausgegeben wurde, bemerkte der Prüfling schnell die enorme Anzahl der Probleme des Falles, begann deswegen bereits nach ca. 35 Minuten mit dem Schreiben und bekam die abgegebenen 28 Seiten (kleine Schrift) insgesamt mit viel Lob, aber auch mit dem – angesichts der Gesamtumstände merkwürdigen – Vermerk zurück, dass „leider das letzte Problem etwas zu dünn behandelt" worden sei.* *Nur einen Tag später wurde dagegen ein 18seitiger, völlig kompliziert aufgebauter Klausursachverhalt ausgegeben, den der Bearbeiter erst nach fast 2 ½ Stunden einigermaßen im Griff hatte, sodass er mit der Reinschrift beginnen konnte. Er änderte daraufhin den Schreibstil gegenüber dem Vortag radikal (von Anfang an viel kürzer, sodass nicht die bei den Korrektoren regelrecht verhasste „Kopflastigkeit" entstand) und kam mit einer nur 12-seitigen Lösung, die sich extrem um Prägnanz bemühte, immer noch zu einer Bewertung im oberen Notenspektrum.*
chamäleonartige Anpassung nötig	Das Beispiel zeigt, dass die Kunst darin besteht, den Arbeitsstil chamäleonartig notfalls von einem Tag auf den andern zu verändern. Wer bei solchen, alles andere als atypischen Unterschieden versucht, mit immer *gleichen* Methoden zu arbeiten, muss zwangsläufig irgendwo Schwierigkeiten bekommen.
hemmer-Klausur-Tipp	**Orientieren Sie sich zunächst an folgender ungeschriebenen, aber immer wieder unter Beweis gestellten Regel: je kürzer und einfacher der Sachverhalt, umso mehr Rechtsprobleme wird die Lösung enthalten; je komplizierter der Sachverhalt, umso kürzer und prägnanter wird man die Lösung fassen können. Aber natürlich: Keine Regel ohne Ausnahme!**
	Eine Beobachtung trifft aber jedenfalls sehr oft zu: Viele Bearbeiter beginnen deutlich zu spät mit der Niederschrift ihrer Klausur und haben deswegen schon zu diesem Zeitpunkt wenig Chancen auf eine wirklich gute Bewertung, weil diese sehr viele inhaltliche und stilistische Anforderungen gleichzeitig stellt[19], deren erfolgreiche Bewältigung eben eines gewissen Zeitaufwandes bedarf.
Zeitfresser Nr. 1: zu wenig Übung im Umgang mit dem Sachverhalt	⇨ Sehr oft liegt dies an mangelnder oder gar falscher Übung im Umgang mit dem Sachverhalt bzw. daran, dass man bei der Erarbeitung des Sachverhalts einfach viel länger braucht als manche Kollegen, bis man ihn im Griff hat. Hier hat so gesehen natürlich derjenige klare Vorteile, dessen Gedächtnis und „Ordnungssinn" so veranlagt *und* geschult ist, dass er sich die Zusammenhänge schnell einprägen kann.
Zeitfresser Nr. 2: unzureichende „Kommentartechnik"	⇨ Nicht selten liegt es aber (zumindest auch) daran, dass der richtige Umgang mit dem Kommentar nicht beherrscht wird und deswegen viel zu viel Zeit für die Lektüre von „Palandt & Co." verwendet werden muss.

---

19 Siehe dazu unten ausführlich im Kapitel „Entscheidungsgründe" (§ 9, Rn. 49 ff.).

D. Umgang mit den Kommentaren

perfekter Umgang mit dem Kommentar als nötige handwerkliche Fähigkeit

Die Tatsache, dass im Assessorexamen die Verwendung bestimmter Kommentare zugelassen ist, wird von Neureferendaren sehr positiv gesehen. Dies ist in der Tat eine begrüßenswerte Entscheidung der Justizprüfungsämter, da damit ein wesentlich *praxisgerechteres* Arbeiten trainiert werden kann. Der perfekte Umgang mit dem Kommentar gehört eben zu den handwerklichen Fähigkeiten eines guten Richters oder Anwalts.

Das Problem liegt aber darin, dass die Beherrschung dieser Fähigkeit bei genauerer Betrachtung und insbesondere im „Kampf gegen die Uhr" nicht ganz so einfach ist, wie viele dies meinen.

Einer der Hauptfehler von schwachen oder unerfahrenen Referendaren ist es, einerseits in ihrer Klausur permanent am Kommentar zu „kleben" und damit einhergehend - u.a. gerade im Hinblick auf den neu gewonnenen „Helfer" -, die notwendige Wiederholung und Vertiefung ihrer materiell-rechtlichen Kenntnisse zu vernachlässigen. Dies wirkt sich meist in mehrfacher Hinsicht fatal aus.

I. Zeitprobleme

Faktor Zeit

Insbesondere ist der Faktor Zeit zu berücksichtigen. Es ist zunächst zu beachten, dass man viele Klausuren beim besten Willen zeitlich nicht bewältigen kann, wenn man ständig in den Palandt schaut.

nur gezielte Blicke an Schlüsselstellen

Grundprobleme müssen daher wie im Ersten Staatsexamen möglichst eng am Gesetzeswortlaut und aus dem Kopf gelöst werden! Der Kommentar sollte nur die Rolle übernehmen, an einer kritischen Stelle, über die man einerseits geteilter Meinung sein kann, die andererseits aber eine Schlüsselstelle des Falles ist, eine Art Absicherung gegen eine völlige Praxisferne des Urteils vorzunehmen.

Auch kann er, wenn einen einmal das Gedächtnis im Stich gelassen hat, zum Auffinden der für eine ordentliche Subsumtion unverzichtbaren Wiedergabe von Definitionen helfen.

Der Einsatz des Kommentars muss deswegen x-fach in Klausuren *trainiert* worden sein: Der Prüfling muss sich das *Gespür* antrainieren, wann es sich lohnt, in den Kommentar zu sehen. Das werden oft nicht mehr als vier oder fünf Stellen des Falles sein,[20] insbesondere solche Spezialfragen, bei denen klar ist, dass sie ein „normaler" Jurist einfach nicht im Kopf haben kann.

schnelles Auffinden unverzichtbar

Weiterhin muss der Umgang mit dem Kommentar so geübt worden sein, dass dieser gezielte Blick *in kürzester Zeit* die richtigen Fundstellen beibringt. Wer erst seitenlang herumlesen muss, hat im Regelfall schon verloren! Dies erfordert u.a. ein gewisses Verständnis für den Aufbau bzw. die Systematik des Kommentars.

---

[20] Zu beachten ist, dass dies in Anwaltsklausuren häufiger notwendig sein kann. Siehe dazu in Assessor-Basics, Anwaltsklausur (Theorieband), § 1, Rn. 134 sowie vor allem § 5, Rn. 25 ff.

Sehr hilfreich ist es auch, wenn man infolge häufiger Anwendung die teilweise unterschiedliche Verlässlichkeit einzelner Kommentatoren oder unterschiedlicher Rechtsgebiete innerhalb ein und desselben Kommentars bemerkt und daraus seine Konsequenzen zu ziehen gelernt hat.[21]

hemmer-Klausur-Tipp

> **Umfassendes Lesen im Palandt muss *vor* dem Examen stattfinden, nicht *während* des Examens! Nehmen Sie sich bei der Nacharbeit von Klausuren jeweils die Zeit, die Systematik des im Fall relevant gewordenen Problemkreises sowie die Lösung ähnlicher Einzelfragen im Palandt nachzulesen und selbst zu durchdenken. Die Tatsache, dass derartiges in der eben behandelten Klausur eingebaut war, zeigt Ihnen doch, dass der gesamte Komplex grds. examensrelevant ist. Versuchen Sie dann, den Palandt wie ein Lehrbuch oder Skript zu lesen. *Ihn* haben Sie im Examen zur Hand, also müssen Sie sich auch auf den dort verwendeten Stil der Informationsvermittlung einstellen! Materiell-rechtliche Skripten werden dadurch nicht gänzlich überflüssig, sollten nun beim Lernen aber mehr „hilfsweise" eingesetzt werden (Klärung von Unklarheiten bzw. Fehlern im Palandt) bzw. zur Erarbeitung derjenigen Dinge, die in einem Kommentar meist zu kurz kommen (Wiederholung von „Überblickswissen" und Systematik, also gerade nicht von speziellen Details, für die der Kommentar meist der geeignetere Informant ist!).**

II. Gefahr der Irreführung durch den Kommentar

Gefahr der Irreführung durch den Kommentar

Der zweite wichtige Punkt neben den Zeitproblemen ist, dass - wie unsere Erfahrung zeigt - auch so manche Kommentarstelle schlichtweg in die Irre führen kann. Zum einen ist zu bedenken, dass auch Kommentatoren Fehler machen (manche gar nicht so selten) und ihre Meinung eben gerade keine Gesetzeskraft hat.

Vor allem aber ist auch zu berücksichtigen, dass Kommentarfundstellen notwendigerweise sehr knapp gefasst sein müssen und dadurch manchmal unklar sind bzw. aus dem Zusammenhang gerissen ein ganz anderes Bild ergeben.

Erst selbst denken, dann erst (wenn noch nötig) in Kommentar sehen!

Als Kursleiter wird man immer wieder mit dem Vorwurf konfrontiert, dass die eben präsentierte Lösung falsch sei, weil im Kommentar doch etwas anderes stehe. In den weitaus meisten Fällen besteht dann die Aufgabe darin, dem Kursteilnehmer klar zu machen, dass mit dieser Fundstelle *ein völlig anderer Fall* gemeint ist. In manchen solchen Fällen ist es auch angezeigt, mit dem Kursteilnehmer - soweit er einsichtig ist - ein dann oft viel wichtigeres Gespräch über die richtige Klausurarbeitstechnik zu führen!

Solche Fehler passieren nämlich dann, wenn der Klausurbearbeiter *zuerst* nach Kommentarmeinungen sucht und dann erst - wenn überhaupt noch - das *eigene* Denken beginnt. Richtig ist ein umgekehrtes Vorgehen: Erst muss das Problem erkannt und eigenständig durchdacht, also gewissermaßen „eingekreist" werden. Dann erst ist - wenn dies noch notwendig erscheint - ein *gezielter* Blick in den Kommentar zu werfen. Auf diese Weise wird die Anzahl der zeitintensiven Kommentarrecherchen reduziert und gleichzeitig die Gefahr reduziert, dass eine Fundstelle falsch verstanden wird.

---

[21] Dieser im Palandt extrem unterschiedliche Grad der Verlässlichkeit der (in den Spezialgebieten teilweise fachfremden!) Kommentatoren spielt in den mündlichen Hemmer-Assessorkursen natürlich eine zentrale Rolle!

E. Äußere Form der Arbeit

äußere Form der Arbeit

Die weitaus meisten Dinge, die die „Verpackung" der zu fertigenden Klausur betreffen, erschließen sich für den Leser erst, wenn er die rechtlichen bzw. inhaltlichen Anforderungen an das Urteil kennen gelernt hat.

Daher wird zu vielen wichtigen Dingen noch nicht hier, sondern erst in den jeweiligen Einzelkapiteln Stellung genommen.[22]

Deswegen hier nur ein paar allgemeine Regeln, die eigentlich „Binsenweisheiten" darstellen und auch schon im Referendarexamen zu beachten waren, aber unverständlicherweise trotzdem immer wieder missachtet werden:

I. Die Sprache

einfache Sätze, möglichst wenig Fremdwörter

Da ein Urteil sich primär an die Parteien richtet, ist eine einfache und klare Sprache zu verwenden. Es sind also möglichst einfache Sätze zu bilden und - ohne dass man ganz auf die prägnante juristische Fachterminologie verzichten könnte - möglichst wenig Fremdwörter zu verwenden.[23]

keine Umgangssprache

Die Notwendigkeit der Verwendung einer einfachen und klaren Sprache bedeutet aber selbstverständlich nicht, dass der Verfasser in Umgangssprache verfallen dürfe. Auch wenn die jeweils Betroffenen dies oft einfach nicht wahrhaben wollen: Hiergegen wird permanent verstoßen!

Sprachtalent spielt eine Rolle

Sicherlich ist es so, dass hinsichtlich des Schreibstils - wie auch sonst - die Talentfrage eine große Rolle spielt. Manche Examenskandidaten haben einfach „das Händchen", auf einer einzigen Klausurseite so viel juristische Substanz abzuliefern wie andere auf drei Seiten, und dies dann auch noch spannend wie einen Thriller zu „verkaufen". Vorhandene Defizite in germanistischer Hinsicht werden immer - auch im späteren Berufsleben - ein großer Nachteil sein. Allerdings lässt sich mit ständigem Üben *und Reflektieren* (!) wohl immer zumindest ein Standard erreichen, der zumindest nicht zu direkten Punktabzügen führt.[24]

II. Die Schrift

Schrift

denken Sie an das Unterbewusstsein des Korrektors!

Auch wenn teilweise darüber gestritten wird, ob und inwieweit dieser Teil der äußeren Form als *unmittelbares* Bewertungskriterium zulässig ist, so ist es dennoch in jedem Fall eindeutig, dass eine äußerlich ansprechende Arbeit im Examen besser beurteilt wird. Zumindest schlägt sich dies nämlich im Unterbewusstsein des Korrektors nieder: Machen Sie ihm die Arbeit leichter, und er wird es Ihnen - wenn auch unbewusst - in jedem Fall danken. Das heißt: Die Schrift sollte so einfach wie irgend möglich lesbar sein. Es lohnt sich, daran zu arbeiten!

---

[22] Siehe v.a. zu den Grundregeln des Urteilsstils (Aufbau, Verwendung von Obersätzen usw.) ausführlich unten im Kapitel „Entscheidungsgründe" (§ 9).

[23] Vgl. etwa HUBER, Rn. 203 ff.

[24] In dieser Beziehung kann u.U. sogar ein gewisses „fachfremdes" Training helfen: Mir selbst geriet es in beiden Examina zu einem enormen Vorteil, dass ich mir mein Studium durch eine Nebentätigkeit als Journalist in einer Lokalzeitung finanziert hatte. Dass es sich dabei um Reportagen von Fußball-, Handballspielen u.a. handelte, war gar kein Nachteil: Entscheidend war die Gewinnung der Fähigkeit, auch unter großem Zeitdruck mit kurzen Sätzen einigermaßen flüssig zu schreiben.

hemmer-Klausur-Tipp

> „Die 18-Punkte-Klausur muss so geschrieben sein, dass der Korrektor sie in der Badewanne korrigieren kann!" Mit diesem – natürlich bewusst etwas zugespitzten – Leitspruch operierte einer unserer Kursteilnehmer und Mitarbeiter. An diesem Satz lässt sich eine Vielzahl psychologischer Phänomene festmachen, die auf die Notenbildung einwirken und – unmittelbar ausgesprochen – sicherlich wutentbrannte Dementis mancher Korrektoren nach sich ziehen würden, den klausurtaktischen und klausurtechnischen Ratschlägen von Hemmer-Mitarbeitern aber regelmäßig zugrunde gelegt werden. – Die Tatsache, dass dieser Kursteilnehmer und Mitarbeiter in beiden Examina als bester Bayerns (von jeweils weit über tausend Kandidaten) abschnitt, sollte Beweis genug für den wahren Kern der Aussage sein!

III. Die Gliederung

optische Wiedergabe der Struktur des Falles

Die Arbeit sollte aber *auch optisch* die Struktur des Falles sofort zu erkennen geben:

Die Lösung muss im Tatbestand wie auch in den Entscheidungsgründen logisch durchgegliedert sein, wobei die Regeln, *wie* man zu gliedern hat, wiederum unterschiedlich sind. Eine Durch*nummerierung* erfolgt nur in den Entscheidungsgründen.[25]

Absätze machen mit Abständen dazwischen

Diese Gliederung sollte weiterhin aber auch durch optisch hervorgehobene Absätze, Abstände zwischen ihnen usw. für den Leser sofort erkennbar sein. Sparen Sie nicht mit Papier! Beginnen Sie zumindest nach der Beendigung größerer Abschnitte (etwa Ende von „Zulässigkeit der Klage") mit neuen Blättern: So ermöglichen Sie sich selbst und dem Korrektor einen besseren Überblick und behalten sich eher die Option für spätere Ergänzungen.

---

25 Zu all dem siehe dazu jeweils ausführlich unten in den Kapiteln „Tatbestand" (§ 8) und „Entscheidungsgründe" (§ 9).

§ 2 Überblick zum Zivilurteil

A. Urteilsarten

Urteilsarten

Die ZPO hält einen Katalog verschiedener Urteilsarten bereit. Dabei können unterschiedliche Einteilungen nach unterschiedlichen Kriterien vorgenommen werden.

I. Einteilung nach der Rechtskraftwirkung

Einteilung nach der Rechtskraftwirkung

Nach der Rechtskraftwirkung sind Prozessurteile und Sachurteile zu unterscheiden. Diese Unterscheidung kann Auswirkungen auf den Tenor des Urteils haben.[26] Sie wirkt sich aber v.a. bezüglich der Rechtskraftwirkung dieses Urteils aus:

⇨ Ein Sachurteil hat materielle Rechtskraft hinsichtlich der Entscheidung in der Sache selbst, kann also einer späteren Entscheidung als Prozesshindernis entgegenstehen oder - meist klausurrelevanter - zu einer *Bindung* des Richters im Folgeprozess führen.[27] Dabei sind dann aber immer die Grenzen der Rechtskraft (grds. inter-partes-Wirkung; Erstreckung nur auf den Tenor und auf den konkret rechtshängig gewordenen Streitgegenstand) zu beachten.

⇨ Bei einem Prozessurteil erstreckt sich dagegen die Rechtskraftwirkung nur auf das Prozesshindernis. Wird dieses später beseitigt, ist eine erneute Klage in derselben Sache möglich.

II. Einteilung nach der Rechtsschutzform

Einteilung nach der Rechtsschutzform

Nach der Rechtsschutzform können Leistungs-, Feststellungs- und Gestaltungsurteile unterschieden werden.

Dies hat Bedeutung nicht nur für den jeweils völlig unterschiedlichen Tenor in der Hauptsache, sondern beispielsweise im Rahmen der Vollstreckbarkeitsentscheidung: Die Sicherheitsleistung ist bei Feststellungs- und Gestaltungsurteilen regelmäßig nur aus den Prozesskosten zu errechnen, nicht aus dem Wert der Hauptsache.[28]

III. Einteilung nach der Art des Zustandekommens

Versäumnisurteil!

Nach der Art des Zustandekommens ist zwischen Versäumnisurteilen und kontradiktorischen Urteilen zu entscheiden.

Diese Unterscheidung ist oft von herausragender Klausurbedeutung: Schon für die Klärung der Frage, ob die Voraussetzungen eines Versäumnisurteils vorliegen, kann eine nicht unbeträchtliche Anzahl der Rohpunkte der Klausur vorgesehen sein. Jedenfalls aber zeichnen sich die verschiedenen Varianten der Entscheidung im Rahmen des Versäumnisverfahrens durch derart viele Besonderheiten in Tenorierung, Aufbau u.a. aus, dass hierin das wohl wichtigste prozessuale Examensthema überhaupt liegt.[29]

---

26 Dazu siehe unten im Kapitel „Der Tenor über die Hauptforderung" (§ 4, Rn. 1 ff.).
27 Dazu siehe unten im Kapitel „Entscheidungsgründe" (§ 9, Rn. 5).
28 Hierzu und zu den wichtigen Ausnahmen im Zwangsvollstreckungsrecht siehe unten im Kapitel „Vollstreckbarkeit" (§ 7, Rn. 25 ff.).
29 Hierzu siehe ausführlich unten im eigenständigen Kapitel „Versäumnisverfahren" (§ 11).

IV. Einteilung nach der Bedeutung für die Erledigung des Rechtsstreits

Einteilung nach der Bedeutung für die Erledigung des Rechtsstreits

Differenziert man nach den Auswirkungen des Urteils auf die Erledigung des Rechtsstreits, so ist zu unterscheiden zwischen End-, Zwischen- und Vorbehaltsurteilen.

1. Endurteil

Endurteil

Ein Endurteil beendet die Instanz durch eine abschließende Entscheidung über den Streitgegenstand.[30]

Es ergeht als Voll-Endurteil, wenn hinsichtlich der gesamten Klage Entscheidungsreife besteht.

Teilurteil / Schlussurteil

Demgegenüber kann gemäß § 301 ZPO ein Teil-Endurteil (Bezeichnung einfach „Teilurteil") ergehen, wenn lediglich ein selbständiger Teil eines oder mehrerer Streitgegenstände entscheidungsreif ist.[31] Der noch offene Teil wird in einem späteren Teilurteil, dem sog. Schlussurteil verbeschieden. Von besonderer Bedeutung ist diese Aufteilung v.a. im Zusammenhang mit der Entscheidung über eine Stufenklage nach § 254 ZPO: Teilurteil über die erste Stufe (Auskunft), später Schlussurteil über den Zahlungs- oder Herausgabeantrag.

2. Zwischenurteil

Zwischenurteil

Ein Zwischenurteil kann gemäß § 303 ZPO bei Entscheidungsreife eines Zwischenstreits ergehen. Es klärt zumeist Verfahrensfragen, also Streitigkeiten, die den Streitgegenstand nicht unmittelbar betreffen.[32] Es ist nur zusammen mit dem Endurteil anfechtbar.

In diesem Punkt unterscheidet es sich vom Grundurteil nach § 304 ZPO, welches kein Zwischenurteil i.S.v. § 303 ZPO darstellt. Das Grundurteil kann ergehen, wenn in einem nach Grund und Höhe streitigen Verfahren der Streit über den Anspruchsgrund entscheidungsreif ist.[33] Gemäß § 304 II ZPO ist das Grundurteil selbständig anfechtbar.

Urteile über die Zulässigkeit der Klage (§ 280 II ZPO) und Urteile über einen Zwischenstreit mit Dritten (etwa §§ 71 I, 135 II, 387 I ZPO) haben mit Zwischenurteilen i.S.v. § 303 ZPO allein den Namen gemeinsam. Sie gelten nicht als echte Zwischenurteile und sind demgemäß gesondert anfechtbar (vgl. z.B. § 71 II ZPO).

3. Vorbehaltsurteile

Vorbehaltsurteile

Ein Vorbehaltsurteil (vgl. §§ 302, 599 ZPO) dient der Prozessbeschleunigung, indem es bereits vor der Entscheidung über eine erklärte Aufrechnung bzw. Einwendung einen vollstreckbaren Titel über die Klage schafft (vgl. §§ 302 III, 599 III ZPO). Es will eine Prozessverschleppung verhindern. Es handelt sich dabei nach h.M. um ein auflösend bedingtes Endurteil.[34]

---

30 Vgl. THOMAS/PUTZO, § 300, Rn. 1.
31 Vgl. THOMAS/PUTZO, § 301, Rn. 1.
32 Vgl. THOMAS/PUTZO, § 303, Rn. 1.
33 Vgl. THOMAS/PUTZO, § 304, Rn. 3 und 4.
34 Vgl. THOMAS/PUTZO, § 302, Rn. 1.

§ 2 ÜBERBLICK ZUM ZIVILURTEIL

Das im Nachverfahren eines Urkundenprozesses ergehende Urteil wird ebenfalls als Schlussurteil bezeichnet.

V. Entscheidungsform im Familienverfahrensrecht (Überblick)

für „Familienstreitsachen" gilt ZPO-Verfahren (§ 113 I FamFG)

Die in den Südbundesländern examensrelevanten „Familienstreitsachen", also Unterhaltsansprüche, Güterrechtssachen und das sog. „Nebengüterrecht" (vgl. § 112 FamFG) unterscheiden sich im Verfahrensablauf kaum von normalen Zivilstreitigkeiten. Für sie gelten nämlich über die Verweisung des § 113 I FamFG grds. die §§ 1 bis 494a ZPO.

> **Hinweis:** In vielen Bundesländern werden das FamFG bzw. die dahinterstehenden materiell-rechtlichen Fragenkreise nicht im Assessorexamen geprüft. So z.B. derzeit im Bereich des GPA. Es sind aber Veränderungen zu registrieren. In Hessen etwa wurde das FamFG nun seit 2013 tatsächlich geprüft.[35]

Aber: es ergeht kein Urteile!

Allerdings gelten für die Entscheidung des Gerichts andere Regeln: Gemäß § 116 i.V.m. §§ 38, 39 FamFG ergeht die Entscheidung nicht durch Urteil, sondern durch Beschluss. Der Beschluss ist zu begründen (§ 38 III FamFG). Er enthält nach der Beschlussformel (entspricht dem Tenor) unter der Überschrift „Gründe" zunächst eine Sachverhaltsdarstellung (ähnlich dem Tatbestand eines Urteils, im Examen aber meist erlassen) sowie in erster Linie eine rechtliche Begründung (wie die Entscheidungsgründe eines Urteils).

Verfahrenskosten

Bezüglich der Verfahrenskosten gelten ähnliche Regeln, wie sie unten in § 6 dieses Skripts dargestellt werden: Gemäß § 113 I 2 FamFG sind in Familienstreitsachen grds. die §§ 91 bis 101 ZPO anzuwenden, also nicht die §§ 80 bis 84 FamFG. Allerdings enthält § 243 FamFG (nur) für das Unterhaltsrecht eine Sonderregel, die vorgeht, letztlich aber zu weitgehend gleichen Ergebnissen führen wird, weil die Vorschrift sich bezüglich Handhabung des anzuwendenden „billigen Ermessens" eng an die Entscheidungskriterien der §§ 91, 92, 93 ZPO anlehnt.

Wirksamkeitsanordnung statt vorläufige Vollstreckbarkeit

Hauptsachebeschlüsse („Endentscheidungen") in Familienstreitsachen werden gemäß § 116 III 1 FamFG grds. erst *mit Rechtskraft* wirksam. Gemäß § 116 III 2 FamFG *kann* das Gericht aber die *sofortige* Wirksamkeit *anordnen*, in Unterhaltssachen *soll* es dies sogar regelmäßig tun (§ 116 III 3 FamFG). Folge: Der Beschluss ist dann gemäß § 120 II 1 FamFG bereits vor Rechtskraft vollstreckbar. Eine ausdrückliche Vollstreckbarkeitserklärung des Gerichts – wie bei den unten in § 7 dargestellten §§ 708 ff ZPO – erfolgt dann gerade nicht.

Neben weiteren „kosmetischen" Änderungen bestimmt § 113 V FamFG u.a. auch, dass an die Stelle der Bezeichnung „Klage" die als „Antrag" und an die Stelle von „Kläger" und „Beklagter" „Antragsteller" und „Antragsgegner" tritt.

Insgesamt sind die Unterschiede eines Beschlusses im Unterhalts- oder Güterrecht gegenüber einem ZPO-Urteil aber nicht allzu groß.

---

[35] Worauf unser dortiger Assessorkurs – anders als der von anderen Anbietern – auch rechtzeitig vorbereitet hatte.

B. Überblick zum Inhalt und Aufbau des Zivilurteils

I. Aufbauschema

Aufbau des Zivilurteils

Ein Endurteil erster Instanz orientiert sich grundsätzlich an dem nachfolgenden Aufbau. Die für den Aufbau eines Urteils maßgeblichen Vorschriften finden sich in den §§ 311 I, 313 ff., 315 I, III ZPO:

1. Rubrum

2. Tenor (vgl. § 313 I Nr. 4 ZPO)

    a. Hauptsache und Nebenforderung

    b. Kostenentscheidung

    c. Entscheidung über die vorläufige Vollstreckbarkeit

    d. Gegebenenfalls Entscheidung über eine Berufungszulassung

3. Tatbestand (vgl. § 313 I Nr. 5 ZPO).

4. Entscheidungsgründe (vgl. § 313 I Nr. 6, III ZPO)

5. Unterschrift(en) (vgl. § 315 I ZPO)

II. Anmerkungen zu „kleineren" Detailfragen

Details (siehe weitgehend die Folgekapitel)

Während Sie zu praktisch allen wichtigen Teilen im Folgenden eigene Kapitel mit ausführlichen Erläuterungen finden, seien hier kurz einige „kleinere" Fragen der aufgeführten Urteilselemente erläutert:

1. Berufungszulassung im Tenor

u.U. Entscheidung über Berufungszulassung im Tenor nötig!

Auch bei Nichterreichen der Berufungssumme (*mehr als* 600 €[36]; vgl. § 511 II Nr. 1 ZPO) ist die Berufung dann zulässig, wenn diese vom Gericht der ersten Instanz *im Urteil* zugelassen worden ist.

Die Gründe, wann eine Berufung zuzulassen ist, sind in § 511 IV ZPO aufgezählt: „grundsätzliche Bedeutung", „Fortbildung des Rechts" oder „Sicherung einer einheitlichen Rechtsprechung".

Fraglich ist hier, wie die §§ 511 II Nr. 2, IV ZPO *im Urteil erster Instanz* zu berücksichtigen sind. Insoweit ist mehrfach zu differenzieren, nämlich nach folgenden Aspekten: Zulassungsgrund gegeben oder nicht? Beschwer über 600 € oder nicht? Arbeitsgerichtliches Urteil oder normales Zivilurteil?

a. Fall 1: Beschwer von nicht über 600 Euro

unproblematischer Fall 1: Beschwer nicht über 600 €

Liegt die Beschwer der jeweiligen Partei nicht über 600 €, so *muss* sich das Gericht in jedem Fall hinsichtlich der Zulassung oder Nichtzulassung entscheiden.

---

[36] Bei *genau* 600 Euro ist die Berufungssumme nicht erreicht. Verwenden Sie in der Klausur also möglichst nicht die Formulierung „unter 600 Euro".

§ 2 ÜBERBLICK ZUM ZIVILURTEIL

Eine solche Situation ist beim Kläger gegeben, wenn die Differenz zwischen dem im Urteil zugesprochenen Betrag und dem von ihm gestellten Antrag *nicht über* 600 € liegt (formelle Beschwer), während es beim Beklagten darauf ankommt, dass seine Verurteilung nicht über 600 € liegt (materielle Beschwer).[37]

aa. Positive Zulassungsentscheidung

Diese richterliche Entscheidung muss natürlich auch unmittelbar *im Urteil erster Instanz* niedergelegt werden, wenn die *positive* Entscheidung über die Zulassung ergehen soll.

Ausspruch am besten in die Urteilsformel selbst aufnehmen

An welcher Stelle des Urteils die Entscheidung zu treffen ist, lässt die ZPO – anders als § 64 IIIa 1 ArbGG für das arbeitsgerichtliche Urteil („in den Urteils*tenor* aufzunehmen") – offen. Es ist aber auch im Zivilprozess der frühzeitigen Klarstellung wegen sinnvoll, den Ausspruch in die Urteilsformel selbst aufzunehmen.[38] Dagegen ist die inhaltliche Stellungnahme zu § 511 IV ZPO erst in den Entscheidungsgründen vorzunehmen.

Bei Klageabweisung von nicht über 600 € ist in einem solchen Fall beispielsweise zu tenorieren:

Formulierungsbeispiel:

„Die Berufung durch den Kläger wird zugelassen."

bb. Negative Entscheidung: Nichtzulassung (Regelfall)

Problemfall: Nichtzulassung (Regelfall) auch in den Tenor?

Fraglich ist, ob diese richterliche Entscheidung über die Zulassung oder Nichtzulassung auch dann *im Urteil selbst ausformuliert* werden muss, wenn gerade keine Zulassung erfolgen soll. Diese Nichtzulassung dürfte der Regelfall sein, denn in einem Klausursachverhalt werden sich normalerweise wohl selten die in § 511 IV ZPO genannten Gründe zusammentragen lassen.

12a

Völlig klar ist dies für das arbeitsgerichtliche Urteil: § 64 IIIa 1 ArbGG schreibt ausdrücklich vor, dass *auch die negative* Zulassungsentscheidung vorzunehmen und zu begründen ist.

Eine derartige Klarstellung ist in der ZPO leider unterblieben. Es hat sich die Auffassung durchgesetzt, dass man bei *Nichtzulassung* (= Regelfall) die Entscheidung und damit auch deren Begründung ganz *weglassen* könne (nicht müsse!), wenn nicht die betreffende Partei die Zulassung beantragt hat; das Schweigen bedeute automatisch eine Nichtzulassung.[39] Wird ausdrücklich tenoriert, heißt es:

Formulierungsbeispiel:

„Die Berufung (evtl. des Klägers und/oder Beklagten) wird nicht zugelassen."

---

37 Vgl. hierzu THOMAS/PUTZO, vor § 511, Rn. 16 ff.
38 So zu Recht HARTMANN, NJW 2001, 2577 (2586); BAUMBACH/HARTMANN, § 511, RN. 25; THOMAS/PUTZO, § 511, Rn. 22. Nach BGH (NJW 2016, 1179) ist das nicht zwingend, wie der konkrete Fall zeigte, aber sehr empfehlenswert: Die dortige Zulassungsentscheidung in den Entscheidungsgründen war von der Berufungsinstanz nämlich einfach ignoriert worden!
39 Vgl. etwa BGH, NJW 2011, 926-928 (927) = **juris**byhemmer und BGH, NJW 2011, 2974-2976 (2976) = **juris**byhemmer; THOMAS/PUTZO, § 511, Rn. 22; ZÖLLER/GUMMER, § 511, Rn. 39.

hemmer-Klausur-Tipp

> Stellen Sie in der Klausur die Nichtzulassung im Tenor klar. Schon in der Praxis ist dies u.E. die bessere Lösung, weil dann gar keine Zweifel darüber aufkommen können, dass diese Entscheidung *nicht versehentlich* völlig unterblieben ist (Rechtsmittelklarheit).[40] In jedem Fall sollten Sie Folgendes bedenken: Fehlt diese Klarstellung im Tenor, kann der Korrektor nicht beurteilen, ob Sie das Problem erkannt und „konkludent" in diesem Sinne gelöst oder ob Sie das Problem der Zulassung vollständig *übersehen* haben! Einen solchen Zweifel sollte man beim Korrektor gar nicht erst aufkommen lassen. Außerdem: Müssen Sie im Examen auch mit einer Arbeitsrechtsklausur rechnen, dann müssen Sie dort wegen § 64 IIIa 1 ArbGG zwingend die Tenorierung vornehmen. Haben Sie sich in der ZPO-Klausur aber das Schweigen zu dieser Frage angewöhnt, steigt die Wahrscheinlichkeit eines solchen formellen (Leichtsinns)-Fehlers in der Arbeitsrechtsklausur gewiss enorm an!

b. Fall 2: Beschwer über 600 Euro

Bisher streitiger Fall: Beschwer über 600 €

Streitig ist bzw. war die Frage, ob bei einer Beschwer über 600 € überhaupt eine *Entscheidung* über die Zulassung der Berufung zu treffen ist. Auf den ersten Blick mag diese Überlegung abwegig erscheinen, da der Ausgangspunkt völlig klar ist: Auf die Zulassung der Berufung kommt es für deren Zulässigkeit nur dann an, wenn diese nicht bereits kraft Gesetzes zulässig ist.

Das Problem besteht aber darin, dass es für die Berufungssumme nicht alleine auf die Beschwer ankommt, sondern - so einheitlich der Wortlaut von § 511 II Nr. 1 ZPO und § 64 II lit. b ArbGG - auf den Wert des *Beschwerdegegenstandes*. Dieser kann nie höher sein als die Beschwer, kann in Fällen der bloßen Teilanfechtung aber geringer sein. Der Richter der ersten Instanz kann aber nie (oder zumindest höchst selten) den Umfang der möglichen *künftigen* (!) Berufung voraussehen.

h.M. im Arbeitsrecht: immer vorsorgliche Zulassungsentscheidung nötig

Folgerung einer inzwischen im Arbeitsrecht verbreiteten Ansicht: Der Richter müsse wegen dieser Nichtvoraussehbarkeit nahezu immer *vorsorglich* zur Zulassung der Berufung Stellung nehmen.[41] Etwas anderes könne nur dann gelten, wenn wirklich ausnahmsweise einmal völlig klar ist, dass *jede denkbare* Berufung schon *kraft Gesetzes* zulässig sein wird.[42]

Für den regelmäßig gegebenen Fall des Nichtvorliegens der Zulassungsgründe wird daher folgende Formulierung vorgeschlagen:[43]

Formulierungsbeispiel:

„Soweit die Berufung nicht bereits kraft Gesetzes zulässig ist (§ 64 II lit. b und c ArbGG), wird sie nicht zugelassen."

---

40 Die Tatsache, dass diese Entscheidung im ArbGG *ausdrücklich* gefordert wird, ist die Folge eines jahrelangen Streits um Urteile, die in dieser Hinsicht unklar geblieben waren. Diesen Streit hat der Gesetzgeber durch die Klarstellung in § 64 IIIa 1 ArbGG beseitigen wollen (was mehrere Jahre später, als die heutigen § 511 II Nr. 2, IV ZPO geschaffen wurden, offenbar wieder vergessen worden war!). Diese Vorgeschichte scheint Zivilrechtlern, die sich nicht auch mit dem arbeitsgerichtlichen Verfahren beschäftigen, nicht bekannt zu sein.

41 Siehe dazu ausführlich und mit Fallgruppenbildung STOCK, NZA 2001, 481 ff; ihm folgend etwa SCHWAB/WILDSCHÜTZ/HEEGE, NZA 2003, 999 (1003) sowie ERFK/KOCH ArbGG § 64, Rn. 10.

42 Einen solchen Ausnahmefall wird man annehmen können, wenn es im konkreten Urteil *ausschließlich* um Bestandsschutzstreitigkeiten i.S.d. § 64 II lit. c ArbGG (Kündigung, Aufhebungsvertrag, Befristung u.ä.) geht, also nicht um (zusätzliche) Leistungsanträge. Zu dieser Konstellation siehe etwa im Skript Klausurentraining Arbeitsrecht, Fall 1 (am Ende). Dabei ist in manchen Fällen aber streitig, ob überhaupt ein Fall von § 64 II lit. c ArbGG vorliegt (siehe dazu Stock NZA 2001, 481, 486 m.w.N.).

43 So inzwischen die zumindest überwiegende Praxis vieler Arbeitsgerichte.

Andernfalls: „Soweit die Berufung nicht bereits kraft Gesetzes zulässig ist (§ 64 II lit. b und c ArbGG bzw. § 511 II Nr. 1 ZPO), wird sie hinsichtlich ... zugelassen, im Übrigen wird sie nicht zugelassen".

jetzt Klarstellung in § 511 IV ZPO

Anders die Handhabung im zivilgerichtlichen Urteil: Aufgrund der 2004 erfolgten Änderung von § 511 IV ZPO („... *und* 2. die Partei durch das Urteil mit nicht mehr als 600 € *beschwert* ist.") ist eine solche *vorsorgliche* Zulassungsentscheidung, wie sie zuvor teilweise[44] auch hier vertreten worden war, definitiv überflüssig geworden.

Über die Handhabung im arbeitsgerichtlichen Urteil wird wohl weiter gestritten werden.

c. Fall 3: Beschwer teilweise über, teilweise unter 600 Euro

Kombination der Fallgruppen in der Klausur möglich

Klarzustellen ist noch, dass die eben diskutierten Fälle natürlich auch kombiniert in der Klausur gegeben sein können: Die Beschwer beim Kläger liegt wegen einer Teilabweisung von 500 € unter, beim Beklagten wegen Verurteilung in Höhe von 3.000 € aber über der Summe. Dann ist für jede Partei einzeln darauf abzustellen, ob die Notwendigkeit einer Zulassungsentscheidung besteht oder nicht.

14

2. Streitwertfestsetzung

Streitwertfestsetzung

Nach inzwischen wohl h.M. ist eine endgültige Streitwertfestsetzung des Gebührenstreitwerts (vgl. § 63 I, II GKG) auch dann nötig, wenn es sich um eine *Zahlungs*klage auf einen *festen Geldbetrag* handelt, bei der sich der Streitwert von selbst ergibt.

15

Fraglich ist aber, ob die Streitwertfestsetzung dann, wenn die Aufgabenstellung in der Fertigung eines Urteils besteht, überhaupt vom Bearbeitervermerk der Klausur erfasst ist; immerhin handelt es sich grds. um einen *eigenständigen Beschluss*.

Integrierung des Beschlusses ins Urteil verbreitet

Dennoch wird vertreten, dass dieser Beschluss, wenn er nötig ist (s.o.), am Ende des Urteils, also unmittelbar vor den Unterschriften, vorzunehmen sei.[45] Von manchen Praktikern wird er sogar *in den Tenor* des Urteils selbst mit aufgenommen.[46]

> **Hinweis:** Letzten Endes geht es bei dieser Frage also weitgehend um die exakte Formulierung des Bearbeitervermerks von Klausuren bzw. die jeweiligen örtlichen Gepflogenheiten in dieser Hinsicht. Teilweise wird im Bearbeitervermerk ausdrücklich klargestellt, dass eine Streitwertfestsetzung nicht gefordert sei (so etwa oft in Bayern). Der Referendar sollte sich also nicht auf apodiktische Thesen verlassen, sondern sich über die jeweilige Praxis im Bereich des für ihn zuständigen Prüfungsamtes kundig machen!

Arbeitsrecht: Streitwertfestsetzung im Tenor des Urteils

Für das Urteil im Arbeitsrecht ist zu beachten, dass es dort allgemein üblich ist, die in § 61 I ArbGG ausdrücklich vorgeschriebene Streitwertfestsetzung *im Tenor* des Urteils vorzunehmen.[47]

---

44 FISCHER, NJW 2002, 1551 (1553), GREGER, NJW 2002, 3049 (3051), FÖLSCH, NJW 2002, 3758 (3759).
45 So etwa ANDERS/GEHLE, B, Rn. 58 f. und HUBER, Rn. 202. Das Beispiel von KROIß/NEURAUTER, Muster Nr. 12, enthält dagegen keine Streitwertfestsetzung im Urteil, geht aber auch nicht auf die Frage der Notwendigkeit ein.
46 Vgl. hierzu HUBER, Rn. 49.
47 Vgl. etwa Assessor-Basics, Klausurentraining Arbeitsrecht, Fall 1, Rn. 2.

3. Rechtsbehelfsbelehrung

Rechtsbehelfsbelehrung (vor den Unterschriften)

Gemäß § 232 ZPO ist grundsätzlich eine Rechtsbehelfsbelehrung vorgeschrieben. Diese ist in jedem Falle am Ende des Urteils, also unmittelbar vor den Unterschriften, vorzunehmen.[48]

Gemäß § 232 S. 2 ZPO besteht aber keine Belehrungspflicht in Verfahren mit Anwaltszwang und damit also wegen § 78 I ZPO v.a. nicht in landgerichtlichen Endurteilen. Davon besteht wiederum eine Ausnahme für den Erlass von Versäumnisurteilen.

hemmer-Klausur-Tipp

> Achten Sie gerade auch hier wieder auf Ihren Bearbeitervermerk! Erwartungsgemäß stellt sich heraus, dass zumindest die meisten Prüfungsämter es nicht für sinnvoll erachten, den Text der Rechtsbehelfsbelehrung, den der Praktiker einfach per Textbaustein einfügt, im Wortlaut abzuprüfen. Entweder wird nur eine abgekürzte Form, also ein kurzer Hinweis auf die einschlägigen Vorschriften des Berufungsrechts (bzw. im FamFG des Beschwerderechts gemäß §§ 58 ff, 117 FamFG) verlangt oder die Rechtsbehelfsbelehrung wird gleich ganz erlassen.
> Im letztgenannten Fall sollten Sie sicherheitshalber dennoch die Kenntnisnahme von § 232 ZPO demonstrieren und daher unmittelbar vor der Unterschrift den Vermerk „Rechtsbehelfsbelehrung: …. (erlassen)" anbringen.
> Enthält der Bearbeitervermerk der Klausur keinen Hinweis auf die Rechtsbehelfsbelehrung, so prüfen Sie noch einmal, an welchem Gericht Sie sich in der konkreten Klausur eigentlich befinden. Geht es um ein *land*gerichtliches Endurteil, so würden Sie sich mit der Fertigung der Rechtsbehelfsbelehrung nach dem „Motto „direkt verboten ist es nicht" gewiss nicht nur wegen der Zeitprobleme der Klausur keinen Gefallen tun![49]

4. Unterschrift(en)

Unterschrift(en)

Das Urteil wird mit der Richterunterschrift abgeschlossen. Wenn die Namen der Richter im Sachverhalt nicht angegeben sind, weil dort nur ein *Auszug* aus dem Protokoll der Hauptverhandlung abgedruckt ist, genügt zwangsläufig die Angabe „eine Unterschrift" oder „drei Unterschriften".

auf Änderung des § 348 ZPO (originärer Einzelrichter) achten!

Während am Amtsgericht natürlich immer nur ein Richter anzugeben ist, ist dann bei einer landgerichtlichen Entscheidung die Anzahl der zur Entscheidung berufenen Richter zu kontrollieren: Gemäß § 348 I 1 ZPO wird das in den meisten Fällen ein Einzelrichter sein.

arbeitsgerichtliches Urteil: Unterschrift nur des Vorsitzenden (vgl. § 60 IV 1 ArbGG)

Bei einem arbeitsgerichtlichen Urteil ist zu beachten, dass die Schöffen nicht unterschreiben, sodass nur eine Unterschrift anzugeben ist, nämlich die des Berufsrichters als Vorsitzendem (vgl. § 60 IV 1 ArbGG).

---

[48] Vgl. etwa das Beispiel von Kroiß/Neurauter, Muster Nr. 12.
[49] Das Vorgehen von Kroiß/Neurauter, Muster Nr. 12, sollte man in einer Klausur insoweit also nicht zum Vorbild nehmen!

§ 3 Das Rubrum

A. Allgemeines

Grundsätzlich gibt es keine vom Gesetzgeber vorgeschriebene Form für den Urteilskopf. Allein für den Inhalt des Rubrums enthält die ZPO in den §§ 311 I, 313, 313b I, 315 I, III ZPO bestimmte Vorgaben.

B. Bestandteile / Aufbau im Grundfall

regionale Unterschiede beachten

Zu beachten ist, dass es trotz identischer Gesetzesvorgabe in der Praxis Unterschiede gibt.

Daher nachfolgend zunächst drei Beispiele für das Rubrum im einfachen Grundfall in der Variante Nordrhein-Westphalen, Bayern und GPA (Hamburg, Schleswig-Holstein, Bremen). Die einzelnen Elemente des Rubrums werden im Anschluss näher dargestellt und erläutert. Dort wird auch genauer zu Unterschieden in den Formulierungen verschiedener Bundesländer Stellung genommen.

> **Hinweis:** Bitte suchen Sie sich beim ersten Durchgang dieses Skripts aus den differenzierenden Informationen zum Rubrum die für Sie persönlich nach Ihrem Bundesland zutreffenden aus und streichen sie die anderen dann einfach weg. Angesichts eines schwer nachvollziehbaren „Lokalpatriotismus" von Justizbehörden und Prüfern zwingt uns das Streben nach Seriosität zu einer differenzierenden und damit komplizierter *erscheinenden* Darstellung. Wir verzichten auf den von praktisch allen anderen erhältlichen Werken zum Zivilurteil gewählten Weg, übervereinfachend nur die jeweils eigene lokale Handhabung darzustellen und so zu tun, als würde diese bundesweit „gelten".
> Da auch andere Bundesländer unterschiedliche Besonderheiten haben bzw. Kompromisse zwischen diesen hier dargestellten Varianten anwenden[50], würde die Gesamtdarstellung *aller* Varianten hier aber den Rahmen sprengen. Im Parallelskript „Klausurentraining Zivilurteile" (Fallsammlung) finden Sie in den jeweiligen Klausurlösungen die Komplettvarianten einer ganzen Reihe verschiedener Bundesländer. In den jeweiligen Kursen von Hemmer wird selbstverständlich auch darauf geachtet, dass die jeweiligen örtlichen Regeln beachtet sind.

Beispiel für Rubrum im einfachen Grundfall („NRW-Variante")

Aktenzeichen: 4 O 445/19

Landgericht Köln

Im Namen des Volkes!
Urteil

In dem Rechtsstreit

des Hans Maier, Fährstraße 14, 51371 Leverkusen,

Klägers,[51]

- Prozessbevollmächtigte: Rechtsanwältin Karola Keiler, Fährstraße 224, 51371 Leverkusen -

gegen

den Alfred Glück, Prinz-Poldi-Straße 8, 51061 Köln

Beklagten,

---

[50] In Hessen und B.W. beispielsweise werden einige Elemente wie im NRW-Beispiel gehandhabt (kein „Endurteil"), andere Elemente (Handhabung der Parenthese) dagegen wie in Bayern.

[51] In einigen Bundesländern (etwa NRW) wird Wert darauf gelegt, dass nicht die Parteien, sondern gerade die Prozessbevollmächtigten in Parenthese zu setzen seien (siehe etwa ANDERS/GEHLE, B, Rn. 3 und Rn. 8).

	- *Prozessbevollmächtigte: Rechtsanwältin Beate Müller-Römer, Kafkastraße 4, 50829 Köln -*
Überleitungssatz zum Tenor (regional unterschiedlich)	hat die 4. Zivilkammer des Landgerichts Köln aufgrund der mündlichen Verhandlung vom 5. Januar 2019 durch Richter am Landgericht Meier als Einzelrichter für Recht erkannt: ……. (im nächsten Absatz folgt dann Ziffer 1. des Tenors)

Die bayerische Variante weist demgegenüber einige Unterschiede auf:

Beispiel für Rubrum im einfachen Grundfall („Bayern-Variante")

Landgericht Würzburg

Aktenzeichen: 4 O 445/19

Im Namen des Volkes!

In dem Rechtsstreit

Hans Maier, Kaufmann, Bergstraße 14, 81444 München

- Kläger -[52]

Prozessbevollmächtigter: Rechtsanwalt Karl Keiler, Richard-Strauss-Ring 12, 81433 München,

gegen

Alfred Glück, Makler, Sieboldstraße 22, 97070 Würzburg

- Beklagter -

Prozessbevollmächtigte: Rechtsanwältin Beate Beisser, Ottostraße 4, 97070 Würzburg,

wegen Mietzinsforderung

Überleitungssatz zum Tenor

erlässt das Landgericht Würzburg, 4. Zivilkammer, durch Richter am Landgericht Göger als Einzelrichter aufgrund der mündlichen Verhandlung vom 5. Januar 2019 folgendes

Endurteil:

1. ……. (es folgt der Tenor)

Schließlich noch die Variante des GPA (Hamburg, Schleswig-Holstein, Bremen), die sich wiederum von beiden obigen Beispielen unterscheidet:

Beispiel für Rubrum im einfachen Grundfall („GPA-Variante")

Aktenzeichen: 14 C 424/19

AMTSGERICHT HAMBURG

Im Namen des Volkes
Urteil
In dem Rechtsstreit

Hans Meier, Mathildenstraße 10, 20357 Hamburg,

Kläger,

Prozessbevollmächtigte: Rechtsanwälte Schmidt, Hagedornstraße 26, 20149 Hamburg,

gegen

Sabine Schmidt, Mühlenstraße 40, 22880 Wedel,

Beklagte,

Prozessbevollmächtigte: DAS Rechtsanwalts-GmbH, Sandbüchel 35, 51427 Bergisch-Gladbach,

wegen Schadensersatz

---

[52] In einigen Bundesländern (etwa Bayern) werden gerade die Parteien in Parenthese gesetzt (vgl. KROIß/NEURAUTER, Muster Nr. 12, KNÖRINGER, § 1 a.E.).

§ 3 DAS RUBRUM

Überleitungssatz zum Tenor	hat das Amtsgericht Hamburg, Abteilung 14, durch den Richter am Amtsgericht Müller aufgrund der mündlichen Verhandlung vom 5. Juli 2019 für Recht erkannt:
	1. ...(es folgt der Tenor)
Verkündungsvermerk	Gemäß § 315 III ZPO enthält ein Urteil zusätzlich einen Verkündungsvermerk, der die Aufgabe hat zu bestätigen, dass die Urteilsformel so, wie in der Urschrift enthalten, auch verkündet worden ist. Da in einer Examensklausur das Urteil zu *entwerfen* ist, enthält die Klausur natürlich (noch) keinen solchen Verkündungsvermerk.
	In einer Klausur müssen folgende Elemente enthalten sein:

I. Aktenzeichen

Aktenzeichen	Das Aktenzeichen findet seine gesetzliche Grundlage in § 4 AktO und findet sich üblicherweise in der linken oberen Ecke des Urteilskopfes. Dabei steht etwa ein C für allgemeine Zivilsachen am Amtsgericht, ein O für allgemeine Zivilsachen am Landgericht, ein F für Familiensachen am Amtsgericht und ein Ca für das Urteilsverfahren am Arbeitsgericht.	3

II. Überschrift / Bezeichnung der Urteilsart

Überschrift	Gemäß § 311 I ZPO haben Urteile „Im Namen des Volkes" zu ergehen und sind dem gemäß auch so zu überschreiben.	4
evtl. Bezeichnung der Urteilsart	In einigen Bundesländern ist es üblich, die Bezeichnung der *Urteilsart*, soweit dies gesetzlich vorgeschrieben ist (etwa Versäumnisurteil, Anerkenntnisurteil; vgl. § 313b ZPO), unmittelbar *unter* diese Überschrift zu setzen.[53]	

III. Parteibezeichnung

Parteibezeichnung	Gemäß § 313 I Nr. 1 ZPO sind die Parteien und gegebenenfalls ihre gesetzlichen Vertreter, die am Schluss der mündlichen Verhandlung (noch) beteiligt sind, unter vollständiger Adresse zu nennen. Hier ist größtmögliche Genauigkeit zu fordern. In Anlehnung an § 130 Nr. 1 ZPO wird die Parteistellung üblicherweise rechts eingerückt unter der Bezeichnung der jeweiligen Partei angegeben.	5

1. Bedeutung des formellen Parteibegriffs

formeller Parteibegriff	Es gilt der formelle Parteibegriff, d.h. die Parteistellung als Kläger / Beklagter hängt *allein* von der Nennung in der Klageschrift ab. Sollte zweifelsfrei eine nicht parteifähige Person oder schlichtweg die falsche Person verklagt worden sein, so kann das Gericht an dieser Stelle nicht einfach korrigierend eingreifen: Im Rubrum ist dann die vom Kläger genannte „Person" auszuführen, und in den Entscheidungsgründen ist mitzuteilen, dass dies zur Unzulässigkeit oder Unbegründetheit der Klage führt.	6

---

[53] Dazu siehe gleich nochmals unter Rn. 14.

Auslegung aber möglich!

Andererseits ist das Rubrum der Klageschrift durchaus auch auslegungsfähig; kommt man mit Hilfe dieser Auslegung dann zu einem klaren Ergebnis, das aber anders ausgedrückt werden müsste als es das Rubrum der Klageschrift getan hat, so kann eine solche Klarstellung durchaus bereits durchgeführt werden.[54]

> *Bsp.: In der Klageschrift ist als der Kläger „die Miterbengemeinschaft" A/B/C aufgeführt, andererseits sind aber alle Personalien der drei Mitglieder angegeben. Die Miterbengemeinschaft als solche ist eindeutig nicht parteifähig. Man wird bei entsprechenden Anhaltspunkten für den Klägerwillen aber nicht gleich diese Klage deswegen abzuweisen haben, sondern kann davon ausgehen, dass die einzelnen Mitglieder dieser Miterbengemeinschaft als Streitgenossen behandelt werden sollen.*

Umfang der Personalienangabe

Zur Bestimmung des Umfangs der Personalienangabe greift man mangels einer Sonderregel für das Urteil selbst üblicherweise auf einen Erst-Recht-Schluss zu den Vorschriften über anwaltliche Schriftsätze (§§ 130 Nr. 1, 253 IV ZPO) zurück. Anzugeben sind also: Vor- und Familienname, Geburtsname, Beruf und Adresse sowie die Parteistellung (Kläger usw.).[55]

2. Vertreterangabe

gesetzliche Vertreter

Bei gesetzlicher Vertretungsmacht ist *vollständig* anzugeben, wer diese hat. Bei OHG und KG also alle nach § 125 HGB vertretungsberechtigten Gesellschafter, bei der GmbH alle Geschäftsführer (wenn es mehrere gibt; vgl. § 35 GmbHG) aufzuführen. Bei der Aktiengesellschaft sind alle Vorstandsmitglieder (§ 78 AktG) zu nennen, also nicht nur der Vorsitzende, andererseits aber nicht der Aufsichtsrat, der grds. nur Überwachungsfunktion hat (vgl. §§ 111 ff. AktG).

Bei Minderjährigen ist auf den Grundsatz der Gesamtvertretung zu achten, der inzwischen regelmäßig auch nach Scheidung der Eltern gilt (vgl. §§ 1626, 1629, 1671 BGB). Daher sind *beide* Elternteile genau anzugeben.

Die gesetzlichen Vertreter sind ebenfalls mit Namen und Adressen zu bezeichnen, da das Urteil an diese bzw. zumindest an einen von ihnen (vgl. etwa § 170 ZPO) zugestellt wird. Bei den Vertretern juristischer Personen genügt in der Regel jedoch die Adresse des Geschäftslokals:

> *Albertus-Sitzpolster-GmbH, Gellertstraße 29, 60389 Frankfurt/Main, gesetzlich vertreten durch den Geschäftsführer Arnd Müller, ebenda*
>
> *- Klägerin -*

3. Parteien kraft Amtes

Parteien kraft Amtes

Parteien kraft Amtes (Testamentsvollstrecker, Insolvenzverwalter etc.) sind nach h.M. selbst Partei. In der Parteibezeichnung ist allerdings ihre Funktion anzugeben:

> *„Jobst Weller, ... als Insolvenzverwalter über das Vermögen der ..."*

---

54 Vgl. etwa BGH, NJW 1987, 1946-1947 = **juris**byhemmer; KNÖRINGER, § 1 4a.
55 Vgl. KNÖRINGER, § 1 4a. Die Berufsangabe ist in den meisten Bundesländern dagegen nicht üblich.

4. Klage unter einer Firma

Klage unter einer Firma

Hat die Partei die Stellung eines Einzelkaufmannes i.S.d. §§ 1 ff. HGB, so besteht gemäß § 17 II HGB die Möglichkeit (kein Zwang), statt unter dem bürgerlichen Namen unter der Firma zu klagen. Partei ist dann natürlich trotzdem die dahinter stehende natürliche Person.

9

IV. Prozessbevollmächtigte

Prozessbevollmächtigte

Gemäß § 313 I Nr. 1 ZPO sind auch die jeweiligen Prozessbevollmächtigten mit genauer Adresse anzugeben. Hintergrund dafür ist u.a. der Zustellungszwang gemäß § 172 I 1 ZPO.

10

Da bei einer Sozietät grds. *alle* Anwälte das Mandat haben,[56] wäre es eigentlich konsequent, auch alle Gesellschafter der Sozietät aufzuführen. Nicht nur deswegen, weil dies in manchen Fällen heutzutage zu einem hoffnungslosen Unterfangen geworden wäre, hat sich die Bezeichnung „Rechtsanwalt ... pp" eingebürgert. Die Bezeichnung „und Partner" ist dagegen irreführend, weil sie der Partnerschaftsgesellschaft i.S.d. PartGG vorbehalten ist. Bloße Terminsvertreter, die nur in Untervollmacht handeln, werden nicht genannt.

V. Betreff

nicht nur „wegen Forderung"

Obwohl nicht gesetzlich vorgeschrieben, wird häufig anschließend kurz, aber einigermaßen präzise der Gegenstand des Rechtsstreits („wegen Schadensersatz aus Skiunfall" oder „wegen Kaufpreisforderung") angegeben.[57] Allerdings ist dies in einigen Bundesländern[58] nicht üblich, sodass Sie sich nach Ihrem Prüfungsort richten müssen.

11

VI. Bezeichnung des Gerichts

Bezeichnung des Gerichts

Anschließend ist das Gericht, das schon ganz am Anfang des Rubrums oberhalb des Aktenzeichens aufgeführt worden war, genauer zu bezeichnen, nämlich nach Behörde und erkennendem Spruchkörper (vgl. § 313 I Nr. 2 ZPO).[59] Ebenfalls aufzuführen sind die Namen und Amtsbezeichnungen der Richter, die an der *letzten* mündlichen Verhandlung teilgenommen haben, *nicht* dagegen deren konkrete Funktion (etwa „als Beisitzer").[60]

12

Zu beachten ist hierbei, dass auch dann, wenn eine Einzelrichterentscheidung am Landgericht gefällt wurde (vgl. § 348 f. ZPO), letztlich eine Entscheidung der Kammer vorliegt, die durch den Einzelrichter repräsentiert wird.[61] Im Rubrum kommt das wie im obigen Beispiel zum Ausdruck.[62]

---

56 Vgl. etwa BGHZ 56, 355-364 = **juris**byhemmer.
57 Vgl. KNÖRINGER, § 1 5.
58 Etwa in Nordrhein-Westfalen (vgl. ANDERS/GEHLE, B, Rn. 2) und Hessen (vgl. OBERHEIM, § 10, Rn. 22).
59 Vgl. THOMAS/PUTZO, § 313, Rn. 6.
60 Vgl. ANDERS/GEHLE, B, Rn. 21.
61 Vgl. THOMAS/PUTZO, § 348, Rn. 2; KNÖRINGER, § 1 6.
62 Siehe dazu oben unter Rn. 2.

VII. Schluss der mündlichen Verhandlung

Schluss der mündlichen Verhandlung

Der Tag der letzten mündlichen Verhandlung ist gemäß § 313 I Nr. 3 ZPO anzugeben. Er ist der maßgebende Zeitpunkt für die materielle Rechtskraft und für die Präklusionswirkung in §§ 323 II, 767 II ZPO.

Frühere Verhandlungstermine werden daher nicht angegeben.

Bei einem schriftlichen Verfahren ist auf den Endtermin gemäß § 128 II, III ZPO abzustellen, der dem Tag der letzten mündlichen Verhandlung in seiner Wirkung gleichkommt.

> **Beachte:** Ein eigener Verkündungstermin stellt keinen Verhandlungstermin in diesem Sinne dar. In diesen Fällen ist der Tag der letzten tatsächlichen Verhandlung anzugeben.

VIII. Bezeichnung der Urteilsart

Bezeichnung der Urteilsart

Unterschiedlich gehandhabt wird die Bezeichnung der Urteilsart:

überwiegende Variante (NRW, GPA, Berlin, Hessen u.a.)

In den meisten Bundesländern wird diese *nur dann* erwähnt, wenn eine *Besonderheit* gegeben ist, also etwa ein Versäumnisurteil, ein Teilurteil oder ein Anerkenntnisurteil (vgl. § 313b ZPO). Bei einem normalen Endurteil wird also – wie oben gezeigt – die Überschrift „Urteil" verwendet.

Dies wird dann – wie schon erwähnt – bereits unmittelbar unter die Überschrift im „Namen des Volkes" gesetzt. Der Abschluss des Rubrums und Übergang zum Tenor wird dann mit der Einleitung „für Recht erkannt" gefunden.

„Bayern-Variante"

Die andere, im obigen Beispiel verwendete Variante, die beispielsweise in Bayern angewendet wird, besteht darin, die Bezeichnung der Urteilsart erst als Abschluss des Rubrums zu verwenden, mit ihr also den Übergang zum Tenor zu finden. Es erfolgt damit grds. auch dann eine Klarstellung der Urteilsqualität, wenn keine Besonderheit vorliegt; dann lautet die Bezeichnung - wie im obigen Beispiel - „Endurteil".

C. Klausurtypische Besonderheiten

I. Rubrum bei Streitgenossenschaft / Parteierweiterung

Streitgenossenschaft

Mehrere Kläger / Beklagte (Streitgenossen) werden unter fortlaufender Nummerierung jeweils unter vollständiger Bezeichnung aufgeführt:[63]

> *1. Peter Meier, Landwehrstraße 14c, 97070 Würzburg*
>
> *- Kläger zu 1) –*
>
> *2. Werner Schulze, Peterstraße 73, 97070 Würzburg*
>
> *- Kläger zu 2) –*
>
> *Prozessbevollmächtigter für beide: ...*

---

[63] Vgl. etwa KNÖRINGER, § 1, so wohl auch KAISER Rn. 156.

Häufig wird aber auch die Parteistellung nicht einzeln hinter jeder aufgeführten Partei angegeben, wie im obigen bayerischen Beispiel, sondern nur *einheitlich* hinter der zuletzt genannten Partei.[64]

> 1. des Peter Meier, Schubertstraße 13, 51145 Köln
>
> 2. des Werner Schulze, Silvanstraße 73, 50678 Köln
>
> Kläger
>
> - Prozessbevollmächtigter der Kläger zu 1) und zu 2): ...

Unerheblich hierfür ist, ob sie notwendige oder einfache Streitgenossen sind.

ebenso bei Parteierweiterung

Bei einer Parteierweiterung während des Prozesses wird ebenso verfahren. Insbesondere wird beim später verklagten Streitgenossen der Zeitpunkt von dessen Einbeziehung in den Prozess im Rubrum noch nicht erwähnt.

II. Rubrum bei Parteiausscheiden

Parteiausscheiden (§ 269 ZPO)

Die für das Rubrum entscheidende Grundregel lautet: Eine ausgeschiedene Partei taucht (nur) dann nicht mehr im Rubrum auf, wenn sie vom Urteil in keiner Weise betroffen wird; spielt sie auch nur hinsichtlich der Kostenentscheidung noch eine Rolle, so ist sie im Rubrum aufzuführen.

Bei Klagerücknahme gegenüber einem von mehreren Streitgenossen besteht die Möglichkeit, gemäß § 269 IV ZPO durch Beschluss *vorab* über die außergerichtlichen Kosten des ausgeschiedenen Streitgenossen zu entscheiden.

⇨ Wird davon tatsächlich Gebrauch gemacht, so spielt dieser Ex-Streitgenosse für die Kosten des Urteils keine Rolle mehr und ist deswegen auch nicht im Rubrum zu benennen.

⇨ Ist aber kein solcher Vorab-Beschluss ergangen, so muss im Urteil selbst auch über die Kosten dieses Streitgenossen mitentschieden werden. Folglich ist er dann auch im Rubrum zu benennen.

III. Rubrum bei Parteiwechsel

1. Gewillkürter Parteiwechsel

gewillkürter Parteiwechsel

Parteiwechsel während des Prozesses wirken sich im Fall der Parteierweiterung unmittelbar auf das Rubrum aus. Die neue Partei ist im Rubrum anzugeben.

Für den alten Streitgenossen gilt das oben zu § 269 ZPO Gesagte entsprechend: Nur dann, wenn die durch Parteiwechsel ausgeschiedene Partei im Urteil (v.a. Kostenentscheidung) noch eine Rolle spielt, wird sie im Rubrum erwähnt. Da in einem solchen Fall aber § 269 III, IV ZPO analog angewendet werden kann[65], sei die ausgeschiedene Partei *regelmäßig nicht* mehr zu nennen.[66]

---

64 Vgl. etwa SIEGBURG, Rn. 23.
65 Vgl. etwa THOMAS/PUTZO, vor § 50, Rn. 21, 22.
66 So KNÖRINGER, § 1 4b.

hemmer-Klausur-Tipp

> Verlassen Sie sich im Examen nicht auf Praktiker-Aussagen bzw. Skript-Thesen, die Ihnen Empfehlungen für den „Regelfall" (der Praxis) geben! Dieser „Regelfall" kommt in einer Examensklausur eher nur ausnahmsweise vor, weil er als Prüfungsstoff oft zu unproblematisch ist. Konkret hier: Ist im Fall – examenstypisch – die Zulässigkeit bzw. Wirksamkeit des Parteiwechsels umstritten, so muss sie in den Entscheidungsgründen geprüft werden.[67] Das hat konsequenter Weise auch Auswirkung auf das Rubrum.

einfach durchnummerieren

Im Falle des umstrittenen Parteiwechsel sind die beiden als Partei in Betracht kommenden Personen im Rubrum nach der historischen Reihenfolge (also ohne Zusätze wie „früherer Kläger" oder „jetziger Kläger") entsprechend durchzunummerieren, sodass das Rubrum aussieht *wie bei einer Streitgenossenschaft*.[68]

2. Gesetzlicher Parteiwechsel

gesetzlicher Parteiwechsel

Eine in den Rechtsfragen, aber auch in der Behandlung der Formalien völlig anderer Fall ist der gesetzliche Parteiwechsel. Typische Examenssituation ist dabei der Tod der Partei mit anschließender Prozessfortführung durch den bzw. die Erben.[69]

Im Fall des § 239 ZPO unterliegt der Parteiwechsel selbst, also der Übergang der Parteirolle auf den bzw. die Erben, keinerlei weiteren Voraussetzungen. Der Parteiwechsel tritt vielmehr *automatisch* mit dem Tod der ursprünglichen Partei ein (§ 1922 I BGB); der richtige Erbe wird - unabhängig davon, ob er überhaupt etwas vom Prozess weiß - automatisch neue Partei.

nur das „wer" kann fraglich sein, nicht das „ob"

Dadurch liegt das Problem in solchen Fällen nicht in der Frage des „ob" des Parteiwechsels, sondern in der Frage nach dem „wer"! Hierdurch kann eine genauere erbrechtliche (also materiell-rechtliche) Prüfung des Falles notwendig sein (wer darf den begonnenen Prozess fortsetzen?), bevor man die Zulässigkeit und Begründetheit der Klage selbst prüft.[70]

In solchen Fällen heißt es teilweise, man solle die ausgeschiedene Partei im Rubrum gar nicht mehr erwähnen, weil diese nirgends mehr selbst betroffen ist. Von den Umständen des Parteiwechsels müsse ohnehin im Tatbestand Mitteilung gemacht werden.[71]

Klarstellung der Rechtsnachfolge im Rubrum üblich

Überwiegend wird in der Praxis allerdings ein entsprechender Hinweis im Rubrum vorgenommen. Zur frühzeitigen Klarstellung erscheint dies auch als durchaus sinnvoll. Man könnte dies formulieren wir folgt:

Peter Meier, Leharstraße 14c, 70195 Stuttgart

- Kläger in Rechtsnachfolge des verstorbenen X -

Oder:[72]

Oskar Meier, jetzt seines Erben Peter Meier, Leharstraße 14c, 70195 Stuttgart

---

67 Dazu siehe unten im Kapitel „Entscheidungsgründe" (§ 9, Rn. 7).
68 Vgl. etwa ANDERS/GEHLE, R, Rn. 21.
69 Eine Musterklausur, in deren Rubrum kumulativ ein gesetzlicher Parteiwechsel (Erbfolge) und ein gewillkürter Parteiwechsel zu berücksichtigen waren, finden Sie im Parallelskript „Klausurentraining Zivilurteile (Fallsammlung)", Fall 5.
70 Zum weiteren Aufbau des Urteils siehe unten im Kapitel „Entscheidungsgründe" (§ 9, Rn. 7).
71 So GOTTWALD, 2.2.4.
72 So etwa KNÖRINGER, § 1 4b cc.

§ 3 DAS RUBRUM

IV. Rubrum bei Streithilfe

Streithilfe

Streithelfer sind nicht selbst Partei. Sie sind lediglich als Dritte mit eigenen Befugnissen am Prozess beteiligt. Sie sind daher unter der Bezeichnung „Streithelfer" (rechts eingerückt) mit vollständiger Adresse im Rubrum aufzuführen. Sie werden in die fortlaufende Nummerierung aufgenommen und stehen unmittelbar hinter der unterstützten Partei.[73] Zu achten ist dann auch auf evtl. Prozessbevollmächtigte.

völlig anders bei bloßer Streitverkündung ohne Reaktion

Beachten Sie aber immer den Unterschied zwischen Streithilfe bzw. Nebenintervention auf der einen Seite und bloßer Streit*verkündung* auf der anderen Seite:

⇨ Ein Streitverkündungsempfänger wird nur dann aufgeführt, wenn er gemäß § 74 I ZPO dem Prozess beigetreten ist. Nur über die Beitrittserklärung wird er zum Streithelfer.

⇨ Tritt er nicht bei, was in seiner eigenen Entscheidung steht, so findet er überhaupt keine Erwähnung, weil er in diesem sog. Vorprozess dann keinerlei Rolle spielt.[74]

V. Rubrum bei Widerklage

bei Widerklage: Doppelrolle angeben

Im Falle der Widerklage wird die Partei im Rubrum - anders als im weiteren Verlauf des Urteils - mit ihrer Doppelrolle (z.B. „Kläger und Widerbeklagter") benannt.

Formulierungsbeispiel mit sog. Drittwiderklage

> Peter Meier, Leharstraße 14c, 70195 Stuttgart
>
> *- Kläger und Widerbeklagter –*
>
> Prozessbevollmächtigter: Rechtsanwalt ...
>
> gegen
>
> Werner Schulze, Metzstraße 14c, 70190 Stuttgart
>
> *- Beklagter und Widerkläger –*
>
> Prozessbevollmächtigte: Rechtsanwältin ...

VI. Rubrum bei einstweiligem Rechtsschutz

einstweiliger Rechtsschutz

Im Falle des einstweiligen Rechtsschutzes (Arrest, einstweilige Verfügung) ergeht gemäß § 922 I 1 ZPO (evtl. i.V.m. § 936 ZPO) nur dann ein Urteil, wenn eine mündliche Verhandlung stattfand. Ansonsten ergeht ein Beschluss, für den andere inhaltliche Anforderungen gelten.[75]

Bezeichnung als Verfügungskläger und Verfügungsbeklagter bzw. Arrestkläger und Arrestbeklagter

Grds. werden die Parteien im einstweiligen Verfügungsverfahren als Antragsteller und Antragsgegner bezeichnet. Ab Erlass eines Urteils (bzw. dann schon in diesem) ist aber auch die Bezeichnung als Verfügungskläger und Verfügungsbeklagter bzw. Arrestkläger und Arrestbeklagter üblich.

---

[73] Siehe dazu das einführende Beispiel oben (Rn. 2).
[74] Vgl. etwa KNÖRINGER, § 1 4a.
[75] Zu diesen siehe etwa GOTTWALD, 11.9. Genaueres hierzu siehe auch unten im Kapitel „Der Tenor in weiteren Sonderfällen des Zivilurteils" (§ 12, Rn. 59).

> Hinweis: Im Familienverfahrensrecht ist der Arrest zwar auch möglich (vgl. § 119 II FamFG i.V.m. §§ 916 ff ZPO), doch gelten die eben genannten formalen Regeln nicht mehr: Wegen § 113 V FamFG heißt es nie „Kläger", und wegen § 116 I FamFG ergeht immer ein Beschluss, also auch dann, wenn eine mündliche Verhandlung vorausgegangen war.

VII. Rubrum des Berufungsurteils

Berufungsurteil

Im Rubrum des Berufungsurteils ist zunächst darauf zu achten, dass die Aktenzeichen *beider* Instanzen angegeben werden.

wiederum doppelte Parteibezeichnung

Die wohl größte Besonderheit des Rubrums im Berufungsurteil ist aber - ähnlich wie bei der Widerklage - die Notwendigkeit einer *doppelten* Parteibezeichnung, mit der die Rolle von zweiter und erster Instanz zum Ausdruck gebracht werden soll. Diese Bezeichnungen können identisch sein („Kläger und Berufungskläger" bzw.- in anderen Bundesländern [s.o.] „des Klägers und Berufungsklägers"), können aber auch spiegelbildlich ausfallen: Legt also beispielsweise der Beklagte Berufung ein gegen seine Verurteilung in erster Instanz, so heißt es „Beklagter und Berufungskläger".

§ 4 Der Tenor über die Hauptforderung

A. Rechtliche Vorgaben für die Gestaltung des Hauptsachetenors

Rechtliche Vorgaben

Als rechtliche Vorgaben für die Gestaltung des Tenors in der Hauptsache (Hauptforderung und Nebenforderung [Zins][76]) sind zu nennen:

⇨ Begrenzung durch die Parteianträge (Beachtung des Grundsatzes „ne ultra petita") gemäß § 308 I ZPO.

⇨ Erschöpfende Behandlung der Parteianträge.

⇨ Eindeutigkeit und (bei Leistungstiteln) Vollstreckungsfähigkeit trotz der gleichzeitig notwendigen Knappheit.

hemmer-Klausur-Tipp

Selbstkontrolle einbauen!

> Arbeiten Sie bei der Fertigung Ihres Tenors gewissermaßen „doppelt genau"! Leichtsinnsfehler haben hier eine regelrecht exponentielle Wirkung.
> Zum einen ist die praktische Bedeutung des Tenors als Grundlage für die angestrebte Zwangsvollstreckung zu bedenken.
> Zum anderen müssen Sie immer die Wirkung auf die Psyche des Korrektors berücksichtigen: Der Tenor ist das „Gesicht" Ihrer Klausur, er ist praktisch Ihre „Visitenkarte". Liegt hier ein Fehler vor, so erkennt dies der Korrektor sofort auf der ersten Seite Ihrer Klausur. Entsprechend kann es Ihnen passieren, dass Sie nach dem Motto „wieder einer, der es nicht kann" bereits jetzt in einer „psychologischen Schublade" eingeordnet worden sind, die von da ab – v.a. bei Formulierungen, die der Korrektor unterschiedlich interpretieren und einordnen könnte – die Bewertung ihrer *weiteren* Leistungen prägen wird![77]
> Die Erfahrung zeigt, dass selbst hervorragende Juristen manchmal etwas ganz anderes niederschreiben als sie eigentlich wollten und den Fehler beim sofortigen Durchlesen der eigenen Ausführungen – anders als bei fremden – nicht gleich bemerken (das Phänomen der „Betriebsblindheit"). Gegenmaßnahme: Gewöhnen Sie sich an, später den Tenor mit etwas zeitlichem – und damit auch „geistigem" – Abstand zu seiner schriftlichen Fixierung nochmals genauestens zu kontrollieren. Nicht selten hat man dann ein „mein Gott, was ich habe ich denn da geschrieben"-Erlebnis!

I. Begrenzung durch die Parteianträge

Begrenzung durch die Parteianträge

Das Urteil muss den Rechtsstreit einerseits erschöpfend erledigen (was auch in Etappen erfolgen kann, wie eben beim Teil- und Schlussurteil), es darf - von den Ausnahmen in § 308 II ZPO abgesehen - andererseits aber keinesfalls über das beantragte Ziel hinausgehen (§ 308 I ZPO).

Das Urteil darf wegen § 308 I ZPO weder mehr zusprechen als beantragt noch zu etwas anderem (aliud) verurteilen als der Kläger bzw. Widerkläger beantragt hat.

§ 308 I ZPO ist auch anwendbar bei objektiver Klagehäufung bezüglich der jeweiligen Teilforderungen: Auch wenn die Gesamtsumme des Klageantrags nicht überschritten wird, darf bezüglich jeder einzelnen Teilforderung nicht mehr zugesprochen werden als das, was der Kläger für diese Teilforderung angesetzt hat.

---

[76] Zur Zinsforderung siehe unten im nächsten Kapitel.
[77] Zu dieser Auswirkung auf die Psyche des Korrektors, die von Korrektoren ebenso oft in ihrer Tätigkeit „unter Beweis gestellt" wie (später in Prüfungsanfechtungsverfahren) geleugnet wird, siehe etwa auch WALLISCH/SPINNER, JuS 2000, 64.

Weniger darf das Urteil allerdings durchaus zusprechen, sodass in einem solchen Fall zusätzlich eine Teilabweisung der Klage „im Übrigen" auszusprechen ist.

Zug-um-Zug-Beschränkung als „minus"

Das neben dem banalen Fall des in der Höhe nur teilweise begründeten Zahlungsantrages gewiss wichtigste Beispiel für ein solches „weniger" ist die Zug-um-Zug-Einrede gemäß §§ 273, 274 BGB oder gemäß § 322 bzw. § 348 BGB.

> **Bsp.:** *Der Kläger hat ohne jede Einschränkung Klage erhoben auf Herausgabe einer Sache. Der Richter kommt zu dem Ergebnis, dass dieser Anspruch dem Grunde nach gegeben ist (§ 985 BGB), dass dem Beklagten aber gleichzeitig ein Anspruch auf Verwendungsersatz in Höhe von 400 € zusteht (§§ 994 I, 1000 BGB).*

In diesem Fall ist grds. eine Verurteilung auf Herausgabe Zug um Zug gegen Zahlung von 400 € möglich, wobei die Klage „im Übrigen abzuweisen" ist. Es handelt sich gegenüber dem unbeschränkten Klageantrag nicht um etwas anderes (aliud), sondern um ein weniger (minus).[78] Voraussetzung für diese Teilabweisung ist allerdings, dass der Beklagte die Einrede (§ 274 BGB analog) auch tatsächlich erhoben hat.

andere Anspruchsgrundlage = kein Verstoß gegen § 308 I ZPO

Zu beachten ist, dass es nie etwas mit § 308 I ZPO zu tun hat, wenn die Klage auf eine andere Anspruchs*grundlage* gestützt wird als die, die der Kläger geltend machte.[79] Dies ist jederzeit möglich. Es darf nur nicht um einen anderen prozessualen Anspruch (Streitgegenstand) gehen.[80]

II. Eindeutigkeit und Vollstreckbarkeit

Maßstab: Vollstreckungsfähigkeit

Der Tenor muss eindeutig und bei Leistungsklagen auch vollstreckbar sein, was gemäß § 253 II Nr. 2 ZPO bereits die Klageschrift beachten musste. Dieser letztgenannten Anforderung ist nur dann genüge getan, wenn es dem Gerichtsvollzieher, falls er diesen Antrag als Titel in der Hand hält, möglich ist, damit zu vollstrecken oder nicht.

hemmer-Klausur-Tipp

> **Schreiben Sie nie unreflektiert die anwaltlichen Anträge aus dem Sachverhalt ab! Nicht selten sind in Examensklausuren die Anträge im Sachverhalt „ein bisschen" unpräzise.**
> **In äußerst seltenen Fällen kann dies zur Klageabweisung führen (was klausurtechnisch natürlich nur Sinn macht, wenn es sich um einen von mehreren Anträgen handelt).**
> **Meist ist ein solches Problem über die prozessuale Auslegung[81] hinzubiegen: Die im Klageantrag fehlenden Details finden sich in der Klagebegründung und müssen vom Richter dann gegebenenfalls von dort zur Präzisierung des Tenors herangezogen werden.**

---

78 Siehe hierzu etwa THOMAS/PUTZO, § 308, Rn. 2, 3 mit weiteren (lesenswerten!) Beispielen zur Abgrenzung zwischen aliud und minus.
79 Dieser braucht in seiner Klageschrift eigentlich ja gar keine Rechtsausführungen anzubringen. Dazu siehe etwa Assessor-Basics, Anwaltsklausur, § 1, Rn. 128 ff.
80 Zum begrifflichen Unterschied siehe etwa THOMAS/PUTZO, Einl. II, Rn. 11 ff.
81 Zu dieser vgl. etwa THOMAS/PUTZO, Einl. III, Rn. 16. Siehe im Übrigen zum vorliegenden Problem auch THOMAS/PUTZO, § 253, Rn. 20.

§ 4 DER TENOR ÜBER DIE HAUPTFORDERUNG

> Die Notwendigkeit einer Korrektur der Formulierung von Amts wegen kommt bei gewöhnlichen Leistungsklagen nicht gar so oft vor (von den Zinsen „ab Rechtshängigkeit" abgesehen). Bei besonderen Klagearten wie den zwangsvollstreckungsrechtlichen Gestaltungsklagen oder speziellen Feststellungsklagen (v.a. § 4 KSchG!) ist das Phänomen in Klausuren aber verbreitet.
>
> Kontrollieren Sie die prozessuale Richtigkeit und Genauigkeit der Anträge möglichst schon in der *Anfangsphase* der Sachverhaltsanalyse genau und bringen Sie dazu gleich entsprechend deutliche Vermerke an: Die Erfahrung zeigt, dass der Blick des Klausurbearbeiters für solche formalen Details *abnimmt*, je länger und intensiver er sich in die Rechtsfragen des Falles eingearbeitet hat bzw. je deutlicher er den „roten Faden" der Lösung erkannt hat („Tunnelblick"). Hat die Klage dann dem Grunde nach Erfolg, übernimmt der Klausurbearbeiter nicht selten eine fehlerhafte Anwaltsformulierung aus dem Sachverhalt auch im Tenor. – Dann hat die Falle zugeschnappt!

B. Tenor bei Leistungsklagen

I. Grundfall: Tenor bei Zahlungsklagen / Normales Verfahren

1. Erfolgreiche Klage

a. Grundfall: Sofortige Zahlung an Kläger

normaler Tenor auf Zahlung

Bei einer Zahlungsklage muss die Höhe der geforderten Summe klar sein, aber auch der Empfänger, an den zu bezahlen ist. Der vom Kläger im Regelfall noch unbeziffert eingereichte Schmerzensgeldantrag muss nun also natürlich beziffert werden. Ebenso müssen Kläger und Beklagter grds. als Gläubiger und Schuldner der Forderung zum Ausdruck gebracht werden.

korrekte Formulierung

> „Der Beklagte wird verurteilt, an den Kläger 7.500 € nebst ... Zinsen hieraus seit ... zu bezahlen."

Von besonderer Bedeutung ist, dass dabei durch die Formulierung „verurteilt" der Charakter als Leistungsklage zum Ausdruck gebracht wird. Ein verbreiteter Klausurfehler ist folgende Formulierung:

typisches Fehlerbeispiel

> „Der Beklagte ist verpflichtet, an den Kläger 7.500 € nebst ... Zinsen hieraus seit ... zu bezahlen."

Diese Formulierung „verpflichtet" ist in jedem Fall fehlerhaft und wird nicht selten von Korrektoren sogar als *grober* Fehler eingeordnet. Dies klingt nämlich mehr nach einem Feststellungsurteil denn nach einem Leistungsurteil und lässt beim Korrektor gegebenenfalls die Befürchtung aufkommen, dass dem Bearbeiter die weitreichenden Unterschiede nicht bekannt sind.[82]

keine Begründungselemente in den Tenor

Elemente der Begründung des Klageanspruches werden grds. nicht in den Tenor aufgenommen. Unzutreffend wäre es also zu tenorieren:[83]

> „Der Beklagte wird verurteilt, dem Kläger die offene Kaufpreisforderung von 7.500 € nebst ... Zinsen hieraus seit ... zu bezahlen."

---

82 Vgl. hierzu auch HUBER, Rn. 54; GOTTWALD, 3.3.8. In *Beschlüssen* (v.a. solchen nach § 116 I FamFG), die eine Leistungsverpflichtung aussprechen, wird allerdings die ähnliche Formulierung „wird *verpflichtet*" verwendet. Eine Ver*urteilung* ist begrifflich nur in einem Urteil möglich (was allerdings bisher nicht zu allen Praktikern durchgedrungen ist).

83 KNÖRINGER, § 2 III; ANDERS/GEHLE, A Rn. 169.

b. Verurteilung bei Gesamtschuldnern

Verurteilung von Gesamtschuldnern

Liegt auf Beklagtenseite eine echte Gesamtschuld vor und werden tatsächlich auch beide Beklagte verurteilt (was wegen § 425 BGB nicht unbedingt sein muss), so muss das sich nun aus §§ 421, 422 BGB ergebende Wahlrecht des Klägers im Tenor zum Ausdruck kommen. Im Falle gleichmäßiger und voller Verurteilung bedeutet dies:

> „Die Beklagten zu 1) und zu 2) werden gesamtschuldnerisch (oder samtverbindlich) verurteilt, an den Kläger 4.500 € nebst ... Zinsen hieraus seit ... zu bezahlen."

unterschiedliche Verurteilung der Gesamtschuldner

Etwas komplizierter wird es, wenn die Gesamtschuldner unterschiedlich weitgehend verurteilt werden. Wird einer vollständig verurteilt und einer nur zum Teil, so lautet der Tenor etwa:

> „Die Beklagten zu 1) und zu 2) werden gesamtschuldnerisch verurteilt, an den Kläger 2.500 € nebst ... Zinsen hieraus seit ... zu bezahlen. Der Beklagte zu 1) wird außerdem verurteilt, an den Kläger weitere 2.000 € nebst ... Zinsen hieraus seit ... zu bezahlen. Im Übrigen wird die Klage abgewiesen."[84]

Tenor bei Einzelverurteilung von Gesamtschuldnern

Wird ein Gesamtschuldner *allein* verklagt, wird die Gesamtschuld nicht in den Urteilstenor aufgenommen, ein einzeln verklagter Gesamtschuldner kann nicht verlangen, dass in die Urteilsformel die sich aus § 422 BGB ergebende Haftungsbeschränkung, nur als Gesamtschuldner neben einem anderen leistungsverpflichtet zu sein, aufgenommen wird.[85] Dadurch wird dem Beklagten auch im Innenverhältnis gegenüber dem anderen Gesamtschuldner kein etwaiger Ausgleichsanspruch gegen diesen nach § 426 II 1 BGB genommen, denn die Verurteilung als Gesamtschuldner erzeugt im Innenverhältnis ohnehin keine Rechtskraft.[86]

c. Verurteilung bei Gesellschafterhaftung

Tenor bei Gesellschafterhaftung

Bei der Haftung nach § 128 HGB (evtl. i.V.m. § 161 II, 171 ff. oder § 176 HGB) liegt die Besonderheit vor, dass zwar im Verhältnis der Gesellschafter zueinander eine echte Gesamtschuld vorliegt, nicht aber zwischen Gesellschaft und den Gesellschaftern: Insoweit ist eine *akzessorische* Haftung gegeben.[87]

Dies gilt seit Anerkennung der Akzessorietätstheorie durch den BGH[88] nun auch im Rahmen der Haftungsverhältnisse einer Gesellschaft bürgerlichen Rechts (GbR).

„wie Gesamtschuldner" zeigt Unterschied

Dennoch hat die Praxis bislang keinen oder kaum einen Unterschied in der Tenorierung gemacht, da diese unterschiedlichen Haftungsarten schwer zum Ausdruck zu bringen sind.[89] Der BGH fordert aber, dass im Tenor *irgendwie* klar werden müsse, dass insoweit keine „echten" Gesamtschuldner gegeben sind.

---

84 Dies ist dann einer der typischen Anwendungsbereiche der sog. „Baumbach'schen Kostenformel"; zu dieser siehe unten im Kapitel „Kosten" (§ 6, Rn. 64).
85 Vgl. etwa BAG NZA 2019, 34 [Rn. 27]; BGHZ 111, 272; BaRo/Gehrlein § 421, Rn. 13.
86 Vgl. etwa BAG NZA 2019, 34 [Rn. 27]; Pal./Grüneberg § 421 BGB Rn. 13.
87 Einer der Hauptunterschiede zwischen Gesamtschuld (vgl. § 425 BGB) und akzessorischer Gesellschafterhaftung liegt darin, dass aufgrund der Akzessorietät die gegenüber der Gesellschaft herbeigeführte Hemmung auch dem Gesellschafter gegenüber wirkt (BGHZ 73, 233; BAUMBACH/HOPT, § 129, Rn. 2).
88 Vgl. BGH, NJW 2001, 1056-1061 = **juris**byhemmer = **Life&Law, 03/2001, 216-226**.
89 Vgl. etwa BAUMBACH/HOPT, § 128, Rn. 39.

§ 4 DER TENOR ÜBER DIE HAUPTFORDERUNG

Er will dabei offenbar das „wie Gesamtschuldner", nicht aber „als Gesamtschuldner" zulassen.[90]

> „Die Beklagten zu 1), zu 2) und zu 3) werden wie Gesamtschuldner verurteilt, an die Klägerin 12.500 € nebst ... Zinsen hieraus seit ... zu bezahlen."

d. Verurteilung eines Bürgen

Verurteilung eines Bürgen

Eine Besonderheit ist die Verurteilung eines Bürgen, bei dem die Haftung gemäß § 767 BGB bedingt ist. Zumindest teilweise wird vertreten, dies sei im Tenor zum Ausdruck zu bringen.[91]

Bürgenstellung ist klarzustellen!

> „Die Beklagte wird als Bürgin des Hauptschuldners X (genaue Bezeichnung) verurteilt, an die Klägerin 4.500 € nebst ... Zinsen hieraus seit ... zu bezahlen."

Werden beide gleichzeitig verklagt und sind auch beide zu verurteilen, so ist zu beachten, dass sie gerade nicht Gesamtschuldner sind. Es empfiehlt sich dann eine Anlehnung an die eben vorgenommene Formulierung, wobei eine Trennung der beiden Streitgenossen in der Formulierung zur Vermeidung von Unklarheiten sinnvoll erscheint:

> „1. Der Beklagte zu 1) wird verurteilt, an die Klägerin 4.500 € nebst ... Zinsen hieraus seit ... zu bezahlen.
>
> 2. Die Beklagte zu 2) wird als Bürgin des Beklagten zu 1) verurteilt, an die Klägerin 4.500 € nebst ... Zinsen hieraus seit ... zu bezahlen."

e. Tenor bei Klage in Prozessstandschaft

Prozessstandschaft

Eine Besonderheit bezüglich der Gläubigerstellung ist regelmäßig dann gegeben, wenn es um eine Forderung geht, die in gewillkürter oder gesetzlicher Prozessstandschaft eingeklagt wurde.

Sinn einer Prozessstandschaft ist es, die Führung des Prozesses zu ermöglichen. Es sollen aber nicht inhaltlich falsche Urteile herbeigeführt werden. Letzteres wäre aber bei gesetzlicher Prozessstandschaft meist der Fall, wenn auf Leistung an den Prozessstandschafter (Kläger) selbst tenoriert werden würde, dem die Forderung gar nicht zusteht. Daher hat hier das Auseinanderfallen der Kläger- von der Gläubigerstellung grds. im Antrag und entsprechend im Tenor des Richters zum Ausdruck zu kommen.

Beispiel für Fall des § 265 II 1 ZPO

> **Bsp.:** Nach Rechtshängigkeit einer Zahlungsklage erfolgt eine Forderungsabtretung (§ 398 BGB) an einen Dritten oder eine Forderungsüberweisung (§§ 828, 835 ZPO) an diesen.

In diesem Fall kann der bisherige Kläger, wenn kein Parteiwechsel gemäß § 265 II 2 ZPO durchgeführt wird, zwar im Wege der gesetzlichen Prozessstandschaft gemäß § 265 II 1 ZPO weiter prozessieren. Er muss aber zum Ausdruck bringen, dass er nun Zahlung an den neuen Gläubiger begehrt.[92]

---

90 Vgl. PALANDT/SPRAU § 714, Rn 15; BGH NJW 2001, 1056-1061 (1061) = **juris**byhemmer.

91 ZÖLLER/VOLLKOMMER, § 313, Rn. 8. In Konsequenz der oben bei der Gesamtschuld dargestellten neueren BAG-Rechtsprechung könnte man aber auch hier vertreten, dass diese Konkretisierung nur nötig sei, wenn Hauptschuldner und Bürge *gleichzeitig* verurteilt werden.

92 Sog. Relevanztheorie; vgl. etwa THOMAS/PUTZO, § 265, Rn. 13. Ausführlich dazu regelmäßig im Hemmer-Assessorkurs. Dazu siehe auch das Klausurbeispiel in Assessor-Basics, Klausurentraining Zivilurteile (Fallsammlung), Fall 6.

> *„Der Beklagte wird verurteilt, 7.500 € nebst ... Zinsen hieraus seit ... an die Gloria-Handels-GmbH, ... (genaue Bezeichnung[93]), zu bezahlen."*

Bei einer *gewillkürten* Prozessstandschaft, für die strenge Zulässigkeitsvoraussetzungen gelten[94], ist zu differenzieren: Ob bei einer solche ein Antrag auf Leistung an den wirklichen Rechtsinhaber zu stellen ist oder ob Zahlung an den Prozessstandschafter selbst gefordert werden kann, hängt davon ab, ob eine Ermächtigung auch *zur Entgegennahme* der Leistung (§§ 362 II, 185 BGB) vorliegt oder nicht.[95]

f. Klage auf wiederkehrende Leistung

Besonderheiten in der Formulierung sind auch zu beachten, wenn eine erfolgreiche Klage auf wiederkehrende Leistung i.S.d. § 258 f. ZPO vorliegt. Dann sind insbesondere diese Tatsache und die künftigen Fälligkeitstermine klarzustellen.

> *„Der Beklagte wird verurteilt, an die Klägerin ab ... einen monatlich im Voraus fälligen Betrag von 1.200 € zu zahlen."*

2. Klageabweisung

a. Normalfall eines Sachurteils

Stellt sich heraus, dass die Klage unbegründet ist, so ergeht folgendes einfache Sachurteil:

> *„Die Klage wird abgewiesen."*

Die Tatsache, dass dies wegen Unbegründetheit erfolgt, wird nicht ausgesprochen: Insoweit sind die Klarstellungen in den Entscheidungsgründen ausreichend.

Ein verbreiteter Klausurfehler ist es, bei einer abgewiesenen Feststellungsklage das Gegenteil der beantragten Feststellung ausdrücklich im Tenor festzustellen. Dies ist *in dieser Form* weder beantragt (§ 308 I ZPO), noch ist dies nötig, weil die Abweisung einer Feststellungsklage ohnehin immer das Gegenteil rechtskräftig feststellt.[96]

> *Bsp.:* Ist die Kündigungsschutzklage eines Arbeitnehmers abzuweisen, so wird im Tenor nicht die Feststellung der Wirksamkeit der Kündigung ausgesprochen, sondern schlicht die Abweisung der Klage.

b. Prozessurteil

Stellt sich heraus, dass die Klage bereits *unzulässig* ist, so ist das dann ergehende Prozessurteil nach h.M.[97] grds. genauso zu formulieren. Dass es sich um ein bloßes Prozessurteil handelt, wird aus den Entscheidungsgründen, die bei der Klärung der Reichweite der Rechtskraft zumindest *zur Auslegung* des Tenors herangezogen werden können[98], ausreichend deutlich.

---

93 Zu bedenken ist, dass der Gläubiger in diesem Sonderfall nicht schon genau im Rubrum aufgeführt ist.
94 Vgl. BGH NJW 2017, 486 = Life & Law 2017, 21 (Unterlassungsanspruch) und BGH NJW 2017, 487 = Life & Law 2017, 21 (Zedent bei unentgeltlich abgetretener Forderung); THOMAS/PUTZO, Rn. 32 ff.
95 Vgl. BGH MDR 2018, 225 [Rn. 52 f.] = Life & Law 2018, 167; THOMAS/PUTZO, Rn. 39; Zöller/Vollkommer vor § 50, Rn. 53.
96 Vgl. THOMAS/PUTZO, § 256, Rn. 23.
97 Vgl. etwa THOMAS/PUTZO, § 313, Rn. 10; ZÖLLER/VOLLKOMMER, § 313, Rn. 9; KNÖRINGER, § 2 II.
98 Vgl. hierzu etwa THOMAS/PUTZO, § 322, Rn. 17 (m.w.N.); dies ändert aber nichts daran, dass die Entscheidungsgründe selbst -

§ 4 DER TENOR ÜBER DIE HAUPTFORDERUNG

Nach einer anderen Auffassung ist es zur frühzeitigen Klarstellung der geringeren Rechtskraftwirkung möglich, das Wesen als Prozessurteil *bereits im Tenor* durch die Formulierung „wird als unzulässig abgewiesen" zum Ausdruck zu bringen:[99]

Sonderfall des § 597 II ZPO

Zu beachten ist jedenfalls der Sonderfall des § 597 II ZPO, bei der die Klarstellung der eingeschränkten Wirkung des Urteils gesetzlich vorgeschrieben ist:[100]

> „Die Klage wird als im Urkundenprozess unstatthaft abgewiesen."

c. Sonderfall: Klage derzeit unbegründet

Sonderfall: Klage „derzeit unbegründet"

Manchmal ist eine Klage nur zur falschen Zeit erhoben, kann später aber noch begründet sein. Dies ist v.a. dann der Fall, wenn der Klage ein *vorübergehendes* Leistungsverweigerungsrecht entgegensteht oder wenn einfach noch die *Fälligkeit* des Anspruchs fehlt.

> **Bsp.:** Im Rahmen der Räumungsklage des Vermieters stellt sich heraus, dass die fristlose Kündigung unwirksam ist und die hilfsweise ordentliche Kündigung den Mietvertrag erst zu einem – vom Zeitpunkt der letzten mündlichen Verhandlung aus gesehen – künftigen Termin beenden wird. Die Voraussetzungen der Klage auf künftige Leistung gemäß §§ 257 ff ZPO sind aber nicht gegeben.

Das jetzt klageabweisende Urteil darf dann in seiner Rechtskraftwirkung einer späteren Klageerhebung nicht entgegenstehen, wenn diese sich auf den *nachträglich* erfolgten Eintritt der Fälligkeit[101] oder den Wegfall des vorübergehenden Leistungsverweigerungsrechts stützt. Immerhin war die Klage nur „derzeit unbegründet".

Klarstellung im Tenor nur nach Mindermeinung vorzunehmen

Die h.M. empfiehlt auch in diesem Fall die normale klageabweisende Tenorierung. Da die Klarstellung dieser Besonderheit in den Entscheidungsgründen ausreichen würde, sei die Klage im Tenor also nicht ausdrücklich als „derzeit unbegründet" abzuweisen.[102]

hemmer-Klausur-Tipp

> In jedem Fall dürfen Sie den Korrektor in Ihrer Klausur nicht lange „zappeln" lassen, bevor Sie ihm aufzeigen, dass Sie diese Besonderheit des konkret zu fertigenden Urteils gesehen haben: Der „große Obersatz", mit dem Ihre Entscheidungsgründe bei korrekter Anwendung des Urteilsstils zu beginnen haben, ist dafür dann der richtige Platz.[103]

3. Teilerfolg der Klage

Tenor bei Teilerfolg der Klage

Ging der Klageantrag betragsmäßig über das hinaus, was nach Ansicht des Gerichts zugesprochen werden kann, so müssen obige Regeln miteinander kombiniert werden.

---

von der Ausnahme des § 322 II ZPO abgesehen - nicht in Rechtskraft erwachsen: Ein Unterschied mit weitreichenden Auswirkungen (vgl. etwa THOMAS/PUTZO, § 322, Rn. 19 bis 32).

99 Siehe dazu etwa HUBER, Rn. 50; nach BAUMBACH/HARTMANN § 313, Rn. 11 ist eine solche Klarstellung nicht nötig, durchaus aber möglich.

100 Zum Urkundenprozess siehe nochmals genauer unten im Kapitel „Der Tenor in weiteren Sonderfällen des Zivilurteils (§ 12, Rn. 19 ff.).

101 Gestritten wird dann aber später ggf., ob die behauptete Änderung tatsächlich „nachträglich" eintrat oder nicht (vgl. dazu etwa BGH, NJW-RR 2011, 1528-1529 = **juris**byhemmer).

102 THOMAS/PUTZO, § 313, Rn. 10; KNÖRINGER, § 2 II; SIEGBURG, Rn. 52; a.A. HUBER, Rn. 225. Dazu BGH, NJW 2009, 1139-1140 (1140) = **juris**byhemmer: „wobei es *unschädlich* ist, wenn dies im Tenor der Entscheidung nicht zum Ausdruck kommt."

103 Hierzu siehe unten im Kapitel „Entscheidungsgründe" (§ 9, Rn. 19).

zwei Elemente

„1. Der Beklagte wird verurteilt, an den Kläger 7.500 € nebst ... Zinsen hieraus seit ... zu bezahlen.

2. Im Übrigen wird die Klage abgewiesen."

Dies gilt nicht nur, wenn die Hauptsache teilweise unbegründet ist. Nicht anders ist zu verfahren, wenn die Klage *in einem Nebenpunkt* (etwa: Datum oder Höhe des Zinsantrages) nicht ganz begründet ist.[104]

4. Varianten des Tenors bei Zahlungsanspruch Zug um Zug

Verurteilung Zug um Zug

Steht dem Beklagten ein Zurückbehaltungsrecht, die Einrede des nichterfüllten Vertrages oder ein sonstiges Gegenrecht zu, so wird oft eine Tenorierung zur Leistung Zug um Zug nötig sein (vgl. v.a. §§ 274, 322, 348 [evtl. i.V.m. § 357 I 1] BGB).

auch Gegenleistung exakt angeben

Um gewährleisten zu können, dass der Gerichtsvollzieher die Vollstreckungsvoraussetzungen schaffen oder deren Eintritt prüfen kann, muss auch die vom Kläger zu erbringende Gegenleistung entsprechend genau bezeichnet sein. Für diese Präzisierung hat grds. *der Beklagte* im Rahmen seiner Einredeerhebung zu sorgen. Dabei ist auch klarzustellen, ob es sich um eine Holschuld gemäß § 269 I BGB handelt oder die Handlung an einem anderen Ort bzw. auf andere Weise (Versendung) stattzufinden hat. Im Falle der Rückabwicklung wegen Widerrufs eines Verbrauchervertrages könnte man wegen § 357 II 1 BGB etwa folgendermaßen tenorieren:

„1. Der Beklagte wird verurteilt, an den Kläger 2.400 € zu zahlen Zug um Zug gegen Rücksendung eines Farbfernsehers, Marke ... auf Kosten des Beklagten.[105]

2. Im Übrigen wird die Klage abgewiesen."

mehrere Klausurvarianten auseinander halten

Im Hinblick auf diesen zweistufigen Tenor sind zwei Dinge zu beachten, aus denen sich mehrere verschiedene Klausurvarianten ergeben:

⇨ Hat der Beklagte die Zug-um-Zug-Einrede im Prozess gar nicht geltend gemacht (auch nicht konkludent), so ist er unbeschränkt zu verurteilen. Im Tenor sind dann weder die Zug-um-Zug-Beschränkung noch die Teilabweisung auszusprechen. Es ist dann alleine sein Problem, wie er die Gegenleistung zurückbekommt.

v.a. auch hier § 308 I ZPO beachten!

⇨ Anders ist dies aber wiederum, wenn bereits der Kläger einen entsprechenden Zug-um-Zug-Antrag gestellt hat. Eine *unbeschränkte* Verurteilung würde dann ein „mehr" zusprechen, also einen Verstoß gegen § 308 I ZPO darstellen. Auf die Frage, ob der Beklagte die Einrede überhaupt erhoben hatte, ist dann nicht einzugehen. Andererseits ist dann aber auch keine Teilabweisung auszusprechen.[106]

---

104 Dazu siehe nochmals unten im Kapitel „Zinsentscheidung" (§ 5, Rn. 9).

105 Zu weiteren Beispielen siehe etwa Assessor-Basics, Anwaltsklausur, § 1, Rn. 103.

106 Da die Entscheidung *über die Einrede* als solche nicht in Rechtskraft erwachsen kann (vgl. THOMAS/PUTZO, § 322, Rn. 30), wohl aber die Erklärung einer Teilabweisung, kann dies weitreichende Auswirkungen auf die Rechtskraft eines solchen Urteils haben. Diese sind v.a. dann von Bedeutung, wenn die Gegenleistung nicht erbracht werden kann (vgl. dazu etwa BGH, NJW 1962, 2006 einerseits und BGH, NJW 1992, 1172-1174 = **juris**byhemmer andererseits).

§ 4 DER TENOR ÜBER DIE HAUPTFORDERUNG

hemmer-Klausur-Tipp

> Halten Sie diese Varianten genauestens auseinander! Ansprüche, bei denen Zug um Zug zu erbringende Gegenleistungen im Raume stehen, sind häufig Klausurgegenstand und führen zu einer oftmals hohen Fehlerquote. Offenbar ordnen nicht wenige Bearbeiter dies als nicht so bedeutsamen „Nebenkriegsschauplatz" der Klausur ein und lassen in der Konzentration nach. Das sieht der Korrektor meist anders, u.a. weil die Auswirkungen des Unterschieds für Folgestreitigkeiten im Rahmen des § 322 ZPO weitreichend sein können. Im Übrigen: *Im Tenor* gibt es eigentlich keinen „Nebenkriegsschauplatz"!

II. Tenor bei anderen Klagezielen der Leistungsklage

1. Tenor bei Herausgabeklagen

Herausgabeklage

Etwas mehr Schwierigkeiten hinsichtlich der Bestimmtheit als bei Zahlungsträgen stellen sich bei Herausgabeklagen.

> **Bsp.:** „Der Beklagte wird verurteilt, dem Kläger unverzüglich den diesem am 28. Januar 2019 gestohlenen Mazda 6 Kombi herauszugeben."

Details zur Identifizierung des Gegenstandes

Die Vollstreckung erfolgt hier gemäß § 883 I ZPO durch Wegnahme und Übergabe an den Gläubiger. Da der Gerichtsvollzieher bei dem Diebstahl aber nicht dabei war, kann er diesen Antrag nicht vollstrecken. Immerhin gibt es nicht nur einen Mazda Kombi, und dem Fahrzeug selbst sieht man den Diebstahl auch nicht an. Erforderlich sind möglichst viele Angaben, anhand derer der Gerichtsvollzieher das Fahrzeug unschwer identifizieren kann.

> „Der Beklagte wird verurteilt, dem Kläger den auberginefarbenen Mazda 6 Kombi, Baujahr 2010, amtliches Kennzeichen K-XX-333, Fahrgestellnummer 233144/10 herauszugeben."

2. Tenor bei kombinierter Klage auf Herausgabe und Schadensersatz (§§ 255, 259, 260 ZPO)

Tenor bei Klage auf Herausgabe und Schadensersatz (§§ 255, 259, 260 ZPO)

Ein bedeutsamer Sonderfall ist die *mehrfach bedingte* sog. unechte Klagehäufung gemäß §§ 255, 259, 260 ZPO mit Anträgen auf Herausgabe- und Schadensersatz. Ein Herausgabegläubiger muss nicht in zwei aufeinander folgenden Prozessen zunächst den Herausgabe- und dann den Schadensersatzanspruch geltend machen, wenn er zuvor nicht wissen kann, ob die Herausgabevollstreckung erfolgreich sein wird. Stattdessen kann er im Wege der Klagehäufung nach § 260 ZPO seine Klage auf Schadensersatz gemäß §§ 280 I, III, 281 BGB für den Fall des fruchtlosen Ablaufs der von dem Gericht zur Erfüllung des Herausgabeanspruchs gesetzten Frist (§ 255 I ZPO) unter den Voraussetzungen des § 259 ZPO bereits zusammen mit der Herausgabeklage erheben.[107]

> 1. Der Beklagte wird verurteilt, das Kfz Porsche 911 2.4 Targa, Baujahr 1973, amtliches Kennzeichen WÜ-FC-1907, Fahrgestellnummer GG378-44, an den Kläger herauszugeben,
>
> 2. Dem Beklagten wird für die Herausgabe eine Frist von drei Wochen ab Rechtskraft des Urteils gesetzt.[108]
>
> 3. Der Beklagte wird für den Fall, dass die Herausgabe nicht fristgerecht erfolgt und zusätzlich der Kläger von ihm Schadensersatz anstelle der Herausgabe verlangt, zur Zahlung von ..... € verurteilt.

---

107 Vgl. BGHZ 209, 270 = NJW 2016, 3235 [Rn. 23] = Life & Law 2016, 747; NJW 2018, 786 [Rn. 9] = Life & Law 2018, 303.
108 Die Länge der Frist kann nach h.M. in das Ermessen des Gerichts gestellt werden (THOMAS/PUTZO, § 255, Rn. 5; Zöller/Greger § 255, Rn. 5).

Vorsicht: es existieren zwei Varianten!

Nach BGH und h.M. liegt in dem bedingten Klageantrag auf Verurteilung des Schuldners zum Schadensersatz eine materiell-rechtliche Erklärung des Schadensersatz*verlangens* nach § 281 IV BGB, wenn die Schadensersatzklage *nur* davon abhängig gemacht wird, dass innerhalb der dem Schuldner durch das Gericht gesetzten Frist keine Herausgabehandlung erfolgt.[109] Damit dieses Wahlrecht nicht ungewollt verloren geht, muss die Klägerseite auf die genaue Formulierung der Anträge achten: Durch die Formulierung „und der Kläger daraufhin Schadensersatz .... *verlangt*" wurde im obigen Beispiel dieser automatische Eintritt der Gestaltungswirkung verhindert.

In der Urteilsklausur müssen Sie natürlich so tenorieren, wie es die Klägerseite beantragt hat, auch wenn das konkrete Vorgehen die taktisch weniger sinnvolle Variante war.

3. Tenor beim Verschaffungsanspruch

doppelter Tenor bei Verschaffungsansprüchen (§ 433 I BGB oder § 2147 BGB)

Bei Verschaffungsansprüchen (etwa: § 433 I BGB oder § 2174 BGB) handelt es sich nicht nur um einen Herausgabeanspruch, sondern um einen Anspruch auf *Übergabe und Eigentumsverschaffung* an der Sache. Folglich muss der Tenor - soweit der Kläger dies korrekt beantragt hat - auch *beide* Leistungen regeln. Die oben beschriebenen Bestimmtheitserfordernisse müssen dabei natürlich ebenfalls erfüllt werden.

> „Der Beklagte wird verurteilt, den Mercedes E-Klasse CGI 350, Farbe schwarz, Baujahr 2010, amtliches Kennzeichen S-YY 1233, Fahrgestellnummer 237894/10 an den Kläger zu übergeben und an diesen zu übereignen."

Die dingliche Einigung gemäß § 929 S. 1 BGB kommt bei einer solchen Klage dadurch zustande, dass man (spätestens) in der Klageerhebung das Angebot sehen kann und die fehlende Annahmeerklärung des Schuldner gemäß § 894 I 1 ZPO durch das rechtskräftige Urteil ersetzt wird.

Die dafür notwendige Übergabe gilt dann gemäß § 897 I ZPO als mit der Wegnahme durch den Gerichtsvollzieher erfolgt, wozu dieser gemäß §§ 884, 883 I ZPO berechtigt ist.

4. Tenor bei Klage auf Abgabe einer Willenserklärung

Klage auf Abgabe einer Willenserklärung

Anträge auf Abgabe einer Willenserklärung kommen v.a. dann in Betracht, wenn der begehrte Rechtserwerb von der Abgabe einer rechtsgeschäftlichen Erklärung bzw. einer Erklärung gegenüber einer Behörde (z.B. Grundbuchamt), abhängt und auf diese Erklärung ein Anspruch besteht.

Wirkung über § 894 ZPO

Bei dieser Klageart kommt es nicht zu einer Vollstreckung, denn die Willenserklärung *gilt* gemäß § 894 I ZPO mit Rechtskraft des Urteils als abgegeben (Fiktion). Nur die Kostenentscheidung kann vollstreckt werden.

> **Hinweis: Dies ist bei der Bemessung der Sicherheitsleistung zu berücksichtigen; diese ergibt sich dann allein aus den Prozesskosten (s.u.).**

---

109 Vgl. BGH NJW 2018, 786 [Rn. 16] = Life & Law 2018, 303; Wieser NJW 2003, 2432 [2433]; Gruber/Lösche NJW 2007, 2815 [2817].

§ 4 DER TENOR ÜBER DIE HAUPTFORDERUNG

Der Urteilstenor muss den *genauen* Wortlaut der Willenserklärung enthalten.[110] Bei einer erfolgreichen Klage auf Grundbuchberichtigung nach § 894 BGB wäre zu tenorieren:

"Der Beklagte wird verurteilt, seine Zustimmung zur Berichtigung des Grundbuchs ... , Fl. St. Nr. ..., Grundbuchheft ..., Abt. ..., insofern zu erteilen, als nicht der Beklagte, sondern der Kläger Eigentümer dieses Grundstücks ist."

5. Tenor bei Unterlassungs- und Duldungsklage

Unterlassungs- und Duldungsklage

Praktische Bedeutung haben Unterlassungsklagen v.a. im Wettbewerbs-, Patent-, Urheber- und Presserecht sowie zum Schutz des allgemeinen Persönlichkeitsrechts. Examensrelevant sind solche Anträge aber vor allem zur Abwehr allgemeiner Beeinträchtigungen der absoluten Rechte des § 823 I BGB und sonstiger geschützter Rechtsgüter gemäß § 1004 I BGB.[111]

> **Hinweis: Bei solchen Unterlassungsanträgen wird oft eine besondere Dringlichkeit gegeben sein, da sie sich durch Nichtbeachtung recht schnell prozessual „überholen" können. Sie sind einer der typischen Aufhänger für einstweilige Verfügungen.[112]**

Bestimmtheitsgrundsatz

Der Tenor muss eine genaue Bezeichnung der zu unterlassenden Handlung enthalten, sodass das zu erlassende Verbotsurteil gegenüber jedermann eindeutig und verständlich ist. Er muss insoweit exakt dem materiell-rechtlichen Unterlassungsanspruch entsprechen.

Das Gericht kann keinesfalls mehr zusprechen, da § 308 I ZPO selbstverständlich auch für solche Anträge gilt. Beantragt der Kläger aber eine zu weitgehende Unterlassung, so wird die Klage teilweise abgewiesen.

Bei Vorliegen eines entsprechenden Antrages[113] kommt zusätzlich auch der Ausspruch der Androhung von Ordnungsgeld bzw. Ordnungshaft in Betracht (vgl. § 890 I, II ZPO).

im Antrag auf § 890 ZPO eingehen!

Es ist gemäß § 890 II ZPO zulässig und auch zweckmäßig, die Androhung bereits in das Urteil aufnehmen zu lassen. Versäumt dies der Kläger, so ist vom Gläubiger ein besonderer Beschluss des Prozessgerichts der ersten Instanz zu beantragen, der dem Gegner erneut zugestellt werden muss.[114]

Bsp.:

1. Der Beklagte wird verurteilt, die Behauptung, der Kläger habe ... (es folgt ein genauer Inhalt der zu unterlassenden Erklärung) zu unterlassen.

2. Dem Beklagten wird angedroht, dass für jeden Fall der Zuwiderhandlung ein Ordnungsgeld bis zur Höhe von ... €, ersatzweise Ordnungshaft oder eine Ordnungshaft bis zu ... Monaten gegen ihn festgesetzt wird.

---

110 THOMAS/PUTZO, § 894, Rn. 8.
111 PALANDT/HERRLER, § 1004, Rn. 2.
112 Dazu siehe nochmals unten im Kapitel „Der Tenor in weiteren Sonderfällen des Zivilurteils" (§ 12, Rn. 59 ff.).
113 Ein vorausschauender Anwalt sollte im Interesse einer zügigen Vollstreckung zugunsten seines Mandanten stets einen solchen Antrag stellen. Siehe hierzu Assessor-Basics, Anwaltsklausur, § 1, Rn. 101.
114 BAUMBACH/HARTMANN, § 890, Rn. 32; BGH, NJW 1993, 1076-1079 (1077) = **juris**byhemmer.

6. Tenor bei reiner Auskunftsklage

Tenor bei reiner Auskunftsklage

Auch bei Auskunftsansprüchen hat der Bestimmtheitsgrundsatz seine Bedeutung. Insbesondere Inhalt und zeitliche Reichweite der Auskunft müssen festgelegt werden.

Im Falle der Auskunftsklage des Erben gegen den Erbschaftsbesitzer (vgl. § 2027 BGB) würde dies - korrekte Anträge der Klägerseite unterstellt - etwa folgenden Tenor ergeben:

Formulierungsbeispiel

> Der Beklagte wird verurteilt, im Wege eines Bestandsverzeichnisses Auskunft zu erteilen über den Bestand des Nachlasses und den Verbleib der Nachlassgegenstände des am 21. April 2019 in München verstorbenen Edwin Zwicker.

hemmer-Klausur-Tipp

> Die Palandt-Kommentierung der jeweiligen Anspruchsgrundlage auf Auskunft gibt jeweils exakte Auskunft über das, was der Kläger begehren kann und was nicht. Schlagen Sie hier also die jeweilige Fundstelle auf und orientieren Sie sich bei der Abfassung ihres Tenors exakt hieran! Nicht selten ist dann auch eine Teilabweisung wegen eines zu weit reichenden Klageantrages nötig.
> Vorher müssen Sie aber natürlich sauber herausgearbeitet haben, *welche Anspruchsgrundlage* auf Auskunft nun wirklich einschlägig ist. Wenn Sie etwa wegen zu oberflächlicher materiell-rechtlicher Prüfung vorschnell § 242 BGB bejahen statt § 2314 BGB oder umgekehrt, so schlagen die Unterschiede im Umfang dieser Anspruchsgrundlagen auf Auskunft natürlich auch auf ihren Tenor durch. Sie laufen dann Gefahr, praktisch doppelt Punkte zu verlieren (wegen falscher Anspruchsgrundlage in den Entscheidungsgründen *und* wegen des Tenors).

C. Tenor der Feststellungsklage

I. (Positive) Feststellungsklage gemäß § 256 I ZPO

1. Allgemeines Zivilrecht

Obwohl die Feststellungsklage in der Hauptsache nicht vollstreckt wird, so ist auch hier selbstverständlich, dass der Antrag die begehrte Rechtsfolge möglichst präzise bezeichnen muss.

Rechtsverhältnis präzise festlegen

Beispiel / Schadensersatzantrag nach Reitunfall (Haftung nach § 833 S. 1 BGB:[115]

> „Es wird festgestellt, dass die Beklagte verpflichtet ist, dem Kläger sämtliche materielle Schäden, die aus dem Reitunfall vom 2. November 2018 auf der Reitanlage „Pferdeapfel" in Höchberg künftig entstehen, zu ersetzen, soweit sie nicht auf Sozialversicherungsträger oder andere Dritte übergehen."

gegebenenfalls auf Überschneidung mit Leistungsklage achten

Etwas komplizierter wird die Formulierung, wenn ein Teil des Schadens (materiell und/oder immateriell) schon entstanden ist und mit Leistungsklage geltend gemacht wird, aber zusätzlich weitere Schäden zu erwarten sind, die erst in der Zukunft entstehen und noch nicht genau voraussehbar sind. Dann muss bei der Formulierung des Feststellungsurteils v.a. auch darauf geachtet werden, dass sich die Streitgegenstände der beiden Anträge nicht überschneiden (vgl. § 261 III Nr. 1 ZPO). Daher ist eine zeitliche Begrenzung nötig.

---

[115] Vgl. Beck`sches Prozessformularbuch II D 1.

§ 4 DER TENOR ÜBER DIE HAUPTFORDERUNG

Beantragt der Kläger neben der Feststellung der Ersatzpflicht künftiger Schäden etwa ein angemessenes Schmerzensgeld in der Größenordnung von ... € für den Zeitraum vom 2. Januar 2019 bis 30. August 2019, so wäre zu tenorieren:

unbezifferten Zahlungsantrag im Tenor beziffern!

„1. Die Beklagte wird verurteilt, dem Kläger 15.000 € zuzüglich ... zu bezahlen.

2. Es wird festgestellt, dass die Beklagte verpflichtet ist, dem Kläger sämtliche materielle und immaterielle Schäden, soweit sie nach dem 30. August 2019 aus dem Reitunfall vom 2. Januar 2019 auf der Reitanlage „Pferdeapfel" in Höchberg entstehen, zu ersetzen, soweit die Ansprüche nicht auf Sozialversicherungsträger oder andere Dritte übergehen."

Der bislang *unbezifferte* Zahlungsantrag des Klägers musste vom Gericht beziffert, also letztlich völlig umformuliert werden. Bezüglich der Feststellungsklage übernimmt es den Klägerantrag, wenn dieser insoweit präzise genug gefasst ist und keine Überschneidungen mit dem Leistungsantrag bringt.

Liegt bezüglich der Klageanträge eine Überschneidung vor, die nicht im Wege der Auslegung korrigiert werden kann, so muss zusätzlich eine Teilabweisung „im Übrigen" erfolgen.

2. Erbrecht

erbrechtliche Feststellung

Bei der Klage auf Erbrechtsfeststellung bedeutet das Erfordernis der Bestimmtheit v.a., dass neben den zur Identifizierung des Erblassers erforderlichen Daten v.a. auch die genaue Erbquote anzugeben ist.

Will die Klägerin etwa ihr Alleinerbrecht festgestellt haben, stellt sich aber heraus, dass sie Miterbin zur Hälfte ist, so kann ihr dieses „Minus" ohne Verletzung von § 308 I ZPO zugesprochen werden.[116]

„Es wird festgestellt, dass die Klägerin Miterbin mit einer Erbquote von 50 % der am 4. Februar 2019 in Hamburg verstorbenen ... geworden ist. Im Übrigen wird die Klage abgewiesen."

3. Arbeitsrecht

arbeitsrechtliche Feststellungsklagen

Bei Feststellungsklagen im Arbeitsrecht muss v.a. beachtet werden, dass es zwei verschiedene Feststellungsklagen gibt: Die sog. „erweitert punktuelle" Kündigungsschutzklage gemäß § 4 S. 1 KSchG (evtl. i.V.m. § 13 I 2 KSchG) und die ihr ähnliche Befristungskontrollklage gemäß § 17 TzBfG einerseits und die allgemeine Feststellungsklage nach § 256 I ZPO i.V.m. § 46 II ArbGG andererseits. Letztere ist nachrangig, also nur dann zu erheben bzw. zu tenorieren, wenn die Sonderregeln des § 4 KSchG oder § 17 TzBfG nicht einschlägig sind (v.a. Streit um Aufhebungsverträge oder Anfechtung des Arbeitsvertrags).

Nach dem sehr weiten Wortlaut von § 4 KSchG („oder aus anderen Gründen rechtsunwirksam") und §§ 13 I, 23 I KSchG ist die sog. „erweitert punktuelle" Kündigungsschutzklage in fast allen Fällen zu erheben. Ist diese einschlägig, so ist einfach der Gesetzeswortlaut zu übernehmen:[117]

---

116 Anders im Erbscheinsverfahren, wo das sog. „strenge Antragsprinzip" gilt, nach dem auch kein minus zugesprochen werden darf; dort muss der Antrag exakt der wirklichen Erbquote entsprechen.
117 In der Anwaltsklausur wird meist eine Kombination aus beiden Klageanträgen („Schleppnetzantrag") sinnvoll bzw. sein Weglassen fast schon als anwaltlicher Kunstfehler zu werten sein (vgl. DILLER, NJW 1996, 2141, 2142); Assessor-Basics Anwaltsklausur, § 1,

„punktuelle" Klage	*„Es wird festgestellt, dass das Arbeitsverhältnis der Parteien durch die Kündigung vom ..., zugegangen am ..., nicht aufgelöst worden ist."*

Ähnlich im Fall von § 17 S. 1 TzBfG:

ebenso bei Befristungen	*„Es wird festgestellt, dass das Arbeitsverhältnis der Parteien durch die im schriftlichen Arbeitsvertrag vom ... vereinbarte Befristung nicht beendet ist."[118]*
hemmer-Klausur-Tipp	Achten Sie bei der Sachverhaltsanalyse immer sehr genau auf die Feinheiten der Formulierung der im Sachverhalt abgedruckten Anträge. Oftmals findet sich im Sachverhalt ein unzutreffend formulierter Klageantrag. Diesen müssen Sie durch Auslegung in die richtige Form bringen. Auch das BAG hilft bei unzutreffend formulierten Anträgen großzügig mit Auslegung, wenn die konkrete Kündigung oder Befristung, um die es als Streitgegenstand gehen soll, nur wenigstens *in der Klagebegründung* näher benannt ist.

Anders ist zu formulieren, wenn es um die allgemeine Feststellungsklage nach § 256 I ZPO i.V.m. § 46 II ArbGG geht, also beispielsweise beim Streit um eine nach Ansicht des Klägers unwirksame Anfechtung des Arbeitsverhältnisses oder einen seiner Ansicht nach unwirksamen Aufhebungsvertrag. Dann ist auf den Bestand des Arbeitsverhältnisses *im Ganzen* abzustellen.

allgemeine Feststellungsklage	*„Es wird festgestellt, dass das Arbeitsverhältnis der Parteien über den 31. Januar 2019 hinaus fortbesteht."[119]*

II. Negative Feststellungsklage

negative Feststellungsklage	Der Kläger begehrt hier die Feststellung, dass er dem Beklagten nichts schulde. Für einen ausreichend bestimmten Tenor reicht jedoch eine derartige abstrakte Formulierung nicht. Zu ungenau wäre also:

„Es wird festgestellt, dass der Kläger dem Beklagten nichts mehr schuldet."

Vielmehr müssen der konkrete Schuldgrund und der Schuldgegenstand angegeben werden, auf die sich die begehrte Feststellung bezieht.

„Es wird festgestellt, dass der Kläger dem Beklagten aus dem Vertrag vom 12. August 2018 keine weitere Zahlung mehr schuldet."

III. Zwischenfeststellungsklage gemäß § 256 II ZPO

Zwischenfeststellungsklage	Eine Zwischenfeststellungsklage gemäß § 256 II ZPO wird im Wege der Klagehäufung geltend gemacht. Auch hier ist v.a. wieder auf Bestimmtheit zu achten.

Rn. 107). Da es für diese Antragskombination eines *eigenständigen* Feststellungsinteresses gemäß § 256 I ZPO bedarf, das noch im Zeitpunkt der letzten mündlichen Verhandlung gegeben sein muss, wird *im Urteil selbst* letztlich aber wohl höchst selten positiv über den Zusatzantrag entschieden werden können. Dazu siehe etwa das Klausurbeispiel (mit Erläuterungen) in Assessor-Basics, Klausurentraining Arbeitsrecht, Fall 1.

118 Vgl. etwa ERFK/MÜLLER-GLÖGE, TzBfG, § 17, Rn. 18.

119 Bei der Anfechtung des Arbeitsvertrages ist dabei zu beachten, dass die Rückwirkung des § 142 I BGB für diesen nach allg. Ansicht nicht gilt.

§ 4 DER TENOR ÜBER DIE HAUPTFORDERUNG

„1. Der Beklagte wird verurteilt, den Pkw Saab 900 Turbo, amtl. Kennzeichen D-ZL 492, Fahrgestellnummer ... an den Kläger herauszugeben.

2. Es wird festgestellt, dass der Kläger Eigentümer des Pkw Saab 900 Turbo, amtl. Kennzeichen D-ZL 492, Fahrgestellnummer... ist."

Hier geht es darum, ein sog. *vorgreifliches* Rechtsverhältnis festzustellen. Dadurch soll das Problem der Beschränkung der Rechtskraft auf die im Tenor stehenden Rechtsfolgen relativiert werden: Eine bestimmte Frage (hier das Eigentum), die bei der in Ziffer 1 aufgeführten Leistungsklage nur vorgreiflich und damit gerade nicht rechtskräftig festgestellt wäre,[120] wird gewissermaßen „hochgeholt" in den Tenor und damit der Rechtskraft zugeführt.

> **Hinweis: Zum Tenor bei einseitiger Erledigungserklärung, einem Sonderfall einer Feststellungsklage, siehe unten im Kapitel „Tenor in weiteren Sonderfällen des Zivilurteils" (§ 12). Diese Problematik sowie die anderer Sonderformen des Urteils werden deswegen nicht bereits hier dargestellt, weil bei ihnen häufig Besonderheiten bei den Entscheidungen über Kosten und vorläufige Vollstreckbarkeit zu beachten sind. Da diese Besonderheiten bei den Nebenentscheidungen einerseits in einem Zuge mit Überschrift und Hauptsachetenor, andererseits sinnvollermaßen aber erst nach der Erläuterung *der Grundregeln* von Kosten und Vollstreckbarkeit dargestellt werden können, wurden diese Fälle unten in zwei eigenen Kapiteln (§ 11 „Säumnisverfahren" und eben § 12) zusammengefasst.**

D. Tenor in weiteren wichtigen Fällen

I. Tenor bei Drittwiderspruchsklage (§ 771 ZPO)

Drittwiderspruchsklage (§ 771 ZPO)

Der Tenor einer Drittwiderspruchsklage gemäß § 771 ZPO ist dann ausreichend bestimmt, wenn er eine bestimmte Vollstreckungsmaßnahme (i.d.R. Pfändung) aus einem exakt bezeichneten Titel in einen exakt bezeichneten Gegenstand für unzulässig erklärt.[121]

Die beim Vollstreckungsschuldner Reiner Rick aus dem Urteil des Landgerichts Frankfurt/Main vom 12. April 2019 (Az.: 2 O 2456/19) am 30. Juni 2019 vorgenommene Pfändung des Mercedes E 220 (amtl. Kennzeichen F-RR-222; Fahrgestellnummer 312/5121) wird für unzulässig erklärt.

Wichtig: Besonderheiten bei der Sicherheitsleistung

> **Hinweis: Beachten Sie im Zusammenhang mit den Klagen nach §§ 771, 767, 805 ZPO unbedingt immer die wichtigen Besonderheiten, die sich wegen §§ 775 Nr. 1, 776 ZPO bei der Festlegung der Sicherheitsleistung ergeben.[122]**

II. Tenor bei Vorzugsklage (§ 805 ZPO)

Vorzugsklage (§ 805 ZPO)

Die Vorzugsklage gemäß § 805 ZPO ist eine mindere Form der Drittwiderspruchsklage gemäß § 771 ZPO. Bei ihr geht es dem Kläger nicht darum, die Zwangsvollstreckung zu stoppen, sondern er will sich in sie „einklinken", um dort vorrangig den Erlös zu erhalten.

---

120 Hierzu siehe etwa THOMAS/PUTZO, § 322, Rn. 29.
121 Vgl. THOMAS/PUTZO, § 771, Rn. 7.
122 Dazu siehe unten im Kapitel „Vorläufige Vollstreckbarkeit" (§ 7, Rn. 2).

Sie kommt daher grds. nicht nur bei den in § 805 ZPO ausdrücklich erwähnten *besitzlosen* Pfandrechten (Vermieterpfandrecht gemäß § 562 BGB (früher § 559 BGB) bzw. dem Pfändungspfandrecht gemäß § 804 ZPO) in Betracht, sondern macht oft durchaus auch Sinn bei Rechten, bei denen eigentlich auch die Klage nach § 771 ZPO *statthaft* wäre.[123]

Der Tenor der Vorzugsklage gemäß § 805 ZPO lautet dahin, dass der Kläger aus dem Reinerlös (= nach Abzug der Vollstreckungskosten) eines bestimmten, genau zu bezeichnenden Gegenstandes bis zu einem bestimmten Betrag (gegebenenfalls nebst Zinsen bis zum Tag der Auszahlung) vor dem Beklagten zu befrieden ist.[124]

Betragshöhe: z.B. Umfang des vorrangigen Pfandrechts

Die Betragshöhe wird sich meist auf den Umfang eines dem Kläger zustehenden vorrangigen Pfandrechts beziehen, also etwa auf ein Werkunternehmerpfandrecht (§ 647 BGB), das sich im Umfang nach der Höhe der Reparaturrechnung des Klägers gegen den Eigentümer der reparierten Sache richtet.

Beispiel

Der Kläger ist aus dem Reinerlös des am 27. Februar 2019 beim Vollstreckungsschuldner Michael Meier gepfändeten BMW 330i (amtl. Kennzeichen BN-XX-100; Fahrgestellnummer 14/8885121) bis zum Betrag von 6.300 € vorzugsweise zu befriedigen.

III. Tenor bei Vollstreckungsgegenklage (§ 767 ZPO)

einfacher Grundfall

Bei Tenorierung einer Vollstreckungsgegenklage ist die Urteilsformel so zu fassen, dass die Zwangsvollstreckung aus einem genau bezeichneten Vollstreckungstitel (Datum, Aktenzeichen) für unzulässig erklärt wird.

Die Zwangsvollstreckung gegen die Klägerin aus dem Urteil des Amtsgerichts Stuttgart vom 24. Mai 2019 (Az. 4 C 344/19) wird für unzulässig erklärt.

Vollstreckungsgegenklage gegen notarielle Urkunde

Häufiger ist im Examen die Vollstreckungsgegenklage gegen andere Titel i.S.d. § 794 I ZPO, also v.a. gegen eine notarielle Urkunde oder einen Prozessvergleich. Da für beide nämlich die Sperre des § 767 II ZPO nicht gilt[125], lässt sich die für eine Examensklausur regelmäßig notwendige und sinnvolle Mehrzahl von Einzelproblemen meist wesentlich besser einbauen. Auch kann es sein, dass die Klage nur teilweise begründet ist bzw. gar nicht auf vollständige Unzulässigerklärung gerichtet ist, sondern *nur auf einen Teilbetrag* der titulierten Summe. In letzterem Fall könnte der Tenor dann lauten:

Beispiel bei Klage wegen Teilbetrag

Die Zwangsvollstreckung gegen die Klägerin aus der am 24. Mai 2019 erteilten vollstreckbaren Urkunde des Notars Dr. Krick (Urkundsnummer 3410/19) wird in Höhe eines Betrages von 5.000 € für unzulässig erklärt.

---

123 Vgl. etwa THOMAS/PUTZO, § 805, Rn. 3; § 771, Rn. 17.
124 Vgl. THOMAS/PUTZO, § 805, Rn. 5.
125 Vgl. THOMAS/PUTZO, § 767, Rn. 25; für die notarielle Urkunde steht dies *ausdrücklich* im Gesetz: § 797 IV ZPO.

§ 5 Die Zinsentscheidung

Die Zinsforderung gehört zum „Tenor in der Hauptsache". Bei den Zinsansprüchen handelt es sich um Nebenforderungen, die gemäß § 308 I 2 ZPO nur auf Antrag zugesprochen werden.

Vielzahl von Anspruchsgrundlagen

Es kommt eine Vielzahl von Anspruchsgrundlagen in Betracht, wobei die Rechtshängigkeitszinsen bzw. die Zinsen wegen Verzugs den absoluten Regelfall darstellen und daher im Folgenden ausführlich dargestellt werden.

Im Vertragsrecht ist bei beiderseitigem Handelsgeschäft an die Fälligkeitszinsen gemäß § 353 HGB zu denken. Auch im Werkvertragsrecht existiert eine - oft übersehene - Regelung von Fälligkeitszinsen in § 641 IV BGB, bezüglich derer aber bei Vereinbarung der Erteilung einer (Handwerker)-Rechnung eine konkludente Abbedingung bis zur Rechnungserteilung angenommen wird.[126]

Im Deliktsrecht ist § 849 BGB (anwendbar auch auf Gefährdungshaftung) zu berücksichtigen.

Im Folgenden werden nur die beiden mit Abstand wichtigsten Anspruchsgrundlagen für Zinsen (Prozesszinsen und Verzugszinsen) ausführlich besprochen.

A. Prozesszinsen

Prozesszinsen

Gemäß § 291 S. 1 BGB hat der Schuldner eine Geldschuld ab dem Eintritt der Rechtshängigkeit zu verzinsen. Dies gilt auch dann, wenn er nicht in Verzug ist (v.a. bei Nachweis des Nichtverschuldens; vgl. § 280 I 2 BGB).

konkretes Datum einsetzen

Im Klausursachverhalt ist ein Antrag auf Rechtshängigkeitszinsen selbstverständlich noch ohne Datum benannt, weil es sich - von den Fällen eines vorausgegangenen Mahnverfahrens (vgl. § 696 III bzw. § 700 II ZPO) abgesehen - um ein *zukünftiges* Ereignis handelt, der Kläger das korrekte Datum also noch gar nicht kennen kann. Der Richter hat dann aber im Tenor selbstverständlich das konkrete Datum einzusetzen.

hemmer-Klausur-Tipp

> **Schreiben Sie sich beim Erarbeiten des Sachverhalts das – weiter hinten angegebene – Zustellungsdatum (bzw. den Tag danach; dazu siehe gleich) unverzüglich an den Rand des Klageantrages in Ihrem Sachverhalt! Immer wieder passiert es Klausurbearbeitern „im Eifer des Gefechts", dass sie in ihrem Tenor einfach den Wortlaut des Klagantrages aus dem Sachverhalt (etwa: „7 % Zinsen ab Rechtshängigkeit") abschreiben. Haben Sie das Datum später bei der Fertigung des Tenor aber bereits dort am Rand stehen, dürfte die Gefahr dieses typischen Leichtsinnsfehlers – ggf. deutlich – geringer sein!**

I. Grundfragen zum Anspruch auf Prozesszinsen

1. Eintritt der Rechtshängigkeit

Begriff Rechtshängigkeit

Zunächst muss Rechtshängigkeit vorliegen. Da bloße Anhängigkeit nicht genügt, kommt es nach §§ 253 I, 261 I ZPO also grds. auf das Datum der Zustellung der Klage an.

---

126 Vgl. PALANDT/SPRAU, § 641, Rn. 3, 9.

Klageart: Leistungsklage nötig	Hinsichtlich der Klageart wird grds. die Erhebung einer Leistungsklage vorausgesetzt. Dabei genügt ein Hilfsantrag, da dieser eine *auflösend* bedingte Rechtshängigkeit bewirkt.[127]
Stufenklage gemäß § 254 ZPO	Ausreichend ist auch eine Stufenklage gemäß § 254 ZPO[128], bei der der Leistungsantrag (dritte Stufe) schon vor seiner Bezifferung rechtshängig ist. Die Rechtshängigkeit bezieht sich dann auf den Betrag, der später nach Auskunftserteilung durch den Beklagten beziffert werden wird; dies bewirkt dann letztlich eine rückwirkende Konkretisierung.
Auskunftsklage und Feststellungsklage nicht ausreichend!	Nicht ausreichend ist für die Rechtshängigkeit eines Zahlungsanspruches eine bloße Auskunftsklage, da Auskunft und Zahlung unterschiedliche Streitgegenstände darstellen. Ebenso ist eine reine Feststellungsklage nicht ausreichend.[129]
Mahnverfahren: § 696 III bzw. § 700 II ZPO	Ging ein Mahnverfahren (mit oder ohne Vollstreckungsbescheid) voraus, so kann die Rechtshängigkeit über eine *Fiktion* gemäß § 696 III bzw. § 700 II ZPO auf die Zustellung *des Mahnbescheids* nach § 690 ZPO vorverlagert sein. Liegen diese Voraussetzungen nicht vor, so muss beachtet werden, dass das Mahnverfahren selbst keine Rechtshängigkeit bewirkt (u.a. Umkehrschluss aus § 696 III ZPO).[130]

> **Hinweis:** Dann kann ein Zinsanspruch, der für einen früheren Zeitraum geltend gemacht wird, aber oft aus dem Gesichtspunkt des Verzuges begründet sein!

2. Beginn der Datierung / Verschiebung analog § 187 I BGB

h.M.: Verschiebung gemäß § 187 BGB analog	Hinsichtlich des ersten Tages, der vom Zinsanspruch erfasst ist, vertritt die überwiegende höchstrichterliche Rechtsprechung, dass wegen vergleichbarer Interessenlage der Rechtsgedanke des § 187 BGB heranzuziehen sei[131], der Zinsanspruch also erst am Tage nach der Zustellung einsetze. Dadurch entfällt praktischerweise die Notwendigkeit der Aufteilung der Stunden des Zustellungstages.

3. Höhe des Anspruchs

regelmäßige Höhe gemäß § 288 I BGB	Als *fingierter* Mindestschaden, der nicht nachgewiesen werden muss, besteht gemäß § 288 I BGB i.V.m. § 291 S. 2 BGB auch bei den Rechtshängigkeitszinsen grds. ein Anspruch auf Zahlung von fünf Prozentpunkten über dem Basiszinssatz (vgl. § 247 BGB).
Ausweitung durch § 288 II BGB: zwei kumulative Voraussetzungen	Ist an dem Rechtsgeschäft kein Verbraucher (vgl. § 13 BGB) beteiligt, so liegt der Zinsanspruch für Entgeltforderungen nicht nur fünf, sondern sogar neun Prozentpunkte über dem Basiszinssatz (vgl. § 288 II BGB, auf den § 291 S. 2 BGB ebenfalls verweist).

---

[127] BGH, NJW-RR 1990, 518-519 = **juris**byhemmer; PALANDT/GRÜNEBERG, § 291, Rn. 4.
[128] PALANDT/GRÜNEBERG, § 291, Rn. 4; BGHZ 80, 276-279 (277) = **juris**byhemmer.
[129] BGHZ 93, 183-191 (186) = **juris**byhemmer. Dies ist auch bei den anderen Auswirkungen der Rechtshängigkeit (etwa § 818 IV BGB oder § 989 BGB zu beachten (vgl. PALANDT/SPRAU, § 818, Rn. 51; § 987, Rn. 3; § 989, Rn. 3).
[130] Vgl. etwa THOMAS/PUTZO, § 606, Rn. 13.
[131] Vgl. PALANDT/ELLENBERGER, § 187, Rn. 1; BGH, NJW-RR 1991, 518; NJW 2017, 2986 [Rn. 103]; NJW 2018, 225 [Rn. 28]; BAG, NZA 2001, 386 = **juris**byhemmer.

§ 5 DIE ZINSENTSCHEIDUNG

Verbraucher beteiligt?

⇨ Es muss nun in der Zinshöhe also u.a. nach den personellen Kriterien der §§ 13, 14 BGB (Unternehmerbegriff) differenziert werden.

„Entgeltforderung"?

⇨ Außerdem gilt die Sonderregelung des § 288 II BGB nur für „Entgeltforderungen". Darunter versteht man solche Forderungen, die *als Gegenleistung* für die Erbringung einer Sach- oder Dienstleistung zu erbringen sind, insbesondere also Preis- und Lohnforderungen aus Kauf- Dienst-, Werk oder Geschäftsbesorgungsverträgen. Auf Schadensersatzforderungen ist die Regelung also nicht anwendbar. Dann bleibt es bei § 288 I BGB oder § 280 I, II BGB.[132]

II. Fragen der Tenorierung

1. Anforderungen an die Vollstreckungsfähigkeit

unverzichtbar: Angabe des Beginns und konkrete Zinshöhe

Zweifellos gilt das Erfordernis der Vollstreckungsfähigkeit auch für den Nebenanspruch auf Zinsen. Eine Tenorierung „... nebst Prozesszinsen zu zahlen" würde diesem Erfordernis natürlich nicht standhalten.[133] Unverzichtbar ist vielmehr die datenmäßige Angabe des Beginns und der konkreten Zinshöhe.

Teilabweisung wg. § 187 I BGB analog i.d.R. nicht nötig

Hinsichtlich des Datums muss nun insbesondere die analoge Anwendung des § 187 I BGB (dazu s.o., Rn. 4) umgesetzt werden. Lässt sich der Kläger nicht ausdrücklich anders ein, so wird man seinen Antrag „ab Rechtshängigkeit" problemlos so auslegen können, dass er die Zinsen ab dem Tag zugesprochen haben will, ab dem sie nach der höchstrichterlichen Rechtsprechung begründet sind. Folge: Die Verschiebung gemäß § 187 I BGB führt dann nicht zu einer Teilabweisung.

Details zum flexiblen Anspruch gemäß § 288 I BGB

Für die Formulierung der – in den meisten Fällen eingreifenden – Zinsentscheidung nach § 288 I bzw. II BGB (evtl. i.V.m. § 291 S. 2 BGB) hat der Gesetzgeber eine gewisse Flexibilisierung vorgegeben. Die überwiegende Meinung[134] lässt mit Recht die *wörtliche Übernahme des Gesetzestextes im Tenor* ausreichen, sodass *das Vollstreckungsorgan* später anhand des Basiszinssatzes die konkrete Höhe errechnen muss.

flexibler Zinstenor der h.M. (vorzugswürdig!!)

> „Der Beklagte wird verurteilt, an die Klägerin 12.000 € zuzüglich Zinsen in Höhe von 5 Prozentpunkten über dem jeweiligen Basiszinssatz hieraus ab dem ….. zu bezahlen."

jeweilige Höhe des Basiszinssatzes ist aus allgemein zugänglichen Dokumenten sicher und ohne großen Aufwand ermittelbar

Der Gerichtsvollzieher muss ohnehin rechnen: Aus der Zinshöhe des Tenors muss er in Verbindung mit der bis zur Zwangsvollstreckung (!) abgelaufenen Zeit die Gesamtsumme errechnen. Da die jeweilige Höhe des Basiszinssatzes aus *allgemein zugänglichen* Dokumenten, die für den Gerichtsvollzieher jederzeit verfügbar sind, sicher und ohne großen Aufwand ermittelbar ist, ist die Berechnung auf diese Weise nicht schwieriger als sonst auch.

---

132 Vgl. PALANDT/GRÜNEBERG, § 288, Rn. 8, § 286, Rn. 27.
133 Vgl. KNÖRINGER, § 2 III 1.
134 Vgl. BAG, NZA 2003, 567-570 (568) = **juris**byhemmer; ZÖLLER/STÖBER, § 704, Rn. 4; § 794, Rn. 26b; Baumbach/Hartmann § 794, Rn. 35; SIEGBURG, Rn. 56; TREBER, NZA 2001, 187 ff. (m.w.N.); PALANDT/GRÜNEBERG, § 288, Rn. 4 zum *Klageantrag*.

Die gegenteilige Meinung, die die Nennung einer konkreten Zahl im Tenor fordert, hat den ganz entscheidenden, vom Gesetzgeber gewiss nicht beabsichtigten Nachteil, dass sie nicht flexibel reagieren kann: Jede Veränderung des Basiszinssatzes (§ 247 BGB) zwischen letzter mündlicher Verhandlung und Zwangsvollstreckung könnte bzw. würde zu einem „Nachkarten" (erneute Forderung oder - bei einer Absenkung - gar Abänderungsklage) führen![135]

Enthält der Klageantrag, obwohl er auf § 288 I BGB (evtl. i.V.m. § 291 BGB) gestützt ist, keinen solchen unbestimmten Antrag, sondern nennt er eine konkrete, zutreffende Zahl, so ist diese einfach aus den Anträgen zu übernehmen, wenn die Voraussetzungen gegeben sind.

2. Typische Probleme bzw. Fehlerquellen bei Prozesszinsen

a. Zinsen bei Klageerweiterung bzw. Parteierweiterung

Klageerweiterung bzw. Parteierweiterung: Staffelung nötig!

Ein ebenso häufig gestelltes wie übersehenes Klausurproblem ergibt sich im Falle der Klageerweiterung oder Parteierweiterung. In solchen Fällen ist zu beachten, dass *unterschiedliche* Termine für den Zinsbeginn hinsichtlich der einzelnen Anträge bzw. Streitgenossen gegeben sind. Die Rechtshängigkeit tritt gemäß § 261 II ZPO für den nachgeschobenen Antrag ja erst später ein, nämlich mit dessen Zustellung oder Erhebung in mündlicher Verhandlung.

hemmer-Klausur-Tipp

> Solche gestaffelten Zinsentscheidungen werden im Zeitdruck der fünfstündigen Klausur häufig übersehen. Trainieren Sie sich daher frühzeitig an, bereits entsprechende kurze, aber später nicht zu übersehende Vermerke für die etwaige Zinsentscheidung zu machen, sobald Sie bei der Sachverhaltsanalyse auf eine Klage- oder Parteierweiterung stoßen. Sollte sich dieser Vermerk wegen Unbegründetheit der Klage später als unnötig herausstellen, haben Sie nicht viel Zeit vertan. Umgekehrt aber ist die Gefahr, dass dieser Aspekt schließlich ganz übersehen wird, viel größer, wenn er nicht bereits gleich zu Beginn „dingfest gemacht" wird.

Die Zinstenorierung ist also gestaffelt vorzunehmen.

Formulierungsbeispiel mit Staffelung

> „Der Beklagte wird verurteilt, an die Klägerin 18.000 € zuzüglich Zinsen in Höhe von 5 Prozentpunkten über dem jeweiligen Basiszinssatz aus 11.000 € ab dem 22. Juli 2018 sowie aus weiteren 7.000 € ab dem 14. August 2018 zu bezahlen."

In einem solchen Fall ist es wohl auch kein Schaden, diesen Aspekt über den sonst üblichen Standardsatz hinaus auch noch mal am Ende des Urteils bei der Begründung der Zinsentscheidung kurz zu erwähnen, um dem Korrektor nochmals vor Augen zu führen, dass der Bearbeiter an diesen Aspekt wirklich gedacht hat.

b. Sonderproblem: Zinsen bei erst später geheiltem Klageerhebungsfehler

Zinsen bei geheiltem Klageerhebungsfehler

Ein hin und wieder in Klausuren auftauchendes Zinsproblem ergibt sich aus Problemen der Klagezustellung.

Beispiel 1: Ersatzzustellung

Bsp. 1: Bei einer Ersatzzustellung (§§ 178 ff ZPO) unterlief der Zustellperson ein Formfehler, der erst Tage später geheilt wurde (vgl. § 189 ZPO).

---

[135] Ausführlich TREBER, NZA 2001, 187 (192).

§ 5 DIE ZINSENTSCHEIDUNG

Da in diesem Fall nach dem klaren Gesetzeswortlaut die Rechtshängigkeit nach §§ 253 I, 261 I ZPO erst „ex nunc" *im Moment der Heilung*[136] eintrat, kann auch der Beginn des Zinsanspruches nicht früher angesetzt werden.

hemmer-Klausur-Tipp

> Denken Sie, wenn Sie ein Zustellungsproblem im Sachverhalt der Klausur vorfinden, immer auch an die Zinsentscheidung und fertigen Sie unverzüglich einen entsprechenden Hinweis in Ihren Notizen! Es ist in solchen Fällen ein verbreitetes Phänomen, dass vom Bearbeiter zwar das ZPO-Problem erkannt wird, nicht aber dessen Auswirkung auf das materielle Recht.

Beispiel 2

Bsp. 2: *Eine Klage wird unter der „Bedingung der Gewährung von Prozesskostenhilfe" erhoben. Da die PKH nach wenigen Tagen zugesprochen wird, wird die Klage zugestellt, und der Beklagte hat nichts gegen den Vorgang einzuwenden.*

(Zunächst) unzulässige Klage unter der „Bedingung der Gewährung von Prozesskostenhilfe"

Die Erhebung der Klage unter der Bedingung der Gewährung von Prozesskostenhilfe wird als unzulässig angesehen. Es handelt es sich hierbei nicht um die bloße zulässige Abhängigkeit von einem innerprozessualen Ereignis.[137] Grund: Das Prozesskostenhilfeverfahren ist gerade nicht ein Teil des eigentlichen ZPO-Verfahrens, sondern eigenständig. Folge: Auch wenn das Gericht den Schriftsatz wie eine wirksame Klageschrift behandelt, also Verhandlungstermin anberaumt, war trotzdem nur ein Klage*entwurf* zugestellt worden.

Wenn in der mündlichen Verhandlung der „Antrag aus der Klageschrift" gestellt wird, gilt die Klage dann aber als in *diesem* Moment wirksam erhoben. Die Zustellung der Klage wird dann nach § 295 I ZPO durch das rügelose Verhandeln des Beklagten ersetzt.[138]

Zinsen gemäß § 291 BGB kann das Gericht dann aber erst ab dem Tag der Hauptverhandlung (bzw. analog § 187 I BGB dem Tag danach) zusprechen![139]

Gegenbeispiel: Vorbehalt der Zustellung

Zur Abgrenzung ist aber festzuhalten, dass es allgemein für zulässig erachtet wird, die Klage mit dem Vorbehalt einzureichen, dass sie nur im Falle der Bewilligung von PKH *zugestellt werden solle*.[140] Dann wären die Zinsen tatsächlich ab Zustellung zuzusprechen.

c. Teilabweisung auch bei kleineren Einschränkungen

Teilabweisung auch bei kleineren Einschränkungen

Zu beachten ist schließlich noch, dass auch bei kleineren Einschränkungen der Zinsentscheidung gegenüber den Anträgen des Klägers immer eine Abweisung der Klage „im Übrigen" auszusprechen ist.

---

136 Vgl. dazu etwa ZÖLLER/STÖBER, § 189, Rn. 8. Missverständlich THOMAS/PUTZO, § 253, Rn. 21: Das „rückwirkend" soll sich wohl nur auf § 295 ZPO beziehen, wo aber auch nur *ausnahmsweise* eine Rückwirkung angenommen wird (s.u.).
137 Vgl. THOMAS/PUTZO, § 117, Rn. 4; BGH, NJW 1972, 1373-1374; BGH, NJW 2008, 2852-2855 = **juris**byhemmer; FÖLSCH NJW 2009, 2796; ZÖLLER/GREGER § 253, Rn. 2; ZÖLLER/GUMMER § 519, Rn. 1 (teilweise zum Parallelproblem der Rechtsmitteleinlegung bzw. -begründung).
138 Vgl. BGH, NJW 1972, 1373-1374; FamRZ 1988, 383.
139 Vgl. dazu etwa ZÖLLER/GREGER, § 253, Rn. 22; BGH, NJW 1972, 1373-1374. Eine *Rückwirkung* von § 295 ZPO kommt hier schon deswegen nicht in Betracht, weil es nicht nur um einen Mangel *der Zustellung* geht, sondern noch gar keine „richtige" Klageschrift vorlag. Gleiches gilt für eine Verjährungshemmung nach § 204 I Nr. 1 BGB; auch diese könnte nicht vor diesem Zeitpunkt eintreten, es sei denn *die Heilung* nach § 295 ZPO erfolgt noch „demnächst" i.S.d. § 167 ZPO.
140 Vgl. FÖLSCH NJW 2009, 2796 m.w.N.

B. Ansprüche auf Zinsen für die Zeit vor Rechtshängigkeit

I. Zinsansprüche wegen Verzug

Verzugszinsen

Eine Prüfung des Verzugs als Grundlage des Zinsanspruchs ist dann nötig, wenn es um einen höheren Zinsanspruch geht oder dieser vor dem Rechtshängigkeitszeitpunkt beginnen soll. Zu unterscheiden sind die Verzugszinsen gemäß § 288 I, II BGB und der Verzögerungsschaden (§ 280 I, II BGB).

Vorsicht Falle: manchmal wird hier der Fall „gestreckt"!

Bei der Prüfung der Tatbestandsmerkmale des Verzugs stellt meist nur eine Routineprüfung dar. Trotz aller Knappheit darf dann aber auch hier nicht auf Sorgfalt verzichtet werden. Überdies sind Klausuren zu anderen Hauptproblemen manchmal gerade mit – ggf. etwas versteckten – Problemen des Verzugsrechts etwas „gestreckt".

> *Bsp.: Klage eines gerade volljährig gewordenen Verkäufers auf Kaufpreiszahlung plus Verzugszinsen aus einem notariell beurkundeten Immobilienverkauf, den er als noch 17-jähriger mit Zustimmung seiner Eltern durchführte.*

Verzug hier erst mit Zustellung der Klage!

Da es für diesen Kaufvertrag gemäß §§ 1643 I, 1821 Nr. 1 BGB zusätzlich der Zustimmung des Familiengerichts bedurft hätte, war der Vertrag zunächst schwebend unwirksam (§§ 1643 III, 1829 I 1 BGB). Die Klageerhebung bewirkte die Genehmigung durch den inzwischen Volljährigen selbst (§§ 1643 III, 1829 III BGB). Aber: Ein Verzug kann trotz § 184 I BGB *nie rückwirkend* eintreten.[141] Daher können in diesem Fall die Rechtsfolgen des Verzuges frühestens mit Zustellung der Klage (= Zugang der Genehmigungserklärung) eintreten.

Ein anderes häufigeres Klausurproblem ist die Frage nach dem Verzugsbeginn, also dem notwendigen Inhalt der Mahnung im Falle von Zug-um-Zug-Anträgen (v.a. §§ 274, 320, 348 BGB). Die Grundregel, dass das Bestehen einer Einrede den Verzug hindere, gilt bei bloßen Zug-um-Zug-Einreden nämlich nur in modifizierter Form, da sonst der Schuldner ein Missbrauchsinstrumentarium in der Hand hätte.

> *Beispiel § 320 BGB: Erforderlich zur Verzugsbegründung ist bei § 320 BGB nur eine Zahlungsaufforderung in ordnungsgemäßer Weise, also unter gleichzeitigem Angebot zur Rückgabe; das Angebot des Gläubigers muss also – ggf. „zwischen den Zeilen" – erkennen lassen, dass er zur vertragsgemäßen Erbringung seiner eigenen Gegenleistung bereit und fähig ist.[142]*

---

141 Vgl. etwa PALANDT/ELLENBERGER, § 184, Rn. 2.
142 Dies ist eigentlich eine absolute und wohl unstreitige Selbstverständlichkeit (vgl. etwa BGHZ, 116, 244-251 (249) = **juris**byhemmer; Erman/Hager § 286, Rn. 22 m.w.N.). PALANDT/GRÜNEBERG, § 286, Rn. 10 ist insoweit m.E. etwas unklar, da dort insbesondere die Erhebung der Einrede in den Vordergrund gestellt wird. Die zitierten BGH-Fälle betrafen aber entweder Konstellationen, in denen der Verzug entfiel, weil der Gläubiger keine ordnungsgemäße Gegenleistung anbot und der Schuldner sich darauf berief, oder es ging in den BGH-Fällen gar nicht um den Verzug, sondern um die gerichtliche Entscheidung über den Primäranspruch selbst (§ 322 I BGB), also um eine gar nicht vergleichbare Situation. Die Erhebung der Einrede der §§ 320, 322 I BGB kann bei der Prüfung *des Verzugs* also letztlich überhaupt nur dann eine Wirkung haben, wenn der Gläubiger seine Gegenleistung *nicht* ordnungsgemäß angeboten hat; dann, aber auch nur dann, wird es zur Verzugsverneinung ausreichen, dass der Schuldner sich *spätestens im Prozess* auf die Einrede beruft. Wiederum völlig anders wird dies bei den Einreden gemäß § 273 BGB und gemäß § 410 BGB (hierzu BGH, NJW 2007, 1269-1273 = **juris**byhemmer = **Life&Law 2007, Heft 3, 156-160**; PALANDT/GRÜNEBERG, § 286, Rn. 11) gehandhabt: Diese wirken nur dann verzugshindernd, wenn sich der Schuldner bereits im maßgeblichen Zeitpunkt der Geltendmachung der Forderung durch den Gläubiger auf diese beruft.

§ 5 DIE ZINSENTSCHEIDUNG

hemmer-Klausur-Tipp

> Gehen Sie bei Ihren Vorprüfungen die Tatbestandsmerkmale des Verzugs – insbesondere den Inhalt der Mahnung und die Fälligkeit im Zeitpunkt der Mahnung – also im Kopf immer Schritt für Schritt präzise durch. Oft brauchen Sie später in der Reinschrift darauf nur ganz kurz einzugehen. Sollte aber doch ein Problem vorhanden sein, ist dieses nicht selten erst auf den zweiten Blick zu bemerken und wird entsprechend oft übersehen.

1. Verzugszinsen gemäß § 288 I, II BGB

Bedeutung bei Zinsen vor Rechtshängigkeit

Der Anspruch auf Verzugszinsen gemäß § 288 I BGB (bzw. des neuen § 288 II BGB) ist mit den Rechtshängigkeitszinsen in der Höhe zwangsläufig identisch.

Aus dieser Regelung kann sich aber ein Zinsanspruch für eine Zeit vor Eintritt der Rechtshängigkeit ergeben. Wenn der Klageantrag im Sachverhalt bereits ein konkretes Datum nennt, ist es sinnvoll, zunächst die Verzugsprüfung in den Vordergrund zu stellen; dieses liegt dann - vom Fall des Mahnverfahrens (§ 696 III bzw. § 700 II ZPO) abgesehen - zwangsläufig vor Eintritt der Rechtshängigkeit.

2. Verzögerungsschaden (§ 280 I, II BGB) § 286

Verzögerungsschaden bei höherer Zinsforderung

Eine weiter reichende Ausweitung des Zinsanspruches im Verhältnis zu § 291 BGB bringt der Anspruch auf Ersatz des Verzögerungsschadens gemäß § 280 I, II BGB mit. Dieser ist immer dann zu prüfen, wenn der Kläger einen Zinssatz geltend macht, der höher ist als der des § 288 I oder II BGB. Dabei schadet es nicht, wenn der Kläger - wie oft in Klausuren und Praxis, begrifflich aber eigentlich unzutreffend - einen Antrag auf „Verzugszinsen von zehn Prozent" stellt. Damit ist dann eben der Verzögerungsschaden gemeint.

Es lassen sich hauptsächlich zwei Fallgruppen nennen, nämlich aufgewandte Kreditzinsen und Verlust von Anlagezinsen.

a. Aufgewandte Kreditzinsen

Aufgewandte Kreditzinsen

Aufgewandte Kreditzinsen stellen gewiss den wichtigsten Fall des Verzögerungsschadens bei Geldschulden dar. Meist geht es um einen Kontokorrent, dessen Debetsaldo durch den Nichteingang (noch tiefer) ins Minus gerät. Hinsichtlich der notwendigen Substanziierung durch den Gläubiger ist v.a. auf den Vortrag der Kausalität zwischen Zinsschaden und Verzug zu achten; dabei wird unterschieden:

⇨ Keinesfalls ausreichend ist der Vortrag, der Kläger habe zu einem bestimmten, vor Eintritt des Verzugs liegenden Zeitpunkt einen Bankkredit aufgenommen. Dem lässt sich nämlich noch nicht entnehmen, dass der Bankkredit auch im Zeitpunkt des Verzugs noch bestand und ob der Gläubiger die Absicht hatte, den Kredit im Falle des rechtzeitigen Eingangs der Geldbeträge zu vermindern.[143]

⇨ Dagegen genügt der ebenfalls noch recht pauschale Vortrag, der Kläger arbeite *ständig* mit einem entsprechenden Bankkredit, wenn der Beklagte dem nicht entgegentritt.[144]

---

143 Vgl. etwa BGH, NJW-RR 1991, 1406-1407 = **juris**byhemmer.
144 Vgl. etwa ANDERS/GEHLE, A, Rn. 107 (m.w.N.).

⇨ Bestreitet aber der Beklagte diesen Zinsschaden, muss der Anspruchsteller konkrete Details vortragen und gegebenenfalls unter Beweis stellen.

b. Verlust von Anlagezinsen

Verlust von Anlagezinsen

Weniger bedeutsam ist angesichts der heutigen Fassung von § 288 BGB die Variante Verlust von Anlagezinsen: Hier ist bezüglich der Schlüssigkeit insbesondere zu beachten, dass ein in der Klageschrift enthaltenes Vorbringen, „der Kläger hätte bei der Bank X eine Verzinsung von ... Prozent erzielen können", auch den konkludenten Vortrag enthält, dass eine entsprechende Anlage mit einer Verzinsung von ... Prozent auch tatsächlich erfolgt wäre.[145]

II. Deliktszinsen gemäß § 849 BGB

In Fällen von deliktischen Ansprüchen wegen Sachentziehung oder Sachbeschädigung kommen auch Deliktszinsen gemäß § 849 BGB in Betracht. Diese – häufig übersehene – Regelung kann bei der Gefährdungshaftung nach StVG entsprechend angewendet werden.[146] Sie richtet sich in der Höhe nach h.M. nach § 246 BGB.

III. Zinsähnlicher Anspruch wegen Nutzungen am Geld (§§ 346 I, II Nr. 1, 347 oder 818 II BGB)

Anspruch wegen Nutzungen am Geld (§§ 346 I, II Nr. 1, 347 oder 818 II BGB)

Geht es infolge Rückabwicklung eines gescheiterten Vertrags um die Rückforderung eines gezahlten Kaufpreises, Werklohns o.Ä., so kann aufgrund einer völlig anderen Grundlage ein Anspruch auf Zahlung von Zinsen bereits ab dem Tag (nach) *der Zahlung* gegeben sein.

Seit der Schuldrechtsreform von 2002 sind die Regelungen über den Nutzungsersatz (§§ 346 I, II Nr. 1, 347 I BGB) nämlich auch auf den *Geld*anspruch anwendbar. Daher ergibt sich oft ein Anspruch auf Zahlung von Zinsen mit Hilfe von § 346 I, II Nr. 1 BGB.[147]

Es handelt sich nicht um einen „echten" Zinsanspruch, weil keine Pauschalierung zugrunde liegt, sondern es um einen Wertersatz für *tatsächlich* gezogene Nutzungen geht; die faktischen Wirkungen kommen aber oft denjenigen von Zinsansprüchen sehr nahe.

Die Bedeutung dieses Anspruchs liegt u.a. darin, dass er bereits ab der rückabzuwickelnden *Zahlung* gegeben ist, also u.U. *viel früher* einsetzt als ein auf Verzug gestützter Anspruch.

> **Bsp.:** *Rücktritt vom Autokauf oder gar vom Hauskauf (hohe Summen!) erst viele Monate nach Zahlung des Kaufpreises.*

Da die für die Zinsansprüche aus Verzug nötige Fälligkeit des Rückzahlungsanspruchs vor Erklärung des Rücktritts nicht vorliegen kann, setzt der Anspruch auf Nutzungsersatz *wesentlich* früher ein!

---

145 Vgl. BGH, NJW 1995, 733 = **juris**byhemmer.
146 Vgl. PALANDT/SPRAU, § 849, Rn. 1; BGHZ 87, 38 = **juris**byhemmer.
147 Siehe HUBER/FAUST, 10. Kap., Rn. 66; BARO/GROTHE § 346, Rn. 11; LORENZ/RIEHM, Rn. 435; PALANDT/GRÜNEBERG, § 346, Rn. 6.

§ 5 DIE ZINSENTSCHEIDUNG

auch bei Minderung — Diese Vorschriften gelten nicht nur unmittelbar beim Rücktritt, sondern über § 441 IV 2, 638 IV 2, 651d I 2 BGB auch bei der Minderung.[148]

Ist bereicherungsrechtlich eine Geldzahlung geschuldet, so kann sich ein Anspruch auf Verzinsung über § 818 II BGB ergeben.[149]

Umfang des Anspruchs — Hat der Inanspruchgenommene das erhaltene Geld bei seiner Bank angelegt, so stellen die hierdurch erlangten Vorteile Nutzungen i.S.d. § 100 BGB dar. Folglich ist Ersatz in genau dieser Höhe zu leisten.

Noch bedeutsamer: Arbeitete der Anspruchsgegner – wie oft bei Gewerbetreibenden – mit einem Kontokorrentkredit, den er infolge des erhaltenen Geldes reduzierte, so *ersparte* er aufgrund des Gelderhalts Zinszahlungen an seine Hausbank in Höhe des gegenüber seiner Bank vereinbarten Zinssatzes. Folglich schuldet er Nutzungsersatz in dieser meist beträchtlichen Höhe.[150]

Geht es nun um den (späten) Rücktritt vom Kauf eines teuren Pkw oder Hauses, so kann dieser Anspruch in die Tausende gehen!

hemmer-Klausur-Tipp

> **Seien Sie klausurtaktisch etwas vorsichtig mit der Anwendung dieses „Quasi-Zinsanspruchs" aus §§ 346 I, II Nr. 1 BGB!**
> So eindeutig die Gesetzesbegründung zur Schuldrechtsreform und die Aussagen von Lehrbuchautoren zur Wirkung dieses Nutzungsersatzanspruchs bei Geld auch sind: Von vielen Praktikern wird dieser Anspruch übersehen oder zumindest völlig unterschätzt; dies oftmals auch und gerade in Fällen, in denen umgekehrt beträchtliche Nutzungsersatzansprüche des Verkäufers wegen der Pkw- oder Hausnutzung gefordert werden!
> Leider hat dies auch Auswirkung auf Examenslösungsskizzen, wo dieser Anspruch manchmal vollkommen übersehen wurde. Indiz: Finden sich im Sachverhalt sehr viele Ausführungen, die nur bei einer Verzugsprüfung relevant werden, so kann dies ein klares Signal dafür sein, dass es auch in der amtlichen Lösungsskizze in erster Linie *hierauf* – und damit eben nicht auf § 346 I, II Nr. 1 BGB – ankommt. In der Richterklausur wird meist auch der (zeitliche bzw. höhenmäßige) Umfang der Anträge über § 308 I ZPO den Weg weisen.[151]
> Folge dann: Beißen Sie sich in jedem Fall am Verzug fest und bringen Sie den Anspruch auf Zinsen über den Nutzungsersatz nur „zusätzlich" ins Spiel. Obwohl Kommentar-Fundstellen-Angaben in Klausuren oft sinnlose Zeitvergeudung sind[152], kann es hier dann ausnahmsweise auch vielleicht helfen, die betreffenden Palandt-Stellen sowie ein forsches „nach allg. Ansicht bzw. gefestigter Rechtsprechung" anzuführen: Ein *guter* Korrektor wird durch derartiges erfahrungsgemäß zur Überprüfung seiner eigenen bisherigen Meinung veranlasst.

---

148 Die Nichterwähnung von § 346 *Abs. 2* BGB wird dabei von der wohl überwiegenden Meinung mit Recht als „offenkundige Ungenauigkeit" abgetan, da die Vorschrift wegen der Unmöglichkeit der Herausgabe von Gebrauchsvorteilen in natura bei Beschränkung auf Abs. 1 erkennbar leer laufe (vgl. BARO/FAUST, § 346, Rn. 17 m.w.N.).

149 Vgl. BGH, NJW 1998, 2354-2356 (2355) = **juris**byhemmer.

150 Vgl. BGH, NJW 1998, 2354-2356 (2355) = **juris**byhemmer zu § 818 I, II BGB. Fraglich ist im Regelfall nur, wie der hierfür darlegungs- und beweispflichtige Gläubiger (Käufer) an solche Informationen aus der Sphäre des Gegners kommt. Im Rahmen des Anspruchs aus § 818 I, II BGB hat der BGH einen auf § 242 BGB gestützten Auskunftsanspruch zuerkannt (vgl. BGH, NJW 2003, 582-585 (584 f.) = **juris**byhemmer; PALANDT/SPRAU, § 812, Rn. 74. PALANDT/GRÜNEBERG, § 260, Rn. 4 ff). Es ist kein Grund ersichtlich, warum im Rahmen des § 346 BGB etwas anderes gelten sollte.

151 Anders natürlich in der Anwaltsklausur, wo es *Ihre* typische Aufgabe ist, *soviel wie möglich* für den Mandanten herauszuholen!

152 Ausführlich dazu unten in § 9, Rn. 52.

§ 6 Die Kostenentscheidung

Entscheidung im Tenor von Amts wegen (§§ 308 II, 313 I Nr. 4 ZPO)

Nach der Entscheidung über die zur Hauptsache gestellten Schlussanträge muss gemäß § 313 I Nr. 4 ZPO im Tenor von Amts wegen über die Kosten (§ 308 II ZPO) sowie die vorläufige Vollstreckbarkeit (§ 704 I ZPO) entschieden werden.

Die Kostenentscheidung ist dabei der Ausspruch darüber, wer die Kosten des Verfahrens zu tragen hat.

A. Grundbegriffe

I. Prozesskosten

Prozesskosten

Prozesskosten, d.h. „Kosten des Rechtsstreits" i.S.d. § 91 ZPO sind die unmittelbaren Aufwendungen der Parteien für das Betreiben des Rechtsstreits, nicht jedoch allgemein alle Schäden und Nachteile, die eine Partei anlässlich des Rechtsstreits erlitten hat.[153]

Zu den Kosten „des Rechtsstreits" gehören auch die Kosten eines vorangegangenen selbständigen Beweisverfahrens i.S.d. §§ 485 ff ZPO[154] und die Kosten eines vorausgegangenen Mahnverfahrens[155].

Erstattungsfähig sind dabei aber regelmäßig nur die notwendigen Kosten, d.h. diejenigen für solche Handlungen, die zur Zeit ihrer Vornahme objektiv erforderlich und geeignet erschienen, das im Streit stehende Recht zu verfolgen oder zu verteidigen.[156]

Die Prozesskosten lassen sich in Gerichtskosten und außergerichtliche Kosten aufteilen.

1. Gerichtskosten

Gerichtskosten

Die nach dem GKG anfallenden Gerichtskosten zerfallen wiederum in Gebühren und Auslagen (§ 1 I GKG).

Gebühren

Gebühren sind öffentlich-rechtliche *Pauschal*abgeltungen, d.h. von der Schwierigkeit und Dauer des Verfahrens *unabhängige* Abgaben für das Tätigwerden der Rechtspflegeorgane als solches. Die Gebühren richten sich grundsätzlich nach dem Streitwert, auf den die in Anlage 2 zum GKG abgedruckte Kostentabelle anzuwenden ist (vgl. § 3 I i.V.m. § 34 GKG).

Regelmäßig fällt in einem Zivilprozess gemäß Nr. 1210 KV (Anlage 1 zum GKG) die *dreifache* Gebühr an. Diese hat der Kläger gemäß § 12 I 1 GKG bereits vor Zustellung der Klage zu zahlen. Bei bestimmten späteren Verfahrenshandlungen (*vollständige* Klagerücknahme, Prozessvergleich u.a.) kann eine Ermäßigung auf *eine* Verfahrensgebühr eingreifen (Nr. 1211 KV).

---

[153] THOMAS/PUTZO, vor § 91, Rn. 2; § 91, Rn. 5 ff.
[154] THOMAS/PUTZO, § 494a, Rn. 5; BGH, NJW 2004, 3121.
[155] THOMAS/PUTZO, § 91, Rn. 6.
[156] THOMAS/PUTZO, § 91, Rn. 9.

Daneben werden geldwerte Aufwendungen des Gerichts für das Verfahren (= Auslagen), insbesondere für Zeugen, Sachverständige, Ausfertigungen und Abschriften sowie Telekommunikationsdienstleistungen, gemäß § 1 I GKG i.V.m. Nr. 9000 bis 9018 KV zum GKG gesondert auf die Parteien umgelegt.

gesonderte Aufwendungen des Gerichts (Auslagen)

Zu beachten ist insoweit v.a. Nr. 9005 KV zum GKG: Dort ist die Kostenpflicht der Parteien für die Kosten geregelt, die nach dem Justizvergütungs- und -entschädigungsgesetz (JVEG) v.a. für Zeugen und Sachverständige anfallen.

2. Außergerichtliche Kosten

außergerichtliche Kosten

Die außergerichtlichen Kosten gliedern sich in die Anwaltskosten, also die Gebühren und Auslagen eines beauftragten Rechtsanwalts, sowie die Parteikosten.[157]

4

a. Erstattungsfähige Anwaltskosten

erstattungsfähige Anwaltskosten (vgl. § 91 II ZPO)

Zu den nach § 91 II ZPO erstattungsfähigen Anwaltskosten zählen alle nach dem RVG angefallenen Gebühren und Auslagen des Anwalts (zzgl. MwSt.), nicht jedoch ein darüber hinaus gezahltes Honorar (vgl. § 4 RVG), etwa im Rahmen einer Honorarvereinbarung.[158]

5

Anwaltsgebühren

Anwaltsgebühren sind ebenfalls *Pauschal*abgeltungen, die unabhängig von der Dauer und Schwierigkeit des Verfahrens das Tätigwerden des Rechtsanwalts als solches abgelten.

In einem Rechtsstreit können anfallen:

Verfahrensgebühr gemäß Nr. 3100 VV-RVG

⇨ eine Verfahrensgebühr gemäß Nr. 3100 des Vergütungsverzeichnisses zum RVG (VV-RVG) mit dem 1,3-fachen Satz

Terminsgebühr gemäß Nr. § 3104 VV-RVG

⇨ eine Terminsgebühr gemäß Nr. § 3104 VV-RVG mit dem 1,2-fachen Satz.

Die Entstehung dieser Gebühren richtet sich nach den Absätzen II bzw. III der amtlichen Vorbemerkung vor Teil 3 (ab Nr. 3100) des VV-RVG.

Eine eigenständige Gebühr für die Durchführung einer Beweisaufnahme ist dagegen grds. nicht mehr gegeben. Dies hat zur Folge, dass der Anwalt nun insgesamt den 2,5-fachen Satz erhält, ohne dass es darauf ankommt, ob eine Beweisaufnahme durchgeführt wurde oder nicht. Anders kann es bei umfangreichen Beweisaufnahmen sein (0,3 Gebühr gemäß Nr. 1010 VV-RVG).

Terminsgebühr im Säumnisverfahren

Ergeht ein echtes erstes Versäumnisurteil gegen die nicht erschienene oder nicht ordnungsgemäß vertretene Partei (§§ 330, 331 ZPO), *ohne* dass vorher verhandelt wurde, kann der Rechtsanwalt, der im Termin lediglich einen Antrag auf Erlass eines Versäumnisurteils gestellt hat, nach Nr. 3105 VV-RVG nur eine 0,5 Terminsgebühr geltend machen.

5a

---

157 THOMAS/PUTZO, vor § 91, Rn. 5.
158 THOMAS/PUTZO, § 91, Rn. 19.

Ergeht Versäumnisurteil, weil die Partei nicht *verhandelt* (§ 333 ZPO), bleibt es dagegen bei der 1,2 Terminsgebühr (vgl. Abs. 3 zu Nr. 3105 VV-RVG).

Termingebühr nach Einspruch gegen VU

Ergeht nach einem Einspruch gegen ein vorheriges Versäumnisurteil (vgl. § 338 ZPO) streitiges Endurteil (vgl. § 343 ZPO), gilt für beide Prozessvertreter neben der Verfahrensgebühr (nur) die normale Terminsgebühr nach Nr. 3104 VV-RVG i.H.v. 1,2.

Eine *weitere* 0,5 Gebühr gemäß Nr. 3105 VV-RVG für den Anwalt, der zuvor den Antrag auf Erlass des Versäumnisurteils gestellt hatte, entsteht nicht (vgl. § 15 II RVG).[159]

Termingebühr bei zweitem VU

Dem Prozessbevollmächtigten, der sowohl das erste als auch das zweite Versäumnisurteil erwirkt, steht eine 1,2 Terminsgebühr gemäß Nr. 3104 VV-RVG zu, nicht nur eine 0,5-Terminsgebühr nach Nr. 3105 VV-RVG.[160] Grund: Das Merkmal „Wahrnehmung *nur eines* Termins" ist bei Wahrnehmung von *zwei* Terminen nicht gegeben. Überdies: Der Gesetzeszweck des Reduzierungstatbestands von Nr. 3105 VV-RVG (Ermäßigung wegen reduzierten Aufwands) greift bei Mehrheit von Terminen nicht mehr. Wenn das erste Versäumnisurteil im schriftlichen Vorverfahren gemäß § 331 III ZPO erging, gilt für das zweite Versäumnisurteil ebenfalls nicht der Reduzierungstatbestand von Nr. 3105 VV-RVG, sondern der 1,2fache Satz gemäß Nr. 3104 VV-RVG.[161] Grund: Das Versäumnisurteil im schriftlichen Vorverfahren ist dem in mündlicher Verhandlung in Nr. 3105 VV-RVG gleichgestellt.

5b

Weiterhin kann anfallen:

5c

⇨ eine Einigungsgebühr gemäß Nr. 1000 VV-RVG mit dem 1,5-fachen Satz bzw. gemäß Nr. 1003 VV-RVG mit dem 1,0-fachen Satz.

Diese Regelungen gelten für jede Art von *gerichtlicher oder außergerichtlicher* Einigung. Wird – wie so häufig – ein Widerrufsvorbehalt vereinbart, führt dies gemäß Nr. 1000 III VV-RVG zu einer Verschiebung der Entstehung der Einigungsgebühr.

zusätzliche Anwaltsgebühren wg. Beweisverfahren gemäß §§ 485 ff ZPO möglich

Da die Kosten eines etwaigen vorangegangenen selbständigen Beweisverfahrens auch zu den (späteren) „Kosten des Rechtsstreits" i.S.d. § 91 ZPO gehören, können sich in einem solchen Fall auch die Anwaltsgebühren erhöhen: Aus der amtlichen Begründung zu § 19 RVG und im Umkehrschluss aus Vorbemerkung V zu Teil 3 VV-RVG ergibt sich nämlich, dass es sich um eine *eigene* gebührenrechtliche Angelegenheit handelt, nicht um dieselbe Angelegenheit i.S.d. §§ 15 II 1, 16 RVG.

5d

Da gemäß Vorbemerkung V zu Teil 3 VV-RVG aber *nur* die Verfahrensgebühr gemäß Nr. 3100 VV-RVG angerechnet wird, kann die Termingebühr gemäß Nr. 3104 VV-RVG letztlich zweimal (im Beweisverfahren und später im Hauptsacheverfahren) entstehen.

---

159 Vgl. auch den Wortlaut der Nr. 3105: „Die Gebühr *nach 3104* beträgt ... 0,5."). Nr. 3105 schafft also keine neue Gebühr, sondern enthält nur einen *Ermäßigungstatbestand* für die in Nr. 3104 VV-RVG geregelte Gebühr.
160 So BGH, NJW 2006, 2927 = **juris**byhemmer, der damit eine vorherige Streitfrage klärte.
161 BGH, NJW 2006, 3430-3431 (3431) = **juris**byhemmer.

§ 6 DIE KOSTENENTSCHEIDUNG

Kosten eines vorausgegangenen Mahnverfahrens

Wie schon ausgeführt, sind auch die Kosten eines vorausgegangenen Mahnverfahrens „Kosten des Rechtsstreits" i.S.d. §§ 91 ff ZPO.[162] Es erfolgt dann allerdings grds. eine *Anrechnung* der im Mahnverfahren entstandenen Gebühren (vgl. amtliche Anmerkung zu Nr. 1210 KV sowie amtliche Anmerkung zu Nr. 3305 VV-RVG). Die 0,5-Verfahrensgebühr, die der Anwalt für den Antrag auf Erlass eines Vollstreckungsbescheids erhält (Nr. 3308 VV-RVG), wird allerdings nicht angerechnet; sie bleibt auch bei Durchführung des streitigen Verfahrens (nach Einspruch) bestehen.[163]

5e

Völlig anders: „Geschäftsgebühr" nach Nr. 2300 VV-RVG

Für die außergerichtliche Vertretung (z.B. Erklärung einer Wohnungskündigung zur Vorbereitung des Räumungsprozesses) erhält der Rechtsanwalt nach Nr. 2300 VV-RVG häufig zusätzlich eine sog. „Geschäftsgebühr" in Höhe von 0,5 bis 2,5 der vollen Gebühr des § 13 I RVG.

5f

Verrechnung

Nach BGH blieb wegen Vorbemerkung 3 IV zu Nr. 3100 VV-RVG eine bereits entstandene Geschäftsgebühr unangetastet; es sollte sich durch eine hälftige Anrechnung die (später) nach Nr. 3100 VV-RVG angefallene Verfahrensgebühr reduzieren.[164] Dieser Rechtsprechung wurde durch § 15a RVG wieder der Boden entzogen. In Folge dieser Vorschrift *kann* im gerichtlichen Kostenfestsetzungsverfahren wieder die volle Verfahrensgebühr verlangt werden (Wahlrecht).[165]

Vorsicht: eigenständiger Klageantrag nötig, da nicht von Kostenfestsetzung erfasst!

Die Geschäftsgebühr zählt nach absolut h.M. *nicht* zu den im Kostenfestsetzungsverfahren erstattungsfähigen Prozesskosten.[166] Folge: Die Geschäftsgebühr – jetzt wegen der Anrechnung bei der Verfahrensgebühr meist wieder die halbe Gebühr – müsste als „Kosten der Rechtsverfolgung" im Wege des Schadensersatzes geltend gemacht werden, *wenn* dem Mandanten gegen den Gegner ein entsprechender Schadensersatzanspruch zusteht. Dann muss der Kläger diese Gebühr als kausalen Schadensersatzanspruch exakt beziffern und im Wege der Klagehäufung (§ 260 ZPO) als eigenen Posten mit einklagen, um so einen Titel für eine eventuelle Zwangsvollstreckung zu erhalten.

5g

anwaltliche Auslagen

Daneben kann der Anwalt gemäß Vorbemerkung I 2 zu Teil 7 VV-RVG i.V.m. §§ 670, 675 BGB Erstattung für Auslagen verlangen; seine allgemeinen Geschäftsunkosten werden mit den Gebühren abgegolten (Vorbemerkung I 1 zu Teil 7 VV-RVG).

6

Besondere erstattungsfähige Auslagen bilden v.a. Post- und Telekommunikationsdienstleistungskosten (Nr. 7001 bzw. 7002 VV-RVG), Fotokopierkosten (nur in bestimmten Fällen; vgl. Nr. 7000 VV-RVG), Reisekosten (Nr. 7003 bzw. 7004 VV-RVG) sowie Abwesenheitsgeld (Nr. 7005 VV-RVG).

Den Anwaltsgebühren und -auslagen ist die zu entrichtende Mehrwertsteuer hinzuzurechnen (Nr. 7008 VV-RVG).

---

[162] THOMAS/PUTZO, § 91, Rn. 6.
[163] Vgl. etwa ENDERS, RVG für Anfänger, Rn. 1572.
[164] Vgl. etwa BGH, NJW 2007, 2049-2050; BGH, NJW 2007, 2050-2052; BGH, NJW 2007, 3500-3501: **alle Entscheidungen = juris**byhemmer.
[165] In nicht wenigen Fällen gibt es aber taktisch gute Gründe, doch gerade die Geschäftsgebühr in voller Höhe einzuklagen (siehe dazu genauer MÜLLER-RABE, NJW 2009, 2913 (2915)).
[166] Vgl. BGH, NJW 2007, 3289; NJW 2007, 3500-3501 (3501); OLG Frankfurt NJW 2005, 759: **alle Entscheidungen = juris**byhemmer; ZÖLLER/HERGET § 104, Rn. 21.

b. Parteikosten (§ 91 I 2 ZPO)

Parteikosten (§ 91 I 2 ZPO)

Parteikosten (§ 91 I 2 ZPO) sind die Kosten, die der Partei durch ihre eigene Tätigkeit infolge des Rechtsstreits erwachsen, insbesondere Reisekosten und Nachteile aus der Zeitversäumnis während der Terminanwesenheit sowie auch hier Fotokopier- und Telekommunikationskosten. Gemäß § 91 I 2 2.Hs. ZPO ist das JVEG entsprechend anzuwenden.

Unter Umständen können auch vorgerichtliche Kosten einer Partei (Aufwendungen für die Ermittlung von Beweismitteln[167], Detektivkosten[168], problematisch bei vorprozessualem privatem Sachverständigengutachten[169], im Einzelnen sehr strittig) gemäß § 91 I 2 ZPO erstattungsfähig sein, soweit sie zu einer zweckentsprechenden und interessenwahrenden Verfahrensvorbereitung erforderlich und geeignet waren.

II. Kostenhaftung

Kostenhaftung

Grundsätzlich trägt jede Partei die ihr entstandenen Kosten selbst und bleibt, auch bei vollem Obsiegen im Rechtsstreit, Kostenschuldner gegenüber der Staatskasse oder gegenüber dem eigenen Rechtsanwalt.

Daran ändert auch die Anordnung einer Kostenerstattung im Urteil grundsätzlich nichts. Soweit der Gegner zur Erstattung der Kosten verurteilt ist, besteht allerdings nunmehr die Möglichkeit für die obsiegende Partei, die Kostenlast auf diesen abzuwälzen.

1. Kostenschuld

a. Kostenschuld der Parteien gegenüber der Staatskasse

Kostenschuld gegenüber der Staatskasse (§§ 22 ff. GKG)

Die Kostenschuld der Parteien gegenüber der Staatskasse ergibt sich unmittelbar aus dem Gesetz (§§ 22 ff. GKG) und ist die öffentlich-rechtliche Pflicht gegenüber dem Staat, die Gerichtskosten zu entrichten.[170]

Gemäß § 22 I 1 GKG haftet der *Antragsteller* des Verfahrens für die Gerichtskosten, im zivilprozessualen Erkenntnisverfahren also grundsätzlich der Kläger oder Widerkläger.

Als *weiterer* Kostenschuldner tritt der Beklagte hinzu, wenn er unterlegen ist (§ 29 Nr. 1 GKG) oder die Kosten in einem Vergleich übernommen hat (§ 29 Nr. 2 GKG; siehe im Übrigen zum Vergleich auch § 22 I 2 GKG).

In diesem Fall haften Kläger und Beklagter der Staatskasse als Gesamtschuldner (§ 31 I GKG), wobei jedoch die aufgrund einer Kostenentscheidung haftende Partei als Primärschuldner herangezogen werden soll (§ 31 II GKG).

---

[167] THOMAS/PUTZO, § 91, Rn. 63.
[168] THOMAS/PUTZO, § 91, Rn. 57.
[169] THOMAS/PUTZO, § 91, Rn. 49.
[170] THOMAS/PUTZO, vor § 91, Rn. 6.

§ 6 DIE KOSTENENTSCHEIDUNG

Da allerdings eine Haftung dadurch nicht in jedem Fall entfällt, kann es bei einem Schuldner, bei dem möglicherweise auch im Falle des Obsiegens nichts zu vollstrecken ist (vgl. etwa den Pfändungsschutz nach §§ 811 ff., 850 ff. ZPO), unter Umständen ratsam sein, auf eine Klage zu verzichten: es besteht die Gefahr, einen „wertlosen" Titel mit einer Haftung für die Gerichts- und (eigenen) Anwaltskosten zu „bezahlen".

b. Kostenschuld der Partei gegenüber dem eigenen Rechtsanwalt

gegenüber dem eigenen Rechtsanwalt

Die Kostenschuld der Partei gegenüber dem eigenen Rechtsanwalt beruht ausschließlich auf einem privatrechtlichen Vertrag (§ 675 i.V.m. § 611 BGB) und richtet sich in ihrer Höhe grundsätzlich nach dem VV-RVG, ausnahmsweise nach Vereinbarung (§ 4 RVG).

10

Da eine dem § 29 GKG entsprechende Regelung im RVG nicht besteht, haftet die unterlegene Partei dem *gegnerischen* Anwalt auch nicht für dessen Kosten. Vielmehr bleibt die obsiegende Partei im Innenverhältnis ihrem Anwalt in vollem Umfang erstattungspflichtig; sie muss somit versuchen, die ihr entstandenen Anwaltskosten durch Vollstreckung der gerichtlichen Kostenentscheidung von der Gegenpartei zu erlangen.

2. Kostenerstattung

Kostenerstattung

Der obsiegenden Partei wird also bei unverändert andauernder Kostenschuld gegenüber der Staatskasse und dem eigenen Rechtsanwalt erst durch die Anordnung einer Kostenerstattung die Möglichkeit eingeräumt, die ihr entstandenen Aufwendungen auf den Gegner abzuwälzen.

11

Diese Möglichkeit setzt allerdings einen prozessualen oder einen materiell-rechtlichen Kostenerstattungsanspruch voraus.

a. Prozessualer Kostenerstattungsanspruch

prozessualer Kostenerstattungsanspruch

Der prozessuale Kostenerstattungsanspruch begründet den Anspruch einer Partei, von der anderen die entstandenen Prozesskosten zu verlangen; er ist in den §§ 91-107 ZPO abschließend sowie ausschließlich geregelt und knüpft an das entstandene Prozessrechtsverhältnis an. Seiner Natur nach ist er jedoch ein privatrechtlicher Anspruch.[171]

12

Der prozessuale Erstattungsanspruch entsteht aufschiebend bedingt ab Rechtshängigkeit und wird mit der Anordnung der vorläufigen Vollstreckbarkeit der Kostengrundentscheidung fällig.[172]

Die Geltendmachung kann nur im Verfahren nach §§ 103 ff. ZPO erfolgen, d.h. Voraussetzung dafür ist der Kostenfestsetzungsbeschluss.

Für diesen prozessualen Kostenerstattungsanspruch bilden alleine die §§ 91 ff. ZPO die Grundlage des im Kostenfestsetzungsverfahren zu schaffenden Titels, ein materiell-rechtlicher Erstattungsanspruch ist also gerade nicht Voraussetzung.

---

171 THOMAS/PUTZO, vor § 91, Rn. 8.
172 THOMAS/PUTZO, vor § 91, Rn. 9 f.

b. Materiell-rechtlicher Kostenerstattungsanspruch

materiell-rechtlicher Kostenerstattungsanspruch

Neben dem prozessualen kann auch ein materiell-rechtlicher Kostenerstattungsanspruch bestehen. Auf diesen sind die §§ 91 ff. ZPO als verschuldensunabhängige prozessual-formale Regelungen nicht, auch nicht analog, anwendbar.[173]

Als materiell-rechtliche Erstattungsansprüche kommen in Betracht:

⇨ Vertrag, in dem die Kosten eines Prozesses übernommen werden,

⇨ Schadensersatz, v.a. wegen Verzugs (vgl. § 280 I und II BGB),

⇨ Deliktsrecht (etwa Folgeschaden eines Autounfalls),

⇨ GoA (§§ 670, 683, 677 BGB)

Der materiell-rechtliche Kostenerstattungsanspruch ist nach den allgemeinen Grundsätzen im Klage- oder Mahnverfahren durchzusetzen.

Überschneidungen denkbar

Problematisch sind die Fälle, in denen sich Überschneidungen zwischen dem prozessualen und materiell-rechtlichen Erstattungsanspruch ergeben, denn die Klage, mit der ein materiell-rechtlicher Kostenerstattungsanspruch geltend gemacht wird, ist mangels Rechtsschutzbedürfnisses unzulässig, soweit dieselbe Forderung nach den §§ 91 ff. ZPO geltend gemacht werden könnte. Bei Überschneidungen von prozessualem und materiell-rechtlichem Erstattungsanspruch geht das prozessuale Verfahren als einfacherer Weg zur Erlangung eines Titels vor.[174]

Manchmal allerdings ist eine solche Überschneidung nicht vermeidbar, weil erst die Geltendmachung des materiell-rechtlichen Kostenerstattungsanspruchs dazu führt, dass der Kläger auch prozessual eine Entscheidung zu seinen Gunsten bekommt.

Beispiel

Bsp.: Bei einer auf § 666 und § 667 BGB gestützten Stufenklage, deren Auskunftsanspruch erfolgreich ist (dann ergeht ein Teilurteil auf Auskunft[175]), ergibt erst die Erteilung der Auskunft, dass kein Zahlungsanspruch (dritte Stufe) besteht.

Für diesen Fall findet sich nur teilweise eine angemessene gesetzliche Regelung, nämlich in § 243 S. 2 Nr. 2 FamFG, einer Sonderregel i.S.d. § 269 III 2 2. Hs. ZPO, durch die die Kosten dem Antrags*gegner* auferlegt werden können. Da der Gesetzgeber diese Regelung aber ausdrücklich auf das Unterhaltsrecht beschränkt hat, wäre die Klagerücknahme wegen der Kostenlast des § 269 III 2 1. Hs. ZPO in *allen anderen* Fällen der Stufenklage ein fataler Weg der Klägerseite.

Die h.M. löst den Konflikt des Klägers dadurch, dass er zwar nicht nach den Grundsätzen der einseitigen Erledigungserklärung vorgehen kann, weil der *Zahlungs*antrag objektiv *von Anfang an* unbegründet war. Er kann aber eine Klageänderung auf *Feststellung* erklären, dass der Beklagte *die Prozesskosten zu tragen* habe.

---

173 BGH, NJW 1988, 2032-2034 = **juris**byhemmer; THOMAS/PUTZO, vor § 91, Rn. 13 ff.
174 BGH, WM 1987, 247-249 (248); BGH, NJW 1990, 2060-2063 (2061): **alle Entscheidungen** = **juris**byhemmer; THOMAS/PUTZO, vor § 91, Rn. 15.
175 Dazu siehe unten im Kapitel „Der Tenor in weiteren Sonderfällen des Zivilurteils" (§ 12, Rn. 14 ff.).

Es ist dann in der Begründetheit des neuen Antrags ein dahin gehender materiell-rechtlicher Erstattungsanspruch aus Verzug (Verzögerungsschaden gemäß § 280 I, II BGB) zu prüfen; wird dieser bejaht, ergibt sich *dieselbe* (!) Rechtsfolge (der Beklagte hat die Kosten des gerade laufenden Rechtsstreits zu tragen) auch aus § 91 ZPO.[176]

III. Kostengrundentscheidung und Kostenfestsetzung

Kostengrundentscheidung und Kostenfestsetzung

Verwirklicht wird der prozessuale Kostenerstattungsanspruch in zwei Stufen:

⇨ Die Kostengrundentscheidung

⇨ Die Kostenfestsetzung

In der verfahrensbeendigenden Entscheidung (Urteil bzw. Beschluss nach § 91a oder § 269 III, IV ZPO) befindet das Gericht (und zwar von Amts wegen) lediglich abstrakt in Form *einer Quote* darüber, wer die Prozesskosten dem Grunde nach zu tragen hat.

Aus dieser Kostengrundentscheidung kann mangels Bezifferung des Erstattungsanspruchs nicht vollstreckt werden.[177] Sie kann auch nur zusammen mit der Entscheidung in der Hauptsache, nicht jedoch isoliert angefochten werden (§ 99 I ZPO).

Erst im vom Rechtspfleger durchzuführenden Kostenfestsetzungsverfahren (§§ 103 ff. ZPO, § 21 I Nr. 1 RPflG) erfolgt eine genaue Festsetzung und Bezifferung der Erstattungsansprüche auf der Basis der Kostengrundentscheidung, und erst der abschließende Kostenfestsetzungsbeschluss (§ 104 ZPO) ist der Titel, aus dem der Erstattungsanspruch vollstreckt werden kann (§ 794 I Nr. 2 ZPO).

Examen: grds. nur Kostengrundentscheidung zu fertigen

> **Hinweis:** In der Richterklausur des Assessorexamens ist nur die Kostengrundentscheidung zu fertigen; der Kostenfestsetzungsbeschluss gehört normalerweise nicht zu den Examensaufgaben. Die Frage, wie viel der Prozess jetzt wirklich kosten wird bzw. welchen *Gebührenstreitwert*[178] er hat, interessiert Sie in der Richterklausur also nur insoweit, als es für eine etwaige *Quotelung* im Rahmen der Kostengrundentscheidung bzw. für die Vollstreckbarkeitsentscheidung von Bedeutung ist.

IV. Gebührenstreitwert

1. Allgemeines

Gebührenstreitwert

Maßgeblich für die Berechnung der Gerichts- und Rechtsanwaltsgebühren ist der sog. Kosten- oder Gebührenstreitwert (§ 3 I und § 34 GKG; § 23 I RVG). Dieser ist streng vom Zuständigkeitsstreitwert der §§ 3 ff. ZPO zu unterscheiden, da Sonderregelungen in den §§ 39 ff GKG existieren und die §§ 3 ff ZPO gemäß § 48 I 1 GKG auf den Gebührenstreitwert nur *subsidiär* Anwendung finden. Der Zuständigkeitsstreitwert kann daher vom Kostenstreitwert abweichen. Außerdem ist er vom Beschwerdewert zu unterscheiden, der für die Frage der Einlegung von Rechtsmitteln entscheidend ist (vgl. etwa § 511 II Nr. 1 ZPO).

---

176 Vgl. BGH, FamRZ 1995, 348-349 = **juris**byhemmer und (andeutungsweise) THOMAS/PUTZO, § 254, Rn. 6 a.E.
177 THOMAS/PUTZO, vor § 91, Rn. 20.
178 Zu diesem Begriff siehe gleich.

Vorgehen: primär nach §§ 39 ff. GKG, nur hilfsweise §§ 3 ff. ZPO (i.V.m. § 48 I 1 GKG)

Bei der Bestimmung des Kostenstreitwerts ist demnach primär von den §§ 39 ff. GKG auszugehen. Findet sich hier keine Regelung, so sind subsidiär die Vorschriften für den Zuständigkeitsstreitwert in den §§ 4 ff. ZPO anzuwenden. Liegen auch hier keine speziellen Normen vor, so wird der Streitwert gemäß § 3 ZPO vom Gericht nach freiem Ermessen bestimmt.

Das Gericht setzt für seine Instanz den Kostenstreitwert speziell für die Gebührenberechnung fest (§ 63 GKG), sofern es nicht den Zuständigkeitsstreitwert für die Beurteilung seiner Zuständigkeit festgesetzt hat; in diesem Fall ist die Festsetzung ausnahmsweise auch für die Gebührenberechnung maßgebend (§ 62 GKG).

Streitwertbeschluss gemäß § 63 I 1 GKG

Die Streitwertfestsetzung erfolgt gemäß § 63 I 1 GKG durch Beschluss.

> **Hinweis:** Ein Streitwertbeschluss findet sich vereinzelt bereits im Klausursachverhalt abgedruckt, etwa wenn eine unbezifferte Klage (Schmerzensgeld) neben anderen bezifferten Ansprüchen erhoben worden ist.

2. Besondere Berechnungsmodalitäten für bestimmte Streitgegenstände[179]

Wichtige Einzelfälle

Die Besonderheiten des Streitwerts sind für zahlreiche wichtige Konstellationen jeweils in den Kommentaren[180] in einer Art Checkliste kommentiert. Nachfolgend seien nur einige der klausurrelevantesten Varianten herausgegriffen.

Bei einer objektiven Klagehäufung sind die Streitwerte selbstverständlich zu addieren (vgl. § 39 I 1 GKG als Sonderregel zu § 5 1. Hs. ZPO).

a. Klage und Widerklage

Klage und Widerklage

Bei Klage und Widerklage ist strikt zwischen Gebühren- und Zuständigkeitsstreitwert zu unterscheiden.

⇨ Für den Gebührenstreitwert gilt § 45 I 1 GKG, wonach Klage und Widerklage grds. zu addieren sind. Eine Ausnahme gilt bei Identität des Gegenstandes (§ 45 I 3 GKG), also etwa bei negativer Feststellungsklage im Verhältnis zur Leistungswiderklage in derselben Sache.[181]

⇨ Bezüglich des Zuständigkeitsstreitwerts gilt dagegen § 5 2. Hs. ZPO: Ein Zusammenrechnen ist untersagt. Maßgeblich ist der jeweils *höhere* Einzelwert der Klage oder Widerklage (vgl. § 506 ZPO, dessen Rechtsgedanken man im Erst-recht-Schluss auch auf den umgekehrten Fall anwenden kann).[182]

---

179 Vgl. insbesondere Übersicht bei THOMAS/PUTZO, § 3, Rn. 4 ff.
180 Siehe THOMAS/PUTZO, § 3, Rn. 4 ff.
181 Die Tatsache, dass die negative Feststellungsklage in solchen Fällen nachträglich unzulässig wird (Vorrang der Leistungsklage) und daher bei Fehlen einer Erledigungserklärung durch Prozessurteil abzuweisen ist, ändert nichts daran, dass eine solche Situation in Klausuren vorkommt und sich daher die Frage nachdem Streitwert stellen kann.
182 Siehe dazu etwa Assessor-Basics, Klausurentraining Zivilurteile (Fallsammlung), Fall 3, Rn. 13.

hemmer-Klausur-Tipp

> Gewöhnen Sie sich an, bei jeder Widerklage bereits bei den ersten Arbeitsschritten automatisch den geltend gemachten Streitwert zu kontrollieren, und sich sofort einen Vermerk machen, wenn dieses Problem tatsächlich in Ihre Klausur eingebaut ist. Obwohl die Widerklage mit einem Streitwert unter der landgerichtlichen Zuständigkeitsgrenze ein ständiges Klausurproblem ist, wird es immer wieder übersehen. Dies liegt in den weitaus meisten Fällen nicht an *Rechts*unkenntnis, sondern an zu nachlässiger *Sachverhalts*erarbeitung.

b. Haupt- und Hilfsantrag

Haupt- und Hilfsantrag

Bezüglich des Zuständigkeitsstreitwerts gilt nach h.M. der jeweils höhere der beiden Anträge.[183]

Dagegen erfolgt beim Gebührenstreitwert grds. eine Addition der Streitwerte, wenn tatsächlich auch über den Hilfsantrag entschieden wird (§ 45 I 2 GKG). Eine Ausnahme gilt wiederum bei Identität des Gegenstandes (§ 45 I 3 GKG).

c. Aufrechnung

Aufrechnung

Unproblematisch ist hier der Zuständigkeitsstreitwert, der sich im Falle der Aufrechnung in allen Fällen alleine nach dem Wert der Klageforderung richtet.[184]

Addition nur unter mehreren kumulativen Voraussetzungen

Im Falle der Aufrechnung ist zu unterscheiden: Eine Zusammenrechnung des Werts von Klageforderung und Gegenforderung erfolgt gemäß § 45 III GKG, wenn die Klageforderung umstritten ist, die Aufrechnung deswegen letztlich also nur hilfsweise erfolgt, die Aufrechnungsforderung selbst umstritten ist *und* über sie schließlich eine i.S.d. § 322 II ZPO rechtskraftfähige Entscheidung ergeht. In den anderen Fällen (etwa Primäraufrechnung oder Entfallen einer Entscheidung über die Aufrechnung) kommt es *nur* auf die Klageforderung an.[185]

d. Feststellungsklagen

Feststellungsklagen

Bei Feststellungsklagen gilt für Gebühren- und Zuständigkeitsstreitwert über § 3 ZPO die Regel, dass es auf das wirtschaftliche Interesse des Klägers an der begehrten Feststellung ankommt.

Abschläge nur bei positiver Feststellungsklage

Deswegen wird bei positiven Feststellungsklagen, also solchen des angeblichen Gläubigers, meist wegen des Fehlens eines vollstreckbaren Titels ein Abschlag (oft 20 %) gegenüber der identischen Leistungsklage gemacht. Dagegen wird bei einer negativen Feststellungsklage des angeblichen Schuldners wegen der vernichtenden Wirkung des Urteils kein Abschlag gemacht.[186]

Kumulation mit Leistungsklage führt meist nicht zu Addition

Wenn eine Feststellungsklage zusätzlich zu einer Leistungsklage erhoben ist, wird nicht immer addiert. Geht es um denselben Streitgegenstand bzw. ein vorgreifliches Verhältnis, so kommt es auf den jeweils höheren Streitwert an.[187]

---

[183] Vgl. THOMAS/PUTZO, § 5, Rn. 6.
[184] Vgl. THOMAS/PUTZO, § 3, Rn. 19.
[185] Zu weiteren Details siehe THOMAS/PUTZO, § 3, Rn. 19.
[186] Vgl. THOMAS/PUTZO, § 3, Rn. 65; ZÖLLER/HERGET, § 3, Rn. 16 (Stichwort Feststellungsklagen).
[187] Vgl. etwa THOMAS/PUTZO, § 5, Rn. 7.

Bspe.:

⇨ *Klagehäufung zwischen Leistungsklage und Zwischenfeststellungsklage (§ 256 II ZPO) über eine vorgreifliche Tatsache*

⇨ *Leistungsklage und Zwischenfeststellungs-Widerklage*

⇨ *Leistungsklage und negative Feststellungswiderklage*

Das letztgenannte Beispiel ist dann relevant, wenn es sich bei der Leistungsklage um eine bloße Teilklage handelt. In diesem Fall hat, anders als in den anderen Beispielen, die Feststellungsklage den höheren Streitwert; also ist ihr Streitwert maßgebend.[188]

Feststellung des Annahmeverzuges (Streitfall)

Umstritten ist der Fall der Feststellung des Annahmeverzuges neben dem Leistungsantrag.[189] Vertreten wird hier, dass wegen des Interesses an der beabsichtigten leichteren Zwangsvollstreckung (vgl. dazu §§ 756, 765 ZPO) ein geringer Zuschlag zum Streitwert der Leistungsklage zu gewähren sei.[190]

Von der a.A. wird ein identischer Gegenstand angenommen, was zur Folge hat, dass für den Feststellungsantrag kein eigener Streitwert anzusetzen ist.[191] Dieser Ansatz ist konsequent, wenn man gleichzeitig davon ausgeht, dass beim Zahlungsantrag *selbst* der Streitwert mit und ohne Zug-um-Zug-Beschränkung *identisch* ist.[192] Im Gesamtergebnis will der Kläger mit dem Zug-um-Zug-Antrag plus Annahmeverzugsfeststellung nämlich genau die gleiche zwangsvollstreckungsrechtliche Situation erreichen, die er anstreben würde, wenn er einen *unbeschränkten* Leistungsantrag (also ohne Zug-um-Zug-Beschränkung) gestellt hätte.

Feststellungsklagen im Arbeitsrecht

Bei Feststellungsklagen im Arbeitsrecht, bei denen es um den Bestand des Arbeitsverhältnisses geht (v.a. Kündigungsschutzklage gemäß §§ 4, 7, 13 I 2 KSchG oder Befristungskontrollklage gemäß § 17 TzBfG) ist für den Gebührenstreitwert auf § 42 II GKG zu achten: Im Regelfall sind drei Bruttomonatsgehälter anzusetzen.[193]

e. Einseitige Erledigterklärung

Einseitige Erledigterklärung

Einen Sonderfall einer Feststellungsklage stellt die *einseitige* Erledigterklärung dar.[194]

Bei einseitiger den *gesamten* bisherigen Streitgegenstand erfassenden Erledigterklärung ist die Berechnung nach h.M. aus dem Wert der bis zu der Erledigterklärung entstandenen Kosten vorzunehmen.[195] Die Gegenmeinung führt an, durch die fehlende Zustimmung des Beklagten werde über den alten Streitgegenstand durch Feststellung der Erledigung entschieden, weshalb es beim *unveränderten* Streitwert der Klageforderung bliebe.[196]

---

188 Bezüglich der Entscheidung selbst ist aber wiederum auf den Grds. vom Vorrang der Leistungsklage zu achten, der dazu führt, dass die negative Feststellungsklage unzulässig ist bzw. wird, soweit sich die beiden Streitgegenstände decken.

189 Zu der sich aus §§ 756, 765 ZPO ergebenden großen Bedeutung dieser doppelten Antragstellung für Zug-um-Zug-Leistungstitel siehe in Assessor-Basics, Anwaltsklausur, § 1, Rn. 62.

190 So ZÖLLER/HERGET, § 3, Rn. 16 m.w.N. (Stichwort Annahmeverzug).

191 Vgl. THOMAS/PUTZO, § 5, Rn. 8 (a.E.).

192 Siehe THOMAS/PUTZO, § 3, Rn. 186.

193 Zu weiteren Details siehe etwa Assessor-Basics, Klausurentraining Arbeitsrecht, Fall 1, Rn. 2 (m.w.N.).

194 Vgl. THOMAS/PUTZO, § 91a, Rn. 31 ff.; dazu auch unten im Kapitel „Der Tenor in weiteren Sonderfällen des Zivilurteils" (§ 12, Rn. 5 ff.).

195 BGH, NJW-RR 1996, 1210 = **juris**byhemmer; THOMAS/PUTZO, § 91a, Rn. 61.

196 Etwa OLG München, NJW-RR 1996, 956-958 = **juris**byhemmer; vgl. dazu auch THOMAS/PUTZO, § 91a, Rn. 60.

§ 6 DIE KOSTENENTSCHEIDUNG

In den Fällen der einseitigen *teilweisen* Erledigterklärung ist nach h.M. dem Wert der verbliebenen Hauptsache auch der Kostenanteil zuzuschlagen, der bis zur Teilerledigung für den erledigten Teil angefallen ist, da auch bei vollständiger Erledigterklärung die bis dahin entstandenen Kosten den verbleibenden Streitwert bestimmen.[197]

f. Übereinstimmende Erledigterklärung

Übereinstimmende Erledigterklärung

Bei einer übereinstimmenden und den *gesamten* bisherigen Streitgegenstand erfassenden Erledigterklärung richtet sich der Streitwert nach den bis dahin angefallenen Kosten.[198] Eine Ermäßigung der *Gerichts*kosten kommt hier nach dem Wortlaut von Nr. 1211 KV zum GKG nur höchst selten in Betracht.[199]

26

Im Fall der *teilweisen* übereinstimmenden Erledigungserklärung bestimmt sich der Streitwert nach h.M. ab dem Zeitpunkt der Erledigung[200] ausschließlich nach dem Wert des in der Hauptsache noch anhängigen Teils des Streitgegenstandes.[201]

g. Kündigungsschutz im Miet- und Pachtverhältnis

Kündigung bei Miete / Pacht (Räumungsklage)

Im Falle des Kündigungsschutzrechtsstreits im Miet- und Pachtverhältnis, das regelmäßig im Rahmen einer Räumungsklage ausgetragen wird, bestehen Unterschiede zwischen Gebühren- und Zuständigkeitsstreitwert:[202]

27

⇨ Beim Zuständigkeitsstreitwert erfolgt gemäß § 8 ZPO eine Bemessung nach der streitigen Dauer des Nutzungsverhältnisses, jedoch 25-facher Betrag des einjährigen Zinses als Obergrenze.

⇨ Der Gebührenstreitwert wird dagegen gemäß § 41 GKG nach der streitigen Dauer des Nutzungsverhältnisses bemessen, wobei jedoch *ein Jahr* als Obergrenze dient. Letzteres wird also der Regelfall sein, weil es meist um das Ob der Wirksamkeit der Kündigung geht, nicht nur um die Länge der Frist.

B. Grundsätze

I. Erfordernis der Kostenentscheidung

1. Grundsatz: Urteile mit Kostenentscheidung

Erfordernis der Kostenentscheidung

Grundsätzlich hat das Gericht gemäß § 308 II ZPO von Amts wegen über die Pflicht, die Prozesskosten zu tragen, zu entscheiden. Hierauf gerichtete Parteianträge sind regelmäßig ohne Bedeutung und werden deswegen in der richterlichen Entscheidung weder im Tatbestand noch in den Entscheidungsgründen erwähnt.

28

---

197 BGH, NJW-RR 1988, 1465 = **juris**byhemmer; THOMAS/PUTZO, § 91a, Rn. 62.
198 THOMAS/PUTZO, § 91a, Rn. 57.
199 Vgl. etwa HARTMANN, KV, Nr. 1211, Rn. 11.
200 Die vorher angefallenen Gebühren (Nr. 1210 KV zum GKG, Nr. 3100 VV-RVG und – je nach Zeitpunkt der Erledigungserklärung – manchmal sogar Nr. 3104 VV-RVG [und damit letztlich *alle* Gebühren]) entstanden natürlich aus dem *ursprünglichen* höheren Streitwert und bleiben dann von der Streitwertreduzierung unbeeinflusst. Zu den dann manchmal nötigen Rechenschritten in der Kostenentscheidung siehe unten in Rn. 72 f.
201 THOMAS/PUTZO, § 91a, Rn. 58.
202 Vgl. THOMAS/PUTZO, § 3, Rn. 101.

2. Ausnahme: Urteile ohne Kostenentscheidung

nur ausnahmsweise entfällt Kostenentscheidung

Ausnahmen zu diesem Grundsatz bilden richterliche Entscheidungen, die in einem Verfahrensstadium ergehen, in dem eine Ermittlung der Gesamtkosten noch nicht erfolgen kann. In diesen Fällen bleibt die Kostenentscheidung dem die Instanz abschließenden Endurteil vorbehalten.

Urteile ohne Kostenentscheidung sind daher regelmäßig:

a. Teilurteile (§ 301 ZPO)

Teilurteile

Teilurteile (§ 301 ZPO) bilden nur hinsichtlich eines selbständigen, abtrennbaren Teils des Streitgegenstandes ein Endurteil; wie jedoch bezüglich des noch anhängigen Teils zu entscheiden ist, wie also die Kosten des gesamten Rechtsstreits zu verteilen sind, ist noch offen.

In diesen Fällen ergeht kein Ausspruch über die Kosten im Tenor bzw. es besteht die Möglichkeit, auf die abschließende Entscheidung zu verweisen.

"Verweisung" bezüglich der Kosten

> **Beispiel beim Teilurteil:** *"Die Kostenentscheidung bleibt dem Schlussurteil vorbehalten."*

Eine Teilkostenentscheidung ist damit jedoch dann zulässig, wenn es nicht auf die Entscheidung über den Rest ankommt, so z.B. beim Ausscheiden eines Streitgenossen; hier kann über dessen außergerichtliche Kosten bereits per Teilurteil entschieden werden, da diese nicht vom Ausgang des weiteren Verfahrens abhängig sind.[203]

b. Zwischenurteile (§§ 280, 303 ZPO)

Zwischenurteile

Zwischenurteile (§§ 280, 303 ZPO) entscheiden nicht über den Streitgegenstand, sondern lediglich über *einzelne prozessuale*, den Fortgang des Verfahrens betreffende Fragen; sie dienen damit der Entlastung des weiteren Verfahrens.

Weil mit einem Zwischenurteil aber eine Entscheidung über den eigentlichen Streitgegenstand nicht ergeht, kann in ihm auch nicht über die Kosten entschieden werden.

Etwas anderes gilt bei Zwischenurteilen, die eine Entscheidung über den Streit zwischen einer Partei und einem am übrigen Verfahren Unbeteiligten zum Gegenstand haben. In diesen Fällen ist bei Unterliegen des Dritten dessen Kostenpflicht auszusprechen (§§ 71, 135 II, 387 I ZPO).

c. Grundurteile (§ 304 ZPO)

Grundurteile (§ 304 ZPO) entscheiden als Zwischenurteile eigener Art über den Grund eines Anspruches, indem sie diesen Teil des Streitstoffes erledigen, ohne den geltend gemachten Anspruch allerdings der Höhe nach zu- oder abzuerkennen. Erst mit dem Abschluss des nachfolgenden Betragsverfahrens kann eine Entscheidung über die Kosten ergehen, da sich erst dann entschieden hat, inwieweit die Klage erfolgreich war.

---

[203] THOMAS/PUTZO, § 301, Rn. 5.

§ 6 DIE KOSTENENTSCHEIDUNG

d. Zurückverweisende Urteile (vgl. § 538 II ZPO)

Zurückverweisende Urteile

Zurückverweisende Urteile eines Rechtsmittelgerichts (vgl. v.a. § 538 II ZPO): Sie entscheiden nicht selbst über den Rechtsstreit, sondern heben das bestehende Urteil nur auf und verweisen den Rechtsstreit zurück. Da keine Sachentscheidung ergeht, kann auch nicht über die Kostentragungspflicht entschieden werden; dies bleibt vielmehr der neuen Sachentscheidung vorbehalten.

3. Ausnahme: Kostenentscheidung nur auf Antrag

Ausnahme: Kostenentscheidung nur auf Antrag

Eines Antrages bedürfen Kostenbeschlüsse ausnahmsweise nach Zurücknahme der Klage (§ 269 IV ZPO).

> **Hinweis:** Große Examensrelevanz hat diese Ausnahme nicht, wohl aber die „Ausnahme von der Ausnahme", die bei *Teil*rücknahme der Klage gilt: Wegen des Grundsatzes der Einheit der Kostenentscheidung muss bei bloß teilweiser Rücknahme der Klage *im Urteil*, das sachlich über den rechtshängig gebliebenen Teil entscheidet, auch über die Kosten des zurückgenommenen Teils entschieden werden; dies ist dann *unabhängig* von irgendwelchen Anträgen der Parteien hierzu![204]

II. Grundsatz der Kosteneinheit

1. Hintergrund bzw. Bedeutung dieses Grundsatzes

Grundsatz der Kosteneinheit

Die Kosten eines Rechtsstreits bilden grundsätzlich eine Einheit. Dies ergibt sich schon aus den Formulierungen in den §§ 91, 91a, 92, 93 ZPO, die von „*den* (Prozess-)Kosten" sprechen. Insbesondere aber das System des einmaligen Gebührenanfalls in Form von Pauschalabgeltungen im GKG und im RVG, das einheitliche Gebührentatbestände unabhängig von Schwierigkeit und Dauer des Verfahrens sowie des jeweiligen Verfahrensabschnitts vorsieht, machen eine einheitliche Kostenentscheidung notwendig.

„Rabattverlust"!

Nicht zuletzt würde ohne eine solche die *degressive* Gestaltung der Gebührentabelle ihren Sinn einbüßen.[205]

Einen schweren Fehler (weil Verstoß gegen Grundsatz der ZPO und des Gebührensystems!) würde es darstellen, in der Kostenentscheidung gemäß § 92 ZPO z.B. nach Haupt- und Hilfsantrag, nach Klage und Widerklage, nach Streitgegenständen, nach Zeit- oder Verfahrensabschnitten bzw. Prozesshandlungen oder dergleichen zu trennen.

hemmer-Klausur-Tipp

> Überprüfen Sie gleich zu Beginn der Sachverhaltsanalyse die Formulierungen in den Anträgen und machen Sie sich zur formalen Richtigkeit kurze Anmerkungen an den Rand des Sachverhalts. In Klausursachverhalten finden sich nämlich immer wieder regelrechte Provokationen, wie etwa der Kostenantrag eines Widerklägers: „Der Kläger trägt auch die Kosten der Widerklage." Dies dürfen Sie natürlich keinesfalls so übernehmen. Zeigt sich aber später bei der Begründetheitsprüfung, dass sich der Widerkläger durchsetzt, so schreiben Klausurbearbeiter nicht selten seine Anträge wörtlich ab, weil die Konzentration in diesem Moment anderen Dingen zugewendet wird als Kostenfragen. Durch den empfohlenen kurzen Warnhinweis reduziert sich zumindest die Gefahr eines solchen Leichtsinnsfehlers.

---

204 Vgl. ZÖLLER/GREGER, § 269, Rn. 18a und 19a; THOMAS/PUTZO, § 269, Rn. 19 (a.E.).
205 THOMAS/PUTZO, § 91, Rn. 5.

2. Ausnahmen vom Grundsatz der Kosteneinheit: Kostentrennung

Ausnahmen / Möglichkeit der Kostentrennung

Nur in den gesetzlich ausdrücklich normierten und restriktiv zu interpretierenden Ausnahmefällen darf insoweit eine Kostentrennung vorgenommen werden. Über die nicht von einer solchen Sonderregelung erfassten sonstigen Kosten wird jedoch auch in einem solchen Urteil weiterhin einheitlich entschieden.

a. Versäumniskosten (§ 344 ZPO)

Versäumniskosten (§ 344 ZPO)

Wird ein in gesetzlicher Weise ergangenes Versäumnisurteil zugunsten des Säumigen aufgehoben oder abgeändert, so sind aus den Kosten, die der unterlegene Gegner zu tragen hat, die Kosten der Säumnis und des Einspruchs abzutrennen und der obsiegenden säumigen Partei aufzuerlegen.[206]

> *1. ...*
>
> *2. Der Kläger trägt die Kosten seiner Säumnis, die übrigen Kosten trägt der Beklagte.*

b. Kosten der Wiedereinsetzung (§ 238 IV ZPO)

Kosten der Wiedereinsetzung (§ 238 IV ZPO)

Die Kosten, die durch eine erfolgreiche Wiedereinsetzung entstanden sind (hierbei kann es sich nur um Auslagen der Parteien oder durch Beweisaufnahmen entstandene Kosten handeln, da das Verfahren an sich keine besonderen Gebühren verursacht), hat der Antragsteller zu tragen, sofern diese nicht durch einen unbegründeten Widerspruch des Antragsgegners gegen den Wiedereinsetzungsantrag verursacht wurden.[207]

> *2. Der Beklagte trägt die Kosten der Wiedereinsetzung, die übrigen Kosten des Rechtsstreits trägt der Kläger (oder jeweils: „hat zu tragen")[208].*

c. Mehrkosten bei Verweisung (§ 281 III 2 ZPO)

Mehrkosten bei Verweisung (§ 281 III 2 ZPO)

Zwar werden auch bei Verweisung des Rechtsstreits vom zunächst angegangenen an das durch Beschluss bezeichnete (zuständige) Gericht die Kosten einheitlich behandelt (§ 281 III 1 ZPO); jedoch gilt dies nicht für die durch die Klage zum unzuständigen Gericht entstandenen Mehrkosten, d.h. alle Kosten, die nicht auch bei Klageerhebung beim zuständigen Gericht entstanden wären.[209]

> *1. ...*
>
> *2. Der Beklagte trägt die Kosten des Rechtsstreits (oder: „hat zu tragen"). Die Kosten, die dadurch entstanden sind, dass die Klage zunächst vor dem unzuständigen Gericht erhoben wurde, trägt der Kläger.*

Aber: Die Regelung des § 281 III 2 ZPO gilt nicht für Abgaben und Verweisungen im Mahnverfahren. Hier wird in § 696 I 5 ZPO und in § 700 III 2 ZPO nur auf § 281 III 1 ZPO verwiesen, nicht aber auf § 281 III 2 ZPO!

---

206 THOMAS/PUTZO, § 344, Rn. 3; dazu noch einmal ausführlich unten im Kapitel „Säumnisverfahren" (§ 11, Rn. 68 ff.).
207 THOMAS/PUTZO, § 238, Rn. 19 ff.
208 Zur Formulierung „trägt" oder „hat zu tragen" siehe gleich in Rn. 41.
209 THOMAS/PUTZO, § 281, Rn. 17 ff.

d. Sonstige Fälle der Kostentrennung

Sonstige Fälle der Kostentrennung

Darüber hinaus gibt es noch einige weitere, nicht ganz so bedeutsame Fälle der Möglichkeit einer Kostentrennung:

- ⇨ Prätendentenstreit (§ 75 ZPO)
- ⇨ Kosten bei übergegangenem Anspruch (§ 94 ZPO)
- ⇨ Kosten bei Säumnis oder Verschulden (§ 95 ZPO)
- ⇨ Kosten erfolgloser Angriffs- oder Verteidigungsmittel (§ 96 ZPO)
- ⇨ Kosten besonderer Angriffs- oder Verteidigungsmittel eines Streitgenossen (vgl. § 100 III ZPO)[210]
- ⇨ Kosten eines erfolglos eingelegten Rechtsmittels (§ 97 I ZPO)
- ⇨ Kosten der Nebenintervention (§ 101 ZPO)

> **Hinweis: In der Kostenentscheidung zur Hauptsache des Rechtsstreits sind diese Fälle der gesetzlichen Kostentrennung *nur dann* durch *besonderen* Ausspruch zu berücksichtigen, wenn die Kostenentscheidung im Übrigen davon abweicht.**
> Hat z.B. der Antragsteller im Falle des § 238 IV ZPO ohnehin alle Kosten des Rechtsstreits zu tragen, weil er unterlegen ist (§ 91 I ZPO), erfolgt keine differenzierende Tenorierung in der Kostenentscheidung.[211]

C. Kostenentscheidung

I. Kostenentscheidung bei vollem Unterliegen (§ 91 ZPO)

bei vollem Unterliegen (§ 91 ZPO)

Die im Rechtsstreit unterliegende Partei hat gemäß § 91 I 1 ZPO sämtliche Prozesskosten zu tragen.

Diese Regelung beruht auf dem Gedanken, dass die unterlegene Partei den Rechtsstreit verursacht hat. Allerdings ist alleine das *formale* Prozessergebnis, wie es seinen Niederschlag in der Hauptsacheentscheidung des Urteils gefunden hat, entscheidend. Konkrete Veranlassungs-, Verschuldens- oder Billigkeitserwägungen sind insoweit ohne Belang (vgl. aber die Ausnahmen hiervon etwa in § 93 ZPO oder § 269 III 3 ZPO).

unterschiedliche Formulierungen

Der Tenor lautet dann nach wohl überwiegender Praxis[212] schlicht:

> *2. Der Beklagte trägt die Kosten des Rechtsstreits.*

Teilweise wird diese Formulierung für verfehlt gehalten, weil sie nicht exakt den Gesetzeswortlaut wiedergibt, und deswegen wird folgende, dem Wortlaut von § 91 I 1 ZPO exakt entsprechende Formulierung angewendet:[213]

> *2. Der Beklagte hat die Kosten des Rechtsstreits zu tragen.*

---

210 Dazu siehe auch nochmals unter Rn. 62.
211 Vgl. THOMAS/PUTZO, § 238, Rn. 20.
212 So etwa auch KNÖRINGER § 3 I; ANDERS/GEHLE, A, Rn. 185.
213 So etwa OBERHEIM, § 10, Rn. 75; ausführlich und m.w.N. SIEGBURG, Rn. 85.

> **Hinweis:** Insoweit herrschen sowohl in der Handhabung selbst als auch in der Bedeutung für die Bewertung einer Klausur größere regionale Unterschiede. Soweit – wie beispielsweise in Hessen – die Formulierung „trägt" zu negativen Bewertungen führen kann, kann man zwar durchaus Mitleid bekommen mit solchen Menschen, die derartige Aspekte für bedeutsam halten; die jeweilige Prüfungsgepflogenheit sollte aber dennoch als unverrückbar hingenommen und praktiziert werden. Um nicht mit Doppelformulierungen zu verwirren, wird im Folgenden nur die erste Variante verwendet.

Etwas anders lautet die Formulierung, wenn ein bereits bestehender (vorläufig) vollstreckbarer Titel bestätigt wird also etwa die Aufrechterhaltung (§ 343 ZPO) eines Versäumnisurteils ausgesprochen wird. Dann nämlich ist zu berücksichtigen, dass die Kostenentscheidung aus dem bisherigen Titel auch weiterhin Bestand hat. Dies ist im nun folgenden, abschließenden Kostenausspruch insoweit zu berücksichtigen, als jetzt eine Verurteilung zu den *weiteren* Kosten erfolgt.[214]

> *2. Der Beklagte trägt die weiteren Kosten des Verfahrens.*

II. Kostenentscheidung bei teilweisem Obsiegen und Unterliegen (§ 92 ZPO)

bei teilweisem Obsiegen und Unterliegen (§ 92 ZPO)

§ 92 ZPO ergänzt den Grundsatz des § 91 ZPO für den Fall, dass eine Partei nur teilweise obsiegt, hinsichtlich des Restes des Streitgegenstandes aber unterliegt. Obwohl § 92 ZPO vom teilweisen *Obsiegen* spricht, ist auch hier allein das Maß *des Unterliegens* das entscheidende Kriterium für die Kostentragungspflicht.[215]

Der Umfang des teilweisen Unterliegens bestimmt sich nach seinem Verhältnis zum Gebührenstreitwert, d.h. nach dem Verhältnis des dem verlorenen Anteils am Streitgegenstand entsprechenden fiktiven Gebührenstreitwerts zum tatsächlichen Gesamtwert.[216]

> **Hinweis:** In diesem Fall sind die oben aufgezeigten Grundsätze der Streitwertfestlegung von Bedeutung. Im Falle des *vollen* Obsiegens einer Partei dagegen ist der Streitwert für die Kostenentscheidung unerheblich und nach § 709 S. 2 ZPO oft nicht einmal mehr für die Vollstreckbarkeitsentscheidung von Bedeutung.

Bei teilweisem Unterliegen bestehen gemäß § 92 ZPO drei mögliche Kostenfolgen:

1. Verhältnismäßige Kostenteilung (Kostenquotierung, § 92 I 1, 2. Alt ZPO)

Kostenquotierung, § 92 I 1 2.Alt ZPO

Den in der Praxis und in Klausuren häufigsten Fall regelt § 92 I 1, 2. Alt. ZPO. Danach sind die Prozesskosten als Quote (überwiegend in Brüchen) nach dem Verhältnis des Unterliegens (im Zähler) bezogen auf den Gesamt(kosten)wert des Verfahrens (Nenner) zu verteilen.

einfacher Beispielsfall

> **Bsp.:** Der Kläger begehrt mit seiner Klage Zahlung eines Kaufpreises in Höhe von 9.000 €, der Anspruch erweist sich aber nur in Höhe von 6.000 € als begründet.

---

214 Siehe dazu auch unten im Kapitel „Säumnisverfahren" (§ 11, Rn. 14 ff.).
215 THOMAS/PUTZO, § 92, Rn. 2
216 THOMAS/PUTZO, § 92, Rn. 2

§ 6 DIE KOSTENENTSCHEIDUNG

Es ergibt sich folgende Berechnung:

Berechnung

Der Kostenstreitwert des Verfahrens[217] ist bei bezifferten Zahlungsklagen unproblematisch durch den Klageantrag zu bestimmen und beträgt hier 9.000 €. Das Maß des teilweisen Unterliegens beträgt für den Kläger 3.000 €.

Gemäß § 92 I 1 2. Alt ZPO hat er damit 3.000/9.000 = 1/3 der Kosten zu tragen.

Es ergibt sich dann folgender Tenor:

Tenor

1. Der Beklagte wird verurteilt, an den Kläger 6.000 € zuzüglich ... Zinsen hieraus seit ... zu bezahlen. Im Übrigen wird die Klage abgewiesen.

2. Von den Kosten des Rechtsstreits trägt der Kläger 1/3 und der Beklagte 2/3.

3. ... (Vollstreckbarkeitsentscheidung, dazu s.u.).

2. Kostenaufhebung (§ 92 I 1, 1. Alt., 2 ZPO)

Kostenaufhebung (§ 92 I 1, 1.Alt., 2 ZPO)

Bei ungefähr (nicht notwendig genau) gleichem Obsiegen und Unterliegen der Parteien, hat das Gericht die Wahl, ob es eine Kostenteilung zu je ½ anordnet oder die Kosten gegeneinander aufhebt.

44

Bei einer Kostenaufhebung fallen die Gerichtskosten jeder Partei zur Hälfte zur Last (§ 92 I 2 ZPO), im Übrigen trägt jede Partei ihre außergerichtlichen Kosten, insbesondere ihre Rechtsanwaltskosten, selbst.

1. ...

2. Die Kosten des Rechtsstreits werden gegeneinander aufgehoben.

v.a. dann prüfen, wenn nur eine Partei Anwaltskosten hat

Eine solche Kostenaufhebung sollte dann erwogen werden, wenn eine Partei erkennbar höhere außergerichtliche Kosten (meist durch Beauftragung eines Rechtsanwalts) verursacht hat.

Bei hälftiger Kostenteilung würde die sparsamere Partei in diesem Fall dadurch benachteiligt, dass sie die Hälfte der außergerichtlichen Kosten des Gegners zu tragen hätte.[218]

> **Exkurs:** Eine Kostenaufhebung ist nach § 150 I FamFG regelmäßig auch auszusprechen, wenn im Scheidungsverfahren durch Beschluss (§ 116 I FamFG) auf Scheidung der Ehe erkannt wird.

3. Volle Kostenauferlegung trotz Teilunterliegens (§ 92 II ZPO)

Volle Kostenauferlegung trotz Teilunterliegens (§ 92 II ZPO)

In § 92 II ZPO wird dem Gericht für bestimmte Fälle ein Ermessen eingeräumt, die Kosten trotz Teilunterliegens alleine einer Partei aufzuerlegen.

45

---

217 Zur Bestimmung vgl. oben (Rn. 16).
218 Vgl. ZÖLLER/HERGET, § 92, Rn. 1.

a. Erster Fall: Geringfügiges Unterliegen

Geringfügiges Teilunterliegen (wichtigster Fall)

Der wichtigste Fall einer „glatten" Kostenentscheidung trotz Teilunterliegens ist der Fall, in dem der Kläger nur geringfügig unterliegt. Nach § 92 II Nr. 1 ZPO ist eine Kostenentscheidung voll zu seinen Gunsten möglich, wenn *kumulativ* zwei Voraussetzungen vorliegen:

zwei kumulative Voraussetzungen

⇨ Geringfügigkeit der Zuvielforderung und

⇨ keine bzw. vernachlässigenswerte Kostenauswirkung

Kostenbruch kleiner als 1/10

Eine solche verhältnismäßig geringfügige Zuvielforderung wird von der wohl h.M. bei einem Kostenbruch kleiner als 1/10 oder bei einem Unterliegen nur in den Nebenforderungen grds. angenommen.[219]

Zusätzlich ist erforderlich, dass infolge der Teilabweisung keine oder nur „geringfügig höhere" Kosten angefallen sind. Solche Mehrkosten können sich daraus ergeben, dass gerade für den Gegenstand *der Zuvielforderung* Beweisaufnahmekosten angefallen sind oder - viel klausurrelevanter - die Mehrforderung einen Gebührensprung in der Gebührentabelle von GKG bzw. RVG ausgelöst hat.

Was sind nur „geringfügig höhere" Kosten?

Auch hinsichtlich der Frage, wann nur „geringfügig höhere" Kosten vorliegen, wird oft auf eine 10 %-Grenze abgestellt.[220] Dies hat zwei Nachteile: Zum einen ist § 92 II ZPO dann nach wie vor selten anwendbar, wenn die nächste Gebührenstufe auch nur leicht überschritten wird, weil der Mehrwert eines Staffelsprungs erst bei höheren Streitwerten tatsächlich unter dieser 10 %-Grenze liegt, häufig aber knapp darüber. Zum anderen sind nach diesem Ansatz dann nach wie vor größere Rechenschritte nötig, bevor man überhaupt geklärt hat, ob die Norm anwendbar ist. – Beides läuft dem beabsichtigten Vereinfachungseffekt dieser 2002 eingeführten Normerweiterung klar zuwider.

Vorzugswürdig erscheint es daher, einen *einzigen* Gebührensprung *generell* als geringfügig anzusehen.[221] Diese Lösung ist pragmatischer und einfacher zu handhaben.

hemmer-Klausur-Tipp

> **Folgen Sie in der Klausur der zweiten Meinung, soweit nicht konkrete Anweisungen bzw. die Korrekturpraxis im Bereich bestimmter Justizprüfungsämter dem zuwider laufen. Ansonsten opfern Sie durch eine verkomplizierte Kostenentscheidung und die Folgeauswirkungen (kompliziertere Vollstreckbarkeitsentscheidung bei Nichtanwendung des § 92 II ZPO) u.U. viel Zeit für Dinge, die – wenn auch mit regionalen Unterschieden – letztlich recht wenige Punkte einbringen. Man sollte sich überdies auch, wenn ein Fall einen richterlichen Beurteilungsspielraum einräumt (z.B. über § 254 I BGB) *genau* überlegen, ob man wirklich die Klage mit 12% oder 15% abweist. Merke: Es geht nicht um die absolute Gerechtigkeit (soweit es die überhaupt gibt), es geht um das „Überleben im Examen"!**

entsprechende Anwendung bei Verurteilung nur zu kleinem Teilbetrag (umgekehrter Fall)

Etwas problematisch ist der Wortlaut dieser Regelung („Zuviel*forde*rung") im umgekehrten Fall, in dem der Beklagte nur mit einem minimalen Teilbetrag der Klageforderung verurteilt wurde. Es ist aber anerkannt, dass der Rechtsgedanke dieser Regelung hierfür auch passt, sodass sie entsprechend angewendet werden kann.[222]

---

219 THOMAS/PUTZO, § 92, Rn. 8; ZÖLLER/HERGET, § 92, Rn. 10; MUSIELAK/WOLST § 92, Rn. 6.

220 Vgl. ZÖLLER/HERGET, § 92, Rn. 10; KNÖRINGER, § 3 V 3.

221 Wie hier evtl. auch MUSIELAK/WOLST § 92, Rn. 6, und THOMAS/PUTZO, § 92, Rn. 8, die die Überschreitung von *nur einer* Gebührenstufe als Beispiel nennen, ohne eine mögliche Begrenzung (10-%-Schwelle) anzusprechen.

222 Vgl. RGZ 142, 84; ZÖLLER/HERGET, § 92, Rn. 11; THOMAS/PUTZO, § 92, Rn. 8 (a.E.).

§ 6 DIE KOSTENENTSCHEIDUNG

b. Zweiter Fall: Abhängigkeit vom Ermessen des Gerichts

Abhängigkeit vom Ermessen des Gerichts

Die Möglichkeit, einer Partei die Kosten trotz Teilunterliegens voll aufzuerlegen, besteht auch in den Fällen, in denen die Forderung vom Ermessen des Gerichts (z.B. § 287 ZPO, §§ 253 II, 315 BGB), von der Ermittlung durch Sachverständige oder von gegenseitiger Berechnung abhängt (§ 92 II Nr. 2 ZPO).[223]

48

III. Kostenentscheidung bei sofortigem Anerkenntnis (§ 93 ZPO)

Anerkenntnis (§ 93 ZPO)

Durch die Regelung des § 93 ZPO wird, abweichend vom Grundsatz des § 91 ZPO, der leistungswillige Beklagte vor den Kosten des von ihm nicht veranlassten Verfahrens geschützt, obwohl er in der Hauptsache verurteilt wird. Dazu ist allerdings erforderlich, dass

49

kumulative Voraussetzungen

⇨ sich der Beklagte vor dem Prozess nicht so verhalten hat, dass der Kläger annehmen durfte, er werde nur durch den Prozess sein Ziel erreichen können[224]; auf ein Verschulden des Beklagten kommt es dabei nicht an, entscheidend ist vielmehr, wie sich sein Verhalten *für den Kläger* darstellt,

⇨ ein wirksames Anerkenntnis i.S.d. § 307 ZPO vorliegt[225],

⇨ das Anerkenntnis sofort, d.h. grundsätzlich in der ersten mündlichen Verhandlung, an welcher der Beklagte oder sein Vertreter teilnimmt, erklärt wurde. Ein sofortiges Anerkenntnis i.d.S. kann nach Anordnung des schriftlichen Vorverfahrens auch dann noch vorliegen, wenn der Beklagte dieses erst in der Klageerwiderung erklärt, also noch nicht in seiner Verteidigungsanzeige. Diese Sofortigkeit setzt aber voraus, dass der Beklagte in seiner Verteidigungsanzeige weder einen klageabweisenden Antrag angekündigt hat noch dem Klageanspruch auf sonstige Weise entgegengetreten ist.[226]

Für diese kumulativen Voraussetzungen trägt der Beklagte die Beweislast.[227] Liegen sie vor, so hat der Kläger *trotz* seines Erfolges in der Hauptsache die Prozesskosten zu tragen.

IV. Kostenentscheidung bei übereinstimmender Erledigterklärung (§ 91a ZPO)

übereinstimmende Erledigterklärung (§ 91a ZPO)

Bei der Erledigung ist zu unterscheiden, ob sie den ganzen Streitgegenstand oder nur einen Teil hiervon erfasst und ob es sich um eine übereinstimmende oder einseitige Erledigterklärung handelt.

50

bei einseitiger Erledigterklärung gelten §§ 91, 92 ZPO

Eine einseitige Erledigterklärung beendet weder den Prozess noch die Rechtshängigkeit, es ist vielmehr der Antrag an das Gericht, die Erledigung der Hauptsache festzustellen. Das Verfahren wird demnach über den neuen Feststellungsantrag weitergeführt, wobei die Beweisaufnahme vollständig durchzuführen und eine Entscheidung in der Hauptsache erforderlich ist, i.d.R. also ein Endurteil. § 91a ZPO ist daher auf die *einseitige* Erledigterklärung *nicht* anzuwenden, die Kostenentscheidung richtet sich damit nach den allgemeinen Regeln der §§ 91 ff. ZPO.[228]

---

223 Vgl. hierzu THOMAS/PUTZO, § 92, Rn. 9 ff.
224 Vgl. THOMAS/PUTZO, § 93, Rn. 4 ff.
225 Vgl. THOMAS/PUTZO, § 93, Rn. 8.
226 Vgl. BGH NJW 2019, 1525.
227 THOMAS/PUTZO, § 93, Rn. 4.
228 THOMAS/PUTZO, § 91a, Rn. 31 ff.

§ 91a ZPO findet also nur auf die *übereinstimmende* Erledigterklärung Anwendung. Durch eine solche kann zum einen der gesamte Streitgegenstand oder nur ein Teil davon bzw. ein Streitgegenstand von mehreren erfasst werden.

Im ersten Fall endet mit Wirksamkeit dieser Erklärung die Rechtshängigkeit der Hauptsache, im zweiten Fall die Rechtshängigkeit des entsprechenden Teils.[229]

Fiktion der Zustimmung möglich

Zu beachten ist, dass gemäß § 91a I 2 ZPO inzwischen eine beiderseitige Erledigungserklärung im Wege einer Fiktion auch dann vorliegen kann, wenn der Beklagte nicht innerhalb einer ihm gesetzten Frist der Erledigungserklärung des Klägers aktiv *widerspricht*.

1. Urteil nur bei einverständlicher Teilerledigterklärung

kein Beschluss, sondern Teil der Kostenentscheidung des Urteils über streitig gebliebenen Teil

Da aber bei der übereinstimmenden Teilerledigterklärung gerade *kein* gesetzlich normierter Fall der Kostentrennung vorliegt,[230] darf hierüber trotz des Wortlauts von § 91a ZPO kein gesonderter Kostenbeschluss ergehen. Vielmehr wird § 91a ZPO dann anteilig in der einheitlichen Kostenentscheidung des Urteils berücksichtigt. Dabei ergibt sich aber aus der im Tenor wiedergegebenen Formel nicht, zu welchem Teil die Kostenentscheidung auf § 91a ZPO beruht.[231] Dies wird erst in den Entscheidungsgründen klargestellt.[232]

51

insoweit keine Hauptsacheentscheidung mehr

Soweit die Parteien den gesamten Rechtsstreit übereinstimmend für erledigt erklären, endet damit der Prozess und die Rechtshängigkeit in der Hauptsache; nur die Rechtshängigkeit hinsichtlich der Kosten bleibt bestehen.[233]

2. Vorgehen im Rahmen einer solchen (gemischten) Kostenentscheidung

gemischte Kostenentscheidung

Dieser Streit über die Kosten des einverständlich für erledigt erklärten Teils muss auf der Basis einer *Prognose* über den voraussichtlichen Ausgang des Rechtsstreits entschieden werden.

52

Zunächst ist also bei der Entscheidung nach § 91a ZPO unter Berücksichtigung des bisherigen Sach- und Streitstandes der voraussichtliche Ausgang des Rechtsstreits ohne die Erledigterklärung abzuwägen. Dabei werden die allgemeinen Kostengrundsätze der §§ 91-97, 100, 101 ZPO und gegebenenfalls des § 788 ZPO herangezogen und sind bei der Ausübung des richterlichen Ermessens zu beachten.

Wäre demnach eine Partei voraussichtlich im Rechtsstreit unterlegen, so sind dieser die Kosten gemäß § 91a i.V.m. § 91 ZPO voll aufzuerlegen.

---

229 THOMAS/PUTZO, § 91a, Rn. 17, 43.
230 Zu diesen *Ausnahme*fällen siehe oben (Rn. 36 ff.).
231 THOMAS/PUTZO, § 91a, Rn. 44.
232 Zu der dort dann zu verwendeten Arbeitsmethode siehe unten im Kapitel „Entscheidungsgründe" (§ 12, Rn. 11 ff).
233 THOMAS/PUTZO, § 91a, Rn. 17.

§ 6 DIE KOSTENENTSCHEIDUNG

Ist der Ausgang des Prozesses hingegen noch vollkommen offen und bieten sich auch keine sonstigen Anhaltspunkte für die zu treffende Ermessensentscheidung an, so können gemäß § 91a i.V.m. § 92 I 1, 2. Alt., II ZPO die Kosten gegeneinander aufgehoben werden.[234] In Klausuren wäre eine solche Situation aber völlig atypisch.

hemmer-Klausur-Tipp

> Gerade bei beiderseits erledigt erklärten Anträgen ist die Tatsachengrundlage oftmals gar nicht umstritten, sondern nur die rechtliche Bewertung. Dann müssen Sie unter der Überschrift des „billigen Ermessens" eine Erfolgsprognose in Form einer rechtlichen *Schlüssigkeits*prüfung durchführen. Erledigen Sie diese möglichst, ohne in der Argumentationsqualität Abstriche gegenüber einer (hypothetischen) Entscheidung über die Sache selbst zu machen.[235] Stellen Sie sich einfach vor, Sie hätten infolge der Erledigungserklärung einen Textbaustein aus der Begründetheitsprüfung zu entfernen und in die Kostenentscheidung einzufügen. Sollte der Korrektor der Auffassung sein, bei den Kosten könne man auch knapper agieren, so würde dies meist dennoch punktemäßig nicht oder kaum schaden. Wenn Sie aber weniger Argumente liefern und er die Ausführungen aber für „zu dünn" hält, wird er aber definitiv Punkte abziehen.

Der beiderseits für erledigt erklärte Streitgegenstand kann für die Kostenentscheidung dann außer Betracht gelassen werden, wenn eine Partei den streitig gebliebenen Teil des Prozesses vollständig gewinnt und dieser im Streitwert bei weitem überwiegt: Dann entspricht es nach dem Rechtsgedanken des § 92 II ZPO billigem Ermessen, dem Verlierer des streitig gebliebenen Teils des Prozesses die Kosten vollständig aufzuerlegen.

Erkennt eine Partei ihre Kostenlast an, sind ihr in Anwendung des Grundgedankens des § 307 ZPO *ohne* weitere Sachprüfung die Kosten aufzuerlegen.

Der bisherige Sach- und Streitstand ist dann für die Kostenentscheidung nach § 91a I i.V.m. § 308 II ZPO nicht mehr maßgebend, weil die Parteien über die Kosten des in der Hauptsache erledigten Rechtsstreits verfügen können.[236]

V. Kostenentscheidung bei Klagerücknahme (§ 269 III ZPO)

1. Grundregel: Kostenlast des Klägers

Klagerücknahme (§ 269 III 2, 3 ZPO)

Bei der Klagerücknahme wird der Kläger durch § 269 III 2 ZPO grds. verpflichtet, die gesamten Kosten des Verfahrens zu tragen. Dies gilt auch für die durch die Säumnis des Beklagten entstandenen Kosten.

2. Ausnahmsweise Kostenlast des Beklagten

Eine Ausnahme regelt inzwischen § 269 III 2, 2. Hs. ZPO, der mit der Formulierung „aufzuerlegen *sind*" auf das Vorhandensein einer *anderen* Norm abstellt, die dem Richter diese Möglichkeit einräumt:

---

234 THOMAS/PUTZO, § 91a, Rn. 46 ff.
235 Da das Verfahren gemäß § 91a ZPO nicht der Klärung schwieriger Rechtsfragen grundsätzlicher Art dienen soll, kann bei *ungeklärten* Rechtsfragen eine Beurteilung der Erfolgsaussichten „nach überwiegender Wahrscheinlichkeit" genügen (ZÖLLER/VOLLKOMMER, § 91a, Rn. 26a; BGH, NJW 1994, 256-257 = **juris**byhemmer; vgl. auch BGHZ 67, 346-437 = **juris**byhemmer). Dies dürfte auch wiederum nicht besonders examensrelevant sein, da mit „ungeklärt" auf den Stand der Rechtsprechung abzustellen ist, nicht auf die Rechtskenntnisse des Prüflings!.
236 BAG, NZA 2004, 176 = **juris**byhemmer; THOMAS/PUTZO, § 91a, Rn. 46.

Gemeint war damit § 93d ZPO a.F., der jetzt in § 243 S. 2 Nr. 2 FamFG aufgegangen ist: Hierbei geht es um die im Zahlungsantrag „leerlaufende" Stufenklage auf *Unterhalt* gemäß § 254 ZPO (jetzt: „Stufenantrag"; vgl. § 113 V FamFG!).[237]

§ 344 ZPO geht vor.

Nach vorzugswürdiger Auffassung des BGH stellt aber auch § 344 ZPO eine solche andere Regelung dar, die dem § 269 III 2 1. Hs. ZPO vorgeht.[238] Der Beklagte, gegen den ein Versäumnisurteil in gesetzlicher Weise ergangen ist, trägt gemäß § 344 ZPO die durch die Versäumnis veranlassten *zusätzlichen* Kosten auch dann, wenn der Kläger die Klage zurücknimmt. Der Kläger trägt dann (nur) die „übrigen Kosten des Rechtsstreits".

§ 269 III 3 ZPO bei Erledigung vor Rechtshängigkeit

§ 269 III 3 ZPO gewährt eine dem oben erläuterten § 91a ZPO vergleichbare Entscheidungsmöglichkeit. In einem solchen Fall kann der Kläger also ganz oder teilweise von diesen Kosten freikommen, weil die gleichen Grundsätze wie bei § 91a ZPO gelten.[239]

55a

Diese Norm setzt voraus, dass der „Anlass" für die Klage vor Rechtshängigkeit wegfiel, gemäß §§ 253 I, 261 I ZPO also vor der Klagezustellung. Hiermit sind in jedem Fall die Fälle der „Erledigung" *zwischen* Anhängigkeit und Rechtshängigkeit gemeint. Dies gilt v.a. für die Erfüllung in dieser Phase.

Nach h.M.[240] ist § 269 III 3 ZPO auch auf solche Fälle anwendbar, in denen der Verzug bereits *vor Anhängigkeit* endete, etwa weil die Erfüllung sich mit der Klageeinreichung *kreuzte*.

Anwendungsbereich: fast (!) alle Streitfragen durch Gesetzesänderung klargestellt

Der Wortlaut spricht klar für diese Ansicht, weil auch in solchen Fällen der Klageanlass „vor Rechtshängigkeit" wegfiel.[241] Überdies: Der Gesetzeszweck, eine möglichst gerechte Kostenfolge herbeizuführen, trifft *auch diesen* Fall, weil bei einer Kostenentscheidung nach „billigem Ermessen" die Verantwortungsanteile *beider* Prozessparteien an der Entstehung der unnötigen Kosten (meist Verzug des Schuldners, evtl. vorschnelle Klage des Gläubigers) angemessen miteinander *abgewogen* werden können.

55b

Haftungsfalle: § 269 III 3 ZPO nicht anwendbar bei Erledigung nach Rechtshängigkeit

Nicht anwendbar ist die Regelung bei Erledigung *nach* Rechtshängigkeit. In einem solchen Fall besteht für den Kläger also kein Wahlrecht, sondern er *muss* für erledigt erklären, wenn er nicht die Kosten nach § 269 III 2 1. Hs. ZPO tragen will. Hat er in einem solchen Fall – etwa aus mangelnder anwaltlicher Prüfungssorgfalt bzgl. der Frage, *wann genau* die Erledigung eingetreten ist und die Klage zugestellt wurde – „versehentlich" die Klagerücknahme erklärt, ist dieser prozesstaktischer Fehler grds. nicht mehr korrigierbar, insbesondere ist § 290 ZPO nicht analog anwendbar.[242]

56

---

237 Dazu siehe bereits oben § 6, Rn. 14.
238 BGH, NJW 2004, 2301-2303 = **juris**byhemmer gegen die zuvor wohl h.M. Zu den Anwendungsvoraussetzungen von § 344 ZPO siehe ausführlich unten in § 11, Rn. 68 ff.
239 BGH, NJW 2004, 1530-1531 (1531) = **juris**byhemmer; vgl. auch THOMAS/PUTZO, § 269, Rn. 16.
240 Vgl. THOMAS/PUTZO § 269, Rn. 16; Knauer/Wolf, NJW 2004, 2857 (2858); OLG München, OLG-Report 2004, 218-219 = **juris**byhemmer.
241 Geltend gemacht wird, dass es aufgrund der Gesetzesbegründung zweifelhaft sei, ob der Gesetzgeber auch solche Fälle erfassen wollte (Elzer, NJW 2002, 2006 (2008)).
242 Zum Ganzen vgl. BGH, NJW 2007, 1460-1461 = **juris**byhemmer mit Besprechung in **Life&Law 2007, Heft 3, 177-179**.

§ 6 DIE KOSTENENTSCHEIDUNG

> **Hinweis:** Aus diesem Grund ist die sorgfältige Abgrenzung zwischen Klagerücknahme und Erledigungserklärung infolge Erfüllung des Gegners ein äußerst geeignetes und wichtiges Thema für Anwaltsklausuren (Vorbereitung und/oder Fertigung des Replikschriftsatzes).[243]

3. Formelle Behandlung

Formelle Behandlung

Die Kostenentscheidung erfolgt durch Beschluss, jedoch grds. nur auf Antrag des Beklagten hin (§ 269 IV ZPO).

Teilrücknahme: kein Beschluss, sondern im Urteil!

Im Fall der nur *teilweisen* Klagerücknahme (Klausurregelfall) gilt allerdings das oben zur übereinstimmenden Teilerledigterklärung Gesagte: Es ergeht kein eigenständiger Kostenbeschluss. Stattdessen ergeht ein Urteil mit Sachentscheidung über den nicht zurückgenommenen Teil. Dabei ergeht eine gemischte Kostenentscheidung, die sich zum Teil aus der Anwendung der §§ 91 ff. ZPO und zum Teil aus der Kostenentscheidung gemäß § 269 III 2, 3 ZPO zusammensetzt.

VI. Kostenentscheidung bei Beteiligung von Streitgenossen

Beteiligung von Streitgenossen

Besondere Probleme können sich bei der Beteiligung von Streitgenossen ergeben.

1. Obsiegen aller Streitgenossen

Obsiegen aller Streitgenossen

Obsiegen alle Streitgenossen in vollem Umfang, so ist die Kostenhaftung nach § 91 I ZPO zu bestimmen.[244]

Tenor: (bei siegreichen Streitgenossen auf der Beklagtenseite)

> 1. Die Klage wird abgewiesen.
> 2. Der Kläger trägt die Kosten des Rechtsstreits.
> 3. ...

2. Gleichmäßiges Unterliegen bei gleichmäßiger Beteiligung aller Streitgenossen

Gleichmäßiges Unterliegen aller Streitgenossen

Unterliegen die Streitgenossen teilweise oder voll, jedoch *einheitlich und gleichmäßig*, so greift die Regelung des § 100 ZPO.

a. Streitgenossen auf Klägerseite

auf Klägerseite nach Kopfteilen (§ 100 I ZPO)

Auf Klägerseite ist zu beachten, dass § 100 IV ZPO nach seinem klaren Wortlaut hier nicht gilt, sondern die Grundregel des § 100 I ZPO: Haftung nach Kopfteilen, also *anteilig*, nicht gesamtschuldnerisch.

---

243 Ausführlich hierzu im Skript Assessor-Basics Anwaltsklausur § 2, Rn. 85 ff.
244 THOMAS/PUTZO, § 100, Rn. 13; KNÖRINGER, § 13 III 1.

Da diese Regelung auch im Zweifelsfalle gilt[245], könnte man im Falle der Abweisung der Klage einer zweiköpfigen Streitgenossenschaft (etwa Miterbengemeinschaft) tenorieren:

1. Die Klage wird abgewiesen.

2. Die Kläger tragen die Kosten des Rechtsstreits.

besser ausdrücklich Aufteilung klarstellen

Es dürfte aber keinen vernünftigen Grund geben, warum man die Kostenteilung im Tenor nicht noch deutlicher darstellen sollte:[246]

... 2. Die Kläger tragen die Kosten des Rechtsstreits je zur Hälfte.

b. Streitgenossen auf Beklagtenseite

auf Beklagtenseite (§ 100 IV ZPO)

Gesamtschuldnerisch verklagte und in der Hauptsache gesamtschuldnerisch verurteilte Streitgenossen haften auch für die Kosten gesamtschuldnerisch (§ 100 IV ZPO).

Im Falle der teilweisen Verurteilung (hier auf 2/3 des beantragten Betrages) wird dann folgendermaßen tenoriert:[247]

1. Die Beklagten werden als Gesamtschuldner verurteilt, ... Im Übrigen wird die Klage abgewiesen.

2. Von den Kosten des Rechtsstreits tragen die Beklagten gesamtschuldnerisch 2/3 und der Kläger 1/3.

3. ...

Behandlung von Gesellschaftern und Bürgen

Bei Verurteilung nach § 128 HGB, bei der nach dem Wortlaut des § 128 HGB nur teilweise (zwischen den Gesellschaftern, nicht hin zur Gesellschaft) eine Gesamtschuld gegeben ist, wird diese Regelung von der wohl h.M. entsprechend angewandt.[248] Anders soll dies bei Bürgen sein:

Diese sollen nicht als Gesamtschuldner in die Kosten zu verurteilen sein[249], doch umgeht die Praxis die sich dadurch ergebenden Probleme, indem sie „wie Gesamtschuldner" in die Kosten verurteilt werden.[250]

In anderen Fällen (etwa Teilschuld) haften auch Streitgenossen auf Beklagtenseite nicht gesamtschuldnerisch für die Kosten, sondern nach § 100 I ZPO wiederum als Teilschuldner.

hemmer-Klausur-Tipp

Seien Sie v.a. bei Streitgenossen auf *Kläger*seite sehr vorsichtig! Erfahrungsgemäß können Sie davon ausgehen, dass bei Streitgenossenschaft auf *Beklagten*seite im statistisch absoluten Regelfall die Voraussetzungen von § 100 IV ZPO (Gesamtschuld oder zumindest ähnliche Situation; s.o.) gegeben sein werden. Die Fehlerquelle liegt darin, dass dann, wenn Streitgenossen auf *Kläger*seite stehen, die Problematik der Notwendigkeit der Aufteilung vom Klausurbearbeiter nicht gesehen wird.

---

245 Vgl. THOMAS/PUTZO, § 100, Rn. 8.
246 So auch THOMAS/PUTZO, § 100, Rn. 8; KNÖRINGER, § 13 III 2a.
247 THOMAS/PUTZO, § 100, Rn. 11; KNÖRINGER, § 13 III 2b.
248 THOMAS/PUTZO, § 100, Rn. 11; BAUMBACH/HARTMANN § 100, Rn. 10 und Rn. 43 (a.E.).
249 BGH, NJW 1955, 1398.
250 Vgl. ZÖLLER/HERGET, § 100, Rn. 12 m.w.N.; zum Hauptsachetenor in diesen Fällen siehe oben im Kapitel „Der Tenor über die Hauptforderung" (§ 4, Rn. 6).

§ 6 DIE KOSTENENTSCHEIDUNG

3. Unterschiedliche Beteiligung der Streitgenossen

unterschiedliche Beteiligung der Streitgenossen (§ 100 II ZPO)

Bei einer *erheblich* unterschiedlichen Beteiligung der Streitgenossen am Rechtsstreit kann das Gericht gemäß § 100 II ZPO eine Quotelung vornehmen, die sich an der Beteiligung orientiert. Dies betrifft u.a. solche Fälle, in denen von zwei Beklagten (etwa Kfz-Halter und Versicherung) nur einer (der Halter) eine Widerklage erhebt.

61a

Handelt es sich dagegen nur um eine *geringfügig* unterschiedliche Beteiligung ist die Vorschrift nicht anzuwenden. Fraglich ist, ob diese Grenze regelmäßig bei 2/3 bzw. ¾ der Beteiligung zu ziehen ist[251] oder ob man hierbei die Kriterien des § 92 II ZPO, also v.a. die dortige 10-%-Grenze, entsprechend zu übertragen hat.[252] Es wird vertreten, dass es im Rahmen dieser *Ermessens*entscheidung durchaus zulässig sei, aus Gründen der Praktikabilität eine gewisse Kostenungerechtigkeit hinzunehmen.[253]

Wer § 100 II ZPO trotz unterschiedlicher Beteiligung *nicht* anwendet, muss diese Ermessensentscheidung in jedem Fall *begründen*.[254]

4. Kosten eines besonderen Angriffs- oder Verteidigungsmittels

besonderes Angriffs- oder Verteidigungsmittel (§ 100 III ZPO)

Kein Ermessen kommt dem Gericht zu, wenn ein Streitgenosse ein besonderes Angriffs- oder Verteidigungsmittel geltend gemacht hat. Dessen Kosten sind gemäß § 100 III ZPO alleine dem Streitgenossen aufzuerlegen, der es geltend gemacht hat, die anderen Streitgenossen dürfen damit nicht belastet werden.[255]

62

> 2. Der Bekl. zu 1) trägt allein die Kosten der Beweisaufnahme, die übrigen Kosten tragen die Beklagten gesamtverbindlich.

5. Unterschiedliches Unterliegen der Streitgenossen

unterschiedliches Unterliegen der Streitgenossen

Keine exakt passende gesetzliche Regelung besteht für den Fall des *unterschiedlichen* Unterliegens der Streitgenossen.

63

Beispiel 1 (Grundfall)

> *Bsp. 1:* Der Kläger klagt gegen den Bekl. zu 1) und den Bekl. zu 2) auf gesamtschuldnerische Zahlung von 5.000 €. Er ist nur mit der Klage gegen den Bekl. zu 1 erfolgreich. Die Klage gegen den Bekl. zu 2 wird abgewiesen.

eigentlich Regelungslücke

Dieser Fall ist nicht von § 91 ZPO erfasst, weil nur *einer* der beklagten Streitgenossen unterlegen ist. Auch § 92 ZPO passt nicht richtig, weil keiner der beklagten Streitgenossen *teilweise* obsiegt bzw. verloren hat. Und auch § 100 ZPO regelt dies nicht, weil die Streitgenossen nicht in gleicher Weise unterlegen sind.

Lösung der h.M.: kombinierte Anwendung der §§ 91, 92 ZPO: Baumbach'sche Formel

Diese Gesetzeslücke wird von der h.M. durch eine kombinierte Anwendung der §§ 91, 92 ZPO und der sog. Baumbach'schen Kostenformel geschlossen.

64

Die Formel basiert insbesondere auf dem Grundgedanken, dass der unterlegene Streitgenosse nicht an den außergerichtlichen Kosten des obsiegenden Streitgenossen beteiligt werden darf, da zwischen diesen kein Prozessrechtsverhältnis besteht.

---

251 Vgl. BAUMBACH/LAUTERBACH-HARTMANN § 100, Rn. 32; MUSIELAK/WOLST § 100, Rn. 3.
252 So offenbar ZÖLLER/HERGET § 100, Rn. 9.
253 BAUMBACH/LAUTERBACH-HARTMANN § 100, Rn. 34.
254 BAUMBACH/LAUTERBACH-HARTMANN § 100, Rn. 34.
255 Vgl. THOMAS/PUTZO, § 100, Rn. 10; KNÖRINGER, § 13 III 2c.

Weil dies aber bei einer einheitlichen Haftungsquote unvermeidlich wäre, bestimmt die sog. Baumbach'sche Formel[256] Folgendes:

- Es ist grds. ein *getrennter* Kostenausspruch zu Gerichts- und außergerichtlichen Kosten vorzunehmen.

- Der obsiegende Streitgenosse ist von *allen* Kosten freizustellen, bei nur teilweisem Obsiegen in dessen Höhe.

- Die Kostenhaftung jedes Beteiligten für die *außergerichtlichen* Kosten jeweils eines Gegners bemisst sich ausschließlich nach dem Maß seines Unterliegens gegenüber diesem Gegner in Relation zum gesamten Streit, an dem *dieser Gegner* beteiligt ist.

- Die Kostenhaftung jeder Partei für die Gerichtskosten richtet sich nach der Quote *seines* Unterliegens in Relation zum *gesamten* (fiktiven!) Wert des Streits. Konkret: Bei der Berechnung der Gerichtskosten und außergerichtlichen Kosten (nur!) *des Klägers* wird als Zwischenschritt ein *fiktiver Gesamtstreitwert* angesetzt[257], im Beispiel oben von *zweimal* 5.000 €, also 10.000 €. Die Klage gegen die zwei Gesamtschuldner wird also (als *reiner Rechenschritt*, da keine Streitwerterhöhung durch die Gesamtschuldnerschaft eintritt!) wie zwei Klagen gerechnet.

Gerichtskosten und außergerichtliche Kosten des Klägers (Berechnung mit fiktivem Gesamtstreitwert)

Berechnung der Gerichtskosten und der außergerichtlichen Kosten des Klägers: Der Kläger ist mit einmal 5.000 € unterlegen. Er trägt bei einem fiktiven Gesamtstreitwert von 10.000 € mithin ½; die andere Hälfte entfällt auf den verurteilten Bekl. zu 1).

außergerichtliche Kosten der Beklagten (einzeln prüfen)

Berechnung der außergerichtlichen Kosten der Beklagten: Hierfür sind die jeweiligen Parteiverhältnisse einzeln zu untersuchen.

- *Bekl. zu 1) gegen Kläger: Streitwert hier 5.000 €, Unterliegen des Klägers mit Null. Der Bekl. zu 1) vollstreckt daher nichts.*

- *Bekl. zu 2) gegen Kläger: Streitwert hier wieder 5.000 €. Der Kläger unterliegt insoweit vollständig. Daher trägt er insoweit die außergerichtlichen Kosten voll.*

Es ergibt sich im Beispielsfall dann folgender Kostentenor:

Kostentenor

2. Von den Gerichtskosten tragen der Kläger und der Bekl. zu 1) jeweils ½. Von den außergerichtlichen Kosten des Klägers trägt der Bekl. zu 1) ebenfalls ½. Der Kläger trägt die außergerichtlichen Kosten des Bekl. zu 2) ganz. Im Übrigen tragen die Parteien ihre außergerichtlichen Kosten selbst.[258]

Entsprechend bei größerer Anzahl von Streitgenossen

Entsprechend wäre vorzugehen, wenn von einer *größeren* Anzahl von Streitgenossen einige verurteilt werden würden und andere nicht: Wenn mehr Beklagte *verurteilt* werden, verschieben sich die Brüche *zugunsten* des Klägers. Je mehr Abweisungen gegen einzelne Streitgenossen ausgesprochen werden, umso mehr verschieben sich die Brüche *zu Lasten* des Klägers.

Etwas komplizierter wird die Berechnung (nicht die Methode), wenn hinsichtlich einzelner Streitgenossen eine Verurteilung auf einen Teilbetrag erfolgt.

---

256 Vgl. THOMAS/PUTZO, § 100, Rn. 15 ff.; KNÖRINGER, § 13 III 3.
257 Vgl. etwa ANDERS/GEHLE, A, Rn. 202 f.
258 Der letzte Satz ist eigentlich überflüssig, aber dennoch als Klarstellung verbreitet (vgl. etwa THOMAS/PUTZO, § 100, Rn. 15; KNÖRINGER, § 13 III 3; ANDERS/GEHLE, A, Rn. 203 ff; ohne ihn das Beispiel bei KROIß/NEURAUTER, Muster Nr. 12).

§ 6 DIE KOSTENENTSCHEIDUNG

Beispiel 2 (mit teilweise gesamtschuldnerischer Verurteilung)

Bsp. 2: *Der Kläger klagt gegen den Bekl. zu 1) und den Bekl. zu 2) auf gesamtschuldnerische Zahlung von 5.000 €. Er ist mit der Klage gegen den Bekl. zu 1 voll erfolgreich und mit der Klage gegen den Bekl. zu 2 in Höhe von 2.500 € (insoweit gesamtschuldnerische Verurteilung). Im Übrigen wird die Klage abgewiesen.*

Bei der Berechnung ist nun zu berücksichtigen, dass dadurch, dass eine (teilweise) gesamtschuldnerische Verurteilung der beiden Beklagten in der Hauptsache erfolgte, diese auch hinsichtlich der sie treffenden Kosten gesamtschuldnerisch herangezogen werden können (vgl. § 100 IV 1 ZPO). Es ist nun folgendermaßen vorzugehen:

Gerichtskosten und außergerichtliche Kosten des Klägers (Berechnung mit fiktivem Gesamtstreitwert)

Berechnung der Gerichtskosten und der außergerichtlichen Kosten des Klägers: Der Kläger ist mit einmal 2.500 € unterlegen. Er trägt bei einem fiktiven Gesamtstreitwert von 10.000 € mithin ¼. Die anderen ¾ entfallen auf den voll verurteilten Bekl. zu 1), wobei er in Höhe von ½ gesamtschuldnerisch mit dem Bekl. zu 2) haftet.

Berechnung der außergerichtlichen Kosten der Beklagten: Hierfür sind die jeweiligen Parteiverhältnisse einzeln zu untersuchen.

außergerichtliche Kosten der Beklagten (einzeln prüfen)

⇨ *Bekl. zu 1) gegen Kläger: Streitwert hier 5.000 €, Unterliegen des Klägers mit Null. Der Bekl. zu 1) vollstreckt daher nichts.*

⇨ *Bekl. zu 2) gegen Kläger: Streitwert hier wieder 5.000 €. Der Kläger unterliegt insoweit mit 2.500 €. Daher trägt er ½ der außergerichtlichen Kosten des Bekl. zu 2).*

Es ergibt sich im Beispielsfall dann folgender Kostentenor:

Kostentenor

2. Die Gerichtskosten trägt der Kläger zu ¼, die Beklagten gesamtschuldnerisch zu ½ sowie der Bekl. zu 1) zusätzlich zu ¼.

Die außergerichtlichen Kosten des Klägers tragen die Beklagten gesamtschuldnerisch zu ½ sowie der Bekl. zu 1) zusätzlich zu ¼. Der Kläger trägt die Hälfte der außergerichtlichen Kosten des Bekl. zu 2). Im Übrigen tragen die Parteien ihre außergerichtlichen Kosten selbst.

Problem: Teilunterliegen und Streitgenossen in unterschiedlichem Umfang am Rechtsstreit beteiligt (v.a. Drittwiderklage)

Noch komplizierter kann die Berechnung werden, wenn nicht nur ein jeweiliges Teilunterliegen vorliegt, sondern die Streitgenossen überdies auch noch in erheblich unterschiedlichem Umfang am Rechtsstreit beteiligt sind (§ 100 II ZPO; dazu s.o.).

Diese Konstellation ist insbesondere im Falle der sog. Drittwiderklage (etwa die „Widerklage" auch gegen die nicht selbst an der Klage beteiligte Versicherung des Klägers im Falle eines Autounfalls) nicht selten gegeben.[259]

hemmer-Klausur-Tipp

Überprüfen Sie Ihre gefundenen Ergebnisse in der Begründetheit noch einmal auf etwaige mögliche Fehler oder Stellen, an denen zumindest Spielraum für eine andere Lösung besteht (z.B. Abwägung nach § 17 I StVG oder § 254 I BGB), wenn die Kostenentscheidung in Ihrer Klausur gefordert ist und kompliziert werden würde. Soweit kein Taschenrechner zugelassen ist, ist dies dem Prüfungsamt und seinen Zuarbeitern bekannt und muss dort bei der Klärung der Frage berücksichtigt werden, ob man die konkrete Klausur unter diesen Umständen für eine fünfstündige Bearbeitung überhaupt stellen sollte. Hochkomplizierte Zahlenwerke sind im Assessorexamen daher selten wirklich gewünscht, solche brockt sich eher der Prüfling selbst ein. Ausnahmen von dieser Regel sind denkbar, können aber zumindest für Süddeutschland nahezu ausgeschlossen werden. Die absolut überwiegende Klausurvariante der Baumbach'schen Formel ist daher die mit zwei Beklagten, von denen einer voll obsiegt und der andere voll unterliegt („Billigvariante").

---

[259] Hierzu und zu anderen Berechnungsbeispielen siehe etwa ANDERS/GEHLE, A, Rn. 203 ff. sowie STEGEMANN-BOEHL, JuS 1991, 320 ff.

VII. Kostenentscheidung bei Beteiligung eines Streithelfers (§ 101 ZPO)

Beteiligung eines Streithelfers (§ 101 ZPO)

Im Falle des Mitwirkens eines Streithelfers i.S.d. § 67 ZPO ist bei der Kostenentscheidung auf § 101 ZPO zu achten: Diese Kosten dürfen nie der unterstützten Partei auferlegt werden, sondern sind zwischen Streithelfer und Prozessgegner aufzuteilen.[260] Gerichtskosten entstehen durch die Nebenintervention - von Zustellungskosten abgesehen - nicht. Anwaltskosten entstehen allerdings nach Nr. 3100 bzw. Nr. 3104 VV-RVG.[261]

Es muss eine *ausdrückliche* Entscheidung hierüber erfolgen, da sie nicht zu den „Kosten des Rechtsstreits" zu rechnen sind:[262] Im Falle eines Streithelfers auf Klägerseite würde der Kostentenor etwa bei Unterliegen des Klägers lauten:

Tenorierungsbeispiel

1. ...

2. Der Kläger trägt die Kosten des Rechtsstreits. Der Streithelfer trägt die Kosten der Nebenintervention selbst.

hemmer-Klausur-Tipp

> Soweit die Prüfungsordnung – wie in den meisten Bundesländern – §§-Hinweise im Gesetz zulässt, sollten Sie im Schönfelder den § 101 ZPO unbedingt beim § 67 ZPO an den Rand schreiben. § 101 ZPO wird nämlich üblicherweise von der absoluten Mehrheit (!) der Klausurbearbeiter übersehen. Da der Korrektor dieses Übersehen aber sofort am Tenor erkennt, kann es sich u.U. überproportional auswirken. Wirken Sie diesem Leichtsinnsfehler also am besten durch den empfohlenen „Warnhinweis" entgegen.

Behandlung bei Kostenaufhebung

Werden die Kosten der Hauptparteien gegeneinander aufgehoben, so steht dem Nebenintervenienten gegen den Gegner der von ihm unterstützten Hauptpartei kein Anspruch auf Erstattung seiner Kosten zu.[263] Der Kostenerstattungsanspruch gemäß § 101 I ZPO entspricht nämlich inhaltlich dem Kostenerstattungsanspruch, den die vom Nebenintervenienten unterstützte Hauptpartei gegen ihren Gegner hat. Dies wiederum entspricht der Rolle des Nebenintervenienten im Rechtsstreit, der gemäß § 67 ZPO nur eine unterstützende Rolle hat. Daher wäre es sachlich nicht zu begründen, wenn bei der Erstattung der Kosten ein Unterschied zwischen dem Nebenintervenienten und der von ihm unterstützten Hauptpartei bestünde.

D. Kostenentscheidungen zu häufigen Klausurkonstellationen

I. Eventualaufrechnung

unproblematische Fälle

Unproblematisch sind bei der Eventualaufrechnung jene Fälle, in denen die Klage selbst abgewiesen wird, die Aufrechnung demnach nicht mehr zu prüfen ist (dann Kostenentscheidung zu Lasten des Klägers gemäß § 91 ZPO) oder die Aufrechnung nicht begründet ist und die Klage daher Erfolg hat (dann Kostenentscheidung zu Lasten des Beklagten gemäß § 91 ZPO).

---

260 Vgl. etwa THOMAS/PUTZO, § 101, Rn. 1, 2.
261 Vgl. etwa THOMAS/PUTZO, § 70, Rn. 8. Durch eine bloße Streit*verkündung* entstehen allerdings *keine* zusätzlichen Gebühren (vgl. etwa HARTMANN, VV-RVG, Nr. 3100, Rn. 42).
262 THOMAS/PUTZO, § 101, Rn. 3.
263 BGH, NJW 2003, 1948-1949 = **juris**byhemmer. Siehe dazu auch THOMAS/PUTZO, § 101, Rn. 4a.

§ 6 DIE KOSTENENTSCHEIDUNG

Begründetheit der Eventualaufrechnung (Streitfall)

Ist die Klage aber wegen der Begründetheit der Eventualaufrechnung ganz oder teilweise abzuweisen, so ist umstritten, ob dieser Umstand für den Kläger als voll Unterliegenden die Folge der vollen Kostenhaftung gemäß § 91 ZPO oder nur als teilweise Unterliegenden die Kostenfolge des § 92 ZPO nach sich zieht.

h.M.: quotenmäßige Kostenteilung wegen § 45 III GKG

Die vorzugswürdige h.M. knüpft an (den jetzigen) § 45 III GKG an und verweist mit Recht auf die (gebühren-)streitwerterhöhende Wirkung der Hilfsaufrechnung. Im Hinblick auf den für die Kostenhaftung alleine maßgebenden Gebührenstreitwert ergibt sich für beide Seiten ein teilweises Unterliegen, sodass die quotenmäßige Kostenteilung gemäß § 92 ZPO als die interessengerechte Regelung anzuwenden ist.[264] Überdies erwächst gerade auch die Entscheidung zur Aufrechnungsforderung gemäß § 322 II ZPO in Rechtskraft.[265]

> **Hinweis:** Nach BGH liegen allerdings für den Kläger die Voraussetzungen einer einseitigen Erledigungserklärung vor, wenn der Beklagte nach Rechtshängigkeit die Aufrechnung erklärt und diese tatsächlich durchgreift; unerheblich sei, ob die Aufrechnungslage bereits vor Rechtshängigkeit vorhanden war. Die Streitfrage des maßgeblichen Ereignisses im Falle der Aufrechnung entscheidet der BGH dahingehend, dass es auf den Zeitpunkt der *Erklärung* der Aufrechnung ankommt. Trotz der Rückwirkung der Aufrechnungserklärung gemäß § 389 BGB könne für dieses *prozessuale* Problem nicht fiktiv davon ausgegangen werden, dass die Klage *von Anfang an* unbegründet war.[266]

II. Haupt- und Hilfsantrag

Haupt- und Hilfsantrag

Ähnlich ist die Problematik bei Haupt- und Hilfsantrag zu beurteilen.

Keine Probleme bereiten auch hier zunächst die Fälle, in denen sowohl Haupt- als auch Hilfsantrag erfolglos sind (alleine der Kläger hat die Kosten zu tragen, § 91 ZPO) und in denen der Hauptantrag erfolgreich ist (den Beklagten trifft die Kostenpflicht des § 91 ZPO).

Problemfall: Hauptantrag erfolglos, Hilfsantrag erfolgreich

Ist dagegen der Hauptantrag erfolglos und der Hilfsantrag voll erfolgreich, so ist zu differenzieren:

1. Haupt- und Hilfsantrag mit wirtschaftlich verschiedenen Gegenständen (vgl. § 45 I 2 GKG)

wirtschaftlich verschiedene Gegenstände

Sind Haupt- und Hilfsantrag wegen wirtschaftlich verschiedener Gegenstände gemäß § 45 I 2 GKG zusammenzurechnen, dann muss der abgewiesene Teil (Hauptantrag) ins Verhältnis zum Gesamtstreitwert (Summe des Streitwerts von Haupt- und Hilfsantrag) gesetzt werden. Der (erst) mit dem Hilfsantrag obsiegende Kläger muss dann diejenigen Kosten tragen, die auf den (letztlich abgewiesenen) Hauptantrag entfallen.

---

264 BGH, NJW 1991, 2484-2486 (2486) = **juris**byhemmer; THOMAS/PUTZO, § 92, Rn. 4; ZÖLLER/HERGET, § 92, Rn. 3; MUSIELAK/WOLST § 92, Rn. 2 (m.w.N.).
265 BGH, NJW 1991, 2484-2486 (2486) = **juris**byhemmer; THOMAS/PUTZO, § 322, Rn. 47.
266 BGH, NJW 2003, 3134-3136 = **Life&Law 2003, Heft 11, 765-772** = **juris**byhemmer; vgl. auch THOMAS/PUTZO, § 91a, Rn 4a; Palandt/Grüneberg, § 389, Rn. 2.

2. Haupt- und Hilfsantrag mit denselben wirtschaftlichem Gegenstand

wirtschaftlich identische Gegenstände

Streitig ist jedoch, wie zu verfahren ist, wenn beide Anträge denselben Gegenstand betreffen. Dies ist bei der Eventualklagehäufung wohl die Regel.

Abgrenzungskriterien

Zur Abgrenzung darf man nämlich nicht auf den formellen zweigliedrigen Streitgegenstandsbegriff der ZPO abstellen, weil dieser zu einem völligen Leerlaufen der Regelung des § 45 I 3 GKG führen würde (zwei Anträge = *immer* zwei Streitgegenstände). Vielmehr muss eine *wirtschaftliche* Verschiedenheit oder Identität der Gegenstände entscheidend sein. Ergeben sich die Ansprüche aus unterschiedlichen Varianten *desselben Sachverhalts*, ist vom selben Gegenstand i.d.S. auszugehen.[267]

> *Bsp.: Klage auf Kaufpreiszahlung, hilfsweise auf Rückübereignung für den Fall, dass der Kaufvertrag unwirksam ist.[268]*
>
> *Oder: Klage auf Rückgabe aus § 985 BGB und hilfsweise auf Schadensersatz gemäß §§ 989, 990 BGB für den Fall, dass der Beklagte nicht mehr Besitzer ist. Hier sind beide Ansprüche letztlich auf das Eigentum des Klägers gestützt und zielen einheitlich auf Verschaffung von dessen Wert; dies nur in unterschiedlicher Form.*

Die h.M. verfährt bei Vorliegen desselben Gegenstands i.S.d. § 45 I 3 GKG grundsätzlich nach § 91 ZPO, es hätte also der Beklagte die Kosten zu tragen.[269] § 92 ZPO ist hiernach nur dann einschlägig, wenn der Streitwert des abgewiesenen Hauptantrags *höher* ist als der des erfolgreichen Hilfsantrags. In diesem Fall sind dann dem Kläger ein Teil der Kosten aufzuerlegen. Diese Lösung ist dadurch zu erklären, dass er *entweder* nur den Anspruch aus dem Haupt- *oder* dem Hilfsantrag durchsetzen will.

Ist sein Hilfsantrag erfolgreich, so obsiegt er voll in dieser Höhe. Dagegen unterliegt er in Höhe der Differenz, um die der erfolglose Hauptantrag höher war als der erfolgreiche Hilfsantrag.

Andere wollen dagegen § 92 ZPO anwenden und grundsätzlich eine Kostenteilung vornehmen. Hiernach wird der Wert von Haupt- und Hilfsantrag zusammengerechnet und der auf den Hauptantrag entfallende Teil gemäß § 92 ZPO dem Kläger auferlegt.[270] Für diese Lösung spricht formal, dass der Kläger in Höhe des aberkannten Hauptantrags erfolglos war und somit einen Teil des Prozesses verliert (Kongruenz von Hauptsachetenor und Kostenentscheidung).

hemmer-Klausur-Tipp

> Sind zwei Lösungen vertretbar, so suchen Sie im Examen nicht nach der besseren Begründung, sondern richten sich nach den Folgeauswirkungen für die Klausur. Konkret hier: Es erscheint als sehr ungeschickt, sich über die Wahl der zweiten Meinung zusätzliche Rechnerei und eine differenziertere Vollstreckbarkeitsentscheidung aufzuhalsen, wenn die a.A. genauso vertretbar ist!

---

267 So mit Recht ANDERS/GEHLE, K, Rn. 12.
268 Vgl. ANDERS/GEHLE, K, Rn. 12.
269 BAUMBACH/HARTMANN § 92, Rn. 12; ANDERS/GEHLE, K, Rn. 15.
270 THOMAS/PUTZO, § 92, Rn. 2.

III. Änderung des Streitwerts in einer Instanz

Fälle: Klageänderung, Teilerledigterklärung, Teilrücknahme

Schwierig kann sich die Kostenentscheidung gestalten, wenn sich der Streitwert während einer Instanz geändert hat. Dies kann insbesondere infolge Klageänderungen, Teilerledigungserklärungen und Teilrücknahmen eintreten.

Mehrkostenmethode

Während die sog. Quotenmethode eine Teilrücknahme ähnlich wie ein Teilunterliegen behandeln will, ist es überzeugender, die sog. Mehrkostenmethode anzuwenden.[271] Hierfür spricht v.a. die Rückwirkung der Klagerücknahme, die es als gerechtfertigt erscheinen lässt, den Beklagten genauso zu stellen, wie wenn er von Anfang an mit der geringeren Forderung konfrontiert worden wäre.

⇨ Zunächst sind die einzelnen Stufenstreitwerte festzustellen.

⇨ Hieraus sind jeweils sämtliche Kosten der verschiedenen Streitwertstufen zu ermitteln und zu den Gesamtkosten des Rechtsstreits zu addieren.

⇨ Hieraus errechnet man den Anteil des Klägers, wobei zu errechnen ist, welche *Mehrkosten* durch den zurückgenommenen Teil der Klage verursacht wurden.

⇨ Schließlich sind die vom Kläger verursachten Mehrkosten in Relation zu den Gesamtkosten zu setzen.

Beispiel:

Bsp.: *Der Kläger hatte ursprünglich Klage auf Kaufpreiszahlung i.H.v. 10.000 € erhoben, nimmt diese jedoch durch einen Schriftsatz noch vor Beginn der mündlichen Verhandlung i.H.v. 4.000 € wieder zurück. Im Urteil obsiegt der Kläger mit den noch rechtshängigen 6.000 €.*

immer erst Ausnahmen gemäß § 269 III 2, 2. Hs. bzw. § 269 III 3 ZPO prüfen

Zusätzlich zur Anwendung von § 91 ZPO hinsichtlich des vom Gericht tatsächlich entschiedenen Teils ist zu klären, ob der Kläger tatsächlich die Kosten für den zurückgenommenen Streitgegenstand zu tragen hat.

Gemäß § 269 III 2, 1. Hs. ZPO ist dies regelmäßig der Fall. Die Ausnahme gemäß § 269 III 2, 2. Hs. i.V.m. § 344 ZPO liegt nicht vor. Auch für die Anwendbarkeit von § 269 III 3 ZPO ist nichts ersichtlich.[272]

Bei der Berechnung ist dann Folgendes zu berücksichtigen: Die Gerichtsgebühren sind gemäß Nr. 1210 KV aus dem Ursprungsbetrag von 10.000 € angefallen, wurden nicht gemäß Nr. 1211 KV reduziert[273] und betragen daher dreimal 241 €. Bei einem Streitwert von 6.000 € wären aber nur dreimal 165 € angefallen.

Bei den Anwaltsgebühren der beiden Prozessvertreter ist zu differenzieren:

Verfahrensgebühr gemäß Nr. 3100 VV-RVG

⇨ Die 1,3-fache Verfahrensgebühr gemäß Nr. 3100 VV-RVG war bereits *vor* Streitwertreduzierung aus dem Streitwert von 10.000 € und damit in Höhe von jeweils 558 € angefallen (vgl. die amtliche Vorbemerkung 3 II). Die (ganze oder teilweise) Klagerücknahme berührt die einmal entstandene Gebühr nicht mehr.[274]

---

271 Vgl. ANDERS/GEHLE, A, Rn. 198.
272 Zu diesen Fällen siehe bereits oben (Rn. 54).
273 Diese Regelung gilt nach h.M., für die der klare Wortlaut der Regelung spricht, nur bei *vollständiger* Rücknahme, nicht auch bei Teilrücknahme (vgl. etwa HARTMANN, GKG KV Nr. 1211, Rn. 3 m.w.N.).
274 Vgl. ENDERS, Rn. 841 und Umkehrschluss aus VV-RVG Nr. 3101).

Termingebühr gemäß Nr. 3104 VV-RVG

⇨ Die 1,2-fache Termingebühr gemäß Nr. 3104 VV-RVG fiel dagegen erst aus dem reduzierten Streitwert von 6.000 € an (jeweils 354 €), weil im vorliegenden Beispiel *vor* der Rücknahmeerklärung noch keinerlei Terminwahrnehmung i.S.d. amtlichen Vorbemerkung 3 III stattgefunden hatte.

> **Hinweis:** Eine eigene Gebühr für die Durchführung der Beweisaufnahme gibt es nach RVG nicht mehr, sodass deren Zeitpunkt für diese Rechenschritte unerheblich geworden ist. Da es – anders als im obigen Beispiel – nicht selten ist, dass auch die Termingebühr Nr. 3104 VV-RVG bereits aus dem Ursprungsbetrag angefallen ist, kann es vorkommen, dass die Teilklagerücknahme *gar keine* Kostenreduzierung mehr bewirkt. Dann wird die Rechnung etwas einfacher, weil zwar auch Mehrkosten (Streitwert 10.000 € statt 6.000 €) auszurechnen sind, aber bei den Gesamtkosten sich *alles* aus den 10.000 €-Gebühren ergibt.

Nach überzeugender wohl h.M. können bei der Berechnung die Zustellungskosten, Auslagenpauschalen und Mehrwertsteuer außer Betracht gelassen werden, da sie die Quoten nicht entscheidend beeinflussen.[275]

Geht man vom Regelfall der Kostenpflicht des Klägers für den zurückgenommenen Teil aus (§ 269 III 2, 1. Hs. ZPO), so ist die Kostenberechnung im Beispiel folgendermaßen durchzuführen:

1. Schritt: Errechnung der Gesamtkosten (aus zwei verschiedenen Streitwerten)

A. Errechnung der Gesamtkosten:

I. Kosten aus Streitwert 10.000 €

1. Gerichtsgebühren: 3 x 241 € = 723 €

2. RA-Gebühren (2 RAe!) Nr. 3100 VV-RVG: 2,6 x 558 € = 1.450,80 €

Summe = 2.173,80 €

II. Kosten aus Streitwert 6.000 €:

RA-Gebühren (2 RAe!) Nr. 3104 VV-RVG: 2,4 x 354 € = 849,60 €

III. Gesamtkosten daher: = 3.023,40 €

2. Schritt: Errechnung der Mehrkosten, die durch den fallen gelassenen Anspruch verursacht wurden

B. Errechnung des Kostenanteils des Klägers:

I. Errechnung der Kosten, die nicht entstanden wären, wenn von vornherein nur 6.000 € eingeklagt worden wären:

1. Hypothetische Gerichtsgebühren bei 6.000 €: 3 x 165 € = 495 €

⇨ *unnötige Kosten: 723 € (= tatsächlich entstandene Gebühren; s.o.) minus 495 € = 228 €.*

2. Verfahrensgebühren (Nr. 3100 VV-RVG):

Wäre der Streitwert von Anfang an nur 6.000 € gewesen, so wären bei zwei RAe entstanden: 2,6 x 354 € = 920,40 €

Folge: Tatsächlich entstandene Verfahrensgebühren i.H.v. 1.450,80 € (s.o.) minus 920,40 € ergibt unnötige Kosten i.H.v. 530,40 €.

3. Gesamte Mehrkosten also (228 + 530,40 =) 758,40 €.

3. Schritt: Errechnung der Kostenquote des Klägers

II. Folglich beträgt die Kostenquote des Klägers 758,40 geteilt durch die Gesamtkosten von 3.023,40 € = etwa 25 % bzw. ein Viertel.[276]

---

275 Vgl. ANDERS/GEHLE, A, Rn. 198.

276 Die Kostenquote ist in jedem Fall geringer als der Anteil des Streitwerts der zurückgenommenen Forderung im Vergleich zur ursprünglichen Gesamtforderung (wäre hier 40 %). Dies erklärt sich insbesondere aus den sich nach oben hin abflachenden Gebührenkurven, aber auch daraus, dass die Rücknahme die Kosten zumindest teilweise (Termingebühr) auch selbst noch reduzieren kann.

§ 6 DIE KOSTENENTSCHEIDUNG

hemmer-Klausur-Tipp

> Bedenken Sie wieder, dass das Prüfungsamt weiß, dass Sie – anders als in der Praxis – keinen Taschenrechner zur Verfügung haben und deswegen hochkomplizierte Zahlen oft nicht gewünscht sind. Konkrete Folge hier: Oftmals laufen Klausuren mit Teilrücknahme oder Teilerledigungserklärung auf einen *Gleichlauf* der *gesamten* Kostenentscheidung hinaus. D.h.: Die Entscheidung nach § 91 ZPO im streitig gebliebenen Teil geht zu Lasten derselben Partei, der nach § 91a I ZPO oder § 269 III 2, 3 ZPO die Kosten aufzuerlegen sind. Dann trägt diese Partei *alle* Kosten, sodass nicht erst lange eine Quote errechnet werden muss. Prüfen Sie im Examensfall nochmals, ob eine solche Lösung nicht auch in Ihrer Klausur in Betracht kommt!
>
> Ist dies – ausnahmsweise – nicht der Fall oder findet der Klausurbearbeiter zumindest nicht den Weg zu einer solchen Lösung, so empfehlen wir eher eine Schätzung als ein zeitraubendes Ausrechnen. Generell sollte man sich nämlich gerade in diesem Zusammenhang über eines klar sein: Nicht selten sind Examensklausuren so konzipiert, dass man nicht fünf, sondern acht Stunden bräuchte, wenn man jede einzelne Aufgabe *perfekt* bewältigen wollte. Examenskandidaten mit Spitzennoten haben sich deswegen regelmäßig gerade nicht dadurch ausgezeichnet, dass sie auf jedem „Nebenkriegsschauplatz" perfekt sein wollten (um am Schluss dann die Arbeit nicht fertig zu bekommen!). Vielmehr liegt dem Erfolg im Examen regelmäßig die Erkenntnis zugrunde, dass es oft um nichts anderes geht als um ein fünfstündiges „Krisenmanagement", das nach dem Motto laufen muss: „Wo tut es mir am wenigsten weh, wenn ich etwas weniger Zeit investiere?"[277]

---

[277] Dass derartige Thesen staatliche Ausbilder wütend machen können, ist dem Verfasser bewusst. Seine eigene Spitzennote im Assessorexamen hat dieser aber u.a. der Tatsache zu verdanken, dass er Ratschläge erfahrener Praktiker – insbesondere diejenigen einiger nebenamtlicher AG-Leiter – oftmals mit einem „wenn Sie mir dafür weitere zwei Stunden spendieren" konterte und regelmäßig in vielen Dingen ein „Krisenmanagement" trainierte.

§ 7 Die vorläufige Vollstreckbarkeit

Endurteile sind vollstreckbar, wenn sie entweder rechtskräftig sind oder aber im Tenor für vorläufig, d.h. vor Rechtskraft, vollstreckbar erklärt wurden (§ 704 I ZPO).

Ausspruch im Tenor erfolgt von Amts wegen

Der Ausspruch der vorläufigen Vollstreckbarkeit erfolgt von Amts wegen und umfasst neben der Hauptsache auch die Kostenentscheidung, damit der Kostenerstattungsberechtigte einen Kostenfestsetzungsbeschluss erwirken kann (§§ 103 I, 704 I, 794 Nr. 2 ZPO).

Bei fehlender oder unvollständiger Anordnung der vorläufigen Vollstreckbarkeit gelten die §§ 716, 321 ZPO, d.h. auf Antrag erfolgt eine Ergänzung des Urteils.

A. Erfordernis des Ausspruchs der vorläufigen Vollstreckbarkeit

I. Grundsatz: Urteile mit Ausspruch

Grundsätzlich für vorläufig vollstreckbar zu erklären sind alle End-, Teil- und Vorbehaltsurteile.

klageabweisende Urteile sowie Feststellungs- und Gestaltungsurteile

Dies gilt auch für klageabweisende Urteile sowie für Feststellungs- und Gestaltungsurteile. Weil diesen Urteilen in der Hauptsache ein vollstreckbarer Inhalt fehlt, sind sie in jedem Fall nur im Kostenausspruch vollstreckbar.[278] Nach h.M. ist diese Beschränkung der vorläufigen Vollstreckbarkeit auf den Kostenausspruch aber *nicht ausdrücklich* im Tenor auszusprechen.[279]

zwangsvollstreckungsrechtliche Klagen als wichtiger Sonderfall

Stattgebende prozessuale Feststellungs- und Gestaltungsurteile (insbesondere im Bereich des Vollstreckungsschutzes, §§ 767, 768, 771 ZPO) weisen eine Besonderheit auf: Sie sind *auch in der Hauptsache* vorläufig vollstreckbar, da andernfalls die Möglichkeit der Einstellung und Beschränkung der Zwangsvollstreckung (§ 775 Nr. 1 ZPO) und der Aufhebung von Vollstreckungsmaßregeln (§ 776 ZPO) *erst nach Eintritt der Rechtskraft* gegeben wäre. Den Gläubiger trifft hier deswegen, wenn er mit der jetzt möglichen Zwangsvollstreckungsmöglichkeit zunächst gestoppt wird, ein Ausfallrisiko bezüglich seiner Forderung, das ähnlich ist wie bei Verurteilung aus einer Leistungsklage: Theoretisch besteht nämlich die Gefahr, dass diese Vollstreckungsmöglichkeit nach einem Erfolg in der zweiten Instanz nicht mehr gegeben ist, weil sich die finanzielle Situation des Gegners inzwischen verschlechtert hat.

Ausfallrisiko des Gläubigers zwingt zur Sicherheitsleistung auch bezüglich der Hauptsache!

Deswegen müssen diese zwangsvollstreckungsrechtlichen Urteile *auch in der Hauptsache* für vorläufig vollstreckbar erklärt werden. Das wiederum hat zur Folge, dass die Höhe der Sicherheitsleistung des Klägers auch am Wert der Hauptsache zu bemessen ist.[280]

---

278 Vgl. etwa THOMAS/PUTZO, vor § 708, Rn. 1.
279 Siehe etwa KNÖRINGER, § 4 I 1 und ANDERS/GEHLE, A, Rn. 212.
280 Hierzu vgl. etwa KNÖRINGER, § 4 I 1 und - undeutlich - THOMAS/PUTZO, § 767, Rn. 30 bzw. § 771, Rn. 24. Siehe dazu auch das Klausurbeispiel in Assessor-Basics Klausurentraining Zivilurteile (Fallsammlung), Fall 7, Rn. 19.

hemmer-Klausur-Tipp

> Erwähnen Sie diese – häufige – Klausurproblematik unbedingt *ausdrücklich* in Ihren Entscheidungsgründen! Ein Satz oder gar Halbsatz genügt. Andernfalls kann der Korrektor aber nicht ersehen, ob Sie sich ganz bewusst aus diesen Gründen so entschieden haben oder ob Sie nur zufällig im Ergebnis richtig liegen. Hat ein Bearbeiter nämlich – was nicht selten ist – überhaupt keine Kenntnis von Besonderheiten bei Gestaltungsurteilen, so kommt er automatisch auf das richtige Ergebnis, ohne ein Problem bemerkt zu haben! – Einen Zweifel darüber, dass Sie nicht zur letztgenannten Gruppe gehören, sollten Sie beim Korrektor gar nicht erst aufkommen lassen.

Urteile auf Abgabe einer Willenserklärung, auf Grund derer eine Eintragung in das Grundbuch erfolgen soll (§ 895 ZPO), sind ausnahmsweise für vorläufig vollstreckbar zu erklären, um somit schon vor Rechtskraft die Eintragung eines Sicherungsmittels in das Grundbuch zu ermöglichen.[281]

II. Ausnahmen: Urteile ohne Ausspruch

Ausnahmen: Urteile ohne Ausspruch

In einigen Fällen ist keine Anordnung der vorläufigen Vollstreckbarkeit vorzunehmen.

Urteile, die sofort rechtskräftig werden

Dies gilt zunächst für Urteile, die mit ihrer Verkündung sofort rechtskräftig werden, d.h. Urteilen, gegen die kein Rechtsmittel stattfindet, wie das Revisionsurteil.[282]

Die Entscheidung über die vorläufige Vollstreckbarkeit im erstinstanzlichen Urteil ist andererseits aber nicht bereits deswegen entbehrlich, weil die Berufungsvoraussetzungen des § 511 II ZPO nicht vorliegen: Dies ist vielmehr eine Frage des § 713 ZPO.[283]

wichtig: einstweiliger Rechtsschutz

Urteile, die aus der „Natur der Sache" heraus sofort vollstreckbar sind, weil sie einen Arrest oder eine einstweilige Verfügung *anordnen*, sind nicht für vorläufig vollstreckbar zu erklären.[284] Sofern jedoch im Verfahren des vorläufigen Rechtsschutzes ein *abweisendes* Urteil ergeht, bedarf es eines Ausspruchs über die vorläufige Vollstreckbarkeit (§ 708 Nr. 6 ZPO).[285]

Arbeitsgerichtliche Urteile: § 62 I ArbGG

Arbeitsgerichtliche Urteile sind gemäß § 62 I ArbGG bereits *kraft Gesetzes* vorläufig vollstreckbar. Daher ist es auch hier üblich, im Urteil keine entsprechende Tenorierung einer vorläufigen Vollstreckbarkeit vorzunehmen.

Weitere Fälle

Weiterhin entfällt die Anordnung der vorläufigen Vollstreckbarkeit in

⇨ bei Zwischenurteilen (§§ 280, 303, 304 ZPO), da sie als Feststellungsurteile keinen vollstreckungsfähigen Inhalt besitzen.[286]

⇨ im Fall des § 712 I 2 ZPO bei Vollstreckungsschutzantrag des Schuldners.

---

281 THOMAS/PUTZO, § 895, Rn. 2; KNÖRINGER, § 4 I 1.
282 THOMAS/PUTZO, vor § 708, Rn. 1; § 705, Rn. 6; KNÖRINGER, § 4 I 2.
283 Dazu siehe gleich in § 7, Rn. 12.
284 Nach THOMAS/PUTZO, § 704, Rn. 4, sei eine solche Entscheidung aber nicht „falsch", sondern nur „entbehrlich". Nach unseren Beobachtungen ist der Punktabzug bei Vornahme einer solchen Entscheidung oder eines solchen Antrags (Anwaltsklausur) aber in jedem Fall verbreitete Korrekturpraxis!.
285 THOMAS/PUTZO, § 708, Rn. 7; KNÖRINGER, § 4 I 2. Siehe hierzu auch noch einmal im Kapitel „Der Tenor in weiteren Sonderfällen des Zivilurteils" (§ 12, Rn. 59 ff.).
286 THOMAS/PUTZO, § 303, Rn. 1; § 704, Rn. 1; § 304, Rn. 19; KNÖRINGER, § 4 I 2.

B. Vorläufige Vollstreckbarkeit ohne Sicherheitsleistung

I. Ohne Abwendungsbefugnis (§ 708 Nr. 1 bis 3 ZPO)

Vorläufige Vollstreckbarkeit ohne Sicherheitsleistung

In § 708 Nr. 1 bis 3 ZPO sind jene Fälle geregelt, in denen eine vorläufige Vollstreckbarkeit ohne Sicherheitsleistung des Gläubigers und ohne Abwendungsbefugnis des Schuldners angeordnet wird.

Die dort aufgeführten Urteile folgen regelmäßig einem nicht streitigen Verfahren nach (z.B. Anerkenntnis-, Verzichts- und Versäumnisurteile). Es kann also davon ausgegangen werden, dass, anders als bei streitig ergangenen Urteilen, kein Bedürfnis für Sicherheitsleistung und Abwendungsbefugnis besteht.

„Konkurrenz" innerhalb des § 708 ZPO

Sollten *mehrere* Fälle des § 708 ZPO auf ein Urteil anwendbar sein, so haben die Nr. 1 bis 3 Vorrang vor den Nr. 4 bis 11.[287]

Der Tenor lautet hier schlicht:

> *III. Das Urteil ist vorläufig vollstreckbar.*

II. Mit Abwendungsbefugnis (§§ 708 Nr. 4 bis 11, 711 ZPO)

Vollstreckbarkeit mit Abwendungsbefugnis (§§ 708 Nr. 4 bis 11, 711 ZPO)

Ebenfalls ohne Sicherheitsleistung vorläufig vollstreckbar sind die in § 708 Nr. 4 bis Nr. 11 ZPO genannten Urteile. Über § 711 ZPO besteht für den Vollstreckungsschuldner in diesen Fällen allerdings die Möglichkeit, die Vollstreckung durch Sicherheitsleistung oder Hinterlegung abzuwenden.

1. Wichtigster Fall: § 708 Nr. 11 ZPO

Fall des § 708 Nr. 11 ZPO

Den in Praxis und Klausuren wichtigsten Fall regelt § 708 Nr. 11 ZPO. Er ist gegenüber § 708 Nr. 4 bis 10 ZPO subsidiär („andere Urteile") und erfasst nur Urteile in vermögensrechtlichen Streitigkeiten; Urteile in nichtvermögensrechtlichen Streitigkeiten werden der Regelung des § 709 ZPO zugewiesen.

§ 708 Nr. 11 ZPO beinhaltet zwei Alternativen:

a. Verurteilung in der Hauptsache bis 1.250 € (§ 708 Nr. 11, 1. Alt. ZPO)

geringe Hauptsache

Alleine die Vollstreckung in der Hauptsache, d.h. ohne Berücksichtigung von Zinsen und anderen Nebenforderungen (§ 4 ZPO), darf 1.250 € nicht übersteigen. Diese Grenze kann u.U. auch dadurch überschritten werden, dass über mehrere Ansprüche zu entscheiden war, die addiert werden (vgl. §§ 2, 5 ZPO).

b. Ausschließliche Kostenvollstreckung bis 1.500 € (§ 708 Nr. 11, 2. Alt. ZPO)

ausschließliche Kostenvollstreckung

Diese Alternative ist insbesondere einschlägig bei Feststellungs- und Gestaltungsurteilen sowie Klageabweisungen. In diesen Fällen darf die isolierte Kostenvollstreckung 1.500 € nicht *überschreiten*.

---

[287] ZÖLLER/HERGET, § 708, Rn. 1.

Dabei ist nicht auf die Gesamtkosten des Rechtsstreits, sondern nur auf die *für die jeweilige Partei,* bei subjektiver Klagehäufung nur auf die für den jeweiligen Streitgenossen, mögliche Kostenvollstreckung abzustellen.[288]

Für die Abgrenzung zwischen § 708 Nr. 11 ZPO und § 709 ZPO ist zumindest in manchen Fällen nötig, die Grundregeln des Gebührenrechts zu beherrschen.

Klageabweisung: Ansatz (nur) der Anwaltskosten des Beklagten

Anzusetzen ist für die Sicherheitsleistung nur, was die jeweilige Partei bei Urteilserlass tatsächlich verauslagt hat. Die übrigen angefallenen Kosten werden gemäß §§ 29 Nr. 1, 31 II GKG später direkt bei der unterlegenen Partei eingefordert.

Folge etwa im häufigsten Anwendungsfall von § 708 Nr. 11 ZPO, der Kostenvollstreckung des Beklagten nach Klageabweisung: Anzusetzen sind nur seine eigenen Anwaltskosten, weil die Gerichtskosten (vgl. dazu KV 1210) *vom Kläger* vorgestreckt worden waren (vgl. § 12 GKG).

Dabei geht es dann um die Verfahrens- und Terminsgebühr des Beklagtenanwalts (Nr. 3100 und Nr. 3104 VV-RVG), also i.d.R. den insgesamt 2,5fachen Gebührensatz aus dem konkreten Gesamtstreitwert.[289] Dieser Betrag, der mit Hilfe der Gebührentabelle zu ermitteln ist, ist noch um die Auslagen (i.d.R. die Pauschale von 20 € gemäß Nr. 7002 VV-RVG) und die gesetzliche Mehrwertsteuer aus *beiden* Beträgen zu ergänzen und schließlich aufzurunden.

c. Entsprechende Anwendung von § 709 S. 2 ZPO (vgl. § 711 S. 2 ZPO)

bei Geldforderungen: Ende der Rechnerei!

Aufgrund der in § 711 S. 2 ZPO geregelten Verweisung auf § 709 S. 2 ZPO muss bei *Geldforderungen* die Höhe des vollstreckbaren Betrages nicht vom Richter (Referendar) errechnet werden, sondern kann in einer Quote des zu vollstreckenden Betrages angegeben werden.

Zuschläge von 10 % bis 40 % wg. Finanzierungsschaden

Dabei wird hier – wie auch bei § 709 ZPO (dazu s.u.) – in Praxis und Literatur meist ein Betrag von 110 % oder 120 % des zu vollstreckenden Betrages angesetzt, weil so auch etwaige Finanzierungskosten abgedeckt werden könnten, die zur Beibringung dieses Geldbetrages anfallen könnten.[290]

hier nicht jeweils zu vollstreckender Betrag entscheidend

Dabei ist auf den kleinen Wortlautunterschied zur unmittelbaren Anwendung des § 709 S. 2 ZPO zu achten, der sich über den zweiten Halbsatz von § 711 S. 2 ZPO ergibt („jedoch mit der Maßgabe ....."): Es ist hier *für den Schuldner* nicht der *„jeweils* zu vollstreckende" Betrag entscheidend, sondern der Gesamtbetrag.[291]

Der Gesetzgeber hat hier dem Schuldner die Möglichkeit einer Teilsicherheit verwehrt, da der Gläubiger ohne die Sicherheitsleistung des Schuldners *vollständig* und ohne eigene Sicherheitsleistung vollstrecken könnte.

---

288 KNÖRINGER, § 4 II 1; THOMAS/PUTZO, § 708, Rn. 15.
289 Unerheblich ist, ob dieser Betrag bereits an den Anwalt bezahlt worden ist.
290 Vgl. etwa THOMAS/PUTZO, § 709, Rn. 3 und § 711, Rn. 3a; KNÖRINGER, § 4 II 2 und § 4 III 2; ZÖLLER/HERGET, § 709, Rn. 6.
291 ZÖLLER/HERGET, § 711, Rn. 2; KNÖRINGER, § 4 II 2 b; THOMAS/PUTZO, § 711, Rn. 3a; a.A. KÖNIG, NJW 2003, 1372 (1373 f.).

Orientiert man sich exakt am Gesetzeswortlaut, lautet der Tenor dann (hier im Fall des obsiegenden Klägers) folgendermaßen:

Formulierungsbeispiel

III. Das Urteil ist vorläufig vollstreckbar.

Der Beklagte kann die Vollstreckung durch Sicherheitsleistung in Höhe von 110 Prozent des <u>aufgrund des Urteils</u> (= insgesamt!) vollstreckbaren Betrages abwenden, wenn nicht der Kläger vor der Vollstreckung Sicherheit in Höhe des <u>jeweils zu vollstreckenden</u> Betrags leistet.

Wie diesem Formulierungsbeispiel zu entnehmen ist, wird bezüglich der Regelung der Sicherheitsleistung für den *Gläubiger* (hier also den Kläger) wie bei der unmittelbaren Anwendung des § 709 S. 2 ZPO auf den *jeweils* zu vollstreckenden Betrag abgestellt; die Modifikation des § 711 S. 2 ZPO bezieht sich ausdrücklich nur auf den Schuldner. Dies dürfte derzeit die überwiegende Meinung sein.[292]

2. Die Abwendungsbefugnis des § 711 ZPO und ihre Auswirkung in der Vollstreckung

Abwendungsbefugnis gemäß § 711 ZPO grds. von Amts wegen auszusprechen

Liegt eine der Voraussetzungen des § 708 Nr. 4 bis 11 ZPO vor, so hat das Gericht (von Amts wegen) die Abwendungsbefugnis gemäß § 711 ZPO auszusprechen.

Diese Abwendungsbefugnis ist in der Zwangsvollstreckung gemäß § 775 Nr. 3 und § 776 ZPO im Fall der Schuldnersicherheit und gemäß § 751 II ZPO im Fall der Gläubigersicherheit vom Vollstreckungsorgan zu berücksichtigen.[293]

Allerdings kann dies *auf Antrag* des Titelgläubigers u.U. wieder entfallen (vgl. § 714 ZPO i.V.m. §§ 711 S. 3, 710 ZPO), wenn die Voraussetzungen des § 710 ZPO vorliegen.

3. Ausnahme des § 713 ZPO

Vor.: Rechtsmittel unzweifelhaft nicht zulässig

Ist nach Auffassung des entscheidenden Gerichts ein Rechtsmittel unzweifelhaft nicht zulässig, so unterbleibt gemäß § 713 ZPO die Anordnung der Abwendungsbefugnis des § 711 ZPO.

Dies ist etwa bei Rechtsmittelverzicht gegeben.

Unterschreitung der Rechtsmittelsumme und keine Berufungszulassung

Ähnliches gilt bei einer Unterschreitung der Rechtsmittelsumme (vgl. § 511 II Nr. 1 ZPO), *wenn* überdies auch *keine* Berufungszulassung erfolgt ist (vgl. § 511 II Nr. 2 ZPO).

auf Möglichkeit der (unselbständigen) Anschlussberufung achten

Es darf aber insbesondere auch nicht die Möglichkeit des Rechtsmittelanschlusses (vgl. § 524 ZPO) bestehen: Besteht u.U. diese Möglichkeit, ist § 713 ZPO wiederum nicht anwendbar.[294]

---

292 Vgl. etwa THOMAS/PUTZO, § 711, Rn. 3a; KNÖRINGER, § 4 II 2 b.
293 KNÖRINGER, § 4 II 2e.
294 ZÖLLER/HERGET, § 713, Rn. 3. Siehe dazu auch das Klausurbeispiel in Assessor-Basics Klausurentraining Zivilurteile (Fallsammlung), Fall 6, Rn. 42.

§ 7 DIE VORLÄUFIGE VOLLSTRECKBARKEIT

Dabei ist von Bedeutung, dass für eine Anschlussberufung nicht das Erreichen der Beschwerdesumme nötig ist, weil sie gar kein echtes Rechtsmittel darstellt, sondern nur dazu dient, das Verbot der „reformatio in peius" auszuschalten; als „Rechtsmittel" i.S.d. § 713 ZPO wird die Anschlussberufung aber aufgrund des Gesetzeszwecks des § 713 ZPO durchaus angesehen.[295] Folge: Im Fall des *teilweisen* Obsiegens und Unterliegens ist § 713 ZPO also nur anwendbar, wenn *keine* Partei das Urteil mit einem Rechtsmittel angreifen kann.

Beispiel

> **Bsp.:** *Auf eine Klage auf Zahlung von 2.000 Euro hin wird der Beklagte in Höhe von 1.500 Euro verurteilt und die Berufung nicht zugelassen. Die Beschwer für den Kläger beträgt damit 500 Euro, sodass für ihn die Berufungssumme von über 600 Euro (vgl. § 511 II ZPO) nicht erreicht ist. Allerdings ist für den Beklagten die Berufung möglich, sodass auch nicht ausgeschlossen werden kann, dass der Kläger eine Anschlussberufung einlegen kann. § 713 ZPO ist daher für keinen der beiden anwendbar.*

Ob das Rechtsmittel hingegen (voraussichtlich) begründet ist, bleibt für § 713 ZPO ohne Belang.[296]

C. Vorläufige Vollstreckbarkeit gegen Sicherheitsleistung

I. Grundtatbestand des § 709 S. 1 ZPO

vorläufige Vollstreckbarkeit gegen Sicherheitsleistung (§ 709 S. 1 ZPO)

Liegt kein Fall des § 708 ZPO vor, so ist auf den *subsidiären* Grund- und Auffangtatbestand des § 709 S. 1 ZPO zurückzugreifen und das Urteil nur *gegen* Sicherheit (nicht zu verwechseln mit der *Abwendung durch* Sicherheit!) für vorläufig vollstreckbar zu erklären.

13

Unter die Regelung des § 709 S. 1 ZPO fallen damit insbesondere klagestattgebende Urteile in nichtvermögensrechtlichen Streitigkeiten und Urteile, bei denen die Grenzwerte des § 708 Nr. 11 ZPO überschritten werden.[297]

1. Wirkung von § 709 S. 2 ZPO

Wirkung von § 709 S. 2 ZPO

Gemäß § 709 S. 2 ZPO muss die Höhe des vollstreckbaren Geldbetrages grds. nicht mehr vom Richter (Referendar) errechnet werden, sondern kann in einer Quote des zu vollstreckenden Betrages angegeben werden.

13a

Dabei wird üblicherweise wiederum ein prozentualer Zuschlag wegen etwaiger Vollstreckungsschäden gewährt, dessen genaue Höhe im Ermessen des Richters (Referendars) steht.

Der Tenor könnte dann (hier im Fall des obsiegenden Klägers) folgendermaßen lauten:

Formulierungsbeispiel

> *III. Das Urteil ist gegen Sicherheitsleistung in Höhe von 110 % des jeweils zu vollstreckenden Betrages vorläufig vollstreckbar.*

---

295 Vgl. etwa THOMAS/PUTZO, § 524, Rn. 17; ZÖLLER/GUMMER, § 524, Rn. 31; BGHZ 4, 229-244 = **juris**byhemmer (zum früheren § 521 ZPO).
296 ZÖLLER/HERGET, § 713, Rn. 3.
297 THOMAS/PUTZO, § 709, Rn. 1 ff.

2. Reichweite der Anwendbarkeit des § 709 S. 2 ZPO

Kostenerstattungsanspruch als Geldforderung i.S.d. § 709 S. 2 ZPO

Auch eine Vollstreckbarkeitsentscheidung, die sich alleine auf einen Kostenerstattungsanspruch bezieht, ist eine solche, bei der es um eine Geldforderung i.S.d. § 709 S. 2 ZPO geht.

Folge: Unproblematisch ist diese Regelung auch bei vollständiger Klageabweisung und bei Feststellungsurteilen anwendbar; letztere sind in der Hauptsache selbst nicht vollstreckbar. Gleiches gilt aus diesem Grund eigentlich auch für Gestaltungsurteile *außerhalb* des Zwangsvollstreckungsrechts.[298]

Bezifferung teilweise aber noch nötig (Herausgabe, Auskunft bzw. im Zwangsvollstreckungsrecht)

Geht es nicht um die Vollstreckung wegen einer konkreten Geldforderung, so muss für die Sicherheitsleistung aber nach wie vor eine konkrete Zahl genannt werden.

Bsp. 1: Erfolgreiches Herausgabeurteil.

Bei einem solchen kommt es letztlich auf den Wert der herauszugebenden Sache an, weil deren Verlust droht. Zusätzlich sind die Prozesskosten (Geldforderung) zu berücksichtigen.

Bsp. 2: Zwangsvollstreckungsrechtliche Gestaltungsurteile gemäß § 771 ZPO, § 767 ZPO oder § 805 ZPO.

Hier bleibt es bei dem „Klassiker" der Berücksichtigung des Werts der Hauptsache neben den Kosten (Geldforderung).[299]

Bsp. 3: Verurteilung zur Auskunft[300]

Anwendung von § 709 S. 2 ZPO dann aber noch teilweise möglich (bezüglich Kosten)

Fraglich ist nun, ob in diesen Fällen § 709 S. 2 ZPO gar nicht anwendbar ist oder ob er nicht wenigstens auf den Kostenausspruch bezogen werden kann. Inzwischen vertritt die ganz klar h.M. glücklicherweise die zweitgenannte These der *teilweisen* Anwendbarkeit von § 709 S. 2 ZPO auch in solchen Fällen.[301] Diese Lösung lässt sich problemlos mit dem Gesetzeswortlaut vereinbaren und entspricht auch der gesetzgeberischen Intention einer Entlastung des Richters von der Berechnung der Gesamthöhe (bei der dieser sich vor der Reform sehr oft hinsichtlich der zusätzlichen Verfahrenskosten verschätzte). Der Tenor lautet dann folgendermaßen:

---

[298] Vgl. THOMAS/PUTZO, § 709, Rn. 4. Aber Vorsicht: Die nun mehrfach genannten wichtigen zwangsvollstreckungsrechtlichen Klagen nach §§ 771, 767, 805 ZPO sind zwar auch Gestaltungsklagen, können dabei aber aus den oben (§ 7, Rn. 2) genannten Gründen natürlich nicht gemeint sein. Insoweit ist die Fundstelle also gerade für den typischen Klausurfall missverständlich, denn andere Gestaltungsklagen werden im Examen so gut wie nie gestellt: die Erbunwürdigkeitsklage nach § 2342 BGB und die Klage nach § 133 HGB dürften noch die „am wenigsten exotischen" Beispiele sein.

[299] Dazu siehe ausführlich oben in Rn. 2.

[300] Beachten Sie: § 709 ZPO wird bei Auskunftsverurteilung zumindest i.d.R. nur einschlägig sein, wenn zusätzlich eine Verurteilung in einer anderen Sache (Klagehäufung) erfolgt. Wenn *nur* über die Auskunft entschieden wird, wird nämlich i.d.R. ein Fall von § 708 Nr. 11 ZPO und § 713 ZPO vorliegen: Die Beschwer des Beklagten bemisst sich bei einer Verurteilung auf Auskunft und Vorlage von Belegen alleine nach dem Aufwand an Zeit und Kosten, die die Erfüllung des titulierten Anspruchs erfordert, sowie nach einem etwaigen Geheimhaltungsinteresse des Verurteilten. Bei BGHZ 128, 85-92 (86) = **juris**byhemmer) war die Vorinstanz z.B. unbeanstandet von „nicht mehr als 500 DM" ausgegangen. Dagegen bleibt ein Interesse des Beklagten, die vom Kläger erstrebte und mit der Auskunftsklage vorbereitete Durchsetzung *des Leistungsanspruchs* zu verhindern oder zu erschweren, bei der Bewertung außer Betracht (BGHZ 128, 85-92 (87) = **juris**byhemmer vgl. auch THOMAS/PUTZO, § 3, Rn. 21). Völlig anders bei *Abweisung* der Auskunftsklage; hier wird der Wert des Auskunftsanspruchs auf einen Bruchteil des Leistungsanspruchs, der mit ihr vorbereitet werden sollte, bezogen (vgl. BGH, NJW 2002, 71 = **juris**byhemmer). Die Beschwer des Klägers ist also wesentlich höher als die des Beklagten.

[301] So etwa ANDERS/GEHLE, A, Rn. 220; KNÖRINGER, § 4 III 1d; MUSIELAK/LACKMANN § 709, Rn. 6.

III. Das Urteil ist vorläufig vollstreckbar, dies hinsichtlich der Hauptsache gegen Sicherheitsleistung in Höhe von 12.000 Euro[302], im Übrigen gegen Sicherheitsleistung in Höhe von 110 % des jeweils zu vollstreckenden Betrages.

II. Besonderheiten bei Aufrechterhaltung von Versäumnisurteilen (§ 709 S. 3 ZPO)

Besonderheiten bei Aufrechterhaltung von Versäumnisurteilen (§ 709 S. 3 ZPO)

Besonderheiten gelten bei einem Endurteil, das ein Versäumnisurteil, sei es auch nur teilweise, aufrechterhält (§ 343 S. 1 ZPO). Nach § 709 S. 3 ZPO ist in diesen Fällen auszusprechen, dass die Vollstreckung aus dem (aufrecht erhaltenen) Versäumnisurteil nur gegen Leistung der Sicherheit *fortgesetzt* werden darf.[303]

Allerdings ist hierbei zu differenzieren, ob es sich um ein Urteil handelt, das in den Anwendungsbereich der §§ 708, 711 ZPO oder des § 709 S. 1 ZPO fällt.

Vor. hierfür: § 709 S. 1 ZPO muss einschlägig sein (nicht § 708 ZPO)

Würde das aufrechterhaltene Versäumnisurteil als Endurteil unter § 708 ZPO (insbesondere Nr. 11) fallen, gilt § 709 S. 3 ZPO, der den § 709 S. 1 ZPO ergänzt und damit voraussetzt, nicht. Da das Urteil nach § 343 S. 1 ZPO allerdings ein normales streitiges Endurteil ist, gilt allerdings nicht mehr § 708 Nr. 2 ZPO, sodass auszusprechen ist, dass die vorläufige Vollstreckbarkeit nach § 708 Nr. 11 (bzw. Nr. 4 bis 10) ZPO i.V.m. § 711 ZPO durch Sicherheitsleistung abgewendet werden kann.

Würde das Versäumnisurteil hingegen als Endurteil unter § 709 S. 1 ZPO fallen, so ist zusätzlich zu S. 1 der Ausspruch über die Sicherheitsleistung für die Fortsetzung der Zwangsvollstreckung aus dem Versäumnisurteil vorzunehmen.

Der Tenor würde (hier etwa im Fall des weiterhin obsiegenden Klägers) folgendermaßen lauten:

Formulierungsbeispiel

III. Das Urteil ist gegen Sicherheitsleistung in Höhe ... vorläufig vollstreckbar. Die Zwangsvollstreckung aus dem Versäumnisurteil darf nur fortgesetzt werden, wenn diese Sicherheit geleistet ist.

Die bisher ohne Sicherheitsleistung gemäß § 708 Nr. 2 ZPO *durchgeführten* Vollstreckungsmaßnahmen bleiben allerdings bestehen, jedoch ist die Fortsetzung nur gegen Sicherheitsleistung gestattet (§ 775 Nr. 2 ZPO).

D. Vollstreckungsschutzanträge

Vollstreckungsschutzanträge

Die gesetzlichen Regelungen der vorläufigen Vollstreckbarkeit können gegebenenfalls durch Schuldner- und Gläubigerschutzanträge, die vor Schluss der mündlichen Verhandlung gestellt (§ 714 I ZPO) und deren tatsächliche Voraussetzungen glaubhaft gemacht werden müssen (§§ 714 II, 294 ZPO), modifiziert werden.[304]

---

302 Hier wurde nun von einem Wert der vom Herausgabeanspruch erfassten Hauptsache in Höhe von ca. 10.000 Euro ausgegangen.
303 Ausführlich hierzu nochmals unten im Kapitel „Säumnisverfahren" (§ 11, Rn. 70 ff.).
304 KNÖRINGER, § 4 IV.

I. Schuldnerschutzantrag (§ 712 ZPO)

Schuldnerschutzantrag (§ 712 ZPO)

Abweichend von den §§ 708, 709 ZPO kann die Gläubigerbefugnis, zumindest gegen Sicherheitsleistung das Urteil vorläufig zu vollstrecken, auf Schuldnerantrag hin gemäß § 712 I S. 1 ZPO entfallen. Dafür wird im Gegenzug eine vom Schuldner zu leistende Sicherheit angeordnet.

Vor. für die Abwendungsbefugnis des Schuldners

Voraussetzungen für diese Abwendungsbefugnis des Schuldners gemäß § 712 I 1 ZPO sind:

⇨ Statthaftigkeit eines Rechtsmittels (§ 713 ZPO)[305]

⇨ Antrag (§ 714 I ZPO)[306]

⇨ ein für den Schuldner nicht zu ersetzender Nachteil (§ 712 I 1 ZPO)[307]

⇨ Glaubhaftmachung (§§ 714 II, 294 ZPO)

⇨ kein entgegenstehendes überwiegendes Gläubigerinteresse, insbesondere i.S.v. § 710 ZPO (§ 712 II ZPO)[308]

Da auch hier § 709 S. 2 ZPO für entsprechend anwendbar erklärt wurde (vgl. § 712 I 1 2.Hs. ZPO) lautet der Tenor:

Formulierungsbeispiel

> III. Das Urteil ist vorläufig vollstreckbar. Der Kläger / Beklagte kann die Vollstreckung durch Sicherheitsleistung in Höhe von 110 % des jeweils zu vollstreckenden Betrages abwenden.

Entfallen der vorläufigen Vollstreckbarkeit (§ 712 I 2, 1.Alt. ZPO)

Ist der Schuldner zur Leistung dieser Sicherheit, etwa wegen Vermögenslosigkeit und Kreditunfähigkeit, nicht in der Lage und kann er dies glaubhaft machen (§§ 714 II, 294 ZPO), so kann gemäß § 712 I 2, 1.Alt. ZPO jede vorläufige Vollstreckbarkeit entfallen.[309]

Der Tenor lautet dann:

> III. Das Urteil ist nicht vorläufig vollstreckbar.

Alternative: Beschränkung auf die Vollstreckung gemäß § 720a ZPO

Unter diesen Voraussetzungen kann neben einem völligen Absehen von der vorläufigen Vollstreckbarkeit auch die Beschränkung auf die Vollstreckung gemäß § 720a ZPO angeordnet werden (§ 712 I 2, 2. Alt. ZPO).[310]

Der Tenor lautet dann:

> III. Das Urteil ist (gegebenenfalls gegen Sicherheitsleistung im Fall des § 709 ZPO) vorläufig vollstreckbar. Die Zwangsvollstreckung ist nach Maßgabe des § 720a ZPO beschränkt.

---

305 THOMAS/PUTZO, § 712, Rn. 3.
306 THOMAS/PUTZO, § 712, Rn. 2.
307 THOMAS/PUTZO, § 712, Rn. 4.
308 THOMAS/PUTZO, § 712, Rn. 2, 5.
309 THOMAS/PUTZO, § 712, Rn. 8.
310 THOMAS/PUTZO, § 712, Rn. 9.

Fall überwiegender Gläubigerinteressen (Ermessensfrage)

Lägen in einem Fall des § 708 ZPO die Voraussetzungen eines Schuldnerschutzantrages eigentlich vor, stehen ihm aber überwiegende Gläubigerinteressen gegenüber, so steht es gemäß § 712 II 2 ZPO im Ermessen des Gerichts („kann"), die vorläufige Vollstreckbarkeit gegen Sicherheit anzuordnen.[311]

19

Der Tenor lautet dann:

III. Das Urteil ist gegen Sicherheitsleistung in Höhe ... vorläufig vollstreckbar.

II. Gläubigerschutzanträge (§§ 710, 711 S. 2 ZPO)

Gläubigerschutzanträge (§§ 710, 711 S. 2 ZPO)

Dürfte der Gläubiger aus einem Urteil gemäß § 709 ZPO erst nach Sicherheitsleistung vollstrecken, so kann er durch einen Antrag gemäß § 710 ZPO erreichen, dass das Urteil ohne Sicherheitsleistung für vollstreckbar erklärt wird.

20

Voraussetzungen gem. § 710 ZPO

Voraussetzungen für diese Anordnung der Vollstreckbarkeit ohne Sicherheitsleistung gemäß § 710 ZPO sind:

⇨ Urteil i.S.d. § 709 ZPO[312]

⇨ Antrag (§ 714 I ZPO)[313]

⇨ Gläubiger kann die von ihm nach § 709 ZPO zu erbringende Sicherheit nicht oder nur unter erheblichen Schwierigkeiten leisten (§ 710 ZPO)[314]

⇨ durch die Aussetzung der Vollstreckung würde dem Gläubiger ein schwer zu ersetzender oder schwer abzusehender Nachteil entstehen oder sie wäre aus anderem Grund unbillig (§ 710 ZPO).[315]

⇨ Glaubhaftmachung (§§ 714 II, 294 ZPO)[316]

Formulierungsbeispiel

Der Tenor lautet dann schlicht:

III. Das Urteil ist vorläufig vollstreckbar.

erfolgreicher Gegenantrag des Schuldners (vgl. § 712 II ZPO)

Im Rahmen des § 710 ZPO findet per se keine Interessenabwägung mit dem Schuldnerinteresse statt, jedoch kann der Schuldner einen Vollstreckungsschutzantrag gemäß § 712 ZPO stellen. Dann wird die Interessenabwägung i.R.d. § 712 II ZPO vorgenommen.[317]

21

Ist auch der Gegenantrag des Schuldners erfolgreich, lautet der Tenor:

Formulierungsbeispiel

III. Das Urteil ist vorläufig vollstreckbar. Der Kläger / Beklagte kann die Vollstreckung durch Sicherheitsleistung i.H.v. ..... abwenden.

---

311 THOMAS/PUTZO, § 712, Rn. 10.
312 THOMAS/PUTZO, § 710, Rn. 1; KNÖRINGER, § 4 IV 2a.
313 THOMAS/PUTZO, § 710, Rn. 2.
314 THOMAS/PUTZO, § 710, Rn. 2.
315 THOMAS/PUTZO, § 710, Rn. 3.
316 THOMAS/PUTZO, § 710, Rn. 2.
317 THOMAS/PUTZO, § 710, Rn. 5; KNÖRINGER, § 4 IV 2a.

Fall der §§ 711 S. 2, 710 ZPO

Kann der Gläubiger bei einem Urteil gemäß § 708 Nr. 4 bis 11 ZPO die ihm nach § 711 S. 1 ZPO obliegende Sicherheitsleistung zur Durchbrechung der Abwendungsbefugnis des Schuldners nicht erbringen, so ist er gemäß §§ 711 S. 2, 710 ZPO von der eigenen Sicherheit befreit, sofern die Voraussetzungen des § 710 ZPO vorliegen.[318]

Der Tenor lautet dann:

> III. Das Urteil ist vorläufig vollstreckbar.

E. Art, Bemessung und Höhe der Sicherheitsleistung

Art, Bemessung und Höhe der Sicherheitsleistung

Art und Höhe der Sicherheit ordnet das Gericht nach seinem freien Ermessen an (§ 108 I 1 ZPO).

I. Art der Sicherheitsleistung

§ 108 I 2 ZPO: Sicherheitsleistung durch Bankbürgschaft

Gemäß § 108 I 2 ZPO ist auch dann, wenn das Gericht im Urteil nichts hierzu erklärt hat, die Sicherheitsleistung durch Bankbürgschaft neben der herkömmlichen Möglichkeit der Hinterlegung von Geld gegeben. Dabei hat der Gesetzgeber *auch die inhaltlichen Voraussetzungen* an eine solche Bankbürgschaft genau eingegrenzt.

II. Bemessung und Höhe der Sicherheitsleistung

Bemessung und Höhe der Sicherheitsleistung

Das freie Ermessen des Gerichts bei der Bemessung der Sicherheit (§ 108 I 1 ZPO) bedeutet nicht, dass das Gericht eine Sicherheitsleistung in beliebiger Höhe anordnen kann; vielmehr hat sich das Ermessen an dem drohenden Nachteil oder dem Schaden, der abgesichert werden soll, zu orientieren.[319]

Zweck der Sicherheitsleistung: Realisierung eines Anspruchs aus § 717 II 1 ZPO

Im Rahmen der vorläufigen Vollstreckbarkeit ist das Interesse des Gläubigers zu beachten, bereits vor Eintritt der Rechtskraft vollstrecken zu können, sowie das Interesse des Schuldners, für einen Schaden, der durch eine u.U. unberechtigte Vollstreckung entsteht, Ersatz zu erlangen. Die Sicherheitsleistung des Gläubigers soll damit der Realisierung eines möglichen Schadensersatzanspruchs des Schuldners aus § 717 II 1 ZPO dienen.[320]

Durch die Vollstreckung des Urteils i.R.d. vorläufigen Vollstreckbarkeit kann dem Schuldner in erster Linie ein Schaden in Höhe des Wertes der vom Gläubiger aus dem Urteil vollstreckbaren Hauptsache (Haupt- und Nebenforderungen) und Kosten erwachsen. Dieser Wert ist deswegen maßgeblich für die Bestimmung der vom Gläubiger zu leistenden Sicherheit.

Jedoch ist dieser Wert zugleich bestimmend für das Interesse des Gläubigers, sodass sich im Fall des § 711 S. 1 ZPO auch die Abwendungsbefugnis des Schuldners hierauf bezieht.

---

318 THOMAS/PUTZO, § 711, Rn. 5; KNÖRINGER, § 4 IV 2b.
319 THOMAS/PUTZO, § 108, Rn. 4.
320 THOMAS/PUTZO, vor § 708, Rn. 10; KNÖRINGER, § 4 II 2a.

§ 7 DIE VORLÄUFIGE VOLLSTRECKBARKEIT 105

Vollstreckung in der Hauptsache

Der Wert des vollstreckbaren Hauptsacheausspruchs ist nach den §§ 3 ff. ZPO zu bestimmen.

26

Während dies bei vermögensrechtlichen Ansprüchen meist unproblematisch sein wird, ist der durch die Vollstreckung drohende Schaden bei nichtvermögensrechtlichen Ansprüchen zu schätzen.

F. Prüfungsschema

abschließendes Prüfungsschema

Da die gesetzlichen Regelungen der vorläufigen Vollstreckbarkeit in den §§ 708 ff. ZPO recht unübersichtlich gestaltet sind, empfiehlt es sich, anhand der folgenden Checkliste vorzugehen:

28

1. Erfordert das Urteil überhaupt einen Ausspruch zur vorläufigen Vollstreckbarkeit?

2. Liegt ein Fall des § 708 Nr. 1-3 ZPO vor, d.h. ist die vorläufige Vollstreckbarkeit ohne Sicherheitsleistung anzuordnen?

3. Liegt ein Fall der §§ 708 Nr. 4-11, 711 S. 1 ZPO vor, in dem die vorläufige Vollstreckbarkeit ohne Sicherheitsleistung und mit einer Abwendungsbefugnis des Schuldners anzuordnen ist?

4. Liegt ein Fall des § 713 ZPO vor, der die Abwendungsbefugnis des Schuldners entfallen lässt?

5. Liegt ein Fall des § 709 S. 1 ZPO vor, d.h. ist die vorläufige Vollstreckbarkeit gegen Sicherheitsleistung anzuordnen?

6. Liegt ein Endurteil vor, das ein vorangegangenes Versäumnisurteil aufrecht erhält?

7. Liegen Vollstreckungsschutzanträge des Schuldners oder des Gläubigers vor?

8. In welcher Höhe ist eine erforderliche Sicherheit anzuordnen? Kann diese gegebenenfalls (ganz oder teilweise) *betragsmäßig* offen bleiben wegen § 709 S. 2 ZPO?

§ 8 Der Tatbestand

A. Allgemeines

Definition

Der Tatbestand des zivilrechtlichen Urteils ist eine geordnete und verobjektivierte Darstellung des Sach- und Streitstandes aus der Sicht der Beteiligten, wobei die Perspektive des Zeitpunkts der letzten mündlichen Verhandlung gilt.

I. Notwendigkeit des Tatbestandes

grds. zwingender Bestandteil des Zivilurteils (§ 313 I Nr. 5, II ZPO)

Grundsätzlich ist der Tatbestand ein zwingender Bestandteil des Zivilurteils (vgl. § 313 I Nr. 5, II ZPO).

Allerdings existieren Ausnahmeregelungen, in denen die Möglichkeit vorgesehen ist, von der Darstellung des Tatbestandes abzusehen.

Dies gilt gemäß § 313b ZPO für Versäumnis-, Anerkenntnis oder Verzichtsurteile.

Kleinverfahren: § 313a I 1 ZPO (i.V.m. § 511 II ZPO) prüfen

Auch bei Kleinverfahren, für die auch das Verfahren gemäß § 495a ZPO erleichtert ist, ist ein Tatbestand oft entbehrlich; dies gemäß § 313a I 1 ZPO nämlich dann, wenn ein Rechtsmittel „unzweifelhaft nicht zulässig" ist. Gemäß § 511 II ZPO liegt die Voraussetzung vor, wenn der Beschwerdewert nicht über 600 € liegt *und* keine Zulassung der Berufung erfolgte.[321]

auf Bearbeitervermerk achten

In Klausuren kann es überdies sein, dass die Fertigung des Tatbestandes durch den Bearbeitervermerk erlassen ist.

> **Hinweis:** Hier existieren starke Unterschiede zwischen den einzelnen Bundesländern. Während es beispielsweise in Bayern praktisch nie vorkommt, dass unter den insgesamt fünf Zivilrechtsklausuren mehr als ein Urteil *mit* Tatbestand zu fertigen ist (tendenziell ähnlich in Baden-Württemberg und Sachsen), werden in anderen Bundesländern (etwa NRW, Hessen, GPA-Bereich) regelmäßig *vollständige* Entscheidungen abgeprüft. Da fünf Stunden Bearbeitungszeit dort nicht länger sind als anderswo, versteht es sich von selbst, dass dieser Unterschied auch eine andere Schwerpunktsetzung im gesamten Prüfungsstoff, insbesondere in der Wertigkeit des materiellen Rechts, nach sich zieht.

II. Grundprinzipien des Tatbestandes: Vollständigkeit und Straffung

Vollständigkeit und Straffung

Es greift die Regel, dass das, was nicht beurkundet ist, als nicht vorgetragen gilt. Andererseits wird durch § 313 II ZPO deutlich, dass es im Tatbestand nicht darauf ankommt, den Parteivortrag *möglichst umfassend* darzustellen. Aufgeführt werden soll alles, was eine verständliche Darstellung der erhobenen Ansprüche erfordert – nicht mehr, aber auch nicht weniger.

---

321 Vgl. hierzu auch Thomas/Putzo, § 313a, Rn. 2; Hartmann, NJW 2001, 2577 (2586).

§ 8 DER TATBESTAND

Der Tatbestand bildet die Grundlage für die Entscheidungsgründe. Das Ergebnis des Rechtsstreits steht bei der Abfassung bereits fest. Die Punkte des Parteivortrages, auf die es bei der Entscheidung nicht (mehr) ankommt, sind nur noch knapp vorzutragen oder ganz wegzulassen. Alles, was gemäß § 314 ZPO zwar beurkundungspflichtig, aber zum Verständnis der erhobenen Ansprüche nicht zwingend notwendig ist, wird *per Bezugnahme bzw. Verweisung* mitbeurkundet.[322] Auf die Weise werden § 313 II und § 314 ZPO sinnvoll miteinander verknüpft.

Aufgabe der Selektion des Wesentlichen vom Unwesentlichen

Wegzulassen ist solcher Tatsachenvortrag der Parteien, der für die Lösung des Falles *unerheblich* ist, und zwar unabhängig davon, ob dieser streitig ist oder nicht. Wenn in den Entscheidungsgründen allerdings *ausdrücklich* erklärt wird, dass bestimmte Tatsachen für die Entscheidung ohne Bedeutung seien, was dann u.U. auch noch mit einer materiell-rechtlichen Begründung der Unerheblichkeit verbunden ist, so soll die Aufnahme in den Tatbestand wiederum notwendig sein.[323]

Neben der durch den Aufbau zu erbringenden Ordnungsaufgabe stellt sich hier also für den Richter (bzw. den diese Rolle ausfüllenden Referendar) die Aufgabe der Selektion des Wesentlichen vom Unwesentlichen. Dies ist eine Aufgabe, die sich eigentlich auch schon den Anwälten gestellt hatte.[324] Genauso wie diese Aufgabe aber nach dem Motto „lieber zu viel als zu wenig vorgetragen" in der Praxis vernachlässigt wird, können Sie guten Gewissens davon ausgehen, dass sich eine solche Selektion in den Anwaltsschriftsätzen Ihrer Examensklausuren allenfalls wird erahnen lassen.[325]

Spiegelbild-Prinzip!

Umgekehrt gilt eine Art Spiegelbild-Prinzip: Alle Fakten, auf die sie in den Entscheidungsgründen Ihres Urteils zur Subsumtion zurückgreifen, müssen sich auch im Tatbestand wiederfinden.

III. Aufbau des Tatbestandes

Aufbau des Tatbestandes (Grundfall)

Auch der Aufbau des Tatbestandes ist gesetzlich nicht vorgeschrieben. § 313 II ZPO gibt relativ wenige Hinweise: So wird lediglich die Hervorhebung der Anträge unter knapper Darstellung der vorgebrachten Angriffs- und Verteidigungsmittel gefordert. Einzelheiten sollen in Bezugnahmen eingebracht werden.

In der Praxis hat sich der im Folgenden dargestellte Aufbau eingebürgert.[326] Diese Reihenfolge ist jedoch nicht als Dogma zu verstehen; die Darstellung bestimmt sich in erster Linie nach der Verständlichkeit für den Leser:[327]

⇨ Kurze Einführung in den Sachverhalt.

⇨ Darstellung des unstreitigen Vorbringens (Imperfekt)

⇨ streitiger Klägervortrag (indirekte Rede, Präsens oder Perfekt)

---

322 Vgl. etwa KNÖRINGER, § 5 I 3.
323 Vgl. SIEGBURG, Rn. 411 (m.w.N.).
324 Ausführlich dazu in Assessor-Basics Anwaltsklausur, § 1, Rn. 4 ff.
325 Das Chaos, das der Klausurbearbeiter einer *aus Richterperspektive* zu fertigenden Klausur in seinem Sachverhalt üblicherweise vorfindet, würde als abgeliefertes Ergebnis einer Anwaltsklausur im Regelfall gewiss noch weit von der Vier-Punkte-Grenze entfernt sein!
326 Vgl. dazu auch KROIß/NEURAUTER, Muster Nr. 12.
327 THOMAS/PUTZO, § 313, Rn. 15.

⇨ „kleine" Prozessgeschichte (Perfekt)

⇨ Anträge der Parteien

⇨ streitiges Beklagtenvorbringen (indirekte Rede, Präsens oder Perfekt)

⇨ Gegebenenfalls (soweit erforderlich) eine Replik bzw. Duplik

⇨ „Große" Prozessgeschichte (Perfekt)

IV. Klausurtaktik / Zeiteinteilung

Zeiteinteilung in der Klausur

Eine Frage, bezüglich derer sich der Referendar üblicherweise mit diametral entgegengesetzten Meinungen und Ratschlägen verschiedener Ausbilder ausgesetzt sieht, ist die nach der richtigen Bearbeitungsreihenfolge in der Klausur: Sollte man erst den Tatbestand niederschreiben und dann die Entscheidungsgründe oder sollte man dies umgekehrt handhaben?

zwei Möglichkeiten

Eines ist klar: Im Regelfall wird der Lösungsweg, den der Klausurbearbeiter für den richtigen hält, „stehen" müssen, bevor er den Tatbestand niederschreibt. Andernfalls kann insbesondere die Selektionsaufgabe, also die Eliminierung des für die *konkrete* Lösung unwesentlichen Tatsachenvortrags nicht gelingen.

Dies spräche also dafür, zuerst die Entscheidungsgründe niederzuschreiben, wobei es dann aber erforderlich ist, die „Knackpunkte" des Falles allein anhand des erhaltenen Klausursachverhaltes und der bei der Sachverhaltsanalyse dort und/oder auf zusätzlichen Notizzetteln angebrachten eigenen Vermerke[328] zu beherrschen.

Andererseits muss der Klausurbearbeiter, bevor er sich für eine Lösung des Falles entscheidet, den Sachverhalt voll im Griff haben, also insbesondere das Streitige vom Unstreitigen getrennt sowie die Beweisbedürftigkeit und Beweislast geklärt haben. Da er in den Entscheidungsgründen im Urteilsstil das Ergebnis *voranstellen* muss[329], muss diese Selektions- und Ordnungsaufgabe *vor* dem Niederschreiben der Entscheidungsgründe erledigt sein. Dies spräche also dafür, zuerst den Tatbestand niederzuschreiben, weil damit der Sachverhalt sich noch intensiver „setzt", dem Bearbeiter noch klarer wird. Aus den zuvor genannten Gründen muss die angestrebte Lösung des Falles aber zumindest in den vorhandenen Notizen „stehen".

Eine immer gültige Empfehlung ist u.E. also nicht möglich. Letztlich muss jeder Referendar an sich selbst testen, wie er am besten zurechtkommt. Auch kann es davon abhängen, um was für einen Klausurtyp es sich handelt:

Differenzierung nach Art der Klausur

⇨ Ist der Sachverhalt extrem kompliziert, spricht viel dafür, ihn sich durch das Niederschreiben des Tatbestandes noch einmal deutlicher vor Augen zu holen und zu ordnen.

---

328 Hier wäre also die Technik des Klausurschreibens in den ersten 30, 40 Minuten von entscheidender Bedeutung. Siehe dazu im Kapitel Klausurtechnik (§ 1, Rn. 18).
329 Siehe dazu ausführlich im Kapitel Entscheidungsgründe (unten § 9, Rn. 19 ff.).

§ 8 DER TATBESTAND

⇨ Ist der Sachverhalt der Klausur sehr einfach und übersichtlich strukturiert, so ist die betreffende Klausur dafür oft in den Rechtsfragen überdurchschnittlich kompliziert. Manchmal gewinnt man in solchen Fällen den Eindruck, der Tatbestand sollte dem Aufgabensteller *allein* dazu dienen, den Zeitdruck zu erhöhen. In einem *solchen* Fall wird es gewiss machbar sein, einen solchen einfachen Tatbestand in die oft etwas hektische Schlussphase vor der Abgabe zu verlagern.

Bedeutung für die Benotung der Klausur

In der Bedeutung für die Benotung der Klausur sind natürlich die Entscheidungsgründe wesentlich höher anzusetzen.

hemmer-Klausur-Tipp

> Ziehen Sie nicht stereotyp ein Standardstrickmuster durch. Variieren Sie vielmehr ihre Arbeitsweise in Abhängigkeit vom der *Individualität* einer jeden Klausur.
> Schwache Klausuren haben viel häufiger einen viel zu umfangreichen als einen zu kurzen Tatbestand. Dies wird ggf. schon als Missachtung des Straffungsgebots bewertet, hat aber v.a. eine viel schlimmere mittelbare Auswirkung: Bearbeiter, die einen viel zu breiten Tatbestand abliefern, geht meist im hinteren Teil der Entscheidungsgründe, wo es für den Leser/Korrektor oft erst richtig „spannend" wird, die Luft aus. Gerade weil es hier also kein Standardrezept gibt, zeigt sich wieder einmal: Nicht das Pauken von Karteikarten o.Ä., sondern nur die ständige Übung unter realistischen fünfstündigen *Klausurbedingungen* macht den Meister! Der klausurerfahrene Referendar analysiert die konkrete Struktur der Klausur und die sich daraus für ihn ergebenden Anforderungen an ihn selbst in den ersten 30, 40 Minuten der Sachverhaltsarbeit und legt dann die bestmögliche Taktik für diese *konkrete* Situation fest.

Wie oben (§ 1) ausgeführt: das Chamäleon in Ihnen ist gefordert!

B. Stilfragen / allg. Fehlerquellen / Formulierungsbeispiele zum Grundfall

I. Einleitungssätze

Einleitungssätze empfehlenswert (str.)

Nach vereinzelter Ansicht[330] sind Einleitungssätze grds. entbehrlich. Anders sieht dies die wohl h.M.[331], die als vorzugswürdig erscheint, weil so dem Leser der Einstieg in den Fall deutlich erleichtert werden kann.

Beispiele

Die Klägerin begehrt aus abgetretenem Recht Zahlung des Restkaufpreises aus einem zwischen Herrn ... und der Beklagten geschlossenen Kaufvertrag. Dem liegt folgender Sachverhalt zugrunde: ...

Die Parteien streiten mit Klage und Widerklage um Schadensersatzansprüche aus einem Verkehrsunfall. Dem liegt folgender Sachverhalt zugrunde: ...

---

[330] So etwa ANDERS/GEHLE, A, Rn. 43.
[331] Vgl. etwa THOMAS/PUTZO, § 313, Rn. 16; ZÖLLER/VOLLKOMMER, § 313, Rn. 12; KNÖRINGER, § 5 II; GOTTWALD, 6.5.1. Die Bewertungsbögen von bayerischen Examensklausuren sehen regelmäßig einen derartigen Einleitungssatz vor. Auch im Bereich des GPA ist ein solcher Einleitungssatz erwünscht.

II. Darstellung des unstreitigen Sachverhalts (Imperfekt)

Darstellung des unstreitigen Sachverhalts (Imperfekt)

Die Darstellung des unstreitigen Sachverhalts, die im Imperfekt vorzunehmen ist, wird in vielen Fällen den Großteil des Tatbestandes ausmachen. Zu beachten ist nämlich, dass auch die Dinge als unstreitig im Sinne der ZPO anzusehen sind, die nur in *rechtlicher* Hinsicht umstritten sind.

bloßer Rechtsstreit macht noch keine Tatsache streitig!

⇨ Wollen die Parteien aus *ein und derselben* Tatsache unterschiedliche Konsequenzen ziehen, so liegt eine *unstreitige* Tatsache vor, die folglich an dieser Stelle des Tatbestandes einzuordnen ist. Die Verwechslung des nur rechtlich Umstrittenen mit den Dingen, die auch in tatsächlicher Hinsicht umstritten sind, ist eine der häufigsten und gleichzeitig größten Fehlerquellen bei Fertigung eines Tatbestandes!

⇨ Auf der anderen Seite muss natürlich beachtet werden, dass sich *hinter* einer rechtlichen Argumentation durchaus ein Bestreiten von Tatsachen verbergen kann; dann wäre dies erst unten beim streitigen Vorbringen einzuordnen.[332]

Selektionsaufgabe

Vor allem hier hat deswegen die oben beschriebene Ordnungs- und Selektionsaufgabe anzusetzen. Im Regelfall wird man chronologisch vorgehen.

Der Vortrag sollte so vollständig und präzise sein, dass Sie ihn in Ihren Entscheidungsgründen später subsumieren können.

hemmer-Klausur-Tipp

> Zumindest dann, wenn Sie die Bearbeitungsreihenfolge der Fertigung des Tatbestandes *vor den* Entscheidungsgründen gewählt haben, können Sie mit einer Art Gegenprobe operieren: Wenn Sie dann bei Abfassung der Entscheidungsgründe nicht mehr den Klausursachverhalt selbst als Grundlage der Subsumtion hernehmen, sondern Ihren Tatbestand (und den Klausursachverhalt nur noch zur Kontrolle heranziehen), müssen Ihnen Lücken ebenso auffallen wie überflüssige Passagen. – Letztlich aber ist dies alles eine Frage des „Timings".

1. Abgrenzung (unzulässiger) rechtlicher Wertungen von sog. „Rechtstatsachen"

Keine Vorwegnahme rechtlicher Wertungen im Tatbestand!

Rechtliche Wertungen dürfen in den Tatbestand grds. nicht einfließen, sondern sind den Entscheidungsgründen vorbehalten. Dadurch stellt sich gerade im eben gebrachten Beispiel die Frage, ob nicht die Verwendung des Begriffes „Darlehen" bereits eine rechtliche Prüfung voraussetzt und daher unzulässig ist.

Oder: Muss man statt „Kaufvertrag" formulieren: „Vertrag mit dem Inhalt, dass ..."?

Um hier nicht in weitschweifige, definierende Formulierungen abzugleiten, die der Verständlichkeit gerade wiederum abträglich wären, wird die Verwendung sog. „Rechtstatsachen" im Tatbestand zugelassen.

Begrenzte Zulässigkeit von sog. „Rechtstatsachen"

Solche „Rechtstatsachen", also Begriffe wie Kaufvertrag oder Darlehensvertrag dürfen unter mehreren kumulativen Voraussetzungen verwendet und im Tatbestand *wie Tatsachen* behandelt werden:

---

[332] Um in dieser Hinsicht gar nicht erst Zweifel aufkommen zu lassen, sollte ein guter Anwalt in seinen Schriftsätzen eine ganz strikte Trennung von Tatsachen- und Rechtsvorbringen vornehmen. Vgl. dazu etwa Assessor-Basics, Anwaltsklausur, § 1, Rn. 131.

Die Parteien müssen den Rechtsbegriff *übereinstimmend* verwenden, es muss sich um einen *relativ einfachen* Begriff handeln, und es dürfen sich keine Anhaltspunkte dafür ergeben, dass sie ihn im Einzelfall möglicherweise falsch verwenden.[333]

Handelt es sich aber um einen komplizierteren Begriff oder liegt eine Falschbezeichnung durch die Parteien vor, so sollte dieser Begriff nicht unmittelbar verwendet, sondern umschrieben werden. Oft wird man dann den Vertragsinhalt genauer beschreiben müssen.

Gegenbsp.: Die Frage, ob dieser Darlehensvertrag im obigen Beispiel auch ein „Verbraucherdarlehensvertrag" i.S.v. § 491 BGB ist, muss erst mithilfe weiterer juristischer Prüfung geklärt werden.

Oder: Die Parteien sprechen beide vom „Kaufvertrag" über eine Eigentumswohnung, doch handelt es sich bei genauerer Betrachtung um einen gemischten Vertrag (Errichtung eines Gebäudes und Übereignung der Immobilie), der – je nach Problemstellung – sowohl zur Anwendbarkeit kaufrechtlicher wie auch werkvertraglicher Regeln führen kann.

2. Keine Vorwegnahme der Beweiswürdigung

streitig trotz erfolgreicher Beweisführung

Eine Beweisaufnahme in einer Examensklausur führt, weil diese einigermaßen objektiv bewertbar und v.a. auch „korrigierbar" sein muss, meist zu einem recht klaren Ergebnis. Dies verleitete Klausurbearbeiter nicht selten zu dem Fehler, die klar erwiesene Tatsche, bereits im Tatbestand als unstreitig darzustellen. Ein solches Verhalten ist aber unzulässig, weil damit die rechtliche Würdigung vorweggenommen wird.

anders bei nachträglichem Zugestehen

Anders ist dies aber (nur), wenn eine Partei, die zuvor bestritten hatte, sich das Ergebnis der Beweisaufnahme *zu eigen macht*, also nachträglich zugesteht. Dann gehört dies nun zum Unstreitigen.[334] Aus Gründen der Verständlichkeit dürfte es dann zumindest sinnvoll sein, diese Kehrtwende in der Prozesstaktik mit zu erwähnen:

Am 20. Januar 2019 begann der Motor, Klopfgeräusche zu erzeugen, die fortan immer mehr zunahmen. Es handelte sich um einen Kurbelwellenschaden, der – wie die Beklagte nach anfänglichem Bestreiten zuletzt ausdrücklich einräumte – auf einem von Anfang an vorhandenen Fabrikationsfehler beruhte.

3. Unzulängliches Bestreiten

auch unzulängliches Bestreiten gehört zum Streitigen

Entsprechendes gilt in den Fällen, in denen ein Bestreiten rechtlich nicht ausreichend ist (etwa im Falle des § 138 IV ZPO) und deswegen in den Entscheidungsgründen als unstreitig behandelt werden wird[335]: Auch ein solches unzulängliches Bestreiten ist im Tatbestand beim *streitigen* Vorbringen darzustellen,[336] da hier noch keine rechtliche Wertung vorgenommen werden darf.[337]

---

333 Vgl. ANDERS/GEHLE, A, Rn. 31.
334 Vgl. KNÖRINGER, § 5 II, THOMAS/PUTZO, § 313, Rn. 17. Dies wird im Tatbestand also anders behandelt als ein zu unsubstanziiertes oder unzulässiges Bestreiten (dazu gleich).
335 Das unzulängliche Bestreiten steht dem Nichtbestreiten i.S.d. § 138 III ZPO gleich (vgl. etwa THOMAS/PUTZO, § 138, Rn. 20).
336 Vgl. etwa KNÖRINGER, § 5 II; genauer dazu gleich unten.
337 Zur einer Ausnahme siehe unten Rn. 22.

III. Streitiger Klägervortrag

Sprachlich und optisch klar absetzen!

Der streitige Klägervortrag ist vom Unstreitigen deutlich abzusetzen. Bilden Sie in jedem Fall einen neuen Absatz und beginnen Sie diesen mit der typischen Einleitung:

> *Der Kläger behauptet (oder: trägt hierzu vor), er ...*

Sprache: indirekte Rede (Präsens oder Perfekt)

Die zu verwendende Sprachform ist nun die indirekte Rede, und zwar entweder im Präsens oder Perfekt.

> *Der Beklagte habe zum Zeitpunkt des Vertragsschlusses am 20. Mai 2018 bereits gewusst, dass der Wagen den oben beschriebenen schweren Rahmenschaden hatte.*[338]

1. Differenzierung nach Art des Bestreitens

Bestrittene Tatsachen werden im Tatbestand, je nachdem, in welcher Art und Weise sie bestritten worden sind, unterschiedlich behandelt.

a. Einfaches (auch konkludentes) Bestreiten

einfaches Bestreiten

Ein einfaches Bestreiten liegt dann vor, wenn der Gegner die Tatsache nur in Abrede stellt, ohne in konkreten Details eine andere Sicht der Dinge zu schildern. In diesem Fall wird die streitige Behauptung im Tatbestand nur einmal geschildert

Wichtig: Die Schilderung erfolgt nicht an der erstbesten Stelle (das wäre das streitige Klägervorbringen), sondern bei der Partei, die die Darlegungslast trägt.[339]

> *Geht es also etwa um eine streitige Einwendung des Beklagten (z.B. § 362 I BGB oder Widerruf von Verbraucherverträgen gemäß § 355 BGB), ist die Einordnung erst beim streitigen Beklagtenvortrag vorzunehmen, nicht beim streitigen Klägervortrag (häufiger Klausurfehler!).*

konkludentes Bestreiten

Zum einfachen Bestreiten gehört nicht nur die *ausdrückliche* Negierung bestimmter Behauptungen. Vielmehr gibt es auch Fälle, bei denen die Gesamtumstände, also v.a. der Zusammenhang mit den anderen Behauptungen, ergeben, dass die Tatsache als bestritten angesehen werden soll (konkludentes Bestreiten).[340] Es handelt sich hier also letztlich um eine Art Auslegungsfrage des Parteiverhaltens.

b. Fälle qualifizierten Bestreitens

Beispiel zum qualifizierten Bestreiten

Anders im Falle eines qualifizierten Bestreitens, also eines solchen, das mit einem konkreten Gegenvorbringen verbunden ist: In einem solchen Fall sind bei *beiden* Parteien die jeweiligen Behauptungen zu schildern.[341]

---

338 In diesem Beispiel ist nur der *subjektive* Tatbestand streitig. Hinsichtlich der Details des Rahmenschadens sowie des für §§ 123, 463 BGB relevanten Nichthinweises des Verkäufers darauf wird vorausgesetzt, dass dies im Unstreitigen bereits detailliert geschildert wurde.
339 Vgl. ANDERS/GEHLE, A, Rn. 52.
340 Vgl. etwa THOMAS/PUTZO, § 313, Rn. 18; KNÖRINGER, § 5 II.
341 Vgl. KNÖRINGER, § 5 II und ANDERS/GEHLE, A, Rn. 52.

Der Kläger behauptet, er sei auf der äußeren rechten Spur gefahren, habe vor einer gerade auf Rot gesprungenen Ampel ordnungsgemäß abgebremst, und der Beklagte sei ihm ohne ersichtlichen Grund von hinten aufgefahren.

Der Kläger beantragt, ...

Der Beklagte beantragt, die Klage abzuweisen.

Er behauptet zum Unfallhergang, dass der Aufprall auf der linken Fahrbahnspur stattgefunden habe. Der Kläger sei mit seinem Fahrzeug unmittelbar vor dem Aufprall und maximal einen Meter vor ihm ohne ersichtlichen Grund von der linken Spur auf die rechte gewechselt und habe urplötzlich und ohne dass die Ampel auf Rot gesprungen wäre abgebremst. ...

c. Unzulässiges Bestreiten

unzulässiges Bestreiten im Tatbestand als streitig behandeln

Wie bereits erwähnt, werden Fälle unzulässigen Bestreitens wegen des Verbots der Vorwegnahme rechtlicher Wertungen im Tatbestand noch als streitig behandelt.

aa. Bestreiten mit Nichtwissen

Verstoß gegen § 138 IV ZPO

Ein häufiger Klausurfall ist das Bestreiten mit Nichtwissen. Dieses ist gemäß § 138 IV ZPO unzulässig, wenn es sich um Tatsachen aus dem Wahrnehmungsbereich des Bestreitenden handelt. Die Besonderheit, dass die eine Partei gerade ausdrücklich mit Nichtwissen bestreitet, wird dann eigens deutlich zum Ausdruck gebracht.[342]

bb. Verspätetes Bestreiten (§ 296 I ZPO)

verspätetes Bestreiten (§ 296 ZPO)

Auch bei *verspätet* bestrittenen Tatsachenbehauptungen muss zunächst eine rechtliche Prüfung des § 296 ZPO vorgenommen werden, die im Tatbestand nicht vorweggenommen werden darf.[343] Auch in solchen Fällen ist die betreffende Tatsache also im Tatbestand *beim streitigen* Vorbringen darzustellen.

Dabei müssen dann alle in diesem Zusammenhang bedeutsamen Daten in den Tatbestand aufgenommen werden.[344] Die Fristsetzung seitens des Gerichts etwa gehört in die Prozessgeschichte.

Der Beklagten war mit der am 17. Januar 2019 erfolgten Zustellung der Klageschrift unter Belehrung über die Folgen der Fristversäumung eine zweiwöchige Frist zur Verteidigungsanzeige und weiteren zwei Wochen zur Klageerwiderung gesetzt worden. Den Vortrag des Klägers, dass dieser vor der Reparatur durch die Firma „Saab-Müller" am 20. Oktober 2018 die Beklagte X-KG aufgesucht und eine kostenfreie Reparatur verlangt habe, hat sie erst in der mündlichen Verhandlung vom 2. Mai 2019 bestritten. ...

cc. Völlig pauschales Bestreiten

Einen „Ausnahmefall" aber gibt es: Die pauschale Formulierung, es werde alles bestritten, was nicht ausdrücklich zugestanden ist, stellt einen derart evidenten Verstoß gegen die ZPO-Regeln dar und ist deswegen so eindeutig *gegenstandslos*, dass dieser Vortrag im Tatbestand schlichtweg ignoriert wird.[345]

---

342 Vgl. ANDERS/GEHLE, A, Rn. 35.
343 Ausführlich zu § 296 ZPO unten im Kapitel „Beweisrecht" (§ 10, Rn. 58 ff.).
344 Vgl. etwa ANDERS/GEHLE, I, Rn. 10.
345 Vgl. ANDERS/GEHLE, A, Rn. 36. Sollten Sie in einer Kanzlei tätig sein, deren Anwälte dies - was es immer noch gibt - für sinnvoll

2. Klare Trennung von den bloßen Rechtsansichten

klare Trennung von den bloßen Rechtsansichten

Die Rechtsansichten der Parteien, die gerade in Klausursachverhalten oft einen Großteil von deren Schriftsätzen ausmachen, können grds. weggelassen werden („iura novit curia").

Sie sind aber u.U., etwa um deutlich zu machen, warum denn die Parteien überhaupt streiten (Verständlichkeit als oberstes Gebot!), in den Tatbestand aufzunehmen. Dies gilt umso mehr, wenn es um den gar nicht seltenen Typus von Examensklausur geht, indem alle oder fast alle Fakten unstreitig sind. Bei dieser Darstellung der Rechtsansichten sollte man sich dann aber auf die wichtigsten Aspekte beschränken.[346]

Ein ebenso verbreiteter wie schwerwiegender Fehler von Klausurbearbeitern besteht - wie bereits erwähnt - darin, dass viele *im tatsächlichen* unstreitige Dinge als scheinbar streitig dargestellt werden, nur weil sie *rein rechtlich* zwischen den Parteien umstritten sind.

nur knappe Zusammenfassung der Rechtsausführungen; optisch und sprachlich klar abgetrennt

Daher sollten Sie bei der - maximal (s.o.) – *knappen Zusammenfassung* der Rechtsausführungen auch eine klare optische (neuer Absatz!) und sprachliche Zäsur machen. Formulieren Sie nicht:

Negativbeispiel

> *Der Kläger behauptet, dass der Kaufvertrag sittenwidrig und daher nichtig sei. ...*

Die Wendung „behauptet" wäre die Formulierung für *in tatsächlicher* Hinsicht streitige Fakten. Richtig heißt es etwa:

richtige Formulierungen

> *„Der Kläger vertritt insbesondere die Rechtsansicht, dass ... "*
>
> *Oder: „ ... Er meint insbesondere, dass die zweijährige Verjährungsfrist eingreife."*

3. Einbau von Unstreitigem

Einbau von Unstreitigem (Parenthese-Einschub)

Manchmal ergibt sich die Situation, dass ein Sachverhalt in den „Knackpunkten" streitig ist, ein einzelner Aspekt (evtl. auch zwei) dabei aber unstreitig ist. Diesen einzelnen Aspekt schon weiter oben im Unstreitigen zu nennen, würde u.U. zur Unverständlichkeit führen, wenn man damit Zusammengehöriges auseinander reißt. Oft wird sich deswegen die Verwendung eines Parenthese-Einschubs anbieten:[347]

Formulierungsbeispiel

> *... Der Kläger behauptet weiter, der Leiter der Werkstatt der Y-KG, Herr X, habe nach einer sofortigen halbstündigen Untersuchung den Schaden auf falsche Behandlung geschoben. Herr X, der - insoweit unstreitig - für die Bearbeitung solcher Vorfälle innerhalb der Y-KG zuständig und vertretungsberechtigt ist, habe vom Kläger für eine etwaige Reparatur des Wagens eine „normale Bezahlung" und 1.000 € Vorschuss verlangt.*

---

oder gar notwendig halten, so dürfen Sie sich für Ihre eigene Anwaltstätigkeit und v.a. Anwaltsklausur also keinesfalls hiervon „anstecken" lassen. Siehe auch in Assessor-Basics, Anwaltsklausur, § 2, Rn. 55.

346 Vgl. KNÖRINGER, § 5 II; THOMAS/PUTZO, § 313, Rn. 18; ANDERS/GEHLE, A, Rn. 30 und Rn. 64.

347 Vgl. ANDERS/GEHLE, A, Rn. 51.

§ 8 DER TATBESTAND

4. Behandlung von Indizienvortrag

Behandlung von Indizienvortrag

Unter Indizien versteht man Tatsachen, die für sich allein oder in ihrer Gesamtheit *Rückschlüsse* auf das Vorliegen der sog. *Haupttatsache* zulassen. Man bezeichnet sie daher auch als Hilfstatsachen.

In Klausuren wird es oft so sein, dass die Haupttatsache streitig ist und das Indiz unstreitig. Es kann aber auch sein, dass beides bestritten ist.[348]

alles in den streitigen Vortrag (mit Hervorhebungen)

Aus Verständlichkeitsgründen sollten Indizien im Zusammenhang mit der Haupttatsache dargestellt werden, unabhängig davon, ob sie streitig oder unstreitig sind. Wird dabei bspw. ein unstreitiger Punkt im Streitigen wiedergegeben, ist dieses kenntlich zu machen:[349]

> „... - was insoweit unstreitig ist -..."

IV. (Sog. „kleine") Prozessgeschichte

„kleine") Prozessgeschichte (= vor den Anträgen)

Die Prozessgeschichte eines Tatbestandes wird oft zweigeteilt sein. Eigentlich gehört sie ans Ende des Tatbestandes (siehe unten). Aber: Geht es um prozessuale Tatsachen, die eine Veränderung der jetzigen Anträge gegenüber früheren bewirkten, so werden die jetzigen Anträge oft nicht verständlich sein, wenn man die zu ihnen hinführende Prozessgeschichte erst am Ende des Tatbestandes bringt.

Perfekt!

Dabei ist auch dort das Perfekt zu verwenden.[350]

> *Der Kläger hat zunächst die Zahlung von ... sowie die Feststellung beantragt, dass das Mietverhältnis durch die außerordentliche Kündigung vom 5. März 2019 aufgelöst worden sei. Mit Schriftsatz vom 25. Mai 2019, zugestellt am 27. Mai 2019, hat er seine Anträge geändert.*
>
> *Er beantragt zuletzt:*
>
> > *1. Der Beklagte wird verurteilt, die Wohnung Nr. 39 in ... sofort zu räumen. ...*

hemmer-Klausur-Tipp

> **Lassen Sie sich keinesfalls von dem Begriff „kleine" Prozessgeschichte in die Irre führen! In nicht wenigen Examensklausuren ist wesentlich mehr in der „kleinen" Prozessgeschichte niederzuschreiben als in der „großen" Prozessgeschichte am Ende des Tatbestandes.**

V. Die Anträge der Parteien

1. Der Hauptsacheantrag

wörtliche Wiedergabe auch bei Notwendigkeit von Auslegung oder Umdeutung

Die Anträge sind grds. auch bei Fehlern des Antragstellers *wörtlich* wiederzugeben und – sollte derartiges notwendig sein – erst in den Entscheidungsgründen auszulegen oder umzudeuten.[351]

---

[348] Zum Umfang mit dem Indizienbeweis in den Entscheidungsgründen siehe ausführlich unten im Kapitel „Beweisrecht" (§ 10, Rn. 8 ff.).
[349] Vgl. ANDERS/GEHLE, A, Rn. 51.
[350] Vgl. etwa KNÖRINGER, § 5 II; ANDERS/GEHLE, H, Rn. 22.
[351] Zur prozessualen Auslegung und Umdeutung siehe etwa THOMAS/PUTZO, Einl. III, Rn. 16, 20.

rein sprachliche Korrekturen zulässig	Nur bei *offensichtlichen* Ungenauigkeiten oder rein sprachlichen Änderungen ist eine Korrektur möglich. So darf die Forderung des Klägers, *„an den Kläger zu bezahlen"* etwa umformuliert werden auf *„an ihn zu bezahlen"*, weil dies eine rein sprachliche Änderung ist.[352]	29
Zinsantrag	Bei der Wiedergabe von Zinsanträgen „ab Rechtshängigkeit" ist zu beachten, dass die Anwendung von § 187 I BGB analog[353] rechtlich *umstritten* ist und in der Praxis bis heute nicht völlig einheitlich gehandhabt wird. Würde man das Datum der erstmaligen Zinspflicht gleich im Tatbestand einsetzen, so wäre dies eine - im Tatbestand grds. nicht zulässige - rechtliche Wertung.	

Besser ist es daher, in der Wiedergabe des Antrags das „ab Rechtshängigkeit" unverändert zu lassen und dafür das Datum der Zustellung *wertungsneutral* in den Einleitungssatz vor die Anträge aufzunehmen.

Mit der am ... zugestellten Klage beantragt er ..."

2. V.A.w. zu prüfende „Anträge"

v.A.w. zu prüfende „Anträge" (weglassen)	Anträge zu den Kosten und zur Vollstreckbarkeit werden nicht genannt, da diese grds. v.A.w. zu beachten sind.[354]	30

Eine Ausnahme von dieser Grundregel ist auch bei *Teil*rücknahme der Klage trotz des Wortlautes von § 269 IV ZPO („auf Antrag") nicht angezeigt: Da nach dem Grundsatz der Einheit der Kostenentscheidung in einem solchen Fall die Kostenentscheidung auch bezüglich § 269 ZPO *im Urteil* erfolgt, ist auch für diesen Teil der Klage die Kostenentscheidung gemäß § 308 II ZPO v.A.w. vorzunehmen.[355]

VI. Streitiges Beklagtenvorbringen

streitiges Beklagtenvorbringen	Die oben beim Klägervorbringen aufgeführten Regeln gelten hier entsprechend. Es ist also v.a. strikt zwischen Tatsachenstreit und einem Streit über die bloße rechtliche Behandlung zu unterscheiden. Auch in den Formulierungen wird entsprechend differenziert, und die zu verwendende Sprachform ist erneut die indirekte Rede:	31

Die Beklagte behauptet (oder: trägt hierzu vor), sie habe am 15. Januar 2019 eine auf diesen Leasingvertrag bezogene, maschinengeschriebene und unterschriebene Widerrufserklärung gefertigt und diese am selben Tage in den Briefkasten der Geschäftsräume der Klägerin in ... eingeworfen. ...

1. Zulässigkeitsrüge

Zulässigkeitsrüge	Wenn der Beklagte die Unzulässigkeit der Klage rügt, liegt in den meisten Fällen nur eine Recht*sansicht* vor, die – wenn überhaupt (s.o.) – ausdrücklich als solche dargestellt wird.	32

---

352 Vgl. ANDERS/GEHLE, A, Rn. 58.
353 Vgl. PALANDT/ELLENBERGER, § 187, Rn. 1 und oben im Kapitel „Zinsentscheidung" (§ 5, Rn. 4).
354 Siehe etwa THOMAS/PUTZO, § 313, Rn. 19; ZÖLLER/VOLLKOMMER, § 313, Rn. 15.
355 Vgl. etwa ANDERS/GEHLE, A, Rn. 62.

§ 8 DER TATBESTAND

Wenn er den Einwand der Unzulässigkeit allerdings auf einen bestimmten Sachverhalt stützen will, so handelt es sich um eine „echte" Zulässigkeits- oder Prozessrüge; diese sollte unmittelbar im Anschluss an den Klageabweisungsantrag, also zu Beginn des streitigen Beklagtenvorbringens, dargestellt werden.[356]

Der Beklagte erhebt den Einwand entgegenstehender Rechtskraft und trägt dazu vor, ...

An dieser Stelle müssen auch solche Rügen von Zulässigkeitsfragen mitgeteilt werden, ohne deren Erhebung Heilung eintritt (vgl. etwa § 39 ZPO, § 267 ZPO, § 295 ZPO) bzw. die ohnehin nur auf Einredeerhebung hin von Bedeutung wären (etwa § 269 VI ZPO oder Klagerücknahmeversprechen).

Der Beklagte rügt die örtliche Zuständigkeit des angerufenen Gerichts. ..

2. Einfach bestrittene Tatsachenbehauptungen

streitige Tatsachen, für die der Bekl. die Beweislast trägt, v.a. also Einwendungen, Einreden.

In das streitige Beklagtenvorbringen gehören im Falle *einfachen* Bestreitens (nur) solche streitigen Tatsachen, für die der Beklagte die Beweislast trägt, v.a. also Einwendungen, Einreden.

33

3. Bestreiten mit konkretem Gegenvorbringen

qualifiziertes Bestreiten mit konkretem Gegenvorbringen

Wie oben bereits ausgeführt, wird hier natürlich auch bei qualifiziertem Bestreiten mit einem konkreten Gegenvorbringen unabhängig von der Beweislastverteilung die Tatsachenschilderung *aus der Perspektive des Beklagten* vorgenommen.

34

VII. Replik (nur manchmal erforderlich)

Replik

In die Replik gehören die Entgegnungen des Klägers auf die Beklagtenbehauptungen. Aber: Es wäre ein großer Fehler, hier nun einfach den zweiten Klägerschriftsatz aus dem Klausursachverhalt zu übernehmen. Vieles von dem dortigen Vortrag lässt sich oft schon weiter oben im Tatbestand einbauen, also beim streitigen Klägervorbringen.

35

An diese Stelle gehören also nur solche Äußerungen, die ohne die *vorherige* Schilderung des streitigen Beklagtenvorbringens unverständlich wären.

⇨ Dies kann (muss aber nicht) etwa bei einem qualifizierten Bestreiten des Beklagtenvorbringens zu einer aus *demselben Lebenssachverhalt* herrührenden Einwendung der Fall sein.

⇨ Diese Technik wird gewiss dann anzuwenden sein, wenn der Beklagte sich u.a. mit einer Hilfsaufrechnung *aus einem anderen Lebenssachverhalt* verteidigt und der Kläger hierauf wiederum mit einem qualifizierten Bestreiten reagiert.

---

356 Vgl. ANDERS/GEHLE, A, Rn. 64.

VIII. Noch einmal (jetzt „große") Prozessgeschichte:

„große" Prozessgeschichte

Hierher gehören nur alle für die Lösung des Falles bedeutsamen prozessualen Geschehnisse des Rechtsstreits, soweit diese nicht bereits zum Verständnis der Anträge notwendig sind und deswegen bereits oben in der „kleinen" Prozessgeschichte geschildert worden waren. Geschehnisse, die für die Lösung irrelevant sind (Prozesskostenhilfegewährung, Streitverkündung *ohne* Beitritt, evtl. auch Mahnverfahren; dazu genauer unten), werden nicht erwähnt. Als Sprachform wird erneut das Perfekt verwendet.

Beweisaufnahme

An diese Stelle gehört aber etwa die Beweisaufnahme und etwaige Beweiseinreden. Das Beweisthema braucht dabei nicht genannt zu werden, erst recht nicht das Beweisergebnis.[357]

> *Das Gericht hat aufgrund formloser Beweisanordnung in der mündlichen Verhandlung vom 23. April 2019 Beweis erhoben über die Behauptung des Beklagten, er habe seine Einlage geleistet, durch Einsichtnahme in die vorgelegten Kontoauszüge ...*

> *Das Gericht hat aufgrund Beweisbeschlusses vom 20. Januar 2019 Beweis erhoben durch Vernehmung des Zeugen X. Wegen des Ergebnisses der Beweisaufnahme wird auf das Sitzungsprotokoll vom 23. April 2019 Bezug genommen.*

Erklärungen bzw. Entscheidungen zu schriftlichem Verfahren (§ 128 ZPO) oder Einzelrichter (§§ 348, 348a ZPO)

Weiterhin gehören hier in die Prozessgeschichte etwaige Zustimmungen der Parteien zur Entscheidung im schriftlichen Verfahren (vgl. § 128 ZPO)[358] oder eine *Übertragung* auf den Einzelrichter (vgl. § 348a ZPO) bzw. die Übertragung vom originär zuständigen Einzelrichter auf die Kammer (vgl. § 348 I, III ZPO).[359]

IX. Verweisungen / Abschlusssatz?

e.A.: Abschlusssatz zusätzlich zu konkreten Verweisungen

Die Handhabung der von § 313 II 2 ZPO vorgeschriebenen Verweisungstechnik ist im Detail umstritten. Natürlich dürfen nie fallentscheidende Details fehlen und durch Verweisung ersetzt werden. Teilweise[360] wird angeraten, *zusätzlich* zu möglicherweise notwendigen *konkreten* Verweisungen auf bestimmte Urkunden oder Ähnliches, die beim jeweiligen Detailvorbringen hinzuzufügen sind, am Ende des Tatbestandes eine Art Abschlusssatz zu verwenden:

> *„Ergänzend wird auf die Schriftsätze der Parteien nebst Anlagen sowie das Protokoll der mündlichen Verhandlung vom 2. April 2019 verwiesen."*

a.A. Abschlusssatz weglassen

Dagegen stehen andere[361] auf dem Standpunkt, dass die Bezugnahme sich *automatisch* schon aus § 313 II 2 ZPO selbst ergibt, eine solche pauschale Verweisung als nichtssagende Floskel daher wegzulassen sei.

hemmer-Klausur-Tipp

> Orientieren Sie sich im Examen insoweit unbedingt an den jeweiligen Gepflogenheiten Ihres Bundeslandes. Referendare in Süddeutschland sollten sich daher angewöhnen, einen solchen Abschlusssatz zu formulieren, während die anderen ihn besser weglassen.

---

357 Vgl. ANDERS/GEHLE, A, Rn. 71; KNÖRINGER, § 5 II.
358 Siehe THOMAS/PUTZO, § 313, Rn. 18.
359 Vgl. etwa KNÖRINGER, § 5 II (a.E.).
360 Vgl. etwa KNÖRINGER, § 5 I a.E. und § 5 IV 4; SIEGBURG, Rn. 570.
361 Vgl. etwa ANDERS/GEHLE, A, Rn. 73.

> Es ist zwar das eigentlich Erstaunlichste an dieser Diskussion, wie hier zwei apodiktisch formulierte Praktikermeinungen aufeinanderprallen, von denen jede die andere Ansicht nicht einmal erwähnt und dabei dem Leser (Referendar) deutlich macht, dass er bei Nichtbefolgung der gerade gelesenen Regel mit Punktabzug zu rechnen hat. Dabei ist gewiss nur eines richtig: Der Wortlaut des Gesetzes ist diesbezüglich „dehnbar", beides also nicht völlig abwegig, und die praktische Auswirkung des Streits ist - vorsichtig formuliert - „eher gering". Dennoch gilt leider wieder: Der Korrektor hat *immer* Recht und er orientiert sich an den lokalen Gepflogenheiten.

C. Detailfragen / alphabetische Checkliste wichtiger Fallgruppen

I. Berufungsurteil

§ 540 ZPO beachten

Wie in diesem Skript schon angesprochen, wurde seit 2002 der Inhalt des Berufungsurteils durch § 540 ZPO, nach dem in erster Linie mit Bezugnahmen auf das erstinstanzliche Urteil gearbeitet werden kann, völlig verändert. Dies hatte auch extreme Auswirkungen auf den Tatbestand des Berufungsurteils.

Unter den besonderen Voraussetzungen des § 540 I 2 oder II ZPO kann er ganz entfallen. Ist dies nicht der Fall, besteht er aus folgenden Teilen:[362]

Extrem gekürzt wg. Bezugnahme auf erste Instanz

⇨ Bezugnahme auf die tatsächlichen Feststellungen in dem angefochtenen Urteil

⇨ Prozessgeschichte: Zustellung des Urteils erster Instanz, Daten der Berufungseinlegung und Berufungsbegründung (Perfekt)

⇨ Evtl. neue Behauptungen des Berufungsführers[363]

⇨ Wiedergabe der Berufungsgründe, die der Berufungsführer vorbringt (vgl. §§ 513, 529 ZPO)

⇨ Berufungsanträge

⇨ Zurückweisungsantrag des Gegners

⇨ Evtl.: neue Behauptungen des Gegners

⇨ Evtl. Prozessgeschichte der zweiten Instanz (Perfekt)

II. Einspruch gegen Versäumnisurteil

Einspruch gegen Versäumnisurteil

Der Erlass und die Zustellung des Versäumnisurteils gehört nach zutreffender h.M. in die Prozessgeschichte *vor die Anträge*, da diese andernfalls praktisch nicht verständlich wären.[364]

---

362 Vgl. etwa ANDERS/GEHLE, S, Rn. 86.
363 Dies natürlich nur, wenn solche vorgebracht wurden, was oft nicht der Fall ist. Die Frage, ob dieses neue Vorbringen überhaupt relevant ist, was gemäß §§ 529 I Nr. 2, 531 II ZPO nur ausnahmsweise der Fall ist, ist als Rechtsfrage *im Tatbestand* dagegen noch irrelevant.
364 Ausführlich hierzu siehe unten im Kapitel „Säumnisverfahren" (§ 11).

III. Erledigterklärung

1. Einseitige Erledigterklärung

einseitige Erledigterklärung

Bei der einseitigen Erledigterklärung handelt es sich nach gefestigter Rechtsprechung um eine Klageänderung in einen Sonderfall einer Feststellungsklage gemäß § 256 I ZPO.[365] Daher gelten im Tatbestand letztlich die Regeln der Klageänderung.

in die „kleine" Prozessgeschichte

Die wichtigsten Daten bezüglich der einseitigen Erledigterklärung haben ihren Platz am Ende der den Anträgen vorausgehenden („kleinen") Prozessgeschichte: dort ist der ursprüngliche Antrag des Klägers aufzuführen, anschließend die Erledigterklärung:

Formulierungsbeispiel

> *Nachdem der Kläger zunächst beantragt hat, den Beklagten zur ... zu verurteilen, erklärt er nun den Rechtsstreit in der Hauptsache für erledigt.*

Natürlich hat nun die Feststellung zu folgen, dass der Beklagte der Erledigung nicht zustimmt und Klageabweisung beantragt.[366]

einseitige Teilerledigterklärung

Bei der einseitigen Teilerledigterklärung wird entsprechend verfahren. Zu beachten ist hier allerdings, dass der ursprüngliche Antrag gemindert bestehen bleibt.

Formulierungsbeispiel

> *Der Kläger hat zunächst die Zahlung von .... Euro sowie die Feststellung beantragt, dass das zwischen den Parteien bestehende Mietverhältnis durch die außerordentliche Kündigung vom 5. März 2008 aufgelöst worden sei. Mit Schriftsatz vom 25. Mai 2008, zugestellt am 27. Mai 2008, hat er seine Anträge geändert.*
>
> *Er beantragt zuletzt:*
>
> > *1. Der Rechtsstreit ist hinsichtlich der Feststellung der Wirksamkeit der außerordentlichen Kündigung vom 5. März 2008 erledigt.*
> >
> > *2. Die Beklagte wird verurteilt, ... (es folgt der nicht für erledigt erklärte Antrag).*

2. übereinstimmende (beiderseitige) Erledigterklärung

Bei der *vollständigen* übereinstimmenden Erledigterklärung erfolgt eine Entscheidung durch Beschluss, nicht durch Urteil. Hier wird nur eine kurze Sachverhaltsschilderung vorgenommen.

beiderseitige Teilerledigterklärung

Die beiderseitige *Teil*erledigterklärung ist wesentlich klausurrelevanter, weil bei ihr (nur) ein Urteil ergeht, in dem der für erledigt erklärte und der übrige Teil eine Rolle spielen.[367] Die Darstellung der Vorgänge erfolgt dann wiederum üblicherweise in der „kleinen" Prozessgeschichte, also unmittelbar vor den zuletzt gestellten Anträgen.[368] Der Klageantrag ist dann um den für erledigt erklärten Teil der Höhe nach zu mindern.

---

365 THOMAS/PUTZO, § 91a, Rn. 32 m.w.N.; siehe dazu nochmals genauer unten im Kapitel „Tenor in weiteren Sonderfällen des Zivilurteils" (§ 12, Rn. 5 ff.).

366 Vgl. dazu auch ANDERS/GEHLE, P, Rn. 54.

367 THOMAS/PUTZO, § 91a, Rn. 44 m.w.N.; siehe dazu nochmals genauer unten im Kapitel „Tenor in weiteren Sonderfällen des Zivilurteils" (§ 12, Rn. 11 ff.).

368 Vgl. KNÖRINGER, § 11 III. Hier wäre m.E. aber auch eine Verlagerung in die „große" Prozessgeschichte möglich, da die Anträge – anders als bei der *einseitigen* Erledigungserklärung – trotzdem regelmäßig verständlich sind.

§ 8 DER TATBESTAND

Formulierungsbeispiel

Der Kläger hat zunächst die Zahlung von ... sowie die Räumung der von ihm an den Beklagten vermieteten Wohnung in ... beantragt. In der mündlichen Verhandlung vom 21. Januar 2019 haben die Parteien den Rechtsstreit hinsichtlich des Räumungsantrages beiderseits für erledigt erklärt.

Der Kläger beantragt zuletzt,

    die Beklagte zur Zahlung von ... zu verurteilen. ...

IV. Klageänderung

Klageänderung

Die Klageänderung ist in die Prozessgeschichte vor die (zuletzt) gestellten Anträge aufzunehmen. Je nach Auswirkung der Änderung auf die Kosten sind - im Stil wie eben bei der Erledigung dargestellt - die ursprünglichen Anträge zu berichten, bevor die zuletzt gestellten Anträge wiedergegeben werden (so bspw. bei Reduzierung des Klagebetrages wegen § 269 III 2 ZPO).[369]

45

V. Klagehäufung

1. kumulative Klagehäufung

kumulative Klagehäufung

Bei der kumulativen Klagehäufung handelt es sich um den Normalfall des § 260 ZPO, bei dem zwei Streitgegenstände nebeneinander geltend gemacht werden, *ohne* dass sie im Wege einer Bedingung miteinander verknüpft sind. Im Aufbau des Tatbestands ist danach zu differenzieren, ob die Anträge auf unterschiedlichen Lebenssachverhalten beruhen oder nicht:[370]

46

Schema bei Vorliegen unterschiedlicher Lebenssachverhalte

Schema bei Vorliegen unterschiedlicher Lebenssachverhalte (z.B. Anspruch aus Mietvertrag und aus Kaufvertrag)

⇨ Einleitungssatz

⇨ Vortrag zum Anspruch Nr. 1 (Miete)
- Unstreitiges
- streitiger Klägervortrag

⇨ Vortrag zum Anspruch Nr. 2 (Kaufvertrag)
- Unstreitiges
- streitiger Klägervortrag

⇨ evtl. „kleine Prozessgeschichte"

⇨ Anträge beider Parteien

⇨ Verteidigungsvorbringen des Beklagten (konkretes Bestreiten, Einwendungen, Einreden erst zu Anspruch Nr. 1, dann zu Anspruch Nr. 2)

⇨ evtl. Replik des Klägers: erst zu Anspruch Nr. 1, dann zu Anspruch Nr. 2

⇨ Prozessgeschichte

einfacher bei Vorliegen des selben Lebenssachverhalts

Hängen die Ansprüche historisch zusammen, basieren sie also auf demselben Lebenssachverhalt (Beispiel: materielle Schäden und Körperschäden bei einem deliktischen Anspruch), kann der unstreitige Sachvortrag zu allen Ansprüchen *insgesamt* vorangestellt werden.

---

[369] Vgl. dazu KNÖRINGER, § 5 II.
[370] Vgl. dazu KNÖRINGER, § 8 III 5.

Erst beim streitigen Vorbringen der beiden Parteien sollte man klar trennen zwischen Streitgegenstand Nr. 1 (materielle Schäden) und Streitgegenstand Nr. 2 (Körperschäden)[371]

2. Haupt- und Hilfsantrag (Eventualklagehäufung)

Eventualklagehäufung

Insoweit gelten ähnliche Regeln wie bei der kumulativen Klagehäufung. Um den Tatbestand auch in Fällen von Haupt- und Hilfsantrag möglichst übersichtlich zu gestalten, wird v.a. danach differenziert, ob Haupt- und Hilfsantrag auf unterschiedlichen Lebenssachverhalten beruhen oder nicht.

Vortrag zum Hilfsantrag auch bei nicht gegebenem Bedingungseintritt!

Über den Hilfsantrag muss auch dann berichtet werden, wenn über diesen gar nicht entschieden wurde. Andernfalls würde man eine rechtliche Frage, nämlich die über den Bedingungseintritt, unzulässiger Weise im Tatbestand vorwegnehmen.[372]

Bei Haupt- und Hilfsantrag aufgrund unterschiedlicher Lebenssachverhalte wird teilweise[373] die Verwendung folgenden Schemas vorgeschlagen:

Schema (Vorschlag)

⇨ Einleitungssatz

⇨ Vortrag zum Hauptantrag

hier jeweils Trennung von Haupt- und Hilfsantrag

- Unstreitiges zum Hauptantrag
- streitiger Klägervortrag zum Hauptantrag

⇨ Vortrag zum Hilfsantrag

- Einleitung: Hilfsweise begehrt der Kläger ...
- Unstreitiges hierzu
- streitiger Klägervortrag zum Hauptantrag

⇨ Anträge: Haupt-, Hilfs- und Abweisungsantrag

⇨ evtl. erneutes Vorbringen zum Hauptantrag

- streitige Beklagtenbehauptungen (nur *konkretes* Gegenvorbringen, nicht einfaches Bestreiten; s.o.)
- evtl. Erwiderung des Klägers hierzu (rechts*erhaltende* Tatsachen; andernfalls schon oben genannt)

⇨ evtl. erneutes Vorbringen zum Hilfsantrag

- streitige Beklagtenbehauptungen (*konkretes* Gegenvorbringen).
- evtl. Erwiderung des Klägers hierzu

⇨ Prozessgeschichte

anderes mögliches Schema

Andere[374] halten dieses Schema für „vertretbar" und empfehlen primär, zunächst alle unstreitigen Tatsachen zu bringen, dann alle streitigen usw.; es ergibt sich dann folgendes Schema:

---

371 Vgl. KNÖRINGER, § 8 III; ANDERS/GEHLE, K, Rn. 9.
372 Vgl. KNÖRINGER, § 8 III 5.
373 Vgl. KNÖRINGER, a.a.O.
374 Vgl. ANDERS/GEHLE, K, Rn. 9.

§ 8 DER TATBESTAND

hier Haupt- und Hilfsantrag mehr zusammengezogen; Trennung primär nach „unstreitig" bzw. „streitig"

⇨ Einleitungssatz
⇨ Unstreitiges zum Haupt- und Hilfsantrag
⇨ streitiger Klägervortrag zum Hauptantrag
⇨ streitiger Klägervortrag zum Hilfsantrag
⇨ Anträge: Haupt-, Hilfs- und Abweisungsantrag
⇨ Verteidigung des Beklagten zum Hauptantrag
⇨ Verteidigung des Beklagten zum Hilfsantrag
⇨ evtl. Replik des Klägers zu Haupt- und/oder Hilfsantrag
⇨ Prozessgeschichte

hemmer-Klausur-Tipp

> **Lernen Sie keinesfalls alle diese Einzelfälle bzw. Schemata auswendig! Ihre Aufgabe besteht darin, sich mit den Grundgedanken, der inneren Logik eines Tatbestandes und v.a. dem Verständlichkeitsgebot als oberster Richtschnur vertraut zu machen. Die hier gebrachten Beispiele sollen in erster Linie zeigen, dass Sie den optimalen Aufbau Ihrer konkreten Klausur *in jedem Einzelfall* aus der Systematik Ihres Falles entwickeln müssen. Dies ist keine Aufgabe zum Auswendiglernen, sondern eine Frage des *Trainings der Anwendung* von - letztlich sehr wenigen - Grundregeln, also eine Technik, die man einzig und allein durch das ständige Schreiben und Reflektieren *von Klausuren* gewinnt. Die spärlichen gesetzlichen Vorgaben sollten Sie gerade positiv sehen: So nämlich wird es nicht selten der Fall sein, dass auch ein anderer Aufbau bestimmter Details vertretbar ist, wenn er nur die absoluten Grundregeln einhält und verständlich ist.**

VI. Klagerücknahme

Urteil - und damit Tatbestand - nur bei teilweiser Klagerücknahme

Für die Klagerücknahme gilt Ähnliches wie für die beiderseitige Erledigterklärung: Da nur bei einer *teilweisen* Klagerücknahme überhaupt ein Urteil ergeht[375], andernfalls ein Beschluss (vgl. § 269 IV ZPO), kommt die Fertigung eines Tatbestandes nur im erstgenannten Fall in Betracht.

Die Klagerücknahme muss, auch wenn sie wirksam ist, trotz der grds. rückwirkenden Beendigung der Rechtshängigkeit im Tatbestand geschildert werden, wenn sie Auswirkung auf die Kosten hat[376] oder etwa ein vorher ergangenes VU davon beeinflusst ist.

in die „kleine" Prozessgeschichte

Die Schilderung der Klagerücknahme ist am sinnvollsten in die Prozessgeschichte vor die (zuletzt) gestellten Anträge aufzunehmen. Die Schilderung des Widerspruchs des Beklagten gegen die Klagerücknahme kann entfallen, wenn dieser nicht entscheidungserheblich ist, weil die Rücknahme vor Beginn der mündlichen Verhandlung erfolgte (§ 269 I ZPO); meist ist dies aber wiederzugeben.

Formulierungsbeispiel

> *Die Klägerin hat mit ihrem Zahlungsantrag zunächst 2.200 € als Miete für März 2018 und April 2018 gefordert. Nachdem sie mit Schriftsatz vom 8. Dezember 2018 erklärt hat, den Antrag auf Mietzahlung für März 2018 und April 2018 zurückzunehmen, beantragt die Klägerin zuletzt: ...*

Auch die unwirksame Klagerücknahmeerklärung ist in der Prozessgeschichte vor den zuletzt gestellten Anträgen darzustellen und um den Widerspruch des Beklagten zu ergänzen.

---

[375] Dies ergibt sich aus dem Grundsatz der Einheit der Kostenentscheidung; vgl. THOMAS/PUTZO, § 269, Rn. 16 (a.E.).
[376] Vgl. KNÖRINGER, § 5 II.

VII. Mahnverfahren

1. Grundregel: Schilderung nur bei Bedeutung für die Lösung

Schilderung nur bei Bedeutung für die Lösung

Die Grundregel der Praxis lautet, dass die Daten des Mahnverfahrens dann, wenn *kein* Vollstreckungsbescheid ergangen ist, im Tatbestand grds. nicht genannt zu werden brauchen,[377] da sie meist für die Lösung irrelevant sind.

hemmer-Klausur-Tipp

> Wenden Sie nicht unreflektiert „Grundregeln" der Praxis an, prüfen Sie den Einzelfall! Die Situation in Klausuren: Da der Fall vom Prüfungsamt für eine Examensklausur akzeptiert wurde und eine solche aus zu lösenden Problemen besteht, steigt gegenüber der Praxis die Wahrscheinlichkeit, dass die im Sachverhalt geschilderten Daten eines Mahnverfahrens doch eine Rolle für die Lösung spielen, quasi exponentiell an! Dabei geht es meist um Verjährung oder Rechtshängigkeit (s.u.).

2. Schilderung aber bei Bedeutung für die Entscheidungsgründe (Spiegelbild-Regel)

Ausnahme-Fallgruppen

Getreu der Regel, dass alle in den Entscheidungsgründen für die Lösung des Falles *relevanten* Fakten auch im Tatbestand stehen müssen (Spiegelbild-Regel), lassen sich davon aber wichtige Ausnahme-Fallgruppen bilden:

a. Verfahren bis zum Vollstreckungsbescheid

Vollstreckungsbescheid erging (verkappte VU-Klausur)

Ist nach dem Mahnbescheid anschließend erst noch ein Vollstreckungsbescheid ergangen und das Verfahren erst über den Einspruch gegen diesen ins Streitverfahren gelangt (vgl. §§ 338 ff, 700 ZPO), so muss all dies selbstverständlich detailliert im Tatbestand geschildert werden.

Im Hinblick auf den konkreten Aufbau ist zu bedenken, dass die Anträge der Parteien von zumindest einem Teil der Tatsachen des Mahnverfahrens abhängen: Diese lauten nun richtigerweise nicht „Abweisung der Klage" oder „Verurteilung" (auch wenn sie natürlich *mittelbar* auf genau dies abzielen), sondern „Aufrechterhaltung des Vollstreckungsbescheids" oder „Aufhebung des Vollstreckungsbescheids".[378]

Daten des Mahnverfahrens in die „kleine" Prozessgeschichte

Folge: Damit diese Anträge für den Leser nicht völlig unverständlich erscheinen, müssen die Daten des Mahnverfahrens in einem solchen Fall vor den Anträgen geschildert werden, gehören also in die „kleine" Prozessgeschichte.

b. Mahnverfahren und Verjährung oder Rechtshängigkeit

oft Auswirkung bei Verjährung oder Rechtshängigkeit

In Klausuren mit eingebautem Mahnverfahren wird häufig um Verjährung gestritten; es geht dann meist um das „demnächst"-Problem des § 167 ZPO.[379]

---

[377] Vgl. etwa KNÖRINGER, § 5 II und GOTTWALD, 6.5.4., wo aber leider jeweils nicht klargestellt wird, dass es davon wichtige Ausnahmen gibt (die in der Klausur zudem *typischerweise* gerade gegeben sind!).

[378] Siehe dazu ausführlich unten im Kapitel „Versäumnisurteil" (§ 11, Rn. 78 f.).

[379] Vgl. hierzu etwa THOMAS/PUTZO, § 693, Rn. 2 und v.a. § 167, Rn. 10 ff.

§ 8 DER TATBESTAND

In einem solchen Fall müssen in den Entscheidungsgründen gerade die genauen Details des Ablaufs des Mahnverfahrens diskutiert werden, weil die Hemmung der Verjährung gemäß § 204 I Nr. 3 BGB im Streit steht. Daher müssen diese Fakten selbstverständlich auch in den Tatbestand aufgenommen werden.[380]

weitere wichtiger Fall: Auswirkung der Rückwirkungsfiktion der Rechtshängigkeit gemäß § 696 III ZPO

Nicht anders ist es, wenn es in der Begründetheitsprüfung um verschärfte Haftung nach § 818 IV BGB oder §§ 987, 989 BGB und damit um die Rückwirkungs*fiktion* der Rechtshängigkeit gemäß § 696 III ZPO geht. Auch dann sind diese Daten für die Lösung von Bedeutung, müssen also in der Prozessgeschichte des Tatbestands geschildert werden.

In solchen Fällen wird dieser Teil dann *am Ende* des Tatbestandes, also in der sog. „großen" Prozessgeschichte, gut aufgehoben sein. Es kann aber auch Fälle geben, wo es eher der Verständlichkeit dient, die Schilderung schon vor den Anträgen vorzunehmen.

VIII. Parteiwechsel

Parteiwechsel

Der (gegebenenfalls nur beabsichtigte, weil unzulässige) Parteiwechsel muss als Teil der Prozessgeschichte in den Tatbestand aufgenommen werden, und zwar unmittelbar vor die Anträge (die dadurch ja beeinflusst werden).

54

Dabei kann man dann einfach mit „Kläger zu 1)" und „Kläger zu 2)" formulieren.[381] Dem geht nämlich voraus, dass die beiden als Kläger in Betracht kommenden Personen im Rubrum nach der historischen Reihenfolge (also ohne Zusätze wie „früherer Kläger", „jetziger Kläger") entsprechend durchzunummerieren sind, sodass das Rubrum aussieht wie bei einer Streitgenossenschaft.[382]

Formulierungsbeispiel (Parteiwechsel bei § 265 ZPO)

Nachdem den Beklagten die Klageschrift, in der der Kläger zu 1) zunächst auf Leistung an sich selbst geklagt hatte, am 14. Februar 2019 zugestellt worden war, trat der Kläger zu 1) am 2. April 2019 die Klageforderung an den Kläger zu 2) ab.[383]

Vor Stellung der Anträge in der mündlichen Verhandlung vom 23. April 2019 hat der Kläger zu 1) erklärt, der Kläger zu 2) solle als neuer Kläger an seine Stelle treten. Letzterer hat dem beantragten Parteiwechsel zugestimmt und sich bereit erklärt, den Prozess im gegenwärtigen Stand zu übernehmen. Auch der Beklagtenvertreter hat diesem Wechsel zugestimmt.

Der Kläger zu 2) beantragt nun: ...

IX. Prozessaufrechnung

Prozessaufrechnung

Die Aufrechnung, unabhängig davon, ob es sich um eine sog. Haupt- oder „nur" um eine Hilfsaufrechnung handelt, gehört zu den Verteidigungsmitteln des Beklagten, hat also bei den Anträgen selbst nichts zu suchen. Fraglich ist, wo die zugehörigen Tatsachen stattdessen hingehören. Immerhin wird zumindest die Tatsache der *Erklärung* der Aufrechnung i.d.R. unstreitig sein.

55

---

380 Vgl. etwa ANDERS/GEHLE, A, Rn. 69.
381 Vgl. etwa ANDERS/GEHLE, R, Rn. 21.
382 Vgl. ANDERS/GEHLE, R, Rn. 21 und oben im Kapitel Rubrum (§ 3, Rn. 15).
383 Die Schilderung der Daten war in diesem Beispiel deshalb besonders wichtig, weil sich aus ihnen die Anwendbarkeit von § 265 ZPO ergab, bei der der gewillkürte Parteiwechsel nach Ansicht des BGH anderen Regeln unterliegt als in sonstigen Fällen (vgl. etwa THOMAS/PUTZO, § 265, Rn. 17).

Nach zumindest überwiegender und auch überzeugender Ansicht führt die Tatsache, dass *die Erklärung* der Aufrechnung unstreitig ist, nicht dazu, dass sie schon im Anfangsteil des Tatbestandes, also im unstreitigen Tatsachenvortrag aufzuführen ist. Vielmehr kommt sie ans Ende des Teils „streitiger Beklagtenvortrag".[384]

Auch der unstreitige Teil *der Tatsachen*, die der Prozessaufrechnung zugrunde liegen, sollte erst hiernach dargestellt werden.[385]

Beides erfolgt aus Gründen der Verständlichkeit: Würde man die beiden letzteren Dinge bereits im unstreitigen Tatsachenvortrag schildern und nur das, was an den für die Aufrechnung relevanten Fakten streitig ist, im bzw. nach dem Beklagtenvorbringen anführen, so wären diese zusammengehörigen Dinge u.U. sehr weit auseinander gerissen, und die Zuordnung zueinander würde dem Leser sehr schwer fallen.

streitiges Beklagtenvorbringen zur Klageforderung	Die Beklagte behauptet, sie habe den Kaufpreis längst bezahlt. Hierzu trägt sie im Einzelnen vor, dass ...
Aufrechnungserklärung	Die Beklagte hat hilfsweise aufgerechnet mit einer Forderung gegen den Kläger über 5.000 €.
Unstreitiger Sachverhalt hierzu	Am 20. März 2019 vereinbarten die Parteien, dass die Beklagte dem Kläger die sanitären Anlagen in dessen Betriebsgebäude in ... komplett neu einrichten sollte. ... (Details)
Streitiger Beklagtenvortrag hierzu	Die Beklagte behauptet hierzu, ...
(evtl.) Erwiderung des Klägers hierzu	Der Kläger dagegen behauptet, ...[386]

Ein anderer Aufbau ist möglich, wenn die Tatsachen, die der Aufrechnung zugrunde liegen, *vollständig* unstreitig sind. Es ist dann zumindest vertretbar, *alles*, also sowohl die Aufrechnungserklärung als auch die zugrunde liegenden Fakten, bereits im Anfangsteil des Tatbestandes im unstreitigen Tatsachenvortrag aufzuführen.

X. Prozessvergleich

drei verschiedene Klausurvarianten

Ein Prozessvergleich (vgl. § 794 I Nr. 1 ZPO) kommt in der Aufgabenstellung „Fertigung eines Urteils" in verschiedenen Varianten vor:

Vollstreckungsgegenklage (§§ 767, 795 ZPO)

Geht es um eine Vollstreckungsgegenklage gemäß §§ 767, 795 ZPO gegen einen in einem früheren Verfahren geschlossenen Prozessvergleich, so ist der „alte" Prozessvergleich üblicherweise Teil der Geschichtserzählung (Schilderung der unstreitigen Tatsachen am Anfang).

Streit um die Wirksamkeit eines Prozessvergleichs (im selben Prozess)

Anders in dem Fall, in dem die Parteien im selben Verfahren zunächst einen Prozessvergleich schlossen und nun um dessen Wirksamkeit und damit um die Fortsetzung *desselben* Prozesses streiten (Prüfung von § 779 BGB, Anfechtung nach § 123 BGB oder Streit um die Rechtzeitigkeit eines Widerrufs).[387]

---

384 Vgl. ANDERS/GEHLE, G, Rn. 19.
385 Vgl. KNÖRINGER, § 5 II und v.a. ANDERS/GEHLE, G, Rn. 19.
386 Eine solche Duplik wird nur notwendig sein, wenn die Beklagtenbehauptung zur Aufrechnungsforderung vom Kläger nicht nur einfach, sondern mit einem *konkreten* Gegenvorbringen bestritten worden war (s.o.).
387 Vgl. hierzu THOMAS/PUTZO, § 794, Rn. 36 ff. und nochmals unten im Kapitel „Entscheidungsgründe". Die sich in diesem Zusammenhang stellenden, häufig recht komplizierten prozessualen Fragen werden in regelmäßigen Abständen ausführlich im Hemmer-Assessorkurs besprochen.

Aufnahme in die Prozessgeschichte, wenn auch Erörterung in den Entscheidungsgründen nötig

In der Praxis wird ein Vergleich, der rechtzeitig widerrufen worden ist, oft überhaupt nicht mehr erwähnt, weder im Tatbestand noch in den Entscheidungsgründen. Dies liegt daran, dass diese Frage meist unproblematisch und nicht umstritten ist. Für die Klausur lautet - wie immer - die Regel, dass der Tatbestand die Grundlagen für die Ausführungen in den Entscheidungsgründen legen muss.[388] Muss also in den Entscheidungsgründen zu einem *Streit* um die Wirksamkeit des Vergleichs Stellung genommen werden, so sind im Tatbestand (Prozessgeschichte) auch der Vergleichsschluss und die sonstigen Daten der Erklärungen der Parteien usw. zu nennen.

XI. Streithelfer

von bloßer Streitverkündung unterscheiden (s.u.)

Während eine bloße Streitverkündung in dem Prozess, in dem sie erklärt wird (sog. Vorprozess), komplett unerwähnt bleibt, weil sie als solche keine Rolle für die Lösung dieses Falles spielt (s.u.), sieht es dann anders aus, wenn es nach einer Beitrittserklärung um die Mitwirkung eines Streithelfers geht.

Besonderheiten nur bei Widerspruch zwischen Streithelfer und unterstützter Partei

Problematisch ist hier die Einordnung der prozessualen Handlungen und Erklärungen des Streithelfers: Bezüglich des Sachvortrages ist zu differenzieren, ob er bestritten wird und *wer* ihn bestreitet. Dabei ist nämlich zu berücksichtigen, dass Handlungen des Streithelfers gemäß § 67 ZPO grundsätzlich wie solche der unterstützten Partei selbst angesehen werden; daher braucht bei einem konkreten Vortrag oder Bestreiten grds. nicht klargestellt zu werden, ob diese Handlung durch den Streithelfer erfolgte oder durch die Hauptpartei selbst. Anders ist dies wegen § 67 letzter Hs. ZPO aber, wenn sich Streithelfer und unterstützte Partei *widersprechen*[389]; dann müsste dies etwa in folgender Form deutlich gemacht werden:

Formulierungsbeispiel

Während der Beklagte die Klägerbehauptung, dass ..., ausdrücklich zugesteht, bestreitet der Streithelfer diese Erklärung. Er trägt dazu Folgendes vor: ...

Fakten des Beitritts = Prozessgeschichte

Die Fakten des Beitritts selbst sind am Ende in der „großen" Prozessgeschichte zu bringen.

XII. Schlussurteil

Anwendungsbereich (siehe v.a. § 12)

Ein Schlussurteil ergeht dann, wenn zuvor ein noch nicht die Instanz abschließendes Urteil (Teilurteil oder Vorbehaltsurteil) ergangen war. Besonders klausurrelevant sind dabei v.a. die Fälle von Teilurteil und Schlussurteil bei Vorliegen einer Stufenklage (§ 254 ZPO), zu denken ist aber auch an das Vorbehaltsurteil im Urkundenprozess bzw. nach einer erklärten Prozessaufrechnung.[390]

Bezugnahmen möglich, aber immer an Verständlichkeit denken

Hinsichtlich der Geschichtserzählung bzw. der Anträge sind in einem Schlussurteil Bezugnahmen auf den Tatbestand des Teilurteils grds. durchaus zulässig.[391] Anders natürlich, wenn das Teilurteil im Wege eines Versäumnisurteils erging, das gemäß § 313b I 1 ZPO keinen Tatbestand enthielt; dann entfällt diese Möglichkeit. Im Übrigen wird sich oft aus Gründen der Verständlichkeit nochmals eine Zusammenfassung des wesentlichen Ablaufs anbieten.

---

388 Allgemein hierzu siehe etwa ANDERS/GEHLE, A, Rn. 69.
389 Vgl. dazu KNÖRINGER, § 17 I 3e.
390 Siehe dazu ausführlicher unten im Kapitel „Der Tenor in weiteren Sonderfällen des Zivilurteils" (§ 12, Rn. 14 ff., 18 ff. und 28 ff.).
391 Vgl. etwa ANDERS/GEHLE, N, Rn. 23.

Teilurteil selbst in die Prozessgeschichte

Das vorausgegangene Teilurteil gehört in die Prozessgeschichte vor die zuletzt gestellten Anträge. Die Erfüllung des Teilurteils (etwa die Auskunft bei einer Stufenklage) wird unmittelbar danach berichtet; dies gehört zwar eher zum Sachvorbringen als zur Prozessgeschichte, würde aber etwas „in der Luft hängen" (sodass die Verständlichkeit leiden würde), wenn man es schon weiter oben im unstreitigen Vortrag bringt.[392]

ebenso bei Vorbehaltsurteil

Ähnlich ist - etwa im Urkundenprozess - hinsichtlich eines vorangegangenen Vorbehaltsurteils (§ 599 I ZPO) zu verfahren; auch dieses gehört in die Prozessgeschichte vor die zuletzt gestellten Anträge.[393]

XIII. Streitverkündung:

Streitverkündung

Im Falle einer Streitverkündung muss unterschieden werden: In dem Prozess, in dem sie erklärt wird (sog. Vorprozess), ist die Tatsache der Streitverkündung dann, wenn *kein* Beitritt erfolgt (ansonsten Fall der Streit*hilfe*; dazu s.o.), grds. nirgends (auch nicht in der Prozessgeschichte) zu erwähnen, da sie für den Vorprozess völlig bedeutungslos ist.[394]

Anders im sog. Folgeprozess: Dort muss in Tatbestand und Entscheidungsgründen auf alle wichtigen Fakten der Streitverkündung eingegangen werden, da diese - anders als im Vorprozess - tatsächlich Auswirkung haben.[395] Da es nicht um die Prozessgeschichte des konkret rechtshängigen Verfahrens geht, sondern um die Vorgeschichte, empfiehlt sich grds. die Einordnung in der unstreitigen Sachverhaltsdarstellung.

... Mit Schriftsatz vom 14. Februar 2019, der Beklagten zugestellt am 21. Februar 2019, hatte der jetzige Kläger in jenem Prozess der jetzigen Beklagten den Streit verkündet. Die Beklagte hat durch Schriftsatz vom 3. März 2019, eingegangen bei Gericht am selben Tag, erklärt, dem Rechtsstreit auf Seiten des jetzigen Klägers beizutreten. ...

XIV. Unerledigte Beweisangebote

Unerledigte Beweisangebote

h.M.: Erwähnung in Prozessgeschichte oder als Klammerzusatz zur streitigen Behauptung

Ein unerledigtes Beweisangebot ist ein solches, auf das das Gericht nicht einging, *obwohl* die Tatsache streitig war.[396] Nach wohl h.M. ist es entweder in der Prozessgeschichte zu schildern[397] oder im streitigen Kläger- oder Beklagtenvortrag hinter die konkrete Behauptung in Klammern zu setzen.[398]

Der Kläger behauptet, die Beklagte habe ihm die Lieferung der bestellten Ware „fix zum 31. März 2019" zugesichert (Beweis: Zeugnis der Klara Kleine, ...). ...

---

392 Hierzu vgl. etwa ANDERS/GEHLE, N, Rn. 23.
393 Vgl. dazu ANDERS/GEHLE, Q, Rn. 38.
394 Vgl. etwa KNÖRINGER, § 17.
395 Vgl. etwa KNÖRINGER, § 18. Zur Behandlung in den Entscheidungsgründen siehe unten in § 9, Rn. 63 f.
396 Zu den Situationen, in denen es zu einem solchen Verhalten kommen kann, siehe ausführlich im Kapitel „Beweisrecht" (§ 10, Rn. 2 ff.).
397 So etwa KNÖRINGER, § 5 II a.E.; ZÖLLER/VOLLKOMMER, § 313, Rn. 18.
398 Zu dieser zweitgenannten, sehr ökonomischen Variante siehe OBERHEIM, Rn. 21.

XV. Verjährungseinrede

Schilderung der Erhebung der Einrede oft erst nach Beklagtenanträgen

Sind die relevanten Tatsachen (Daten) unstreitig, so *kann* auch *die Erhebung* der Verjährungseinrede (vgl. § 214 I BGB) bereits in der Geschichtserzählung am Anfang des Tatbestandes geschildert werden. Nicht selten wird es das Gebot der Verständlichkeit aber erforderlich machen, die Erhebung der Einrede erst nach den Beklagtenanträgen darzustellen.

Wenn die zugrunde liegenden Tatsachen aber streitig sind, erfolgt die Darstellung der Erhebung der Einrede aus diesem Grund in jedem Fall erst im Zusammenhang mit dem streitigen Vorbringen *des Beklagten*.[399]

62

XVI. Verspätete Angriffs- / Verteidigungsmittel

Verspätete Angriffs- / Verteidigungsmittel

Liegt ein verspätet vorgebrachtes Angriffs- oder Verteidigungsmittel vor, so ist dies eine rechtliche Wertung, die hier im Tatbestand noch nicht vorweggenommen werden darf.

63

zwei Möglichkeiten

Vielmehr müssen alle in diesem Zusammenhang bedeutsamen Daten neutral in den Tatbestand aufgenommen werden, um in den Entscheidungsgründen darauf eingehen zu können. Dafür gibt es zwei Möglichkeiten:

bereits im streitigen Kläger- bzw. Beklagtenvorbringen

⇨ Nach einer Ansicht[400] sind die Daten des Eingangs der Schriftsätze bereits im streitigen Kläger- bzw. Beklagtenvorbringen zu erwähnen, sodass am Ende des Tatbestandes darauf verwiesen wird.

oder: („große") Prozessgeschichte

⇨ Von anderen[401] wird empfohlen, alles mit der Präklusion Zusammenhängende getrennt vom übrigen Parteivorbringen am Ende des Tatbestandes in der Prozessgeschichte zu behandeln.

Formulierungsbeispiel

„Mit Schriftsatz vom 13. März 2019, bei Gericht eingegangen am selben Tag, hat der Beklagte weitere Behauptungen vorgebracht. Auf diesen Schriftsatz wird Bezug genommen."

XVII. Widerklage

Widerklage

Bei der Widerklage müssen Sie beachten, dass es für den Tatbestand zwei Aufbauvarianten gibt, und zwar abhängig davon, ob Klage und Widerklage auf demselben Lebenssachverhalt oder aber auf unterschiedlichen Lebenssachverhalten beruhen.[402]

64

1. Widerklage mit ein- und demselben Lebenssachverhalt

Widerklage mit ein- und demselben Lebenssachverhalt

Ist ein- und derselbe Lebenssachverhalt maßgeblich, so sollte möglichst wenig von den zusammengehörenden Dingen auseinander gerissen werden.

65

---

399 Zum Ganzen siehe etwa ANDERS/GEHLE, A, Rn. 66.
400 Vgl. ANDERS/GEHLE, I, Rn. 10.
401 Vgl. KNÖRINGER, § 5 II; ZÖLLER/VOLLKOMMER, § 313, Rn. 18.
402 Vgl. etwa KNÖRINGER, § 5 II und III; ANDERS/GEHLE, M, Rn. 11.

Es ist dann für den Tatbestand der Aufbau wie folgt zu wählen:[403]

Schema (möglichst viel zusammen lassen)

⇨ Einleitungssatz: In diesem ist darauf hinzuweisen, dass der folgende Sachverhalt Grundlage für Klage und Widerklage ist.

⇨ Unstreitiges für Klage und Widerklage

⇨ streitiges Klägervorbringen

⇨ evtl. „kleine" Prozessgeschichte

⇨ alle Anträge unmittelbar hintereinander: Klageantrag – Klageabweisungsantrag – Widerklageantrag – Widerklageabweisungsantrag

⇨ streitiges Beklagtenvorbringen: zunächst die Klageerwiderung betreffend, dann zur Begründung der Widerklage (wenn nicht ohnehin identisch).

⇨ Entgegnung des Klägers zur Widerklage (falls nicht ohnehin schon oben gebracht)

⇨ Prozessgeschichte

2. Widerklage mit unterschiedlichen Lebenssachverhalten

Widerklage mit unterschiedlichen Lebenssachverhalten

Liegen unterschiedliche Lebenssachverhalte vor, empfiehlt es sich meist, deutlicher zwischen Klage und Widerklage zu trennen:[404]

Schema (mit Trennung)

⇨ Einleitungssatz

⇨ Unstreitiges (nur) zur Klage

⇨ streitiges Klägervorbringen (nur zur Klage)

⇨ evtl. „kleine" Prozessgeschichte

⇨ Klageantrag und Klageabweisungsantrag

⇨ streitiger Vortrag des Beklagten (zur Klage)

⇨ Unstreitiges zur Widerklage (mit Einleitungssatz)

⇨ streitiger Vortrag des Beklagten zur Widerklage

⇨ Widerklageantrag und Widerklageabweisungsantrag

⇨ Streitiges des Klägers zur Widerklage

⇨ Prozessgeschichte

hemmer-Klausur-Tipp

> **Es muss noch einmal betont werden: Lernen Sie solche Schemata nicht auswendig, sondern ordnen Sie Ihren Tatbestand nach logischen Gesichtspunkten. Haben Sie das ausreichend *trainiert*, so werden Sie im „Ernstfall" auch zumindest einen gut vertretbaren Aufbau finden.**

Wiedereinsetzung

XVIII. Wiedereinsetzung

Wiedereinsetzungsanträge (vgl. § 233 ff. ZPO) sind im Tatbestand gemeinsam mit den Sachanträgen optisch hervorgehoben aufzuführen. Die Mitteilung der tatsächlichen Gründe für den Antrag werden zweckmäßigerweise direkt angeschlossen.

---

403 Siehe hierzu das Klausurbeispiel im Parallelskript Assessor-Basics, Klausurentraining Zivilurteile (Fallsammlung), Fall 1, Rn. 4 ff.
404 Siehe hierzu das Klausurbeispiel in Assessor-Basics, Klausurentraining Zivilurteile (Fallsammlung), Fall 3, Rn. 3 ff.

§ 9 Die Entscheidungsgründe

Unmittelbar im Anschluss an den Tatbestand folgt der Hauptteil des Urteils, die Darlegung der Entscheidungsgründe.

A. Allgemeines, Aufbau usw.

I. Bedeutung der Entscheidungsgründe

Entscheidungsgründe als Schwerpunkt der Bewertung

Schwerpunkt der Bewertung einer Examensklausur ist natürlich die Qualität der Entscheidungsgründe. Mit einem schlechten oder gar weggelassenen Tatbestand oder einer verkorksten Tenorierung kann man die Klausur bewertungsmäßig nach unten ziehen; eine gute oder gar nur mittlere Punktzahl erlangt man aber auch mit perfektem Tenor und Tatbestand nicht, wenn die Entscheidungsgründe nicht überzeugen.

Insoweit darf der Klausurbearbeiter v.a. nicht den § 313 III ZPO missverstehen, wonach nur eine „kurze Zusammenfassung" der tragenden tatsächlichen und rechtlichen Erwägungen erfolgen soll.

Qualität und Tiefgang der Argumente an „Knackpunkten" wie im Gutachten

Unabhängig von den Streitfragen, die sich für die Praxis um die Behandlung dieser Regelung stellen, dürfte es jedenfalls außer Frage stehen, dass dies keine Legitimation für eine Examensklausur in Form eines „Billigurteils" darstellt.[405] Im Hinblick auf die nötige Qualität und den Tiefgang (nicht unbedingt identisch mit Umfang) der rechtlichen Argumente des Klausurverfassers zu den „Knackpunkten" gibt es - trotz des anderen Stils (dazu ausführlich unten) - wenig Abstriche gegenüber dem Gutachten.

Ergeht eine Entscheidung, in der eine Beweiswürdigung enthalten ist, so geht schon § 286 I 2 ZPO, der hierfür eine sorgfältige Begründung vorsieht, dem § 313 III ZPO vor.[406]

In der Praxis können die Entscheidungsgründe durchaus nicht selten völlig entbehrlich sein (vgl. etwa § 313b ZPO oder § 313a I 2, 2. Hs. ZPO [sog. Protokollgründe]). In einer Examensklausur stellt sich aber eine andere Situation: Während ein über eine solche Regelung oder über den Bearbeitervermerk „tatbestandsbefreites" Urteil als Klausur durchaus noch Sinn macht, kann man dies von einem Urteil ohne Entscheidungsgründe kaum mehr behaupten.

hemmer-Klausur-Tipp

> **Verwenden Sie § 313b ZPO für eine Art Gegenprobe: Ist die Norm nach Ihrer Lösung anwendbar und führt zur Möglichkeit des vollständigen Verzichts auf Entscheidungsgründe, befindet sich mit großer Wahrscheinlichkeit ein Fehler in Ihrer bisherigen Lösungsskizze. So etwas kann das Prüfungsamt doch kaum gewollt haben!
> Kontrollieren Sie dann noch einmal genau, ob Sie den Fall an irgendeiner Stelle „drehen" können oder müssen. So könnten Sie z.B. beim Versäumnisurteil nach § 331 ZPO übersehen haben, dass die Klage ganz oder zumindest teilweise unschlüssig ist, so dass (insoweit) gerade kein „echtes" VU ergeht, wie es § 313b ZPO voraussetzt.
> Der einzige ernsthaft realistische Klausuranwendungsfall ist der, in dem § 313b ZPO auf *einen von zwei* Streitgenossen anwendbar ist; dann nämlich ist ohnehin ein Urteil zugunsten oder zu Lasten des anderen Streitgenossen zu fertigen.[407]

---

405 Vgl. etwa HUBER, Rn. 198 f. (m.w.N.).
406 Vgl. HUBER, Rn. 199. Ausführlich hierzu unten im Kapitel „Beweisrecht" (§ 10, Rn. 128 ff.).
407 Dazu siehe nochmals unten im Kapitel „Säumnisverfahren" (§ 11).

Achtung: teilweise sind § 313b ZPO (und ähnliche Regelungen) durch Bearbeitervermerk ausgeschaltet!

> Zu beachten ist, dass § 313b ZPO die Fertigung von Entscheidungsgründen nicht *verbietet*; besonders praxisnah wäre deren Fertigung in einem solchen Fall aber meist nicht.
> Im Bereich einiger Prüfungsämter findet sich die Anordnung im Bearbeitervermerk, dass „von den in der ZPO vorgesehenen Möglichkeiten, den Tatbestand und/oder die Entscheidungsgründe wegzulassen", ... kein Gebrauch zu machen" sei. Das heißt aber noch lange nicht, dass das Prüfungsamt wirklich von der Anwendbarkeit des § 313b ZPO ausgeht. Diese Anordnung ist vielmehr meist nur eine Sicherheitsvorkehrung für den Fall, dass ein Prüfling aus der Linie der Lösung „aussteigt"; die tatsächliche Anwendbarkeit des § 313b ZPO ist dann immer noch eher der Ausnahmefall und nur nicht mehr ganz so extrem unwahrscheinlich. Auch eine derartige Anordnung ändert also nichts am eben gegebenen Ratschlag zusätzlicher Überprüfung.

II. Aufbau der Entscheidungsgründe

1. Normalfall

Normalfall

Die Entscheidungsgründe werden im Normalfall in folgenden Schritten abgehandelt:

- ⇨ (Nur) bei entsprechendem Anlass: Auslegung eines unklaren Klageantrages
- ⇨ Zulässigkeitsprüfung
- ⇨ Begründetheitsprüfung
- ⇨ Begründung der Kostenentscheidung
- ⇨ Begründung der Vollstreckbarkeitsentscheidung

Auslegung eines unklaren Klageantrages

Der erstgenannte Prüfungspunkt Auslegung eines unklaren Klageantrages spielt nur hin und wieder einmal eine Rolle; dies vorwiegend (aber nicht nur) dann, wenn am Amtsgericht ein nicht anwaltlich vertretener Laie Klage erhebt.

Beispiel

> **Bsp.:** *Ein Kläger stellt bei Gericht folgenden Antrag: „Es wird festgestellt, dass die Beklagte aus dem Urteil des Amtsgerichts Hintertupfing vom 1. April 2019 (Az.: 4 C 157/19) über den Betrag von 750 € hinaus nicht mehr vollstrecken darf."*

Hier ist nach der etwas *zweideutigen* Formulierung unklar, ob es sich um eine Vollstreckungsgegenklage nach § 767 ZPO handeln soll oder um eine negative Feststellungsklage. Also muss dies zunächst geklärt werden, bevor die Zulässigkeit dieser Klageart bejaht werden kann. Dabei ist meist die Regel anzuwenden, dass im Zweifelsfall die tatsächlich einschlägige Klageart auch vom Kläger gewollt ist.[408]

2. Vorabklärung der Prüfungskompetenz

Vorabklärung der Prüfungskompetenz: Rechtshängigkeit schon erloschen?

Nicht selten muss vor diesem Schema, also vor der Zulässigkeitsprüfung aber ein anderer Prüfungspunkt erörtert werden: Steht in Frage, ob das Gericht überhaupt noch entscheiden darf, so muss diese Frage *vor der Prüfung der Zulässigkeit* diskutiert werden.

---

[408] Bei Zweifeln in der Formulierung muss man also dem Kläger vorrangig mit der Auslegung helfen. Erst wenn diese nicht hilft, etwa weil die Formulierungen zu eindeutig sind, kann man mit einer prozessualen Umdeutung helfen (hierzu vgl. etwa THOMAS/PUTZO, Einl. III, Rn. 16 und 20).

§ 9 DIE ENTSCHEIDUNGSGRÜNDE

Einspruch gegen Versäumnisurteil

Bsp. 1: *Dies gilt etwa dann, wenn in derselben Sache bereits Versäumnisurteil oder Vollstreckungsbescheid ergangen ist und nun nach Einspruch hiergegen eine erneute (nun streitige) Entscheidung begehrt wird.*

In diesem Fall muss wegen §§ 342, 343 ZPO als erstes die Zulässigkeit des Einspruchs, insbesondere also die Frist des § 339 ZPO, geprüft werden.[409]

Nichts anderes gilt, wenn es möglich ist, dass die Rechtshängigkeit bereits aus anderen Gründen als durch Rechtskrafteintritt erloschen ist.

Streit um Prozessvergleich

Bsp. 2: *Die Parteien haben zunächst einen Prozessvergleich vereinbart, doch wurde dieser nun von einer der Parteien widerrufen und/oder angefochten.*

Hier muss die Frage der Wirksamkeit des Prozessvergleichs, wenn sie umstritten oder zweifelhaft ist, *vor* der Zulässigkeit der Klage geprüft werden. Ein wirksamer Prozessvergleich hat nämlich u.a. prozessbeendigende Wirkung. Folge: Nur im Falle des Erfolgs von Widerruf oder Anfechtung dürfte (und müsste) noch in diesem Verfahren über den konkreten Streitgegenstand entschieden werden; andernfalls wäre gerade die Beendigung des Rechtsstreits durch Urteil auszusprechen, *ohne* dass es auf Zulässigkeit und Begründetheit der Klage ankäme.[410]

3. Vorabklärung der Parteistellung

Streit um Parteiwechsel

Genauso ist zu verfahren, wenn fraglich ist, *zwischen wem* als Parteien nun überhaupt diese Sache entschieden werden soll. Im Falle des erklärten oder kraft Gesetzes eingetretenen Parteiwechsels muss vorab geklärt werden, wer denn nun wirklich Kläger und Beklagter sind. Bei einem *unzulässigen* Parteiwechsel ist vorab die vermeintlich neue Partei aus dem Prozess zu weisen[411] und die Sache selbst stattdessen zwischen den alten Parteien zu entscheiden. Also muss auch diese Frage vor der Zulässigkeit und Begründetheit erörtert werden.[412]

4. Aufbau bei Klagehäufung

Aufbau bei Klagehäufung

Besonderheiten gegenüber dem oben dargestellten Grundmuster des Aufbaus ergeben sich bei objektiver oder subjektiver Klagehäufung. Dabei sind verschiedene Fälle zu unterscheiden.

a. „Normale" objektive Klagehäufung

„Normale" objektive Klagehäufung (ohne Bedingungen)

Eine objektive Klagehäufung i.S.d. § 260 ZPO liegt vor, wenn mehrere Ansprüche (nicht nur Anspruchs*grundlagen*!!)[413] zusammen eingeklagt werden. Dies muss in der Klausur manchmal erst *herausgearbeitet* werden.

---

409 Siehe dazu nochmals ausführlich unten im Kapitel „Säumnisverfahren" (§ 11, Rn. 47 ff.).
410 Vgl. hierzu etwa THOMAS/PUTZO, § 794, Rn. 36 ff.
411 Vgl. etwa THOMAS/PUTZO, § 265, Rn. 17.
412 Vgl. ANDERS/GEHLE, R, Rn. 21; siehe dazu auch in Assessor-Basics, Klausurentraining Zivilurteile (Fallsammlung), Klausur Nr. 5.
413 Zu diesem wichtigen Unterschied, der letztlich auf den Streitgegenstandsbegriff zurückgeht, siehe etwa THOMAS/PUTZO, § 260, Rn. 1 ff.; Einl. II, Rn. 15.

Bsp.: Im Klageantrag ist nur eine Geldsumme genannt. Es liegt aber trotzdem eine Klagehäufung vor, wenn die Begründung Sachschäden (Reparaturkosten) und Körperschäden (Heilbehandlungskosten; erst recht bei Schmerzensgeld) geltend macht.

In einem solchen Falle der objektiven Klagehäufung ist zunächst zu klären, ob diese von vornherein als solche erhoben wurde oder ob die zusätzlichen Anträge erst infolge eines Bedingungseintritts Bedeutung erlangen.

Zusammenfassende Zulässigkeitsprüfung mit Hervorhebung der Besonderheiten einzelner Anträge.

Liegt keine Bedingung vor („normale" objektive Klagehäufung), so wird man im Regelfall die Zulässigkeitsprüfung für alle Anträge zusammen vornehmen. Andernfalls müsste man, insbesondere bei der Zuständigkeitsprüfung oder bei Fragen der Parteifähigkeit zu viele Wiederholungen bzw. Verweisungen vornehmen. Soweit sich bei einzelnen Anträgen *besondere* Probleme stellen, ist dies eigens deutlich zu machen. Dies wird regelmäßig beim Feststellungsinteresse der Fall sein, aber auch etwa bei Erhebung eines unbezifferten Schmerzensgeldantrages neben weiteren bezifferten Anträgen.

„Die Klage ist in allen Anträgen zulässig.

Während sich die sachliche Zuständigkeit angesichts der Höhe der Klageforderung aus §§ 23 Nr. 1, 71 I GVG ergibt, weil der Streitwert der einzelnen Anträge gemäß § 5 1. Hs. ZPO zu addieren ist, folgt die örtliche Zuständigkeit aus § 27 ZPO, da ...

Auch das für den Antrag Ziffer 3 gemäß § 256 I ZPO erforderliche Feststellungsinteresse ist gegeben, denn ..."

in der Begründetheit u.U. Einsatz von Verweisungstechnik

Bei der Begründetheitsprüfung werden im Regelfall zu viele Unterschiede bestehen als dass man auf dieselbe Technik zurückgreifen könnte. Sollten dort einzelne Fragen erneut von Bedeutung sein (etwa: Bewertung der Verantwortung am Unfall bei Anträgen auf materiellen Schadensersatz und Schmerzensgeld) so wird an diesen konkreten Stellen auf oben verwiesen.

„... Dabei war im Rahmen der für die Höhe des Schmerzensgeldes nötigen Gesamtabwägung[414] auch der Gesichtspunkt zu berücksichtigen, dass die Klägerin – wie oben bereits ausführlich dargelegt – eine erhebliche Mitverantwortung am Unfallhergang trägt."

Aufbaumäßige Einordnung der Zinsen

Soweit der Zinsantrag keine Besonderheiten hinsichtlich der einzelnen Anträge aufweist, kann man diesen als eigenständigen zusammenfassenden Prüfungspunkt an das Ende der Begründetheitsprüfung setzen. Sollten größere Unterschiede gegeben sein (etwa: der Zinsanspruch stützt sich bei einem Antrag auf § 641 IV BGB, beim anderen auf Verzug), so wird man die Begründung des Zinsanspruches aber auch jeweils ans Ende der Ausführungen zu diesem konkreten Streitgegenstand setzen können (wenn auch nicht müssen).

Die Begründung der Entscheidungen zu Kosten und vorläufiger Vollstreckbarkeit erfolgt wieder *zusammenfassend* am Ende des Urteils.

---

414 Beim Schmerzensgeld spielen die §§ 17 I 2 StVG, 9 StVG, § 254 I BGB ebenfalls eine Rolle, doch werden keine Quoten gebildet. Es gibt nach allg. Auffassung kein „an sich angemessenes" Schmerzensgeld, das dann beispielsweise wegen 50 % Prozent Mitverschulden zu halbieren wäre, sondern es ist bei Mitverschulden *von vornherein* geringer anzusetzen.

Aufbauschema

Es ergibt sich also meist folgendes Aufbauschema:[415]

⇨ Zulässigkeitsprüfung (mit Zusammenfassungen)

⇨ (Kurze) Erörterung der Voraussetzungen der objektiven Klagehäufung

⇨ Begründetheitsprüfung

- zunächst für Streitgegenstand 1 (Zahlung materiellen Schadensersatzes)
- dann für Streitgegenstand 2 (etwa Schmerzensgeld)
- dann gegebenenfalls für Streitgegenstand 3 (etwa Rückzahlung des Kaufpreises aus ganz anderer Sache) usw.
- Zinsanspruch

⇨ Begründung der Kostenentscheidung (für *gesamte* Klage)

⇨ Begründung der Vollstreckbarkeitsentscheidung

hemmer-Klausur-Tipp

> **Fragen der verschiedenen Varianten der Klagehäufung tauchen zwar häufig im Assessorexamen auf. Da die Klagehäufung aber zu den einfachsten Rechtsfragen der ZPO gehört, gibt es für den Inhalt der *prozessualen* Ausführungen nicht viele Punkte. Achten Sie daher v.a. auch darauf, dass Ihre Ausführungen nicht allzu breit werden und Sie wenig Zeit opfern. Wichtig ist es aber, dass Sie die Aufbauregeln streng einhalten!**

b. Haupt- und Hilfsantrag

Haupt- und Hilfsantrag

Anders ist bei sog. Eventualklagehäufung aufzubauen, also dann, wenn nach dem Willen des Klägers ein weiterer Antrag (oder gar mehrere) nur im Falle des Eintritts einer bestimmten innerprozessualen Bedingung von Bedeutung sein soll.

Fallgruppen unterscheiden

Eine echte oder eigentliche Eventualklagehäufung liegt vor, wenn der zweite Antrag für den Fall der *Erfolglosigkeit* des Hauptantrages gestellt wurde. Eine uneigentliche Eventualklagehäufung liegt vor, wenn der zweite Antrag – genau umgekehrt – für den Fall *des Erfolgs* des Hauptantrages gestellt wurde.[416]

Entscheidend für den Aufbau des Urteils ist das Wesen der vom Kläger gesetzten Bedingung: Diese bewirkt zwar eine sofortige und nur *auflösend* bedingte Rechtshängigkeit[417], aber nur eine *aufschiebend* bedingte Entscheidungsbefugnis des Gerichts.

Das Gericht ist wegen § 308 I ZPO an die vom Kläger gewählte Reihenfolge gebunden und darf zwar bereits über den Hilfsantrag *verhandeln*, aber erst dann über ihn *entscheiden*, wenn die von diesem gesetzte Bedingung tatsächlich eingetreten ist.[418]

---

415 Siehe etwa auch KNÖRINGER, § 8 II.

416 Ausführlich zu den verschiedenen Fallgruppen und v.a. zu der Frage, wann welche Variante aus Sicht des antragstellenden Anwalts sinnvoll ist, in Assessor-Basics, Anwaltsklausur, § 1, Rn. 69 ff. In der Urteilsklausur ist dies alles weniger bedeutsam, da das Gericht - unabhängig von der Frage, ob dies prozesstaktisch sinnvoll war - an die jeweilige im Sachverhalt vorgegebene Variante gebunden ist.

417 Dies ist v.a. von Bedeutung, wenn sich bezüglich des Hilfsanspruchs Verjährungsprobleme stellen. Siehe etwa auch KNÖRINGER, § 8 III. Zur Bedeutung dieser Regel für die Anwaltstaktik siehe in Assessor-Basics, Anwaltsklausur, § 1, Rn. 74.

418 Vgl. dazu etwa THOMAS/PUTZO, § 260, Rn. 17; BGH, MDR 1975, 1008 = **juris**byhemmer.

Die Tatsache, dass das Gericht *im Tenor* – also gewissermaßen „weiter oben" und zeitlich etwas früher – bereits eine Aussage getroffen hat, aus der man manchmal auf den Bedingungseintritt schließen kann, ändert daran nichts.

Ohne Bedingungseintritt keine Ausführungen im Urteil

Tritt diese Bedingung *nicht* ein, so darf im Urteil zum Hilfsantrag überhaupt nicht Stellung genommen werden; die dort berührten Rechtsfragen landen dann – wenn sie der Diskussion wert sind – im Hilfsgutachten, wenn der Bearbeitervermerk ein solche fordert bzw. zulässt.[419]

> **Hinweis:** Wie bereits angesprochen, wird nicht in allen Bundesländern ein Hilfsgutachten zugelassen bzw. angeboten. Soweit im Folgenden immer wieder von diesem die Rede sein wird, geht es also um die Bundesländer, in denen von dieser zum Abprüfen der Selektionsaufgabe des Richters sehr sinnvollen Zusatzaufgabe tatsächlich Gebrauch gemacht wird. Ohne Hilfsgutachten fallen oft solche Fragen, die zwar den Fall „berührten" und daher durchdacht werden mussten, aber für das Urteil letztlich unerheblich sind, komplett aus dem abzugebenden und bewertbaren Endergebnis der Prüfungsleistung heraus. Folge: Ohne Möglichkeit des Hilfsgutachtens machen eigentlich nur solche Fälle als Urteilsklausuren Sinn, in denen zumindest die meisten Aspekte auch tatsächlich für das Ergebnis von Bedeutung sind.

Aufbauschema bei Bedingungseintritt

Erfahrungsgemäß ist in Klausuren in der Mehrzahl der Fälle der Bedingungseintritt gegeben. Dann ergibt sich folgender Aufbau:[420]

- ⇨ Zulässigkeitsprüfung des Hauptantrages
- ⇨ Begründetheitsprüfung des Hauptantrages
- ⇨ Klarstellung des Bedingungseintritts
- ⇨ Zulässigkeitsprüfung des Hilfsantrages, mit (u.a.) Voraussetzungen der objektiven Klagehäufung[421]
- ⇨ Begründetheitsprüfung des Hilfsantrages
- ⇨ Begründung der Kostenentscheidung (für *gesamte* Klage)
- ⇨ Begründung der Vollstreckbarkeitsentscheidung

Wie immer: Schwerpunkte setzen!

Eine andere Frage als die Einhaltung *dieser Reihenfolge* ist es allerdings, ob man auch tatsächlich alle diese Punkte mit einer eigenständigen Gliederungsziffer versehen muss[422], wenn sich – wie oft – bezüglich des Hilfsantrages alleine materiell-rechtliche Probleme stellen.

Sinnlose Wiederholungen bei Zulässigkeitsprüfung vermeiden

Auch sollte man bei der Prüfung der Zulässigkeit des Hilfsantrages sinnlose (weil praxisferne und zeitraubende) *Wiederholungen* gegenüber der weiter oben schon erfolgten Prüfung der Zulässigkeit des Hauptantrages vermeiden.

---

419 Die Ausführungen bei KNÖRINGER, § 8 III 2, dass es im Falle des Nichteintritts der Bedingung ein schwerer Fehler sei, im Gutachten zum Hilfsantrag Stellung zu nehmen, beziehen sich sicherlich nicht auf das Hilfsgutachten (andernfalls teilen wird diese These nicht), sondern - was dort nicht ganz klar wird - wohl auf den Klausurtyp „Gutachten zur Vorbereitung eines Urteils". In jedem Fall handelt es sich nämlich bei einem solchen Vorbringen des Klägers um eine für die Entscheidung unerhebliche, aber vom Fall „berührte" (so der Wortlaut des Bearbeitervermerks der Klausuren etwa in Bayern und Sachsen) Rechtsfrage.

420 Siehe auch KNÖRINGER, § 8 III 6b.

421 Diese ist im Falle des Hilfsantrages ausnahmsweise eine echte Sachurteilsvoraussetzung, weil eine Prozesstrennung in solchen Fällen nicht möglich ist: Die Bedingung würde dann nämlich von einem *außer*prozessualen Ereignis abhängen (siehe hierzu etwa ZÖLLER/GREGER, § 260, Rn. 6a; KNÖRINGER, § 8 I).

422 Grds. ist das Durchgliedern unverzichtbar und das Durchnummerieren zumindest sehr sinnvoll (dazu siehe unten, Rn. 51).

Bei den praktisch identischen Prüfungspunkten sollte vielmehr mit Verweisungen und/oder kurzen Zusammenfassungen gearbeitet werden. Das Vorgehen in einfachen Fällen könnte dann stattdessen etwa wie folgt aussehen:

> *II. Allerdings ist die Klage im Hilfsantrag erfolgreich, weil die vom Kläger gesetzte Bedingung aufgrund der Abweisung des als Hauptantrag gestellten Räumungsbegehrens eingetreten ist und der unproblematisch zulässige Hilfsantrag (vgl. v.a. § 29a ZPO bzw. § 23 Nr. 2a GVG; dazu s.o.) auch begründet ist.*
>
> *Der Kläger kann nämlich Nachzahlung der Miete für ... verlangen (§ 535 II BGB). ..."*

Teilweise wird von Praktikern auch vertreten, dass die Zulässigkeit (nicht die Begründetheit) für Haupt- und Hilfsantrag zusammen geprüft werden könne, weil der Bedingungseintritt durch den Tenor schon vorgegeben sei und so – was in der Tat zutrifft – unnötige Wiederholungen vermieden werden.

c. Subjektive Klagehäufung / Streitgenossenschaft

Subjektive Klagehäufung

Bei Streitgenossenschaft wird es sich in der Regel anbieten, zwar die Zulässigkeitsprüfung für alle Streitgenossen zusammen zu diskutieren (dort gibt es meist keine Unterschiede, sodass andernfalls überflüssige und praxisferne Wiederholungen drohen).

Die Begründetheitsprüfung sollte man dagegen im Regelfall für jeden einzelnen von ihnen vornehmen. Hier wird der Aufgabensteller nämlich meist irgendwelche Fragen eingebaut haben, die nur den jeweils *einzelnen* Streitgenossen betreffen.

Der Aufbau sieht dann wie folgt aus:[423]

⇨ Zulässigkeitsprüfung (für alle zusammen)

⇨ Begründetheitsprüfung

- zunächst für Bekl. zu 1)
- dann für Bekl. zu 2) usw.

⇨ Begründung der Kostenentscheidung (zusammengefasst)

⇨ Begründung der Vollstreckbarkeitsentscheidung (zusammengefasst)

Streitgenossenschaft auf Klägerseite

Bei einer Streitgenossenschaft auf *Klägerseite*, ein viel seltener Fall, wird aber zumindest im Regelfall auch eine Zusammenfassung der Begründetheitsprüfung angezeigt sein. So etwa im Fall einer (nicht *selbst* rechtsfähigen!) Miterbengemeinschaft, deren Mitglieder eine geerbte Forderung in gesamthänderischer Verbundenheit (vgl. §§ 2032, 2038 ff BGB) einklagen.[424] Hier wird im Regelfall von Anfang an klar sein, dass zwischen den Streitgenossen gar keine Unterschiede bestehen, sodass die Zusammenfassung sinnvoll, weil ökonomischer ist.

---

423 Siehe dazu das Klausurbeispiel in Assessor-Basics, Klausurentraining Zivilurteile (Fallsammlung) (Klausur Nr. 4).

424 In diesem Fall ist übrigens streitig, ob es sich um eine notwendige Streitgenossenschaft i.S.d. § 62 ZPO handelt oder nur um eine einfache (siehe PALANDT/WEIDLICH § 2039, Rn. 7 m.w.N.). Hintergrund des Streits ist die Tatsache, dass die einzelnen Mitglieder bei Forderungen *auch alleine* vorgehen könnten, nämlich über die gesetzliche Prozessstandschaft des § 2039 S. 1 BGB.

Sonderfall im Aufbau: Drittwiderklage

Einen gewissen Sonderfall stellt in dieser Hinsicht die sog. Drittwiderklage dar, die u.a. zu einer Klagehäufung auf Seiten der Widerbeklagten führt: Hier weisen die Klage gegen den Kläger und die gegen den Drittwiderbeklagten als neu hinzugekommene Partei bereits in der Zulässigkeit derart viele Unterschiede zueinander auf, dass es zumindest im Regelfall sinnvoller sein wird, auch die jeweilige Zulässigkeitsprüfung zu trennen.[425]

oft: Streit um notwendige Streitgenossenschaft

Fragen nach notwendiger Streitgenossenschaft werden häufig so in Klausuren eingebaut, dass von zwei Beklagten einer säumig ist, der andere aber verhandelt. Dann stellt sich die Frage nach der Vertretungsfiktion des § 62 ZPO: Diese entscheidet darüber, ob insgesamt ein Endurteil ergeht oder ein „Versäumnis- und Endurteil". Ein solches hat einen anderen Aufbau der Entscheidungsgründe.[426]

5. Aufbau bei Klage / Widerklage

Aufbau bei Klage / Widerklage

Klage und Widerklage sind in den Entscheidungsgründen grds. getrennt und nacheinander zu erörtern. Der Aufbau sieht also am besten meist folgendermaßen aus:[427]

Schema

- ⇨ Zulässigkeit der Klage
- ⇨ Begründetheit der Klage
- ⇨ Zulässigkeit der Widerklage
- ⇨ Begründetheit der Widerklage
- ⇨ Kosten, Vollstreckbarkeit (für Klage und Widerklage jeweils zusammen: Grundsatz der Einheit der Kostenentscheidung u.a.).

U.U. Prüfung von Widerklage vor der Klage sinnvoll

Unter besonderen Umständen kann es aber durchaus einmal vertretbar sein, die Widerklage vor der Klage zu prüfen.

> **Bsp.:** *Der Kläger erhebt eine offene Teilklage, der Beklagte kontert mit einer negativen Feststellungsklage bezüglich des überschießenden Betrages (diese wäre wegen ihrer weiter gehenden Rechtskraftwirkung zulässig).*

In einem solchen Fall wird empfohlen, die weiterreichende Widerklage vorzuziehen.[428]

Sollte es sich allerdings um eine Eventualwiderklage handeln, die von einem innerprozessualen Ereignis (hier dann gewiss die Abweisung der Klage oder eines Klageantrages) abhängig ist, so muss nach den eben zur Eventualklagehäufung aufgestellten Regeln auch in einem solchen Fall der Teilklage zunächst über diese und damit den Eintritt oder Nichteintritt der Bedingung entschieden werden.

---

425 Siehe hierzu etwa das Klausurbeispiel in Assessor-Basics, Klausurentraining Zivilurteile (Fallsammlung) (Klausur Nr. 1, Rn. 33 ff.).
426 Dazu siehe ausführlich und mit Schema unten im Kapitel „Säumnisverfahren" (§ 11, Rn. 34).
427 Vgl. etwa KNÖRINGER, § 12 II. Ein Klausurbeispiel hierzu finden Sie in Assessor-Basics, Klausurentraining Zivilurteile (Fallsammlung) (Klausur Nr. 4 [Widerklage mit Haupt- und Hilfsantrag]).
428 Vgl. ANDERS/GEHLE, M, Rn. 9. Zwingend ist dies aber gewiss nicht und hat nach unserer Beobachtung sogar schon teilweise zur Verwirrung von Korrektoren geführt.

B. Formale Regeln / der Urteilsstil

Formale Regeln / der Urteilsstil

Einer der Hauptunterschiede zu dem, was der Prüfling im Referendarexamen abzuliefern hatte, liegt in dem nun anzuwendenden Urteilsstil.

Indikativ statt Konjunktiv

Während man das Gutachten nicht nur teilweise im Konjunktiv („könnte", „müsste" usw.) schreibt, sondern vor allem Schritt für Schritt zum Ergebnis hinführt, sieht es im Urteilsstil genau umgekehrt aus: Das Ergebnis wird vorangestellt und dann im Indikativ begründet.

Ergebnis voranstellen: „Obersätze" statt Überschriften!!

Dies gilt dann nicht nur für das Gesamtergebnis, sondern letztlich für jeden Teilabschnitt. So wie der Verfasser eines Gutachtens des „roten Fadens" wegen immer wieder Zwischenergebnisse angibt, bevor er zu einem Endergebnis kommt, so arbeitet der Verwender des Urteilsstils auch in diesen Details praktisch spiegelbildlich: Er stellt zunächst – gewissermaßen als Gesamtergebnis – einen „großen Obersatz" vorneweg und leitet die einzelnen Unterabschnitte seines Urteils mit „kleineren" Obersätzen ein. Überschriften im eigentlichen Sinne verwendet man nicht; genau deren Funktion sollen die logisch gegliederten Obersätze übernehmen!

hemmer-Klausur-Tipp

> **Trainieren und kontrollieren Sie gezielt immer wieder Ihren Schreibstil auf diesen Aspekt hin! Wenn die Korrektoren einer Examensklausur – wie üblich – die Qualität der Beherrschung des Urteilsstils durch den Prüfling bewerten, so ist damit in erster Linie die Konsequenz im Einsatz von solchen Obersätzen gemeint. Dies ist aber ein Aspekt der Klausur, dessen Bedeutung nach unserer Beobachtung von Referendaren oft völlig unterschätzt wird.**

I. Beispiel 1: Obersätze bei Klage / Widerklage

Fallbeispiel

Fallbeispiel: Der Kläger forderte zunächst Zahlung in Höhe von 10.000 €, nahm später aber einen Teil der Klage zurück und reduzierte deswegen seine Forderung auf 6.000 €. Der Beklagte hat aus einem anderen Streitgegenstand Widerklage in Höhe von 2.500 € erhoben.

Der Urteilsverfasser kommt nun in seinen Vorüberlegungen zu dem Ergebnis, dass die Begründetheit der Klage nach dem Ergebnis der Beweisaufnahme gegeben ist, die der Widerklage aber nicht.

Als Einleitung der Begründetheitsprüfung fasst nun der „große Obersatz" alle Ergebnisse der Prüfung zusammen.

„großer Obersatz"

„Die Klage ist erfolgreich, da sie, soweit über sie noch zu entscheiden war, zulässig und begründet ist. Dagegen war die Widerklage abzuweisen, da diese zwar zulässig, aber unbegründet ist."

Nun folgt der Unterpunkt Zulässigkeit der Klage:

„kleine Obersätze" (hier zunächst zu Zulässigkeit und Begründetheit der Klage)

„I. Die Klage ist zulässig, soweit noch über sie zu entscheiden war.

1. Dabei ist vorab[429] klarzustellen, dass die Rechtshängigkeit der Klage in Höhe von 4.000 € durch wirksame Teilklagerücknahme erloschen ist, sodass insoweit nicht mehr zu entscheiden war ... (es folgt die Begründung von § 269 I ZPO).

2. Auch die Zuständigkeit des angerufenen Gerichts ist gegeben, denn ...

---

429 Zum Aufbau des Urteils bei Problemen von Teilklagerücknahme oder Klageänderung siehe unten in § 9, Rn. 27.

Nun wird die Begründetheit der Klage dargelegt:

II. Die Klage ist auch begründet, denn der Kläger kann vom Beklagten gemäß §§ 989, 990 BGB Zahlung von 6.000 € verlangen. ... (es folgt eine genaue Begründung aller Tatbestandsmerkmale).

Als nächstes wird zur Zulässigkeit der Widerklage Stellung genommen:

„kleine Obersätze" zur Zulässigkeit und Begründetheit der Widerklage

III. Auch die Widerklage ist zulässig.

Der Zusammenhang von Klage und Widerklage, der nach Ansicht des BGH eine eigenständige Prozessvoraussetzung darstellt, liegt vor, weil ….. (es folgt eine kurze Begründung je nach Einzelfall).

Auch die sachliche Zuständigkeit ist gegeben. Es besteht Einigkeit, dass die sachliche Zuständigkeit des Landgerichts auch für Widerklagen von nicht mehr als 5.000 € (vgl. §§ 23 Nr. 1, 71 I GVG) gegeben ist, wenn nur über die Klage die Zuständigkeit des Landgerichts begründet wird. Hierfür sprechen die Prozessökonomie und v.a. auch die Tatsache, dass § 506 ZPO für den genau umgekehrten Fall eine Verweisung insgesamt an das Landgericht vorsieht.[430] ……

Schließlich wird die Unbegründetheit der Widerklage behauptet und danach ausführlich durch Erörterung *sämtlicher* in Betracht kommender Anspruchsgrundlagen belegt.

IV. Allerdings ist die Widerklage nicht begründet, da der geltend gemachte Anspruch auf Zahlung von 2.500 € nicht besteht.

1. Insbesondere ist kein vertraglicher Anspruch aus § 433 II BGB gegeben, weil ein wirksamer Kaufvertrag nicht zustande kam. ...

II. Weiteres Beispiel: Obersätze bei Haupt- und Hilfsantrag sowie Prozessvergleich

Weiteres Fallbeispiel: Haupt- und Hilfsantrag, Prozessvergleich

Weiteres Fallbeispiel: *Der Kläger stellte einen Haupt- und einen Hilfsantrag. Die Parteien schlossen dann zunächst einen Prozessvergleich, den der Beklagte anschließend aber wegen arglistiger Täuschung anfocht. Nun stellt sich heraus, dass der Hauptantrag unbegründet ist, der Hilfsantrag aber erfolgreich.*

Vorschlag für den „großen Obersatz:

Die Klage ist im Hauptantrag abzuweisen, weil der Vergleich zwar wirksam angefochten wurde, die zulässige Klage aber unbegründet ist. Im Hilfsantrag ist die Klage allerdings zulässig und begründet.

Anschließend geht es etwa wie folgt weiter:

I. Das Verfahren war trotz des Prozessvergleichs, der grds. eine unmittelbar die Rechtshängigkeit beendende Wirkung hat,[431] fortzusetzen, da dieser unwirksam ist. ...

Urteilsstil macht radikale Veränderung des Schreibstils erforderlich

Diese Anforderungen des Schreibstils erfordern erkennbar also eine ziemlich radikale Veränderung gegenüber der Vorgehensweise des Ersten Staatsexamens.

---

[430] Vgl. hierzu etwa THOMAS/PUTZO, § 33, Rn. 18 sowie ausführlich in Assessor-Basics, Klausurentraining Zivilurteile (Fallsammlung), Fall 3, Rn. 13.
[431] Vgl. hierzu etwa THOMAS/PUTZO, § 794, Rn. 26 und v.a. Rn. 36 ff.

§ 9 DIE ENTSCHEIDUNGSGRÜNDE

hemmer-Klausur-Tipp

> Investieren Sie bereits in der Anfangsphase des Referendariats entsprechend Zeit, um an diesem Schreibstil – den Sie übrigens auch in Anwaltsschriftsätzen brauchen werden! – zu feilen. Trainieren Sie ihn ständig und reflektieren Sie später Ihre Probeklausuren auf diese Feinheiten hin. Auch wenn viele Referendare dieses Vorgehen regelrecht als „Wohltat" gegenüber dem manchmal fast ätzenden Konjunktivstil des Referendarexamens empfinden und diese Regeln recht schnell durch Klausurentraining in den Griff bekommen, gibt es leider immer wieder Kandidaten, denen noch im Examen beim Bewertungskästchen für den Urteilsstil ein „nicht beachtet" oder „schlecht" angekreuzt wird. Bedenkt man, um wie viel einfacher diese Regeln im Vergleich etwa zum materiellen Recht erlernt werden können, so kann es nur als sträflicher Leichtsinn bezeichnet werden, wenn der Referendar nicht mit der notwendigen Akribie an seinem Stil schleift!

Eines ist im Hinblick auf die Klausurtaktik aber jedenfalls evident: Der Bearbeiter muss das von ihm angestrebte Ergebnis der Klausur zumindest in den entscheidenden Zügen „stehen" haben, bevor er mit der Reinschrift beginnt. Das Ruder während des Schreibens noch herumzureißen, ist zumindest deutlich schwieriger (allerdings bei entsprechendem Geschick oft nicht ganz unmöglich) als bei Erstellung eines Gutachtens.

C. Die Zulässigkeitsprüfung der Klage

Grundsatz des Vorrangs der Sachurteilsvoraussetzungen

Die Zulässigkeitsprüfung ist *zwingend* der Sachprüfung, die in der Begründetheit stattfindet, voranzustellen. Sie darf nie offen gelassen werden, da ein Sachurteil nicht ergehen darf, wenn schon Prozesshindernisse entgegenstehen (Grundsatz des Vorrangs der Sachurteilsvoraussetzungen).[432] Dann muss zwingend ein Prozessurteil (Abweisung als unzulässig) ergehen, das eine geringere Rechtskraftwirkung als ein Sachurteil hat: Es verbraucht im Sinne des § 322 I ZPO nicht die Sache selbst für künftige Folgeprozesse, sondern würde einem „erneuten Anlauf" nach Beseitigung des Prozesshindernisses nicht entgegenstehen.

Beim Herangehen an den Fall sind im Kopf bzw. - soweit nicht völlig abwegig - gegebenenfalls auch auf dem Notizpapier grds. sämtliche Sachurteilsvoraussetzungen abzuklären, also etwa der Klageantrag auf seine Bestimmtheit hin zu untersuchen oder der im Rubrum der Klageschrift angegebene Wohnort des Beklagten bzw. der Streitwert auf Übereinstimmung mit dem angerufenen Gericht zu überprüfen. Hierbei kann man sich etwa an dem Schema bei Thomas/Putzo, vor § 253, Rn. 15 ff. orientieren.

Welche Zulässigkeitsfragen gehören ins Urteil?

Eine andere Frage ist aber, was davon in das Urteil gehört, das einerseits praxisgerecht sein soll, andererseits aber auch examenstaktischen Anforderungen Genüge tun muss.

I. Der unproblematische Fall

In der Praxis sehr häufig - aber auch zumindest im Assessorexamen der Südbundesländer manchmal vorhanden - sind Fälle, in denen überhaupt kein „echtes" Zulässigkeitsproblem enthalten ist und die Probleme alleine in der Begründetheit liegen.

---

[432] Streitig ist dies beim Feststellungsinteresse (vgl. BGH, NJW 1978, 2031-2031 = **juris**byhemmer). Eine Ausnahme will die h.M. im Falle des § 265 III ZPO machen, weil dort *ein und derselbe* Vorgang zeitgleich zum Wegfall und Zulässigkeit und Begründetheit führt und es sich hierbei dann auch nicht um ein heilbares Prozesshindernis handeln würde. Dann soll die Klage als *unbegründet* abgewiesen werden (vgl. etwa THOMAS/PUTZO, § 265, Rn. 19).

Weglassen der Zulässigkeitsprüfung in einfachen Fällen?

Für die Handhabung dieser Situation bestehen unterschiedliche Ansichten: Teilweise wird empfohlen, dann sofort mit der Begründetheit zu beginnen. Es sei nur das anzusprechen, was von den Parteien diskutiert wurde oder wo „ernsthafte Zweifel" bestehen.[433]

Ein derart „radikales" Vorgehen mag praxisgerecht sein, erscheint in einer Examensklausur aber dennoch nicht unbedingt als empfehlenswert. Die Bewertungsbögen etwa der bayerischen Examensklausuren enthalten praktisch ausnahmslos eine Art Checkliste, ob und inwieweit der Prüfling zur Zuständigkeit und u.U. auch zu anderen Fragen Stellung genommen hat. Natürlich darf man nicht stur ein Lehrbuch-Schema herunterbeten, doch sollte knapp das Wesentliche abgehakt werden.

hemmer-Klausur-Tipp

> Gerade wenn und weil die Ansichten von Autoren und entsprechend auch Prüfern auseinander gehen, müssen Sie in erster Linie an die Reaktion des Korrektors denken: Hat der Prüfling einen Punkt erwähnt, der nicht auf dem Bewertungsbogen steht, so wird den Korrektor dies meist nicht weiter stören, *wenn* es sich ohnehin nur um ein, zwei prägnante Sätze handelt. Fehlt aber ein Punkt, der auf dem Bogen existiert, so ist die Anbringung eines „Fehlt"-Zeichens meist die automatische Reaktion des Korrektors; der Punktabzug dürfte dann zwangsläufig sein.
> Im Übrigen stellt sich die Frage, was unter „ernsthaften Zweifeln" i.d.S. zu verstehen ist: Was für den Spitzenjuristen völlig unproblematisch ist, kann so gestaltet sein, dass der mittelgute Jurist nach längerer Prüfung zum selben Ergebnis gelangt und der schwache es gar unzutreffend löst.

kurzes „Abhaken" aller Fragen empfehlenswert

Empfehlenswert dürfte etwa ein derartiger Standardsatz (mit §§-Zitat) zur Zuständigkeit sein:[434]

> „Die Klage ist im Hauptantrag zulässig. Das örtlich bereits nach §§ 12, 13 ZPO zuständige Landgericht X ist auch sachlich zuständig gemäß § 23 Nr. 1 i.V.m. § 71 I GVG, da der Streitwert der beiden Klageanträge allein, also ohne Berücksichtigung der Widerklage (vgl. § 5 1. Hs. und 2. Hs. ZPO), über 5.000 € liegt."

echte Rechtsprobleme natürlich auch bei Zuständigkeit genauer erörtern

Anders ist dies selbstverständlich, wenn sich hinter der Norm auch noch ein echtes Rechtsproblem verbirgt; dann ist etwas mehr zu schreiben.

Beispiele

> **Bsp.:** *Wird bei einem Verkehrsunfallprozess die Klage (oder Drittwiderklage) auch gegen die Versicherung gerichtet, so ist im Rahmen der örtlichen Zuständigkeit die Anwendbarkeit von § 32 ZPO bzw. 20 StVG auf diese zu erörtern, da diese immerhin „nur" nach §§ 115 I 1, 117 III 2 VVG i.V.m. § 3 S. 1 PflVG haftet, nicht unmittelbar nach StVG oder Deliktsrecht.*
>
> *Oder: Es ist dann eine Aussage zur Höhe des für die §§ 23 Nr. 1, 71 I GVG maßgeblichen Streitwerts zu treffen, wenn dieser sich nicht bereits unmittelbar aus dem Zahlungsantrag ergibt, also etwa bei Anwendung von § 5 2. Hs. ZPO (Widerklage) oder § 8 ZPO (Streit um Kündigung bei Gewerbemiete).*

---

433 Vgl. ANDERS/GEHLE, B, Rn. 51; HUBER, Rn. 254.
434 Vgl. auch KNÖRINGER, § 6 II 1.

II. Diskussion der problematischen Fragen

1. Schwerpunktsetzung

Diskussion der problematischen Fragen mit Schwerpunktsetzung

Andere Fragen sind nur anzusprechen, wenn sie problematisch erscheinen. Dabei ist bereits hier auf eine richtige Schwerpunktsetzung zu achten: Enthält ihre Klausur neben den oben genannten Routinepunkten ein echtes Problem, so können Sie sicher sein, dass die Korrektoren einen Großteil der Rohpunkte, die auf die Zulässigkeitsprüfung entfallen, gerade *für diesen* Punkt vergeben werden. Mit den übrigen Dingen gewinnen Sie dann sprichwörtlich „keinen Blumentopf". Daher sollten Sie diese ganz knapp zusammenfassen und sich mit wirklichem Tiefgang diesem einen Problem zuwenden.

2. Einzelfragen

a. Klageänderung und Klagerücknahme

Stellungnahme zu §§ 269, 263 ZPO nie weglassen

Wurde im Klausursachverhalt die Erklärung einer (teilweisen) Klagerücknahme oder Klageänderung abgegeben, so sollte hierzu immer zumindest eine kurze Stellungnahme erfolgen.

Diese Fragen sind oft derart unproblematisch (etwa im Falle von § 267 ZPO), dass sie der Praktiker dann auch manchmal gar nicht erwähnt. Im Examen aber dürfte die Erörterung von §§ 269, 263 ZPO vom Korrektor regelmäßig erwartet werden.[435] Wird die Zulässigkeit der Klagerücknahme oder -änderung im Sachverhalt diskutiert, geht es um einen Fall von § 264 ZPO oder muss die Sachdienlichkeit i.S.d. § 263 ZPO begründet werden, so erscheint eine Stellungnahme in jedem Fall als unverzichtbar.

Aufbau: ganz an den Anfang der Zulässigkeitsprüfung!

Im Aufbau gehört die Prüfung von §§ 263 ff. ZPO oder § 269 ZPO dann ganz *an den Anfang* der Zulässigkeitsprüfung:[436] Erst muss geklärt werden, *über welchen* Streitgegenstand denn eigentlich jetzt zu entscheiden ist, dann erst kann zu dessen Zulässigkeit im Übrigen und der Begründetheit etwas gesagt werden!

b. Beiderseitige Teilerledigungserklärung

entsprechend bei beiderseitiger Teilerledigungserklärung

Liegt eine beiderseitige Teilerledigungserklärung[437] der Parteien vor oder besteht nun zwischen den Parteien Streit über die Wirksamkeit einer solchen, gilt für den Aufbau entsprechendes:

Die *beiderseitige* Teilerledigungserklärung beendet die Rechtshängigkeit dieses Teils der ursprünglichen Klage nach zumindest überwiegender Meinung, *ohne* dass es darauf ankäme, ob dieser Klageantrag zuvor zulässig und begründet war bzw. ob wirklich ein erledigendes Ereignis vorliegt.

Daher muss bereits *vor der eigentlichen Zulässigkeitsprüfung* durch eine Prüfung der Voraussetzungen der beiderseitigen Teilerledigungserklärung geklärt werden, inwieweit überhaupt noch eine Rechtshängigkeit besteht.[438]

---

435 Vgl. HUBER, Rn. 255: Diese besonderen Sachurteilsvoraussetzungen seien *immer* im Urteil anzusprechen.
436 Vgl. dazu etwa KNÖRINGER, § 9 II.
437 Zu etwaigen Besonderheiten der Tenorierung in diesem Fall siehe unten in § 12, Rn. 11 ff.
438 ANDERS/GEHLE, P, Rn. 32, will die beiderseitige Teilerledigungserklärung erst bei der Kostenentscheidung (gemischt nach § 91 und § 91a ZPO; siehe oben in § 6, Rn. 51 ff.) erwähnen, vorher *noch gar nicht*. Das ist dann in Ordnung, wenn die tatsächliche

c. Partei- und Prozessfähigkeit

Partei- und Prozessfähigkeit

In unterschiedlicher Weise scheinen Korrektoren bzw. Aufgabensteller mit der Frage umzugehen, ob eine Erörterung der Partei- und Prozessfähigkeit im Urteil vorgenommen werden sollte. Richtigerweise wird man differenzieren müssen.

Liegt der völlig unproblematische Fall des Prozesses von volljährigen natürlichen Personen gegeneinander vor, so sollte zur Partei- und Prozessfähigkeit gewiss nicht Stellung genommen werden.

Ist aber etwa eine Miterbengemeinschaft im Spiel, so dürfte sich in vielen Fällen eine Stellungnahme empfehlen. Die könnte etwa wie folgt aussehen:

Beispiel (Miterbengemeinschaft)

„Auch bezüglich Partei- und Prozessfähigkeit der Kläger bestehen letztlich keine Bedenken. Eine Miterbengemeinschaft als solche ist zwar nicht parteifähig gemäß § 50 I ZPO, weil sie keine eigene Rechtspersönlichkeit darstellt.[439] Hier aber hat nicht die Miterbengemeinschaft als selbständige Persönlichkeit klagen wollen, sondern die Kläger selbst als Miterben in gesamthänderischer Verbundenheit. Dies lässt sich Rubrum und Klageantrag, wo die Erben selbst als Kläger zu 1) und zu 2) bezeichnet sind, im Wege der Auslegung eindeutig entnehmen."

Klage von oder gegen eine Gesellschaft bürgerlichen Rechts

Zweifelsohne ist eine Stellungnahme angebracht, wenn die Frage des Vorliegens der Parteifähigkeit „juristischen Gehalt" hat. Das derzeit gewiss wichtigste Beispiel dafür ist die Klage von oder gegen eine Gesellschaft bürgerlichen Rechts. Immerhin war die inzwischen anerkannte Parteifähigkeit der GbR[440] zuvor ein Jahrhundert abgelehnt worden und ergibt sich bis heute nicht eindeutig aus dem Gesetz.

hemmer-Klausur-Tipp

> Achten Sie auf den „Sound" des Klausursachverhalts, dem Sie nicht selten auch diese taktische Frage entnehmen können. Wird die Parteifähigkeit der Gesellschaft dort ausdrücklich diskutiert, etwa weil der Gesellschaftsvertrag Mängel habe[441], so wird gewiss eine Stellungnahme im Urteil von Ihnen erwartet.

d. Abgrenzung von Klagearten

Abgrenzung von Klagearten

Kamen theoretisch verschiedene Klagearten in Betracht, so sollte auch kurz zur Statthaftigkeit der konkret erhobenen Klage Stellung genommen werden. Dies gehört dann *an den Anfang* der Prüfung, also etwa noch vor die Zuständigkeitsprüfung.

> *Bsp.: Im Zwangsvollstreckungsrecht kann es um die Abgrenzung der Klage nach § 771 ZPO zu der nach § 805 ZPO gehen.*

Es ist aber nicht – etwa wie im Verwaltungsrecht – stereotyp ein Prüfungspunkt „richtige Klageart" abzuhandeln. Man spricht dies grds. nur an, wenn tatsächlich ein Abgrenzungsproblem besteht, also nicht etwa auch bei einer einfachen Leistungsklage oder Feststellungsklage.

Beendigung der Rechtshängigkeit dieses Teils *völlig unproblematisch* ist. Dies wiederum ist in der Praxis zwar der absolute Regelfall, in Klausuren aber gerade oft anders: Nicht selten geht es in Klausuren darum, dass eine Partei ihre Erledigungserklärung widerrufen will oder in Frage stellt, das diese überhaupt wirksam war. Die sich dann ernsthaft stellende Frage, ob der Rechtsstreit im ursprünglichen oder im jetzigen Umfang rechtshängig ist, muss aber zwangsläufig am Anfang geprüft werden und kann nicht auf die Kostenentscheidung verlagert werden.

439 Vgl. PALANDT/WEIDLICH, vor § 2032, Rn. 1; BGH, NJW 1989, 2133-2135 = **juris**by**hemmer**.
440 Vgl. BGH, NJW 2001, 1056-1061 = **juris**by**hemmer** = **Life&Law 2001, 216**.
441 Zu erörtern sind dann die Grundsätze der „fehlerhaften Gesellschaft".

§ 9 DIE ENTSCHEIDUNGSGRÜNDE

e. Prozessstandschaft

Prozessstandschaft

Basiert der Klageantrag auf einer gewillkürten oder gesetzlichen Prozessstandschaft (etwa § 265 II 1 ZPO oder § 2039 BGB), so muss dazu immer Stellung genommen werden.

32

f. Rechtsschutzbedürfnis

Das Rechtsschutzbedürfnis ist ein Prüfungspunkt, der grds. *nur bei besonderem Anlass* zu erörtern ist.

33

Anders kann dies aber etwa im Zwangsvollstreckungsrecht sein. Dort empfiehlt es sich, das Rechtsschutzbedürfnis immer kurz abzuhaken, weil dieses ja z.B. bei einer Beendigung der Vollstreckung während des Prozesses entfallen kann und – wenn keine einstweilige Einstellung der Zwangsvollstreckung nach § 769 ZPO beantragt worden war – tatsächlich auch häufig entfällt (mit der Folge, dass von Gestaltungsklage nach § 767 oder § 771 ZPO auf Leistungsklage auf Wertersatz umzustellen wäre; sog. „verlängerte" Drittwiderspruchsklage oder Vollstreckungsgegenklage).[442]

D. Die Begründetheitsprüfung

I. Grundsätze / Allgemeines

Insbesondere in der Erörterung der Begründetheit wirken sich die Unterschiede zwischen dem Gutachtenstil und dem nun anzuwendenden Urteilsstil aus.

34

„noch kleinere" Obersätze zu den einzelnen Tatbestandsmerkmalen

Im Vergleich zu den Beispielen oben werden nun noch „kleinere" Obersätze vorangestellt und anschließend begründet. Konkret: Wird das Bestehen einer Anspruchsgrundlage begründet, so bezieht sich diese Regel des Voranstellens des Ergebnisses nun also grds. auf *jedes einzelne Tatbestandsmerkmal*.

subsumieren, nicht nur Sachverhalt nacherzählen!

Es ist grds. für jedes Tatbestandsmerkmal darzulegen, *dass und durch welche* (unstreitige oder bewiesene) Tatsache es erfüllt wurde (Subsumtion).

Formulierungsbeispiel

„*Der Anspruch des Klägers ergibt sich aus § 816 I 1 BGB.*

Der Beklagte hat eine Verfügung über den streitgegenständlichen Wagen vorgenommen. Eine Verfügung ist ... (es folgt eine Definition). Diese Voraussetzung liegt hier vor, denn ...

Der Beklagte ist auch Nichtberechtigter i.d.S., denn ..."[443]

In völlig unproblematischen Fällen wird man mit Zusammenfassungen arbeiten können, doch sollte man mit dieser Technik eher etwas zurückhaltend sein: Lieber etwas „zu präzise" als zu ungenau.

---

442 Hierzu siehe ausführlich etwa bei HEMMER/WÜST, ZPO II, Rn. 275 ff; PALANDT/SPRAU, § 812, Rn. 37 ff; THOMAS/PUTZO, § 771, Rn. 11 (sehr knapp).

443 Zu weiteren Formulierungsbeispielen siehe sogleich bei den Aufbauregeln (Rn. 35 ff.) sowie in den Klausuren in Assessor-Basics, Klausurentraining Zivilurteile (Fallsammlung).

II. Aufbauregeln

Andere Ziele als beim Gutachten

Auch im Aufbau kann es entscheidende Unterschiede zwischen einem Gutachten und einem Urteil geben. Der Richter darf nicht lange um den heißen Brei herumreden, sondern er muss zwei Zielen gerecht werden: Einerseits muss er das konkrete Ergebnis, das er gefunden hat, möglichst fundiert begründen, andererseits soll er nur zu den Dingen Stellung nehmen, auf die es für die Lösung wirklich ankommt, und er soll auch möglichst schnell den Weg ins Ziel finden.

„Echo-Prinzip", Bedeutung des Hilfsgutachtens

Nach dem sog. „Echo-Prinzip" sollte sich *in der Klausurlösung* zwar durchaus eine Antwort auf *möglichst alle* Fragen, die im Sachverhalt aufgeworfen wurden, finden. Allerdings wird es nicht selten passieren, dass ein nicht unbeträchtlicher Teil der im Sachverhalt berührten bzw. sogar ausdrücklich diskutierten Fragen jedenfalls nicht zur Begründung *des Urteils* herangezogen werden muss. Die Diskussion des Problems erfolgt dann – soweit dies dem Bearbeitervermerk entspricht[444] – im Hilfsgutachten.

Dabei orientiert sich die Frage, was alles ins Urteil selbst gehört und in welcher Reihenfolge es darzulegen ist, in erster Linie am Endergebnis, das im Tenor vorangestellt worden ist.

1. Die voll begründete Klage

Grundregel: eine Anspruchsgrundlage genügt!

Der Normalfall ist natürlich, dass *mehrere* Anspruchsgrundlagen für das angestrebte Klägerziel in Betracht kommen. Ergeben dann die Vorüberlegungen, dass die Klage (zumindest in der Hauptsache) vollständig begründet ist, so werden grds. nicht alle Anspruchsgrundlagen im Urteil dargelegt. Vielmehr genügt es im Falle des Vorliegens mehrerer Anspruchsgrundlagen, *nur eine* davon im Urteil selbst anzusprechen und deren Bestehen darzulegen.[445]

Dies gilt grds. unabhängig davon, ob die anderen in Betracht kommenden Anspruchsgrundlagen ebenfalls gegeben sind (dazu siehe aber nochmals unten) oder entfallen.

„einfachste" Anspruchsgrundlage wählen

Dabei stützt sich das Urteil auf diejenige der zu bejahenden Anspruchsgrundlagen, die die geringsten Anforderungen an den Tatbestand stellt.[446] Die Aufbauregeln des Referendarexamens (vertragliche Ansprüche vor vertragsähnlichen vor gesetzlichen) müssen also gegebenenfalls modifiziert werden.

hemmer-Klausur-Tipp

> Völlig über Bord werfen dürfen Sie die Aufbauregeln des Referendarexamens allerdings auch nicht. Zum einen sind die vertraglichen Ansprüche oft tatsächlich günstiger für den Kläger und damit auch nach den Regeln des Urteilsstils oft vorzuziehen. So ist etwa ein Schadensersatzanspruch aus § 280 I BGB wegen der sich aus § 280 I 2 BGB ergebenden Beweislastumkehr meist tatsächlich günstiger als ein deliktischer Anspruch.

---

444 Zu den Unterschieden zwischen den Bundesländern siehe bereits oben (§ 9, Rn. 12).
445 Vgl. etwa KNÖRINGER, § 6 III 1; HUBER, Rn. 208; GOTTWALD, 7.2.4.2.
446 Vgl. etwa HUBER, Rn. 208; SIEGBURG, Rn. 617; GOTTWALD, 7.2.4.2. KAISER, Rn. 235 stellen dagegen die verblüffende These auf, es stehe im Belieben des Prüflings (!!??), sich die Anspruchsgrundlage auszuwählen, die ihm am angenehmsten ist; er habe die freie Wahl, ob er die mit den meisten Problemen oder die einfachste wähle. Aufgrund unserer Beobachtungen zahlreicher Examenskorrekturen kann nur dringend davor gewarnt werden, tatsächlich so vorzugehen.

> Zum anderen bedarf es aber vor der „Reinschrift" erst einer Ordnung der in Betracht kommenden Anspruchsgrundlagen und v.a. einer Prüfung von deren Erfolgsaussichten: Während der Bewältigung *dieser* Aufgabe sollten Sie sich durchaus noch an diesen Regeln orientieren. Erst dann, wenn Ihr Ergebnis „steht", legen Sie endgültig fest, auf welche Ansprüche Sie das Urteil stützen und in welcher Reihenfolge Sie eine etwaige Mehrheit von Anspruchsgrundlagen im Urteil selbst darlegen.

Beispiel (Verkehrsunfall)

Beispielsfall: Verkehrsunfall, Klage gegen eine Person, die Fahrer und Halter ist.

In diesem Falle stützt sich das Urteil grds. auf die Halterhaftung gemäß § 7 I StVG, weil diese Gefährdungshaftung die einfacher zu begründende Norm ist (kein Verschuldenserfordernis). Die Parallelansprüche aus § 18 StVG bzw. §§ 823 I, II BGB, bei denen ein Verschulden nötig wäre, können – wenn ein solches zugelassen ist – im Hilfsgutachten diskutiert werden. Dies sollte im Falle dieses Beispiels (aber nicht in allen Fällen) meist recht kurz erledigt werden.

zweite Möglichkeit: zusammenfassende Doppelbegründung

Sind allerdings alle oder mehrere Anspruchsgrundlagen gegeben, gibt es auch eine andere Aufbauvariante: Bei einer mehrfach begründeten Klage kann man in *manchen* Fällen auch alle Anspruchsgrundlagen kurz zusammenfassen,[447] *wenn* sich dies unproblematisch und kurz darlegen lässt. Das ist etwa dann empfehlenswert, wenn etwa der Tatbestand der Anspruchsgrundlagen jeweils unproblematisch erfüllt ist und nur der Umfang der zu ersetzenden Schäden ein Problem darstellt. Dieser wird bezüglich der materiellen *Sachschäden* gemäß §§ 249 ff. BGB ja gleich behandelt.

hemmer-Klausur-Tipp

> **Vorsicht bei der Anwendung dieser zweiten Aufbaumöglichkeit. Durch dieses Vorgehen kann leicht der „rote Faden" des Falles verloren gehen. Überdies: Manchmal merkt der Bearbeiter erst später – ggf. zu spät – dass er doch nicht alles einfach zusammenfassen kann. Beispiel beim Verkehrsunfall: Wegen der Sonderregeln der §§ 11 ff. StVG zu Körperschäden ist eine Zusammenfassung bei Vorliegen von solchen schwierig, weil dann gerade nicht nur bei der – „vor die Klammer gezogenen" – Anspruchsgrundlage selbst Besonderheiten bestehen, sondern auch bei den erst im späteren Verlauf der Entscheidungsgründe zu diskutierenden Schadenspositionen.**

Insoweit nicht sog. „Zwar-Aber-Methode" verwenden

Nicht in Betracht kommt eine Anwendung der sog. „Zwar-Aber-Methode": Soweit man diese Arbeitsmethode überhaupt befürwortet,[448] so muss jedenfalls erkannt werden, dass diese sich auf eine andere stilistische Frage bezieht: Es geht um die Frage, ob dann, wenn von zwei *alternativen Tatbestandsmerkmalen* eines gegeben ist und eines nicht, zu beiden Stellung genommen wird oder nicht. Für komplette alternative *Anspruchsgrundlagen* gilt das nicht; hier würde eindeutig zu vieles, was nicht entscheidungserheblich ist, im Urteil landen. Hierzu noch ein Beispiel:

Weiteres Beispiel (unwirksamer Vertrag)

Ein Verkäufer erhebt Rückforderungsklage wegen angeblichen Zahlungsverzugs des Käufers. Es stellt sich aber heraus, dass der Kaufvertrag unwirksam ist.

Keinesfalls darf man dann etwa so aufbauen:

falscher Stil

I. Zwar sind keine vertraglichen Rückgewähransprüche aus Rücktritt (vgl. § 346 i.V.m. § 323 I BGB) gegeben, da kein wirksamer Kaufvertrag zustande kam. .... (es folgt die Begründung).

---

447 Vgl. etwa KNÖRINGER, § 6 I 1.
448 Dazu siehe unten Rn. 58.

II. Aufgrund eines Rückgewähranspruches aus § 812 I 1, 1. Alt. BGB ist die Klage aber dennoch begründet ... (es folgt die Begründung).

Dieser Aufbau, den man in einem Gutachten wählen würde, aber auch beim Erarbeiten der Lösung auf dem Konzeptpapier, wäre ein Verstoß gegen die Regeln des Urteilsstils.

Stattdessen stützen sich die Entscheidungsgründe nur auf das letztlich positive Endergebnis und erörtern das Nichtvorliegen des Vertrages, soweit es – wie hier – auf diesen überhaupt ankommt, an einer ganz anderen Stelle, nämlich im Tatbestandsmerkmal Rechtsgrund. Dies würde hier also etwa folgenden Aufbau bedeuten:

Aufbauvorschlag

Die Klage ist begründet, da ein Rückgewähranspruch aus § 812 I 1, 1. Alt. BGB besteht.

1. Der Beklagte hat das Eigentum an dem streitgegenständlichen Pkw „erlangt", denn ...

Verschiebung der Prüfung des Kaufvertrages!

2. Dies erfolgte auch durch Leistung des Klägers, denn ...

3. Auch die Rechtsgrundlosigkeit dieser Leistung ist gegeben, da kein wirksamer Kaufvertrag zustande kam. ... (Begründung dafür nun an dieser Stelle).

Berücksichtigung von Vorrangverhältnissen / Konkurrenzen

Auch wenn ein Vorrangverhältnis in der Konkurrenz verschiedener Anspruchsgrundlagen besteht, lassen sich diese Regeln einhalten.

Bsp.: *Klage auf Nutzungsersatz. Die Prüfung ergibt, dass der nutzende (und nicht entreicherte) Beklagte wirksam Eigentümer wurde, der Kaufvertrag aber unwirksam ist.*

Falsch wäre folgender Aufbau:

Die Klage ist auch begründet.

I. Ein Anspruch aus §§ 987 ff. BGB kommt allerdings nicht in Betracht, da der Beklagte wirksam Eigentümer wurde. ... (Begründung)

II. Allerdings ist der geltend gemachte Anspruch auf Nutzungsersatz gemäß §§ 812 I 1, 1. Alt, 818 I, II BGB begründet, denn ...

Stattdessen ist folgendermaßen vorzugehen:

Konsequenz: „Verschiebung" der EBV-Prüfung

Die Klage ist auch begründet. Der Klägerin steht der geltend gemachte Anspruch auf Nutzungsersatz tatsächlich zu; dieser stützt sich auf §§ 812 I 1, 1. Alt., 818 I, II BGB.

Insbesondere steht diesem Anspruch nicht der Grundsatz des Vorrangs der §§ 987 ff. BGB entgegen, weil im konkreten Fall gar kein Eigentümer-Besitzer-Verhältnis i.d.S. gegeben ist. Der Beklagte wurde nämlich wirksam Eigentümer ... (Begründung, anschließend folgt die eigentliche Tatbestandsprüfung von § 812 I 1 1. Alt BGB)

Wegen des Konkurrenzverhältnisses (Vorrang des EBV) ist also eine Art „Verschiebung" der EBV-Prüfung dergestalt vorzunehmen, dass deren Nichtvorliegen nun den ersten Unterpunkt der Prüfung des einzig *unmittelbar* ins Urteil gestellten § 812 BGB darstellt.

2. Die unbegründete Klage

a. Grundregel: Prüfung aller Anspruchsgrundlagen

Grundregel: Darlegung des Entfallens sämtlicher Anspruchsgrundlagen nötig!

Völlig anders ist die unbegründete Klage zu behandeln: Hier hat das Gericht erst dann eine vollständige Antwort auf die ihm gestellte Frage gegeben, wenn er das Entfallen *sämtlicher* ernsthaft in Betracht kommender Anspruchsgrundlagen dargelegt hat.

§ 9 DIE ENTSCHEIDUNGSGRÜNDE

Dabei kann man sich in der Reihenfolge dann durchaus an den Prüfungsschemata des Gutachtenstils orientieren.[449]

b. Technik des Offenlassens

Technik des Offenlassens

Allerdings hat das Gericht hier dann eine andere „Verkürzungsmöglichkeit": Er kann bestimmte Tatbestandsmerkmale, die im Prüfungsaufbau der konkreten Anspruchsgrundlage weiter vorne kommen, offen lassen, wenn die Vorüberlegungen ergaben, dass in jedem Fall eines der eigentlich erst später zu prüfenden Tatbestandsmerkmal entfällt.

> **Bsp.:** *Die Wirksamkeit eines Vertrages ist zwischen den Parteien umstritten und bedürfte einer tief gehenden Prüfung. In jedem Fall aber wäre der aus diesem Vertrag geltend gemachte Anspruch verjährt.*

Dieser Fall wird oft als geradezu „klassischer" Fall dafür gebracht, dass man die Frage der Wirksamkeit des Vertrages offen lassen und damit letztlich ins Hilfsgutachten verlagern sollte:[450]

Beispiel Verjährung

> „Die Klage war abzuweisen.
>
> I. Insbesondere ist kein vertraglicher Anspruch gegeben, wobei die Frage der Wirksamkeit des Vertrages dahingestellt bleiben konnte, da zumindest die vom Beklagten gemäß § 214 I BGB erhobene Verjährungseinrede begründet ist..."

hemmer-Klausur-Tipp

> **Soweit der Bearbeitervermerk ein Hilfsgutachten fordert und Sie eine im Sachverhalt strittige Frage dorthin verlagern, sollten Sie dem Korrektor die Arbeit leichter machen, indem Sie ihm durch Verweisungen - etwa mit Fußnoten - den Weg zu den betreffenden Stellen des Hilfsgutachtens weisen.[451] So gelingt es diesem leichter, den „roten Faden" zu behalten.**
> **Außerdem: Zumindest dann, wenn der offen gelassene Punkt einigermaßen knapp abgehandelt werden kann, sollten Sie die Niederschrift in genau der zeitlichen Reihenfolge vornehmen, in der Sie dies bei einem Gutachten vornehmen würden. Schreiben Sie also das, was Sie im Urteil offen lassen, jetzt sofort nieder und verwenden Sie dabei nur eben ein anderes Blatt unter der Überschrift „Hilfsgutachten". Würden Sie erst das gesamte Urteil und dann das gesamte Hilfsgutachten niederschreiben, so müssten Sie sich zweimal mit u.U. größerem zeitlichen Abstand in diesen konkreten Problembereich hineindenken und wohl alleine dadurch unnötig Zeit verlieren. Aber Vorsicht: Stehen Sie – wie im Regelfall – unter Zeitdruck, so können und müssen Sie auch im Stil differenzieren: Im Hilfsgutachten können Sie sich oft wesentlich knapper fassen als im Urteil.[452]**

Keinesfalls kann man aber sagen, dass es möglich wäre, bei Verjährung *immer* die übrigen Prüfungspunkte offen zu lassen. Soweit bestimmte Fragen gerade wieder Auswirkung auf die Verjährung haben, müssen sie natürlich geklärt werden.

---

449 Vgl. etwa KNÖRINGER, § 6 II 2; HUBER, Rn. 208.
450 Vgl. etwa KNÖRINGER, § 6 II 2; HUBER, Rn. 209 (Beispiel mit § 823 BGB).
451 So etwa auch KNÖRINGER, § 6 III 3; HUBER, Rn. 214.
452 Mit der von uns ausdrücklich nicht empfohlenen „Scheibchenmethode" (zu dieser oben in § 1, Rn. 14) hat dieser Rat nichts zu tun: Diese betrifft die Niederschrift von Teilen, bevor man überhaupt seine Entscheidung gefällt hat. Der hier eben gegebene Ratschlag setzt voraus, dass die Entscheidung für den Klausurbearbeiter gefallen ist und er sich auf dieser Basis entschieden hat, was er ins Urteil aufnimmt und was nicht. Alleine die Ausformulierung wird nicht in der Reihenfolge der (späteren) Seitennummerierung ausgeführt.

c. Unzulässigkeit des Offenlassens

Kein Offenlassen bei Haupt- und Hilfsantrag

Ein Offenlassen ist nie möglich, wenn eine Partei durch die Wahl von Haupt- und Hilfsantrag (dazu siehe bereits oben) die Reihenfolge der Prüfung vorgegeben hat. Dann ist die richterliche Prüfungskompetenz wegen § 308 I ZPO erst eröffnet, wenn er den Bedingungseintritt durch Entscheidung über den Hauptantrag begründet hat.

Kein Offenlassen bei Aufrechnung

Weiterhin ist die Technik des Offenlassens nicht anwendbar im Verhältnis zwischen Hauptforderung und einer zur Aufrechnung gestellten Gegenforderung. Der Richter muss stattdessen zwingend erst darüber entscheiden, ob die Hauptforderung unbeschadet der Aufrechnung überhaupt besteht;[453] nur wenn er dies grds. bejaht, kann er die Wirkung des Erlöschens des § 389 BGB annehmen. Dies folgt aus der unterschiedlichen materiell-rechtlichen Wirkung und der in § 322 II ZPO hierfür vorgesehenen Rechtskrafterweiterung: Nur wenn sich wirklich zwei Forderungen aufrechenbar gegenüber standen, ist die vom Beklagten geltend gemachte Gegenforderung für Folgeprozesse „verbraucht".[454]

3. Sonderfall: Die negative Feststellungsklage

Grundregeln gelten genau umgekehrt

Genau umgekehrt gelten die beiden eben aufgestellten Grundregeln natürlich im Falle einer negativen Feststellungsklage, bei der ja letztlich auch nur die Parteirolle auf den Kopf gestellt ist:

⇨ Da diese dann begründet ist, wenn keine Anspruchsgrundlage gegen den Kläger besteht, muss in diesem Fall wiederum zu allen in Betracht kommenden Anspruchsgrundlagen Stellung genommen werden.

⇨ Da die negative Feststellungsklage aber unbegründet ist, wenn auch nur eine einzige Anspruchsgrundlage die Rechtsfolge trägt, derer sich der Beklagte „berühmt" hat, reicht es im Urteil grds., das Bestehen dieser einen Anspruchsgrundlage darzulegen.

4. Die teilweise begründete Klage

a. Grundregel

Grundregel: Teilerfolg vorweg, Misserfolg hinterher

Die Grundregel bei einer nur teilweise begründeten Klage geht dahin, dass zunächst diejenige Anspruchsgrundlage voranzustellen ist, auf die der *erfolgreiche* Teil der Forderung gestützt werden kann.[455] Anschließend ist – gewissermaßen in einem zweiten Teil des Urteils - darzulegen, warum keine weiter gehenden Ansprüche gegeben sind; in diesem Zusammenhang wird sehr oft dann das Entfallen anderer im Raume stehender Anspruchsgrundlagen darzulegen sein.

Bei dieser Klausurvariante ist also meist der größte Teil der Rechtsprobleme *im Urteil selbst* darzulegen. Dabei ist aber vor allem zu beachten, dass die Prüfungsreihenfolge der Anspruchsgrundlagen im Vergleich zum Gutachtenstil völlig durcheinandergewirbelt werden kann.

---

453 Sog. Beweiserhebungstheorie; vgl. etwa KNÖRINGER, § 6 II 2; THOMAS/PUTZO, § 300, Rn. 3.
454 Vgl. THOMAS/PUTZO, § 322, Rn. 45 ff. Zu dem in der Anwaltsklausur wichtigen Problem der Taktik des Beklagten bei überschießender Gegenforderung siehe ausführlich in Assessor-Basics, Anwaltsklausur, § 2, Rn. 27 ff.
455 Vgl. etwa KNÖRINGER, § 6 II 3.

Beispiel: Kaufrecht unbegründet, Deliktsrecht teilweise erfolgreich

Bsp.: *Klage auf Rückzahlung des Kaufpreises wegen Rücktritt und zusätzlich Ersatz von Folgeschäden wegen Lieferung einer mangelhaften Sache. Der beklagte Verkäufer beruft sich erfolgreich auf § 377 II HGB, es stellt sich aber in Ihren Vorüberlegungen heraus, dass die Klage bezüglich eines Teilbetrages gemäß § 823 I BGB („Weiterfresserschaden") begründet ist.*

Hier legen Sie im Urteil nach dem Obersatz („Die Klage ist allerdings nur teilweise begründet") zunächst die Tatbestandsmerkmale des § 823 I BGB dar.

Dabei gehen Sie beim Merkmal Eigentumsverletzung *ausführlich* (Knackpunkt eines solches Falles!) auf die Abgrenzung des Integritätsinteresses vom Äquivalenzinteresse ein und erläutern, warum deswegen nur ein Teil der geforderten Summe von § 823 I BGB erfasst ist. Anschließend schwenken Sie um:

„Weiter gehende Ansprüche sind nicht gegeben.

1. Insbesondere ist kein Anspruch aus Rücktritt gemäß §§ 346, 323 I, 437 Nr. 2, 434 I BGB) gegeben, da dem die Einwendung des § 377 II HGB entgegensteht. ....."

Speziell bei einem solchen Klausurstrickmuster ist es völlig unverzichtbar, dass der Bearbeiter sein Ergebnis abschließend durchdacht und festgelegt hat, bevor er mit der „Reinschrift" seines Urteils beginnt.

b. Häufiger Sonderfall: Verkehrsunfallklausur

Sonderfall: Verkehrsunfallklausur

Ein gewisser Sonderfall ist hier beispielsweise wieder die Verkehrsunfall-Klausur.[456] Gerade diese ist in Examensklausuren selten zu 100 % begründet.

⇨ Geht der Anspruch gegen den beklagten Halter und Fahrer aus § 7 I StVG nur teilweise durch, weil Abzüge gemäß § 17 II StVG vorzunehmen und/oder auch einige Schadenspositionen gemäß §§ 249 ff. BGB nicht ersatzfähig sind, so zwingt obige Aufbauregel eigentlich dazu, auch die Parallelansprüche aus § 18 I StVG bzw. §§ 823 I, II BGB *ins Urteil selbst* einzubauen.

Kompromiss nötig

⇨ Andererseits: Zu beachten ist, dass bzgl. der Prüfung von §§ 249 ff. BGB bei diesen Anspruchsgrundlagen grds. kein Unterschied besteht und dass auch die Kürzung gem. § 17 II StVG auf *alle* diese Ansprüche anwendbar ist.[457] Daher muss deren Ergebnis hier *zwangsläufig* deckungsgleich zu dem bei § 7 I StVG bereits gefundenen sein. Aus diesem – für jedermann sofort erkennbaren – Grund wäre es natürlich Unfug, nun jeden einzelnen Anspruch wieder *in voller Breite* zu diskutieren.

zwei stilistische Möglichkeiten

Daher sollte man entweder von der oben beschriebenen Methode Gebrauch machen, alle Anspruchsgrundlagen zusammenzufassen, oder man sollte diese Aufgabe einem Abschlusssatz auferlegen, der letztlich einen Kompromiss zwischen den verschiedenen Anforderungen (Abhandlung aller Anspruchsgrundlagen einerseits, kein Auswälzen von Überflüssigem andererseits) darstellt.

---

[456] Hierzu siehe etwa das ausführliche Klausurbeispiel in Assessor-Basics, Klausurentraining Zivilurteile (Fallsammlung), Fall 1 bzw. regelmäßig in den Hemmer-Assessorkursen.

[457] Vgl. hierzu etwa HENTSCHEL § 17, Rn. 2; BGH, NJW 1962, 1394.

Man könnte am Ende der *ausführlichen* Prüfung des § 7 I StVG die Begründetheitsprüfung des Urteils etwa wie folgt abrunden:

Formulierungsvorschlag

> *„Andere Anspruchsgrundlagen, aus denen sich ein höherer Schadensersatzanspruch ergibt, sind nicht gegeben.*
>
> *Insbesondere führen § 18 I StVG, § 823 I BGB zu keinem anderen Ergebnis, weil sich die Anspruchsreduzierung wegen mitwirkender Betriebsgefahr bei diesen Anspruchsgrundlagen entsprechend § 17 II StVG ebenfalls auswirkt und auch bezüglich der Ersatzfähigkeit der Sachschäden gemäß §§ 249 ff. BGB keine Unterschiede bestehen."*

recht häufige Klausursituation (v.a. bei Schadensersatz)

Sicherlich gibt es auch zahlreiche andere Situationen, in denen ein solcher Kompromiss im Schreibstil angezeigt erscheint. Im Prinzip kann man immer dann so vorgehen, wenn *mehrere* Anspruchsgrundlagen im Raume stehen, der Grund ihrer Kürzung aber *für alle gleichermaßen* gilt, wie dies beim Mitverschulden oder beim Entfallen von Schadenspositionen geradezu typischerweise der Fall ist. Man denke nur an die Tierhalterhaftung gemäß § 833 BGB als Parallelanspruch zu § 823 I BGB (oder Ähnliches).

5. Zusammenfassung / Arbeitsschritte

Zusammenfassung / Arbeitsschritte

Die Anwendung der eben aufgestellten Regeln erfordert in der Klausur eine Vorgehensweise in folgenden Arbeitsschritten:

⇨ (Gedankliche bzw. stichpunktartige) Prüfung sämtlicher in Betracht kommender Anspruchsgrundlagen im Gutachtenaufbau.

⇨ Klärung des Gesamtergebnisses: Klage voll begründet, teilweise begründet oder unbegründet?

⇨ Festlegung der hierfür geltenden Aufbauregel; Kennzeichnung, welche Anspruchsgrundlagen ins Urteil gehören.

⇨ Überprüfung, ob die anderen (für das Hilfsgutachten „aussortierten") Anspruchsgrundlagen Auswirkung auf diese haben; dann gegebenenfalls Verschiebung von Prüfungspunkten von diesen auf die im Urteil enthaltenen Anspruchsgrundlagen.[458]

⇨ Beginn der „Reinschrift".

III. Der Schreibstil

Abteilung „Marketing und Vertrieb"

Ein ganz wesentlicher Punkt, der im Examen in seiner Bedeutung oft an die Rechtskenntnisse heranreicht, ist der richtige Schreib*stil*. Will man die Bedeutung mit einem Vergleich zum Ausdruck bringen, so könnte man sagen, Ihre Rechtskenntnisse stellen die Abteilungen „Forschung, Entwicklung und Produktion" dar, Ihr Schreibstil ist die Abteilung „Marketing und Vertrieb". Das beste Produkt aber wird kein Renner, wenn es schlecht verkauft wird! Umgekehrt kann zwar der beste Vertrieb keinen „Schrott" zum Spitzenprodukt aufwerten (weil dies durchschaut werden wird), wohl aber gegebenenfalls ein Mittelklasseprodukt gut vermarkten. - Genauso ist es aber auch im Examen!

Besonders bedeutsam bei dieser Betrachtung ist die Frage der Effizienz: Ein Referendar, der materiell-rechtliche Lücken aus dem Studium während des Referendariats schließen will, hat alle Hände voll zu tun und kann dies u.E. nur in den *ersten* Monaten schaffen!

---

458 So etwa die Prüfung der Unwirksamkeit des Vertrages im obigen Beispiel mit §§ 346, 323 BGB bzw. § 812 BGB bzw. das Nichtvorliegen des EBV im Beispiel mit Nutzungsersatz nach §§ 812, 818 I, II BGB.

Die Erlernung der Aufbauregeln des Urteilsstils und einiger anderer stilistischer Erfahrungssätze ist demgegenüber eine vergleichsweise wenig aufwendige Übung.

ständiges Training unverzichtbar

Die perfekte *Beherrschung* dieser Regeln auch im Kampf gegen die Uhr und unter Berücksichtigung der Stresssymptome des Examens ist wiederum eine andere Frage. Diese Beherrschung setzt eine entsprechende Routine voraus; sie funktioniert selbstverständlich nur infolge permanenten Trainings genau dieser Situation, also infolge des Schreibens einer großen Anzahl von Klausuren in echter bzw. ernsthaft simulierter *Drucksituation*.

Hat der Examenskandidat an diesen stilistischen Dingen richtig gearbeitet, sind nach unseren Erfahrungen - wenn nur der materiell-rechtliche Stand *gehalten* werden konnte - tatsächlich auch immer wieder Notenverbesserungen gegenüber dem Referendarexamen möglich. Der Weg zu einer höheren Punktzahl lässt sich dann nämlich u.U. mit weniger Theoriewissen realisieren als im Referendarexamen: Nötig ist es nicht mehr, alle möglichen Professorenmindermeinungen mit einzubeziehen, sondern die Aufgabe besteht darin, in möglichst flüssiger und „spannender" Art und Weise die prägnantesten Argumente für *eine* ganz bestimmte praxisorientierte Problemlösung anzuführen.

Obwohl es - wie zu zeigen sein wird - über manches unterschiedliche Ansichten gibt und vieles reine Geschmacksfrage ist, so gibt es dennoch ein paar formale Regeln, bei deren Beherzigung der Examenskandidat erfahrungsgemäß überproportional viel „bewegen" kann.

1. Durchgliedern der Entscheidungsgründe

Gliederungspunkte

Bereits mehrfach wurde in diesem Skript darauf hingewiesen, wie wichtig eine logische Gliederung der Arbeit für deren Bewertung ist.

Eine gute Gliederung sollte in jedem Falle auch optisch schnell erkennbar werden: Neue Absätze beginnen, Abstände in Form von freien Zeilen lassen, wenn ein größerer Einschnitt folgt, bei größeren Zäsuren – etwa Übergang von Zulässigkeit auf Begründetheit oder Beginn der Prüfung einer anderen Anspruchsgrundlage – sogar ein ganz neues Blatt anfangen.

hemmer-Klausur-Tipp

> **Letzteres bringt noch einen weiteren Vorteil für das „Krisenmanagement": Es sollte „nach Lehrbuch" nicht passieren, passiert aber trotzdem auch einem guten Bearbeiter hin und wieder: Plötzlich merkt er während der Ausarbeitung, dass er etwas Wichtiges übersehen hat und dass es ihm vom Zeitaufwand her noch möglich sein dürfte, das Ruder herumzureißen. Dann ist eine Korrektur der Lösung umso leichter möglich, je großzügiger der Bearbeiter zuvor mit dem Papier umgegangen war: Manchmal muss dann nur der Tenor, der große Obersatz und eine einzige angefangene Seite zur Begründetheitsprüfung korrigiert werden. Hat der Bearbeiter aber alles unmittelbar hintereinander gequetscht, wird so etwas viel schwieriger.**

durchnummerieren?

Während beim Tatbestand unstreitig ist, dass keine Durchnummerierung erfolgt, ist dies bezüglich der Entscheidungsgründe umstritten. Manche Autoren und Ausbilder lehnen dies strikt und meist ohne Begründung ab[459], für andere ist es selbstverständlich, dass man als Richter seine Ausführungen mit logisch nachvollziehbaren Gliederungspunkten durchnummeriert.[460]

In der Sache selbst, also zur Beantwortung der Frage, was der bessere Urteilsstil ist, ist u.E. letztgenannte Auffassung eindeutig vorzugswürdig: Ein Urteil muss möglichst klar und verständlich sein, und seine logische Struktur muss beim Leser – im Examen dem Korrektor – schnell und unmissverständlich „rüberkommen", wenn das Urteil wirklich überzeugen soll. Die These, dass der Korrektor die logische Gliederung eines Urteils genauso problemlos auch ohne Ziffern erkennen könne, mag für einen einfach strukturierten Fall gelten. Bei einer oftmals komplex strukturierten Examensklausur mit mehreren Streitgegenständen, Widerklage, Prozessaufrechnung oder etwa gar vorangegangener Streitverkündung geht diese Behauptung nach unseren eigenen Erfahrungen und Beobachtungen um Lichtjahre an der Realität vorbei.

hemmer-Klausur-Tipp

> Da man im Examen aber nicht nur Recht haben, sondern auch Recht bekommen muss, wollen wir hiermit mit unseren Ratschlägen dennoch differenzieren.
> **Süddeutschland:** Aus den genannten Gründen *unbedingt* durchgliedern, ohne es dabei aber zu übertreiben! Dies entspricht dort der Praxis und den Lösungsskizzen bzw. Bewertungsbogen im Examen.
> **GPA-Bereich:** Auch hier sollte zumindest grob gegliedert werden, um die Übersichtlichkeit zu wahren.
> **Im Übrigen:** Erkundigen Sie sich nach den Gepflogenheiten im jeweiligen Bundesland, ggf. etwaigen „Regieanweisungen" des Justizprüfungsamtes, verlassen Sie sich also nicht auf die Aussagen *einzelner* Praktiker. V.a.: Wenn ein Durchnummerieren in der betreffenden Region weniger praxisüblich ist, ist es dann deswegen im Examen sogar unmittelbar schädlich? Sollte nicht ausnahmsweise letztgenannter Fall vorliegen, so lautet unser Tipp: Bringen Sie Gliederungspunkte zumindest für die *Grobgliederung* von nicht *völlig einfach strukturierten* Fällen an. Neben der Zahlenunterteilung von Zulässigkeit und Begründetheit der Klage ist es dann z.B. sinnvoll, die Zäsur durch Beginn der Prüfung einer Widerklage oder den Übergang zur Prüfung des Hilfsantrags oder eines zweiten Streitgegenstands auf diese Weise hervorzuheben. Auch erscheint es als sinnvoll, bei Prüfung einer Mehrheit von Anspruchsgrundlagen jeder Anspruchsgrundlage – also nicht unbedingt jedem Tatbestandsmerkmal – eine Ziffer zuzuweisen.

2. Kommentarzitate

Kommentarzitate?

Der in diesem Skript[461] bereits gegebene Ratschlag eines genau „dosierten" Kommentareinsatzes ist entsprechend auf die Fertigung der Klausur selbst zu übertragen: Zutreffend heißt es hierzu, dass man die Zitate - wenn man sie überhaupt bringt - auf ein Minimum reduzieren sollte.[462]

---

459 So auch ANDERS/GEHLE, B, Rn. 2 und zwar ohne jegliche Erwähnung der Gegenansicht.
460 So mit Recht KNÖRINGER, § 6 I 2; SIEGBURG, Rn. 599; ausführlich HUBER, Rn. 207. Man beachte auch die sorgsame Gliederung, die der BGH in seinen Urteilen vornimmt: Das ist keine Besonderheit des Revisionsrechts, sondern schlichtweg *guter Urteilsstil*!
461 Vgl. dazu oben im Kapitel „Klausurtechnik" (§ 1, Rn. 22).
462 Vgl. etwa ANDERS/GEHLE, B, Rn. 30; HUBER, Rn. 199.

hemmer-Klausur-Tipp

> Lassen Sie Zitate aus dem Palandt oder Thomas/Putzo im Regelfall ganz weg! Der Korrektor kann doch ohnehin nicht abschließend beurteilen, ob Sie Ihre These selbst entwickelt bzw. aus dem Gedächtnis heraus hingeschrieben oder aus dem Kommentar übernommen haben.[463] Manche Ausbilder behaupten zwar, zumindest für eine gute Note sei ein Zitieren wie in einer wissenschaftlichen Arbeit nötig. Demgegenüber sei auf Folgendes verwiesen: Mehrere Hemmer-Mitarbeiter erreichen im Assessorexamen die Note „sehr gut", ohne auch nur *ein einziges* Kommentarzitat anzubringen!

In jedem Fall darf der Bearbeiter keine Zitate von Quellen vornehmen, die Ihm bei Abfassung der Klausur nicht unmittelbar zur Verfügung stehen. Sie sollten v.a. also nicht den BGH selbst und direkt zitieren.

3. Notwendiger Tiefgang des Schreibstils / Schwerpunktsetzung

Notwendiger Tiefgang des Schreibstils / Schwerpunktsetzung

Neben dem korrekten Aufbau und dem zutreffenden oder zumindest gut vertretbaren Ergebnis sind der Tiefgang des Schreibstils und die richtige Schwerpunktsetzung von entscheidender Bedeutung für die Bewertung einer Klausur.

Das berühmte „in der Kürze liegt die Würze" ist insoweit – wie die Erfahrungen mit Originalexamenskorrekturen zeigen – nur teilweise richtig. Insbesondere darf § 313 III ZPO nicht so verstanden werden, dass man auch in komplizierten Fällen nur eine knappe Andeutung seiner Gedanken anbringen müsse.[464] Richtigerweise muss differenziert werden:

a. Knappe Behandlung unproblematischer Prüfungspunkte

knappe Behandlung unproblematischer Punkte

Natürlich müssen unproblematische Dinge möglichst knapp abgehandelt werden. Die Tatsache, dass es eine praxisgerechte Arbeit gefordert ist, führt dazu, dass man insoweit noch deutlich „radikaler" vorgehen kann als dies auch im Gutachtenstil möglich ist.

Die teilweise abgegebene Empfehlung, unproblematische Prüfungspunkte *gar nicht* erst anzusprechen, sondern gleich ganz wegzulassen,[465] dürfte aber dann doch etwas zu weit gehen: Sinnvoller erscheint eine ganz kurze Zusammenfassung der einfacheren Prüfungspunkte, bevor es dann „richtig zur Sache" geht.[466]

Formulierungsbeispiel

> „Der Anspruch ergibt sich aus § 7 I StVG.
>
> 1. Der Beklagte ist Halter des Kraftfahrzeugs, durch dessen Betrieb der im Eigentum des Klägers stehende Pkw beschädigt wurde, denn als Leasingnehmer hat er die dauerhafte Sachherrschaft inne.
>
> 2. Der Ausschlusstatbestand wegen höherer Gewalt i.S.d. § 7 II StVG kommt schon deswegen nicht in Betracht, weil bezüglich des Unfallhergangs keinerlei von außen kommendes Ereignis vorliegt.

---

463 Soweit dies in unseren Klausuren anders gehandhabt ist, ist hiermit zu betonen, dass dies ausschließlich zur besseren Nacharbeit der Problematik vorgenommen wird!

464 Vgl. dazu z.B. den interessanten Seitenhieb gegenüber dem OLG München in BGH, Urteil vom 27. Oktober 2011, Az. VII ZR 84/09 [Rn. 9]: „... das kaum vertretbar knapp gehaltene Berufungsurteil ....".

465 So etwa HUBER, Rn. 236 mit dem Beispiel des Halterbegriffes und des weiteren Tatbestandes von § 7 I StVG.

466 Wie hier offenbar auch KNÖRINGER, § 6 III 1.

3. Aber auch eine Anrechnung der Betriebsgefahr des Klägerfahrzeuges gemäß § 17 II StVG muss hier letztlich ausscheiden. ..." (nun folgt eine ausführliche Begründung der bei Verkehrsunfällen meist zentralen Prüfungspunkte „unabwendbares Ereignis" i.S.d. § 17 III StVG und Abwägung der Verursachungsbeiträge).[467]

b. Schwerpunktsetzung an den Schlüsselstellen

Positivbegründung des Ergebnisses mit sog. „Denn-Satz"

Die Schlüsselstellen des Falles, an denen der eigentliche Streit tobt bzw. über die man unter Umständen geteilter Meinung sein kann, müssen mit möglichst viel argumentativem Tiefgang bearbeitet werden. Dies erfordert unverzichtbar eine Positivbegründung des gefundenen (und im Urteilsstil vorangestellten; s.o.) Ergebnisses mit einem sog. „Denn-Satz" oder „Weil-Satz".

Dreier-Schritt

Wichtige Punkte (*nur* diese; Zeitfrage!) werden dabei immer in einem präzisen Dreier-Schritt[468] angegangen: Zunächst wird ein („kleiner") Obersatz vorangestellt, anschließend erfolgt die Definition des Schlüsselbegriffes bzw. – wenn nötig – die Klärung bestimmter abstrakter juristischer Fragen und schließlich die konkrete Anwendung auf den Fall durch genaue Auswertung des Sachverhalts.

Im letztgenannten Punkt ist es wichtig, dass nicht einfach der Sachverhalt *abgeschrieben*, sondern gleich in eine konkrete Beziehung zur vorangestellten juristischen Definition gebracht wird.

Formulierungsbeispiel:

(„kleiner") Obersatz

„Auch die Einwendung der Entreicherung gemäß § 818 III BGB steht dem Anspruch vorliegend nicht entgegen.

Definition; Klärung einer abstrakten juristischen Frage

Die Frage der Entreicherung ist nach allg. Ansicht nach wirtschaftlichen Gesichtspunkten zu beurteilen. Es muss geprüft werden, ob das ursprünglich Erlangte selbst oder sein Wert im Vermögen des Bereicherungsschuldners ganz oder teilweise noch vorhanden ist.

Ein Vermögensabfluss ist nur dann eine Entreicherung, wenn diese kausal auf dem rechtsgrundlosen Erwerb basiert, also ohne diesen nicht geschehen wäre.[469] Da es sich um eine Einwendung handelt, trägt hierfür der Beklagte als Bereicherungsschuldner die Darlegungs- und Beweislast.

konkrete Anwendung auf den Fall: Auswertung des Sachverhalts

Im vorliegenden Fall hat der Beklagte diesen Einwand nicht einmal schlüssig vorgetragen. Der Kläger hat den Wagen für seinen Gewerbebetrieb gekauft. Es ist nichts dafür erkennbar und wird jedenfalls nicht behauptet, dass er ohne die Erlangung der Geldleistung des Klägers keinen oder einen viel billigeren Geschäftswagen erworben hätte. Geschäftsleute orientieren ihre Ausgaben teilweise an den Einnahmen, oftmals aber an ganz anderen Erfordernissen. Sie müssen meist vorher investieren, um anschließend „im Markt" besser dazustehen und spätere Einnahmequellen zu generieren. .... „

manchmal sinnvoll: Hauptargumente der Gegenmeinung widerlegen

An den absoluten Schlüsselstellen eines Falles kann es zur Erlangung wirklich hoher Punktzahlen vereinzelt (!) sogar nötig sein, die Hauptargumente der Gegenmeinung zu widerlegen. Dies etwa dann, wenn der BGH sich mit einem Urteil, dem man nun folgt, gegen die eigene frühere Rechtsprechung wandte oder zumindest gegen die bislang h.M. einer höchstrichterlich noch nicht geklärten Frage.

---

467 Hierzu siehe etwa das ausführlich Klausurbeispiel in Assessor-Basics, Klausurentraining Zivilurteile (Fallsammlung), Fall 1 bzw. regelmäßig in den Hemmer-Assessorkursen.

468 Vgl. auch Knöringer, § 6 III 2a.

469 Vgl. etwa BGHZ 18, 380-388 (383); Palandt/Sprau § 818, Rn. 30. Dies ist im vorliegenden Fall – wie in den meisten Klausuren – der *entscheidende* und vom Klausurbearbeiter oft vernachlässigte Aspekt. Die Literatur hat teilweise noch engere Denkansätze für die Prüfung des Bereicherungsbegriffs, doch braucht man im praxis- und damit rechtsprechungsorientierten Assessorexamen auf diese nicht weiter einzugehen.

§ 9 DIE ENTSCHEIDUNGSGRÜNDE

„Eine andere Auffassung lässt sich insbesondere nicht damit begründen, dass – wie die überwiegende Rechtsprechung bislang vertrat - ... Diesem Argument ist nämlich entgegenzuhalten, dass ..."

BGH ersetzt noch kein Argument

Klar ist also eines: Es reicht nicht aus, im Urteil keine oder kaum eine Diskussion zu den Problemen zu bringen und diese durch die pauschale Erklärung zu ersetzen, dass der BGH diese Frage so entschieden habe. Das mag einer (Un)-Sitte der Praxis entsprechen, wirkt sich im Examen aber fatal aus.

Ein Palandt- oder BGH-Zitat ersetzt keinesfalls die eigene Argumentation, für deren Qualität der Großteil der Punkte vergeben wird.

Die Tatsache, dass der BGH die konkrete Meinung vertritt, gibt nicht einmal die Befugnis, die Argumentation - wie es manchmal zu beobachten ist - ins Hilfsgutachten zu verlagern: Das Urteil muss *aus sich heraus* überzeugend sein![470]

Ebenso ist natürlich auch das bloße „Wiederkäuen" fremder Ansichten („erste Meinung, zweite Meinung, dritte Meinung") keine Arbeitsweise, die im Assessorexamen zum Erfolg führen kann. Abgesehen davon, dass dies den Besonderheiten des Einzelfalles regelmäßig nicht gerecht wird, geht es immerhin auch darum, den Prüfern die *eigene* praxistaugliche Argumentationskraft aufzuzeigen.

hemmer-Klausur-Tipp

> Schulen Sie regelmäßig Ihr Gespür für die richtige Schwerpunktsetzung: knappe - nie aber ganz fehlende! - Begründung bei ausgekochten Fragen, intensive Auseinandersetzung dagegen bei den Kernproblemen des Falles. Insbesondere deswegen, weil man gleichzeitig nie das korrekte „Zeitmanagement" aus den Augen verlieren darf, kann man dies *ausschließlich* am „großen Fall" trainieren!
> Wichtig ist dabei auch die spätere Selbstüberprüfung nach Rückgabe der korrigierten Klausur: Hatten Sie nach Ansicht des Korrektors die Schwerpunkte falsch gesetzt, so machen Sie sich Gedanken, was der Grund der gewünschten Schwerpunktsetzung ist (das wird an einer guten Lösungsskizze üblicherweise erkennbar werden oder gar ausdrücklich erläutert sein), warum Sie das anders eingeordnet hatten und v.a. woran man die „bessere" Schwerpunktsetzung im Sachverhalt hätte erkennen können. Fehler werden dauerhaft nur dann abgestellt, wenn man ihre Ursachen erforscht!

c. Beachtung des „Echo-Prinzips"

Beachtung des „Echo-Prinzips"

Trotz § 313 III ZPO müssen die sich stellenden Rechtsfragen vollständig abgearbeitet werden. Dabei geben die von den Parteien im Sachverhalt vorgetragenen Rechtsargumente wertvolle Hinweise. Nach dem „Echo-Prinzip" müssen diese grds. in der Klausur abgearbeitet werden, sind aber meist nicht als abschließend anzusehen: Weitere Probleme können versteckter im Fall stecken.

4. Alternative Lösungsmöglichkeiten / „Zwar-Aber-Methode"?

Umstritten ist es, zu welcher Konsequenz die Regeln des Urteilsstils zwingen, wenn von mehreren *kumulativen* Tatbestandsmerkmalen einer Anspruchsgrundlage zwar z.B. das erste gegeben ist, nicht aber das zweite. Ebenso, wenn von mehreren *alternativen* Tatbestandsmerkmalen einer Anspruchsgrundlage zwar das erste nicht gegeben ist, dafür aber das zweite vorliegt.

---

470 Vgl. auch KNÖRINGER, § 6 III 2a und 3.

Offenlassen als typisches Merkmal des Urteilsstils	Eine Möglichkeit besteht darin, das erste Tatbestandsmerkmal im Urteil selbst offen zu lassen; damit hat der Bearbeiter dieses ins Hilfsgutachten zu verlagern, wenn der Bearbeitervermerk ein solches zulässt. Dieses Offenlassen ist ein typisches Merkmal des Urteilsstils.
„Zwar-Aber-Methode" als Alternative	Eine andere stilistische Alternative ist die sog. „Zwar-Aber-Methode", die aber umstritten ist. Teilweise wird sie für unzulässig gehalten, weil es sich um einen „verdeckten Gutachtenstil" handele.[471]
	Dagegen halten andere Praktiker diesen Stil in Grenzen für sinnvoll, etwa um unzutreffende Rechtsansichten der Parteien auszuräumen und damit etwaigen Rechtsmitteln besser vorzubeugen.[472]
Kompromiss wohl angezeigt	Nach unseren Erfahrungen liegt die Wahrheit wohl - wie so oft - in der Mitte angesiedelt: Man muss unterscheiden, ob der Punkt, auf den es letztlich nicht ankommt, ganz knapp abgehandelt werden kann oder ob er zu längeren Ausführungen zwingt. Ist Ersteres der Fall, kann „das zwar" also sehr kurz abgehandelt werden, so ist die „Zwar-Aber-Methode" in Klausuren oft erfolgreicher.
	Zu bedenken ist nämlich, dass durch ein ständiges Offenlassen u.U. auch die klare Linie des Falles verloren gehen und der Leser, evtl. sogar der Verfasser selbst, verwirrt werden kann.
	Lässt der Bearbeitervermerk kein Hilfsgutachten zu, so spricht dies klausurtaktisch umso mehr für einen gemäßigten (und evtl. „verdeckten": dazu gleich im Kästchen) Einsatz der „Zwar-aber-Methode".
hemmer-Klausur-Tipp	**Tricksen Sie in der Klausur im Zweifel einfach auch etwas mit Ihrer Wortwahl! Verblüffend an diesem Streit ist nämlich nicht nur die Rechthaberei, mit der manche Leute Thesen aufstellen, ohne dass es dafür einen klaren Anhalt im Gesetz gibt. Verblüffend ist auch die Leichtigkeit, wie man sie offenbar gleichzeitig mit ihren eigenen Waffen schlagen kann: Gerade im Bereich der Prüfungsämter, in denen die „Zwar-Aber-Methode" am entschiedensten verteufelt wird, kamen nach unseren Informationen Prüflinge insoweit unbeanstandet durch das Examen, wenn sie nur einfach das Wörtchen „zwar" vermieden und stattdessen ihre Sätze mit „allerdings" einleiteten. Ein Unterschied in der Sache war das nicht!**
	Würde die „Zwar-Aber-Methode" aber dazu führen, dass zunächst seitenlang eine Frage diskutiert wird, auf die es letztlich dann offenkundig doch nicht ankommt, so ist es gewiss viel praxisnäher, den ersten Punkt offen zu lassen und ins Hilfsgutachten zu verlagern.[473]
	Zumindest im Grenzbereich ist vieles aber weitgehend eine Geschmacksfrage, bei der ein vernünftiger Korrektor eher Zurückhaltung ausüben sollte.

IV. Sonderproblem: Behandlung der Bindung an andere Urteile

Bindung an andere Urteile	Da die Klausur - anders als im Referendarexamen - nun nicht mehr aus der „Vogelperspektive" zu schreiben ist, stellt die Frage, welche Tatsachenlage nun der Subsumtion zugrunde zu legen ist, zumindest für unerfahrene Bearbeiter eines der Hauptprobleme dar.

---

471 So ausdrücklich ANDERS/GEHLE, B, Rn. 47; vgl. aber auch KNÖRINGER, § 6 I 1 und THOMAS/PUTZO, § 313, Rn. 27.
472 Auch bei den Referendarausbildern gehen nach unseren Informationen die Meinungen *weit* auseinander.
473 Siehe hierzu etwa das stilistische Beispiel in Assessor-Basics Klausurentraining Zivilurteile (Fallsammlung), Fall 2.

Selbst ein solches Privatgutachten kann zur Wahrheitsfindung ausreichen, wenn es der kritischen Würdigung standhält und damit geeignet ist, tragfähige Grundlage richterlicher Überzeugung zu sein.[514] Die andere Partei kann dem durch ein eigenes privates Gegengutachten entgegentreten und damit die Einholung eines „echten" Sachverständigengutachtens nötig werden lassen, sie kann auch einen eigenen Antrag auf „echtes" Sachverständigengutachten stellen.

Sachverständigengutachten im selbständigen Beweisverfahren

Wurde ein Sachverständigengutachten im selbständigen Beweisverfahren nach §§ 485 ff ZPO erstellt, so kann es wegen § 493 I ZPO als „echter" Sachverständigenbeweis verwertet werden. Die selbständige Beweiserhebung steht einer Beweisaufnahme vor dem Prozessgericht gleich, soweit die jeweiligen Verfahrensbeteiligten identisch sind. Die Beweiserhebung des selbständigen Beweisverfahrens wird deshalb im Hauptsacheprozess verwertet, als sei sie vor dem Prozessgericht selbst erfolgt.[515]

Gegenüber weiteren Beklagten, die nicht am selbständigen Beweisverfahren beteiligt waren, ist eine Verwertung des im Beweisverfahren eingeholten schriftlichen Sachverständigengutachtens gemäß § 411a I ZPO möglich. Dies setzt eine (ggf. konkludent getroffene) Verwertungsanordnung des Gerichts voraus, zu deren Erlass oder Ausführung den Parteien Gelegenheit zur Stellungnahme gegeben werden muss.[516]

IV. Urkunden

1. Urkundsbegriff

schriftliche Gedankenäußerungen

Urkunden i.S.d. ZPO sind schriftliche Gedankenäußerungen.

Urkunden in diesem Sinne sind - wie eben gezeigt - auch die Akten eines anderen Verfahrens.

Gegenbeispiele

Keine Urkunden dagegen sind, auch wenn sie verkörperte Gedankenerklärungen darstellen, Tonbänder und Schallplatten. Diese können nur mittels des Augenscheinbeweises verwertet werden. Gleiches gilt für EDV-Datenträger und die bloße Fotografie einer Urkunde.

Auch bei den sog. Beweiszeichen wie Siegelabdrucke und Fahrzeug- und Motornummern handelt es sich nicht um Urkunden. Bei diesen tritt der Aussagezweck hinter den Kennzeichnungszweck zurück.[517]

Das Gesetz unterscheidet hinsichtlich der Beweiskraft öffentliche Urkunden (§§ 415, 417, 418 ZPO) und Privaturkunden (§ 416 ZPO). Die §§ 415 ff. ZPO stellen dabei besondere Beweisregeln i.S.d. § 286 II ZPO dar, die den Grundsatz der freien Beweiswürdigung nach § 286 I ZPO einschränken. Voraussetzung für die Beweiskraft einer Urkunde nach §§ 415 ff. ZPO ist ihre Echtheit, die nach den §§ 437 ff. ZPO zu ermitteln ist.

---

514 Vgl. BGH, NJW 1993, 2382-2383 (2383) = **juris**byhemmer.
515 Vgl. BGH NJW 2018, 1171 [Rn. 13]; NJW 2017, 3661 [Rn. 12]; THOMAS/PUTZO, § 493, Rn. 1.
516 Vgl. BGH NJW 2018, 1171 [Rn. 19].
517 Vgl. ZÖLLER/GEIMER, vor § 415, Rn. 2.

2. Öffentliche Urkunden

Öffentliche Urkunden

Öffentliche Urkunden werden von einer Behörde oder einer Person öffentlichen Glaubens ausgestellt. Für den Behördenbegriff kann auf die Definition des § 1 IV VwVfG zurückgegriffen werden. Personen öffentlichen Glaubens, die das Gesetz zur Beurkundung ermächtigt, sind Notare, Standesbeamte, Gerichtsvollzieher, Urkundsbeamte, Postzusteller.

Öffentliche Urkunden besitzen gemäß § 437 I ZPO bis zum Beweis des Gegenteils die Vermutung für ihre Echtheit.

a. Öffentliche Urkunden über Willenserklärungen

Öffentliche Urkunden über Willenserklärungen

Öffentliche Urkunden über die Abgabe von Willenserklärungen oder Prozesshandlungen vor einer Behörde oder Urkundsperson beweisen nach § 415 I ZPO, dass die beurkundete Erklärung abgegeben wurde. Die Beweiskraft beschränkt sich darauf, dass der Erklärungsvorgang richtig beurkundet ist.

Die inhaltliche Richtigkeit der Erklärung wird hingegen von der Beweiskraft der Urkunde nach § 415 ZPO nicht erfasst. Der Richter entscheidet darüber frei nach § 286 I ZPO[518].

> **Bsp.:** *Das Verhandlungsprotokoll beweist also nur, dass die aufgenommenen Erklärungen des Zeugen tatsächlich abgegeben wurden, nicht hingegen, dass diese Erklärungen auch inhaltlich wahr sind.*

formelle bzw. äußere Beweiskraft (vgl. §§ 415 ff. ZPO)

In diesem Zusammenhang wird üblicherweise nach formeller und materieller Beweiskraft unterschieden.[519] Die formelle oder auch äußere Beweiskraft ist in §§ 415 ff. ZPO für den Richter bindend geregelt.

innere oder materielle Beweiskraft

Die innere oder materielle Beweiskraft betrifft die Richtigkeit der abgegebenen Erklärung und ihre Bedeutung für das Urteil. Hier entscheidet das Gericht durch Subsumtion, Auslegung oder freie Beweiswürdigung nach § 286 I ZPO beispielsweise darüber, ob die beurkundete Erklärung ein abstraktes oder deklaratorisches Schuldanerkenntnis oder eine bloße Tatsachenerklärung ohne Rechtsbindungswillen ist.

b. Öffentliche Urkunden über amtliche Entscheidungen

Öffentliche Urkunden über amtliche Entscheidungen (§ 417 I ZPO)

Urteile, Beschlüsse, Verwaltungsakte usw. beweisen nach § 417 I ZPO, dass die Entscheidung oder Anordnung zur angegebenen Zeit am angegebenen Ort unter Beteiligung der angegebenen Personen erlassen wurde. Anders als i.R.d. § 415 ZPO ist dieser Beweis zwingend. § 415 II ZPO ist nicht analog anwendbar.[520]

Der Gegenbeweis kann sich deshalb nur gegen die *sachliche Richtigkeit der Entscheidung*, also gegen die materielle Beweiskraft der Urkunde richten.[521]

---

518 Vgl. THOMAS/PUTZO, § 415, Rn. 5.
519 So etwa THOMAS/PUTZO, vor § 415, Rn. 6, 7; ZÖLLER/GEIMER, vor § 415, Rn. 5, 6.
520 Vgl. ZÖLLER/GEIMER, § 417, Rn. 2.
521 Vgl. THOMAS/PUTZO, § 417, Rn. 2.

c. Öffentliche Urkunden über andere Vorgänge

Öffentliche Urkunden über andere Vorgänge (vgl. § 418 ZPO)

§ 418 ZPO regelt die Beweiskraft öffentlicher Urkunden, die andere Vorgänge als die Abgabe von Erklärungen Dritter (§ 415 ZPO) und amtliche Entscheidungen (§ 417 ZPO) beurkunden. Hierunter fallen beispielsweise Eingangsstempel, Zustellungsurkunden, Augenscheinsprotokolle, Gerichtsvollzieherprotokolle.[522]

Solche Urkunden haben nach § 418 I, III ZPO unterschiedliche Beweiskraft je nachdem, ob die Urkundsperson eigene oder fremde Wahrnehmungen beurkundet.

Bei eigenen Wahrnehmungen liefert die Urkunde vollen Beweis für die Wahrheit der beurkundeten Erklärung, § 418 I ZPO. Bei *fremden* Wahrnehmungen gilt dies nach § 418 III ZPO nur, soweit es gesetzlich angeordnet ist; Letzteres wird selten der Fall sein.

klausurtypischer Fall von § 418 III ZPO: Verlesung einer Zeugenaussage aus Strafverfahren

Ein häufiger und klausurtypischer Fall der Anwendung von § 418 III ZPO ist die Verlesung einer Zeugenaussage aus dem Strafverfahren im Zivilprozess (v.a. bei Schadensersatz). Da es in einem solchen Fall inhaltlich gerade nicht um eine Wahrnehmung der Urkundsperson geht, muss infolge dieser Regelung differenziert werden:

⇨ Der Beweis, dass die entsprechende Aussage des Zeugen *so abgegeben* wurde, ist mit dem Urkundenbeweis als geführt anzusehen, weil *dies* eine unmittelbare Wahrnehmung der Urkundsperson ist.

⇨ Für die Frage, ob die Zeugenaussage *in der Sache zutreffend ist*, gilt dagegen § 418 III ZPO; daher ist diese Frage im Rahmen der freien Beweiswürdigung (§ 286 I ZPO) zu entscheiden.

> **Anmerkung: Die Verlesung der Urkunde kann keine weiter gehende Wirkung haben als eine Aussage des Zeugen vor dem Zivilgericht selbst:** In letztgenanntem Fall wäre die Glaubhaftigkeit der Aussage aber auch im Wege freier Beweiswürdigung zu ermitteln. Zu beachten ist aber, dass eine Unglaubhaftigkeit dieser Aussage bei einem solchen Einbau in die Klausur praktisch ausgeschlossen sein wird: In einem solchen Fall hatte das Gericht nämlich zunächst einmal eine Ladung dieser Person vornehmen müssen, um diese Frage im Rahmen *des Zeugenbeweises* zu klären.

3. Privaturkunden

Beweis (nur) für Abgabe der Erklärung

Privaturkunden sind alle nichtöffentlichen Urkunden. Diese erbringen vollen Beweis darüber, dass die beurkundete Erklärung vom Aussteller *abgegeben* wurde (§ 416 ZPO). Die Wahrheit dieser Erklärung hingegen beurteilt das Gericht wiederum im Rahmen der freien Beweiswürdigung (§ 286 I ZPO).

Voraussetzung für die formelle Beweiskraft des § 416 ZPO ist die Echtheit der Urkunde und die Unterschrift des Ausstellers. Die Echtheit der Urkunde ist nach §§ 439, 440 ZPO vom Beweisführer zu beweisen, soweit die Gegenpartei die Urkunde nicht nach § 439 ZPO anerkennt.

---

522 Umfassende Aufzählung bei ZÖLLER/GEIMER, § 418, Rn. 1.

Der Gegner der beweisbelasteten Partei kann jedoch, wenn es um die Echtheit der *eigenen* Unterschrift (oder derjenigen seiner organschaftlichen Vertreter) geht, diese nicht einfach bestreiten. Ihm obliegt insoweit gemäß § 138 II ZPO eine prozessuale Erklärungspflicht bzgl. der Unterschiede zwischen der eigenen Unterschrift und der zu vergleichenden Unterschrift. Nimmt der Gegner der beweisbelasteten Partei dabei auf Urkunden in seinem Besitz Bezug, liegen die Voraussetzungen des § 423 ZPO vor.[523]

Die Unterschrift muss sich eindeutig auf den gesamten Text beziehen und darf keinen Zweifel über die Identität des Ausstellers lassen. Nicht ausreichend sind Unterzeichnungen am oberen oder seitlichen Rand des Schriftstücks.[524]

V. Parteivernehmung

1. Begriff

Abgrenzung zur Parteianhörung

Die Parteivernehmung als Beweismittel nach §§ 445 ff. ZPO ist abzugrenzen von der Parteianhörung nach §§ 141, 118 I ZPO. Diese *Anhörung* soll den Sachvortrag der Parteien aufklären (vgl. § 139 ZPO).

Es soll klargestellt werden, welche Behauptungen der Parteien aufgestellt und bestritten (und damit u.U. beweisbedürftig) werden. Parteiaussagen im Rahmen einer solchen Anhörung sind nur grds. Prozesshandlungen und keine Beweismittel.[525]

Im Rahmen der freien Beweiswürdigung (§ 286 ZPO) kann die Parteiaussage aber dennoch u.U. Berücksichtigung finden, wenn eine Partei in Beweisnot ist.

> *Bsp.:* Der Grundsatz der Waffengleichheit, der Anspruch auf rechtliches Gehör sowie das Recht auf Gewährleistung eines fairen Prozesses und eines wirkungsvollen Rechtsschutzes erfordern (Art. 3 I GG, Art. 103 I GG, Art. 2 I GG i.V.m. Art. 20 III GG, Art. 6 I EMRK) erfordert, dass einer Partei, die für ein Vier-Augen-Gespräch keinen Zeugen hat, Gelegenheit gegeben wird, ihre Darstellung des Gesprächs in den Prozess persönlich einzubringen. Zu diesem Zweck ist die Partei gemäß § 448 ZPO zu vernehmen *oder* gemäß § 141 ZPO anzuhören.
>
> Diese Grundsätze gelten auch, wenn es sich um ein Sechs-Augen-Gespräch handelt, bei dem der allein zur Verfügung stehende Zeuge im Lager der Prozessgegnerin steht, z.B. als deren Ehegatte.[526]

Eine Anhörung ist also dann eine Alternative zur Parteivernehmung gemäß § 448 ZPO. Der Beweiswert einer solchen Anhörung ist i.d.R. nicht geringer als derjenige der förmlichen Vernehmung.[527]

2. Zulässigkeit

Nur zur Führung des Hauptbeweises zulässig (§ 445 II ZPO)

Die Parteivernehmung ist nur zur Führung des Hauptbeweises zulässig (§ 445 II ZPO). Aber auch in diesem Rahmen ist sie nur subsidiär möglich, wenn andere Beweismittel nicht vorgebracht wurden bzw. nicht zur Überzeugung des Gerichts führten.

---

523 Vgl. BGH NJW 2017, 3304 [Rn. 24].
524 Vgl. BGH, NJW 1992, 829-830 = **juris**byhemmer.
525 Vgl. THOMAS/PUTZO, vor § 445, Rn. 2.
526 Vgl. etwa BGH, NJW 2013, 2601 (Rn. 10 m.w.N.) = **juris**byhemmer; THOMAS/PUTZO, § 448, Rn. 4.
527 Vgl. etwa BGH, NJW 2013, 2601 (Rn. 11 m.w.N.) = **juris**byhemmer; THOMAS/PUTZO, § 448, Rn. 4.

Die Parteivernehmung erfolgt entweder auf Antrag *des Gegners* (§ 445 ZPO) oder auf eigenen Antrag (§ 447 ZPO), wofür allerdings die Zustimmung des Gegners erforderlich ist. Daneben besteht noch die Möglichkeit einer Parteivernehmung von Amts wegen nach § 448 ZPO.

Letztere erfordert als ungeschriebenes Tatbestandsmerkmal, dass auch ohne die Beweisaufnahme auf Grund der Lebenserfahrung eine gewisse Wahrscheinlichkeit für das Vorliegen der Tatsache gegeben ist.[528]

Ein klausurtypischer Fall der Parteivernehmung von Amts wegen nach § 448 ZPO ist der Grundgedanke der „Waffengleichheit".

> *Bsp.: Auf Klägerseite sagt ein sog. „parteiischer Zeuge" aus, etwa der Zedent der streitigen Forderung oder der Eigentümer des beschädigten Pkw, der selbst auf dem Beifahrersitz saß.*

In solchen Fällen hat der Zeuge zwar formal eine Zeugenrolle, in der Sache aber ist er eher Partei. Als Konsequenz deswegen wird oft gefordert, dass dann von Amts wegen (§ 448 ZPO) eine Parteivernehmung des Gegners erfolgen müsse, um wieder „Waffengleichheit" herzustellen.[529]

C. Beweisgegenstand

nur Tatsachen

Gegenstand des Beweises sind alle entscheidungserheblichen und beweisbedürftigen Tatsachen. Daneben können in dem - wenig klausurrelevanten - Fall des § 293 ZPO auch ausländische Rechtssätze Beweisgegenstand sein.

I. Tatsachenbegriff

Tatsachen sind alle äußeren oder inneren Vorgänge, die der Nachprüfung durch Dritte offen stehen. Für den Beweis kommt alles in Betracht, was den Tatbestand der anzuwendenden Rechtsnorm ausmacht, also vergangene oder gegenwärtige Ereignisse oder Zustände, aber auch rein *innere* Vorgänge wie Vorsatz, Kenntnis oder Absicht.

Abgrenzung zwischen Tatsachen und Werturteilen

Probleme bereitet oft die Abgrenzung zwischen Tatsachen und Werturteilen. Nur Tatsachen sind dem Beweis zugänglich. Tatsachen sind wahr oder unwahr. Werturteile und rechtliche Schlussfolgerungen hingegen sind richtig oder falsch. Sie lassen sich nicht mit den Beweismitteln der ZPO, sondern nur durch logische Schlüsse überprüfen oder an ethischen Wertvorstellungen messen.

Die Abgrenzung zwischen Tatsachen und Werturteilen ist aber im Einzelfall schwieriger als diese theoretische Trennlinie vermuten lässt. So werden beispielsweise Verkehrssitten und Handelsbräuche zu den Tatsachen im Rechtssinne gezählt, obwohl sie letztlich auf Werturteile zurückzuführen sind.[530]

---

528 THOMAS/PUTZO, § 448, Rn. 2.
529 Vgl. etwa BGH, WM 1980, 1071-1073 = **juris**byhemmer; BGH, FamRZ 2004, 21 = **juris**byhemmer; THOMAS/PUTZO, § 448, Rn. 4. ZÖLLER/GREGER, § 448, Rn. 2a will dagegen *keine generelle* Pflicht zur Parteivernehmung von Amts wegen *allein* aus dem Grundgedanken der „Waffengleichheit" herleiten, sondern dies - insoweit enger am Gesetzeswortlaut orientiert - von der bisherigen Beweislage abhängig machen. Zweifel an der Glaubwürdigkeit des Zeugen könne das Gericht auch im Rahmen der freien Beweiswürdigung nach bloßer *Anhörung* (= kein Beweismittel) der gegnerischen Partei begründen.
530 BGH, NJW 1966, 502-504 (503) = **juris**byhemmer.

II. Entscheidungserheblichkeit

Entscheidungserheblichkeit

Eine Tatsachenbehauptung ist nur insoweit entscheidungserheblich als ein *schlüssiger* Vortrag der „richtigen", also der *darlegungsbelasteten* Partei vorliegt.

38

Regeln zur Darlegungslast (weitgehend identisch zur Beweislast)

Die Darlegungslast bestimmt sich grds. nach den gleichen Grundsätzen wie die Beweislast. Regelmäßig muss also jede Partei die für sie günstigen Tatsachen vortragen und, soweit streitig, beweisen: Der Anspruchsteller die anspruchsbegründenden Umstände, der Anspruchsgegner die Einwendungen und Einreden.[531]

Fehlt es dem Vortrag der „richtigen" Partei bereits an der Schlüssigkeit, ist eine Beweisaufnahme entbehrlich, da die Klage selbst dann als unbegründet abzuweisen wäre, wenn man die behaupteten Tatsachen als wahr unterstellen würde.[532]

39

richterliche Hinweise nach Bearbeitervermerk i.d.R. zu unterstellen

Hinweis: Fehlt es nach Ansicht des Richters an der Schlüssigkeit des Parteivortrags, kann ihn nach § 139 I ZPO eine Aufklärungspflicht gegenüber der Partei treffen.[533] In Klausuren ist nach dem Bearbeitervermerk allerdings regelmäßig zu unterstellen, dass das Gericht alle erforderlichen Hinweise gegeben hat: Die Alternative der Nachholung dieses Hinweises würde ja dazu führen, dass derzeit kein Urteil gefertigt werden könnte, die Klausur also nicht allzu viel Sinn machen würde.

Gegenvortrag zu eigen gemacht?

Für die Entscheidungserheblichkeit genügt allerdings auch ein schlüssiger Vortrag der nicht darlegungsbelasteten Gegenpartei, wenn und soweit die darlegungsbelastete Partei sich diesen Vortrag *zu eigen macht*.

Umgekehrt kann aber auch die darlegungsbelastete Partei ihren eigenen, bislang schlüssigen Vortrag *unschlüssig machen*, indem sie sich Vortrag des Gegners zu eigen macht.

häufiges Klausurbeispiel

Bsp.: Der Kläger trägt in der Replik vor, dass ein bestimmter Vortrag des Beklagten aus der Klageerwiderung zwar zutreffend, aber irrelevant sei, und begründet dies mit Rechtsargumenten.

In diesem Fall wird so getan, als sei der Sachvortrag *zu dieser konkreten Frage* (nicht der gesamte Beklagtenvortrag) vom Kläger selbst vorgetragen worden.

Stellt sich dann bei der rechtlichen Prüfung heraus, dass die Rechtsargumente des Klägers unzutreffend sind, ist die Klage bereits unschlüssig. Auswirkungen hat dies v.a. - aber nicht nur - im Zusammenhang mit § 331 ZPO bzw. §§ 345, 700 VI ZPO.[534]

Abgrenzung manchmal schwierig

Nicht leicht zu beantworten ist oft die Frage, *wann* ein solches „sich zu eigen machen" bezüglich des gegnerischen Vortrags tatsächlich gegeben ist. Letztlich ist das eine Frage der Auslegung des Gesamtverhaltens dieser Partei. In jedem Fall wird man sagen können, dass Schweigen dafür nicht ausreicht, sondern eine gewisse *aktive* Reaktion des Betroffenen auf den gegnerischen Vortrag nötig ist.

40

---

531 Ausführlich dazu und zu Ausnahmen siehe unten (Rn. 77 ff.).
532 Vgl. THOMAS/PUTZO, vor § 284, Rn. 18.
533 BGH, NJW 1989, 2756-2757 = **juris**byhemmer; a.A. BGH, NJW 1984, 310-311 = **juris**byhemmer für den Rechtsanwaltsprozess.
534 Zu diesen siehe ausführlich unten im Kapitel „Säumnisverfahren" (§ 11, Rn. 88 ff.).

An der Entscheidungserheblichkeit fehlt es auch dann, wenn der Tatsachenvortrag deswegen zu unsubstanziiert ist, weil die unter Beweis gestellten Tatsachen *nicht hinreichend genau* bezeichnet sind. Wie viel insoweit von den Parteien verlangt werden kann, ist immer eine Frage des Einzelfalls.

III. Beweisbedürftigkeit

1. Offenkundige Tatsachen (§ 291 ZPO)

Offenkundige Tatsachen (§ 291 ZPO): zwei Fälle

Beweisbedürftig sind niemals offenkundige Tatsachen (§ 291 ZPO). Unter offenkundigen Tatsachen versteht man sowohl allgemeinkundige als auch gerichtskundige Tatsachen.

41

a. Allgemeinkundige Tatsachen

Allgemeinkundige Tatsachen

Allgemeinkundig ist eine Tatsache, die einer beliebig großen Anzahl von Menschen bekannt ist oder von dieser zumindest jederzeit zuverlässig wahrgenommen werden kann.

42

Zu nennen sind etwa historische Ereignisse, örtliche Gegebenheiten, geographische Verhältnisse, unwidersprochene Presseberichte, der in der Fachpresse veröffentlichte Lebenshaltungskostenindex.

b. Gerichtskundige Tatsachen

Gerichtskundige Tatsachen

Gerichtskundig sind solche Tatsachen, die das Gericht aus seiner jetzigen oder früheren *amtlichen* Tätigkeit sicher kennt. Handelt es sich um ein Kollegialgericht muss die Gerichtskundigkeit durch Mehrheitsbeschluss festgestellt werden.[535]

43

Umstritten ist die Gerichtskundigkeit, wenn das Gericht die Tatsachen erst aus den Akten des Gerichts ermitteln muss. Die wohl h.M. bejaht auch hier die Gerichtskundigkeit.[536]

Keine Gerichtskundigkeit liegt dagegen im Fall der formlosen Beweiserhebung vor.[537]

> **Bsp.:** *Der Richter besichtigt am Feierabend ein Gebäude, worüber er am nächsten Tag in einem Bauhandwerkerprozess ein Urteil sprechen soll.*

Hier Offenkundigkeit anzunehmen, verstieße gegen zwingende Regeln des Beweisverfahrens und regelmäßig gegen den Grundsatz der Parteiöffentlichkeit der Beweisaufnahme (§ 357 I ZPO). Der Grundsatz der Gewährung rechtlichen Gehörs nach Art. 103 I GG zwingt das Gericht i.d.R., darauf hinzuweisen, dass und welche Tatsachen als gerichtskundig behandelt werden sollen.[538] Wichtig ist dieser Hinweis vor allem deshalb, weil der anderen Partei nun der Gegenbeweis offen steht.[539] Ohne den Hinweis würde sie diesen aber u.U. nicht antreten, weil sie sich in dem Glauben befindet, ein Gegenbeweis sei mangels gelungenem Hauptbeweises nicht erforderlich.

---

[535] Vgl. THOMAS/PUTZO, § 291, Rn. 3.
[536] Siehe etwa BGHZ 6, 270-295 (292) = **juris**byhemmer; THOMAS/PUTZO, § 291, Rn. 2; a.A. etwa BAUMBACH/HARTMANN, § 291, Rn. 4 (m.w.N.).
[537] Vgl. OBERHEIM, JuS 1996, 636 (639).
[538] Vgl. THOMAS/PUTZO, § 291, Rn. 4 (m.w.N.).
[539] Siehe etwa OBERHEIM, JuS 1996, 636 (639).

hemmer-Klausur-Tipp

> Halten Sie sich in der Klausur mit der Annahme allgemein- und gerichtskundiger Tatsachen zurück! Soweit es sich nicht um absolute Banalitäten handelt, ist es nämlich unwahrscheinlich, dass ein Prüfungsamt Sachverhalte auswählt, die hierauf aufbauen: Dies gesamte Rechtsprüfung des Falles würde bei Grenzfällen sonst u.U. auf einer recht unklaren und ggf. vertretbarer Weise unterschiedlich lösbaren Tatsachengrundlage aufbauen, die Klausur würde ggf. zu einem Lotteriespiel werden.

2. Streitige Tatsachen

Streitige Tatsachen

Beweisbedürftig ist eine Tatsachenbehauptung des Weiteren nur, wenn sie streitig ist. Hat der Gegner der vortragenden Partei die Tatsachenbehauptung zugestanden i.S.d. § 288 ZPO oder nicht (hinreichend substantiiert) bestritten i.S.d. § 138 III ZPO, so ist eine Beweiserhebung entbehrlich. Die vorgetragenen Tatsachen gelten dann als wahr, auch wenn dies nicht der Realität entspricht.

44

> Hinweis: Immer wieder gehen Klausurbearbeiter davon aus, dass eine Partei gar nicht zu bestreiten brauchte, weil die andere Partei, die darlegungs- und beweisbelastet ist, kein Beweisangebot abgegeben hatte. Ein solches Vorgehen stellt einen *groben* Fehler dar. Das Ursache-Wirkungs-Verhältnis der Notwendigkeit einer Beweisführung und des Bestreitenmüssens ist vielmehr genau umgekehrt.

Die Regel des Vorrangs von § 138 III ZPO gilt grundsätzlich auch, soweit eine Glaubhaftmachung erforderlich ist.

Bsp.: Im Rahmen eines Antrags auf einstweilige Verfügung wird vom Antragsteller eine Behauptung aufgestellt, für die er eine Glaubhaftmachung anbietet (etwa: eidesstattliche Versicherung), doch wird diese Behauptung in der mündlichen Verhandlung gar nicht bestritten.

45

Auch Glaubhaftmachung bei § 138 III ZPO entbehrlich!

In diesem Fall kommt es auf die Glaubhaftmachung gar nicht an, denn die Tatsache ist gemäß § 138 III ZPO als unstreitig zu behandeln. Die Glaubhaftmachung ist nur eine besondere Form der Beweisführung; ist im Rahmen des Anwendungsbereiches des Verhandlungsgrundsatzes eine Behauptung unstreitig, so bedarf es aber *überhaupt keiner* Beweisführung, egal in welcher Form.[540]

Auf den ersten Blick scheint sich diese Aussage nicht mit §§ 920 II, 935, 936 ZPO vereinbaren zu lassen, die eine Glaubhaftmachung durch den Antragssteller für *alle* Tatsachen fordern, ohne eine Ausnahme für solche Tatsachen zu machen, bei denen ein Zugestehen möglich erscheint.

Auswirkung der §§ 920 II, 935, 936 ZPO (nur) in der Anwaltsklausur

Diese Regelung hat aber einen ganz anderen Hintergrund, der sich letztlich v.a. in der Anwaltsklausur auswirkt: Die Entscheidung im einstweiligen Verfahren kann oft *ohne rechtliches Gehör des Gegners* bzw. ohne mündliche Verhandlung als Beschluss ergehen. Gerade eine solche schnelle Entscheidung kann und muss oft das Ziel des beantragenden Anwalts sein. Da ein bewusstes Unstreitigstellen i.S.d. § 138 III ZPO aber nicht möglich ist, wenn der Gegner gar nicht erst angehört wird, muss der Antragsteller hier gewissermaßen zunächst „über das Ziel hinausschießen"; andernfalls würde er eine mündliche Verhandlung provozieren, die wiederum Zeitverlust bedeutet.[541]

---

540 Vgl. etwa THOMAS/PUTZO, vor § 916, Rn. 9.
541 Ausführlich hierzu in Assessor-Basics, Anwaltsklausur, § 3, Rn. 27 ff; ein Klausurbeispiel zur dieser anwaltlichen Vorgehensweise finden Sie in Assessor-Basics, Zivilrechtliche Anwaltsklausuren, Klausur Nr. 3.

Kommt es dann später doch zur mündlichen Verhandlung, gelten wiederum die hier dargestellten allgemeinen Regeln der Beweisbedürftigkeit.

a. Geständnis i.S.d. § 288 ZPO

Geständnis i.S.d. § 288 ZPO

Das Geständnis i.S.d. § 288 ZPO ist die einseitige Erklärung einer Partei oder ihres Prozessbevollmächtigten an das Gericht mit dem Inhalt, dass vom Gegner behauptete Tatsachen wahr seien.

Unterscheidung zu § 138 III ZPO: Bindungswirkung des § 290 ZPO

Die Unterscheidung zwischen dem Geständnis nach § 288 ZPO und der Geständnisfiktion nach § 138 III ZPO ist wegen der Bindungswirkung des § 290 ZPO bedeutsam. Nur dem ausdrücklichen Geständnis nach § 288 ZPO kommt die Bindungswirkung des § 290 ZPO zu. Die Geständnisfiktion des § 138 III ZPO hingegen kann durch späteres Bestreiten beseitigt werden, wenn dieses nicht als präkludiert nach §§ 296, 531 ZPO zurückzuweisen ist.[542]

Abgrenzung zum Anerkenntnis

Das Geständnis erstreckt sich nur auf Tatsachen, nicht auf rechtliche Schlussfolgerungen aus diesen Tatsachen. Hierdurch unterscheidet sich das Geständnis von einem Anerkenntnis und einem Verzicht, die sich auf den prozessualen Anspruch beziehen.

Diese Unterscheidung wird bedeutsam bei den Rechtsfolgen eines Geständnisses einerseits und eines Anerkenntnisses bzw. eines Verzichts andererseits. Ein Anerkenntnis oder ein Verzicht nehmen dem Gericht *die rechtliche Prüfung* ab. Im Falle eines Geständnisses muss das Gericht hingegen weiter prüfen, ob der zugestandene Tatsachenvortrag den geltend gemachten Anspruch rechtfertigt.

Dieser Unterschied wird besonders deutlich im Fall der Säumnis des Beklagten. Der Säumnis kommt nach § 331 I ZPO nur Geständnis- nicht aber auch Anerkenntnisfunktion zu. Der Richter muss deshalb immer noch die Schlüssigkeit des Tatsachenvortrages prüfen, § 331 II ZPO. Bei dieser Prüfung ist das Gericht nicht an die Rechtsansichten des Klägers gebunden.[543]

Streit im Anwaltsprozess

Das Geständnis ist Prozesshandlung, sodass die Prozesshandlungsvoraussetzungen vorliegen müssen. Allerdings kann auch im Anwaltsprozess i.S.d. § 78 ZPO *die Partei selbst* ein Geständnis ablegen. Dies gilt nach h.M. selbst dann, wenn ihre Aussage im Widerspruch zu der ihres Anwalts steht.[544]

Form der Erklärung

Die Erklärung des Geständnisses erfolgt mündlich vor dem erkennenden Gericht. Bezugnahmen auf vorbereitende Schriftsätze sind nach § 137 III ZPO zulässig. Umstritten ist, ob das Geständnis nach § 160 II Nr. 3 ZPO in das Protokoll aufgenommen werden muss.[545] Wirksamkeitsvoraussetzung ist die Protokollierung allerdings nur, soweit das Geständnis vor einem beauftragten oder ersuchten Richter erklärt wird.

---

542 Vgl. THOMAS/PUTZO, § 138, Rn. 18.
543 Ausführlich hierzu unten im Kapitel „Säumnisverfahren" (§ 11, Rn. 16 ff.).
544 Vgl. BGH, NJW 1987, 1947-1949 = **juris**byhemmer; THOMAS/PUTZO, § 288, Rn. 4; a.A. etwa ZÖLLER/GREGER, § 288, Rn. 3c (m.w.N.).
545 Siehe THOMAS/PUTZO, 288, Rn. 4; ablehnend ZÖLLER/GREGER, § 288, Rn. 5 und BAUMBACH/HARTMANN, § 288, Rn. 7.

Inhalt der Erklärung

Das Geständnis muss zwar nicht ausdrücklich, wohl aber unbedingt und unzweifelhaft geschehen. Bloßes Schweigen genügt nicht. Anderenfalls wäre § 138 III ZPO bedeutungslos, weil auch bloßem Schweigen dann die Bindungswirkung des § 290 ZPO zukommen würde.

Auch die bloße Erklärung, gegnerisches Vorbringen „nicht bestreiten zu wollen", ist grundsätzlich nicht als Geständnis zu bewerten. Nur wenn zu dieser „negativen" Erklärung *weitere* Umstände hinzutreten, lässt sie sich in ein „positives" Geständnis umdeuten.[546]

hemmer-Klausur-Tipp

> Liegt in der Klausur einerseits ein kritischer Grenzfall vor, ist andererseits aber kein Widerruf erfolgt, so lassen Sie diese Abgrenzung in der Klausur nach kurzer Diskussion der Unterscheidungskriterien letztlich offen. Die Frage ist dann im Ergebnis zumindest für das erstinstanzliche Urteil ohne Auswirkung.

b. Geständnisfiktion des § 138 III ZPO

Geständnisfiktion des § 138 III ZPO

Wesentlich größere Bedeutung als das Geständnis nach § 288 ZPO hat die Geständnisfiktion des § 138 III ZPO.

Gemäß § 138 II ZPO muss sich jede Partei über gegnerisches Parteivorbringen erklären. Kommt sie dieser Pflicht nicht nach, gilt das Vorbringen des Gegners nach § 138 III ZPO als zugestanden.

aa. Pauschales Bestreiten

Umgang mit zu pauschalem Bestreiten

Ein Bestreiten i.S.d. § 138 III ZPO kann sowohl ausdrücklich als auch konkludent erfolgen. Allerdings muss sich das Bestreiten immer auf konkrete Tatsachenbehauptungen und nicht pauschal auf das gegnerische Vorbringen als solches beziehen.[547]

Die in Anwaltsschriftsätzen der Praxis häufig zu lesende Formulierung „Was nicht ausdrücklich zugestanden wird, wird bestritten" ist deshalb unnötig, falsch und letztlich für die Lösung völlig irrelevant.

hemmer-Klausur-Tipp

> Behandeln Sie diese Erklärung in der Richterklausur letztlich als nichtexistent. Ordnen Sie bei Vorliegen einer solchen Erklärung also nur solchen Vortrag als streitig ein, zu denen der Beklagte zusätzlich *in konkreter Art und Weise* Stellung bezieht. Aber nicht nur das: Um beim Korrektor keinen Zweifel über Ihr Vorgehen und seine Hintergründe aufkommen zu lassen, sollten Sie in Ihrer Klausur auch *ausdrücklich* – wenn auch kurz – auf diesen Aspekt eingehen.
> In einer Anwaltsklausur droht Ihnen übrigens ein gravierender Punktabzug, wenn Sie diesen Satz überhaupt verwenden.[548]

bb. Umfang der Substanziierungspflicht des Bestreitenden

Anforderungen an die Konkretheit des Bestreitens

Welche Anforderungen an das Bestreiten im Einzelnen zu stellen sind, richtet sich vornehmlich nach dem *gegnerischen* Vortrag.

Pauschale Klagebehauptungen anstelle konkreter Tatsachenbehauptungen darf der Beklagte schlicht oder einfach bestreiten.

---

546 Vgl. hierzu BGH, NJW 1983, 1496-1498 (1497) (str.) = **juris**byhemmer.
547 Vgl. ZÖLLER/GREGER, § 138, Rn. 10.
548 Ausführlich hierzu in Assessor-Basics, Anwaltsklausur, § 2, Rn. 55 ff.

> **Bsp.:** Der Klagebehauptung „Es wurde ein Kaufvertrag geschlossen" kann der Beklagte mit einem schlichten „Dies ist unwahr" entgegentreten.

Etwas anderes gilt nur dann, wenn die pauschale Klagebehauptung persönliche Wahrnehmungen oder Handlungen der Gegenpartei des Behauptenden betrifft.[549]

Bei diesen steht der Kläger außerhalb des Geschehensablaufs und hat regelmäßig keine Möglichkeit, den Geschehensablauf von sich aus zu ermitteln, während der Beklagte ohne weiteres in der Lage ist, die erforderliche Aufklärung zu geben. Deshalb wird hier von dem Beklagten ein qualifiziertes oder substanziiertes Bestreiten gefordert. Der Beklagte muss also sein Bestreiten durch einen eigenen Tatsachenvortrag belegen.

Ein solches substanziiertes Bestreiten ist grds. auch dann erforderlich, wenn der bestrittene Klagevortrag selbst hinreichend substanziiert ist. Der Umfang der jeweils erforderlichen Substanziierung des Sachvortrags bestimmt sich also „aus dem Wechselspiel von Vortrag und Gegenvortrag, wobei die Ergänzung und Aufgliederung des Sachvortrags bei hinreichendem Gegenvortrag immer zunächst Sache der darlegungs- und beweisbelasteten Partei ist".[550]

cc. Bestreiten mit Nichtwissen (§ 138 IV ZPO)

Bestreiten mit Nichtwissen (§ 138 IV ZPO)

In Ausnahmefällen ist nach § 138 IV ZPO sogar ein Bestreiten mit Nichtwissen zulässig. In diesem Fall wird die gegnerische Behauptung nicht als „falsch" bezeichnet, sondern nur als „unbekannt"[551], was dann aber die gleiche Wirkung haben kann.

Dies setzt allerdings voraus, dass es sich um Tatsachen handelt, die nicht eigene Handlungen der Partei oder Gegenstand ihrer eigenen Wahrnehmung gewesen sind und dass es der Partei auch nicht zumutbar ist, sich über diese Tatsachen zu informieren.

Bestreiten mit Nichtwissen gemäß § 138 IV ZPO ist zulässig, wenn der Erklärende tatsächlich keine Kenntnis hat, z.B. weil sich der Vorgang außerhalb seiner Wahrnehmung abgespielt hat.[552]

(1) Problemfall: „Nichtmehrwissen"

Fraglich ist, ob ein Bestreiten mit „Nichtmehrwissen" möglich ist, wenn die Partei den Vorgang vergessen hat. Insoweit werden an die Partei hohe Anforderungen gestellt, wenn es um ihre Kenntnis geht.

Pflicht zur Information

Hat eine Partei *keine aktuelle* Kenntnis mehr, so muss sie sich etwa durch Einsichtnahme in bestimmte Aufzeichnungen kundig machen.[553] In jedem Fall werden äußerste Bemühungen zur Aufklärung des Sachverhalts verlangt.

---

549 Vgl. THOMAS/PUTZO, § 138, Rn. 16.
550 BGH, FamRZ 2005, 1897-1899 (1898); vgl. auch BGH, NJW 1999, 1859-1860 (1860): **alle Entscheidungen = juris**byhemmer.
551 Vgl. LANGE, NJW 1990, 3233 (3238 m.w.N.).
552 Vgl. THOMAS/PUTZO, § 138, Rn. 20, 21; ZÖLLER/GREGER, § 138, Rn. 13.
553 Vgl. BGHZ 109, 205-211 (209) = **juris**byhemmer; siehe dazu NICOLI, JuS 2000, 584 (587).

"Nichtmehrwissen" muss erläutert werden

Führt auch dies zu keinem Ergebnis, so hat die Partei genau darzulegen, warum sie nicht in der Lage ist, sich die notwendige Kenntnis zu verschaffen.[554] Zu akzeptieren sind z.B. Begründungen wie, dass die Handlungen und Wahrnehmungen der Partei schon sehr weit zurück liegen, dass bestimmte Unterlagen und Akten schon vernichtet worden sind oder die Partei selbst aufgrund ihres gesundheitlichen Zustandes und damit verbundener Erinnerungslücken nicht mehr in der Lage ist, die erforderlichen Informationen zu bringen.

Hält das Gericht die Darlegung für ausreichend, so muss es das Bestreiten beachten. Ist es dagegen der Meinung, dass die Partei die fragliche Kenntnis besitzt, so wird die Erklärung wie Nichtbestreiten gewertet.

(2) Problemfall: Zurechnung fremden Wissens

Zurechnung von Wissen?

Ein wichtiges Problem ist die Zurechnung fremden Wissens.

Hinsichtlich des Wissens oder der Beteiligung eines *gesetzlichen* Vertreters findet eine Zurechnung statt.

Fraglich ist, ob dies auch gilt, wenn es sich um die Zurechnung eines rechtsgeschäftlich bestellten Vertreters oder sonstigen Beauftragten handelt, z.B. eines Versicherungsnehmers oder Rechtsvorgängers. Da § 166 I BGB im Prozessrecht grds. nicht anwendbar ist, ist hier ein solches Bestreiten regelmäßig möglich.[555]

grds. Gleichstellung des Verantwortungsbereichs des Bestreitenden mit eigenen Wahrnehmungen

Dennoch stellt die Rechtsprechung Vorgänge im eigenen Geschäfts- oder Verantwortungsbereich des Bestreitenden den „eigenen" Handlungen oder Wahrnehmungen i.S.d. § 138 IV ZPO gleich. Die Partei kann sich nicht durch arbeitsteilige Organisation ihres Betätigungsbereiches ihren prozessualen Erklärungspflichten entziehen. Aus ihrer Prozessförderungspflicht bzw. einer teleologischen Reduktion des § 138 IV ZPO folgt dann, dass bestimmte Befragungen durchzuführen und auf diese Weise Erkundigungen einzuziehen sind.

Beispiele

So muss sich der Inhaber eines Großunternehmens bei seinen Fachabteilungen kundig machen.[556]

Andererseits aber braucht etwa ein Vermieter das Wissen von Mitarbeitern eines fremden Bauunternehmens, das in den Mieträumen Bauarbeiten durchführte, nicht gezielt recherchieren. In diesem Fall darf der Vermieter grds. mit Nichtwissen bestreiten.[557]

Der in Prozessstandschaft Klagende darf bei Tatsachen, die in den Wahrnehmungsbereich des wirklichen Rechtsinhabers fallen, nicht mit Nichtwissen bestreiten.[558]

"Anwaltsnichtwissen" gibt es nicht

Ist dem Prozessvertreter einer Partei eine relevante Tatsache nicht bekannt, darf er ebenfalls nicht mit Nichtwissen bestreiten, sondern muss Vertagung, die Einräumung einer Erklärungsfrist gemäß § 283 ZPO oder Ladung gemäß § 141 ZPO beantragen.[559]

---

554 BGH, NJW 1995, 130-132 = **juris**byhemmer; THOMAS/PUTZO, § 138, Rn. 20; ZÖLLER/GREGER, § 138, Rn. 14.
555 ZÖLLER/GREGER, § 138, Rn. 15.
556 BGH, NJW 1995, 130-132 = **juris**byhemmer.
557 BGHZ 109, 205-211 = **juris**byhemmer.
558 Vgl. ZÖLLER/GREGER, § 138, Rn. 15.
559 Vgl. THOMAS/PUTZO, § 138, Rn. 21.

(3) Rechtsfolge unzulässigen Bestreitens mit Nichtwissen

Rechtsfolge bei Unzulässigkeit: Sonderfall des § 138 III ZPO

Liegt ein Fall des unzulässigen Bestreitens mit Nichtwissen vor, so hat der Richter dies als Nichtbestreiten i.S.d. § 138 III ZPO zu behandeln.[560] Die behauptete Tatsache ist dann bei der Rechtsfindung als gegeben anzusehen, *ohne* dass eine Beweisaufnahme notwendig wäre.

57

> **Hinweis:** Das Bestreiten mit Nichtwissen ist im Tatbestand *als solches* kenntlich zu machen.[561] Die Frage der Zulässigkeit dieses Bestreitens ist dann erst in den Entscheidungsgründen zu klären.

3. Entfallen der Beweiserhebung wegen Präklusion (§ 296 ZPO)

Entfallen der Beweiserhebung wegen Präklusion nach § 296 I ZPO

Die Notwendigkeit einer Beweisaufnahme kann deswegen entfallen, weil ein Vorbringen nach § 296 ZPO zurückzuweisen ist.

58

Da es sich bei § 296 II ZPO weitgehend um eine Ermessensentscheidung handelt, die damit für eine Klausur nicht besonders brauchbar ist (das Ergebnis ist für die Korrektur zu unkalkulierbar), soll hier nur der sehr examensrelevante § 296 I ZPO dargestellt werden.

a. Voraussetzungen der Zurückweisung nach § 296 I ZPO

Für eine rechtmäßige Zurückweisung nach § 296 I ZPO müssen mehrere *kumulative* Voraussetzungen vorliegen.

59

Prüfungsschema

⇨ Vorbringen eines Angriffs- oder Verteidigungsmittels

⇨ Verspätung (Versäumung einer gesetzten Frist).

⇨ Keine ausreichende Entschuldigung.

⇨ *Dadurch* verursachte Verzögerung.

aa. Begriff Angriffs- oder Verteidigungsmittel

Begriff Angriff- oder Verteidigungsmittel

Zurückgewiesen werden kann nur ein Angriffs- oder Verteidigungs*mittel*, nicht der eigentliche Angriff selbst.

60

Angriffs- oder Verteidigungsmittel ist jedes sachliche oder prozessuale Vorbringen, das der Durchsetzung bzw. der Abwehr des geltend gemachten Anspruchs dient. Erfasst von diesem Begriff sind also v.a. Tatsachenbehauptungen, Bestreiten, Geltendmachung von Aufrechnung oder Einreden (samt dem dazugehörigen neuen Tatsachenvortrag) und Beweisanträge.

Keine Angriffs- oder Verteidigungsmittel i.d.S. sind die bloßen Rechtsausführungen.

61

Klageänderung, -erweiterung oder Widerklage nicht erfasst

Vor allem aber liegen keine Angriffs- oder Verteidigungsmittel i.d.S. vor, wenn *verfahrensbestimmende Anträge* erst später in den Prozess eingeführt werden.

---

560 THOMAS/PUTZO, § 138, Rn. 20 (a.E.); ZÖLLER/GREGER, § 138, Rn. 14; LANGE, NJW 1990, 3233 (3239).
561 Vgl. etwa ANDERS/GEHLE, A, Rn. 35; siehe dazu auch oben im Kapitel „Tatbestand" (§ 8, Rn. 19 f.).

Die Erklärung einer Klageänderung, einer Klageerweiterung oder einer Widerklage samt dem dazugehörigen Vorbringen kann also als solches nicht gemäß § 296 ZPO zurückgewiesen werden.[562] Für diese Prozesshandlungen gibt es andere Regeln, wie etwa die Sachdienlichkeitsprüfung des § 263 ZPO.

> **Hinweis:** Dieser begriffliche Unterschied liefert den Ansatzpunkt für die sog. „Flucht in die Klageerweiterung" oder Flucht in die Widerklage" (dazu s.u.).

bb. Verspätung

Verspätung (Versäumung einer gesetzten Frist)

Verspätetes Vorbringen i.S.d. § 296 I ZPO ist dann gegeben, wenn eine der in dieser Regelung zitierten Fristen *formell korrekt* gesetzt worden war und vor dem streitigen Vorbringen verstrichen ist.

Diese Fristsetzungen kommen sowohl bei Anordnung eines frühen ersten Termins in Betracht (vgl. v.a. den zitierten § 275 I 1 ZPO), als auch im schriftlichen Vorverfahren (vgl. § 276 I 2 ZPO für den Beklagten bzw. § 276 III ZPO für den Kläger).[563]

auf Zustellungsprobleme achten!

In die Förmlichkeiten sind in Klausuren manchmal Zustellungsprobleme eingebaut. Ergibt die Prüfung, dass insoweit tatsächlich ein Fehler vorliegt, so kann § 296 I ZPO grds. nicht angewendet werden, und auch eine Heilung nach § 295 ZPO kommt nicht in Betracht.[564]

hemmer-Klausur-Tipp

> Nehmen Sie gleich bei den ersten Schritten der Sachverhaltserarbeitung[565] eine kurze Datenkontrolle vor: Notieren Sie sich den Fristablauf und vergleichen Sie dieses Datum mit den Daten der Schriftsätze, die das entscheidende Vorbringen enthalten. Da § 296 I ZPO von Amts wegen zu beachten ist, kann die Regelung nämlich auch ohne „Antrag" des jeweiligen Gegners eine Rolle spielen, also im Fall etwas „versteckt" sein.
> Bringen Sie dies trotzdem nicht um jeden Preis in Ihrer Lösung unter: Nicht selten sind Fristen abgelaufen, es ergeben sich aber aufgrund der *anderen* Tatbestandsmerkmale von § 296 I ZPO (v.a. Verzögerung) überhaupt keine Auswirkungen auf den Prozess.

cc. Keine ausreichende Entschuldigung

Verschuldensvermutung

Der Gesetzgeber hat keine positive Prüfung des Verschuldens der Partei oder ihres Vertreters (vgl. § 51 II ZPO und v.a. § 85 II ZPO) angeordnet. Vielmehr ist zurückzuweisen, wenn keine ausreichende Entschuldigung vorliegt. Das Verschulden wird also vermutet.

Schweigt - wie oft in Klausuren - der Sachverhalt zu dieser Frage, so ist dieser Prüfungsschritt für die Anwendung des § 296 I ZPO also zu bejahen.

dd. Kausale Verzögerung

Hauptstreitpunkt: Verzögerungsbegriff

Hauptstreitpunkt im Rahmen des Tatbestandes des § 296 I ZPO ist der Verzögerungsbegriff.

---

562 Vgl. THOMAS/PUTZO, § 146, Rn. 2 (i.V.m. § 296, Rn. 21); ZÖLLER/GREGER, § 296, Rn. 4; BGH NJW 2017, 491 [Rn. 18]; NJW 1995, 1223; NJW 1986, 2257.
563 Zu weiteren Details und Gegenbeispielen siehe THOMAS/PUTZO, § 296, Rn. 22 bis 26.
564 Vgl. dazu etwa THOMAS/PUTZO, § 296, Rn. 30-32.
565 Dazu siehe ausführlich oben im Kapitel „Klausurtechnik" (§ 1, Rn. 3 ff.).

(1) Verzögerung durch Notwendigkeit der Tatsachenermittlung

Verzögerung nur bei Notwendigkeit weiterer Tatsachenermittlung

Insoweit ist zunächst einmal klarzustellen, dass die Verzögerung immer nur bei Notwendigkeit weiterer *Tatsachenermittlung* gegeben sein kann, also dann eine bislang nicht nötige Beweisaufnahme erforderlich wird oder diese sich weiter verzögert.[566] Die bloße Verkomplizierung der materiellen Rechtslage ist keinesfalls ein Anlass zur Anwendung des § 296 I ZPO.

> *Bsp.: Der Richter hält den Fall vor Beginn der mündlichen Verhandlung für entscheidungsreif (z.B. weil unschlüssig). Der Kläger nennt in der mündlichen Verhandlung aber neue Fakten, die der Beklagte nicht bestreitet, die den Fall materiell-rechtlich aber in einem völlig anderen Licht erscheinen lassen. Der Richter weist das neue Vorbringen zurück, weil er unmittelbar in dieser Verhandlung entscheiden will. Dies wäre nach der bisherigen Lage möglich gewesen, während das Urteil nun eine umfassende Lektüre juristischer Spezialliteratur nötig mache, sodass er das Urteil erst in mehreren Wochen erlassen könnte.*

Dies ist natürlich eine *unzulässige* Zurückweisung und damit ein klarer Rechtsfehler. Die Notwendigkeit eines eigenen Verkündungstermins reicht nicht aus.[567] Andernfalls würde die Anwendung dieser Norm letztlich manchmal von der Fachkompetenz des entscheidenden Richters abhängen!

Tatsache muss streitig sein

Eine Zurückweisung setzt also voraus, dass die betreffende Tatsache überhaupt streitig ist.[568]

Allerdings ist nicht zwingend ein *sofortiges* Bestreiten nötig: Kann der vom neuen Vorbringen überraschte Gegner keine spontane Stellungnahme abgeben, so kann diesem Gegner gemäß § 283 ZPO eine Frist für das Nachreichen eines Schriftsatzes gesetzt werden. Enthält dieser Schriftsatz dann ein ausreichendes Bestreiten, so steht erst hiermit die Anwendung des § 296 I ZPO fest.

Tatsache muss zusätzlich entscheidungsrelevant sein

Weiterhin setzt die Zurückweisung aber auch voraus, dass die betreffende Tatsache überhaupt *entscheidungsrelevant* ist. Ist die Klage etwa trotz eines neuen, vom Beklagten bestrittenen Klägervorbringens immer noch *unschlüssig*, so ist keine Beweisaufnahme erforderlich (Möglichkeit der Wahrunterstellung); folglich droht auch keine Verzögerung des Rechtsstreits.[569]

Problem des präsenten (nicht geladenen) Zeugen

Kritischer wird der Fall, wenn die Tatsache streitig ist und entscheidungserheblich, der Behauptende das Beweismittel aber präsent hat.

> *Bsp.: Der beweispflichtige Kläger bringt einen Zeugen zur mündlichen Verhandlung mit, von dessen Existenz er bislang überhaupt noch nichts gesagt oder geschrieben hatte.*

In diesem Fall verursacht die Vernehmung dieses präsenten Zeugen unmittelbar keine Verzögerung, da sie im Regelfall sofort stattfinden kann. Allerdings kann sich die Verzögerung auf eine *mittelbare* Weise ergeben.

---

566 Vgl. die Beispiele bei THOMAS/PUTZO, § 296, Rn. 15 ff.
567 Vgl. THOMAS/PUTZO, § 296, Rn. 20; ZÖLLER/GREGER, § 296, Rn. 13.
568 Vgl. ZÖLLER/GREGER, § 296, Rn. 13.
569 Eine Beherrschung der Relationstechnik führt also in jedem Fall dazu, dass man sich bei der Prüfung des § 296 ZPO leichter tut.

Verzögerung auf eine mittelbare Weise?

Bsp.: *Es werden im Fall von eben nun Gegenbeweise zur Erschütterung der Glaubhaftigkeit des Zeugen der Klägerseite notwendig. Der Beklagte hatte unter Verwahrung gegen die Beweislast bereits Personen für seine Version genannt, doch waren diese nicht geladen worden, da der beweispflichtige Kläger kein ausreichendes Beweismittel für den Hauptbeweis hatte (bzw. zu haben schien). Die Ladung der Zeugen des Beklagten würde nun den Rechtsstreit verzögern.*

In diesem Fall müsste der verspätete Beweisantrag *für den Hauptbeweis* aufgrund der durch die notwendigen Gegenbeweise drohenden Verzögerung dann doch gemäß § 296 I ZPO zurückgewiesen werden.[570]

(2) Streit um den Maßstab: absoluter oder relativer Verzögerungsbegriff?

BGH: grds. nicht hypothetischer (relativer), sondern absoluter Verzögerungsbegriff

Höchst umstritten ist der im Rahmen des § 296 ZPO anzuwendende Prüfungsmaßstab. Die Rechtsprechung lehnt grds. den hypothetischen (bzw. relativen) Verzögerungsbegriff ab und hat sich - insbesondere, weil er viel einfacher zu handhaben ist - für den absoluten Verzögerungsbegriff entschieden.[571]

Bsp.: *Der Kläger hat erst verspätet einen Beweisantrag für eine anspruchsbegründende Tatsache gestellt. Dieser zielt auf eine Vernehmung eines Zeugen, der sich seit vier Monaten unerreichbar auf Urwaldexpedition am Oberlauf des Amazonas befindet und in ca. sechs Wochen zurückerwartet wird. Ohne diesen Zeugen wäre das Verfahren jetzt entscheidungsreif.*

Unterschiedliche Lösungen der beiden Verzögerungsbegriffe

Da hier in jedem Fall das kumulative Tatbestandsmerkmal des verspäteten Vorbringens vorliegt, sind nach dem absoluten Verzögerungsbegriff die Voraussetzungen der Zurückweisung nach § 296 I ZPO gegeben: Der Prozess könnte ohne diesen Zeugen entschieden werden, während seine Vernehmung eine Verzögerung von mehreren Wochen nach sich ziehen würde.

Anders nach dem relativen Verzögerungsbegriff: Unterstellt man, dass der Zeuge keinesfalls vorzeitig vom Amazonas hätte beigebracht werden können, so dauert der Prozess jetzt nicht länger, als er gedauert hätte, wenn der Beweisantrag rechtzeitig gestellt worden wäre; in beiden Fällen hätte man die Rückkehr des Zeugen abwarten müssen. Also liegt nach diesem Begriff gerade keine Verzögerung vor. Mit dem hier gewählten krassen Beispiel zeigt sich gleichzeitig aber auch die Schwäche dieses Begriffs: In den meisten Fällen sind solche rein hypothetischen Kausalverläufe nämlich sehr schwer feststellbar!

Heute: vermittelnder Standpunkt

Das BVerfG hat im Hinblick auf Art. 19 IV GG einen vermittelnden Standpunkt eingenommen: Der absolute Verzögerungsbegriff wurde grds. akzeptiert, doch wurde eine wichtige Einschränkung zur Verhinderung sog. „Überbeschleunigungen" gemacht:

„ ... wenn sich ohne weitere Erwägung aufdrängt, dass ..."

Die Präklusion ist unzulässig, wenn sich *ohne weitere Erwägung aufdrängt*, dass das Verfahren infolge der Zurückweisung *früher* beendet wird als dies bei einem ungestörten Verlauf des Verfahrens (= rechtzeitiges Vorbringen) zu erwarten war.[572]

---

570 Vgl. THOMAS/PUTZO, § 296, Rn. 18; ZÖLLER/GREGER, § 296, Rn. 13 (jeweils mit weiteren Beispielen und Nachweisen).
571 Vgl. etwa BGH NJW 2012, 2808 [Rn. 11 f. m.w.N.].
572 Vgl. v.a. BVerfGE 75, 302-318 = **juris**byhemmer; dazu auch ZÖLLER/GREGER, § 296, Rn. 22 und THOMAS/PUTZO, § 296, Rn. 12, 14 (Letzterer etwas verwirrend und wenig systematisch).

Der BGH hat sich dieser Einschränkung des grds. immer noch gültigen absoluten Verzögerungsbegriffs angeschlossen. Bedeutsam wird die Beschränkung oft bei Sachverständigengutachten, die oft ohnehin viel Zeit in Anspruch genommen hätten.[573]

hemmer-Klausur-Tipp

> Wenn Sie in einer Klausur annehmen, auf diesen Streit gestoßen zu sein, so überprüfen Sie nochmals ganz genau, ob dies wirklich der Fall ist oder ob Sie nicht doch etwas übersehen haben. Es ist nämlich etwas unwahrscheinlich, dass für eine Examensklausur einer *der kritischen Grenzfälle* ausgewählt wurde. Immerhin könnte es dann nämlich geschehen, dass zwei völlig unterschiedliche Tatsachengrundlagen mit jeweils völlig unterschiedlichen Konsequenzen für die Lösung, den Klausuraufbau usw. gegeben sind, und beide gleichermaßen vertretbar sind. So etwas ist oft sehr schwer zu korrigieren und zu bewerten. Die Erfahrung zeigt daher, dass § 296 I ZPO meist in den klaren und eindeutigen Varianten geprüft wird, in denen die Lösung nur in eine Richtung vertretbar ist. Dann müssen Sie „nur" eine knappe Behandlung aller Prüfungsschritte vornehmen und die richtige rechtliche *Folgerung* aus der Anwendung oder Nichtanwendung der Norm ziehen (dazu s.u.).

(3) Durchbrechung der Kausalität: „Flucht in die Klage*erweiterung*" bzw. „Flucht in die Widerklage"

BGH liefert Möglichkeit zur Umgehung einer Präklusion

Nach - allerdings umstrittener - Ansicht des BGH liegen die Voraussetzungen für eine Präklusion nach § 296 I ZPO grds. nur dann vor, wenn eine Verzögerung des *gesamten* Rechtsstreits droht. Es reiche gerade nicht, wenn nur ein einzelner Verfahrensabschnitt, der etwa durch Teilurteil hätte erledigt werden können, verzögert wird.[574]

Daraus ergibt sich die Möglichkeit für eine prozesstaktisch „gut geschulte" Partei, eine aufgrund eines früheren Fehlers drohende Präklusion gegebenenfalls durch „Flucht in die Klage*erweiterung*" (= Möglichkeit für den Kläger) oder „Flucht in die Widerklage" (= Möglichkeit für den Beklagten) zu verhindern.[575]

Beispielsfall zur „Flucht in die Widerklage"

> **Bsp.:** Der Kläger hat eine offene Teilklage erhoben. Der Beklagte hat eine ihm gesetzte Frist verpasst, um einen notwendigen Beweisantrag für eine Einwendung zu stellen. Nun erhebt er Widerklage auf Feststellung, dass dem Kläger auch über die geltend gemachte Teilforderung hinaus keine Ansprüche aus dem betreffenden Vorgang zustehen. Im Rahmen der Begründung dieser Widerklage stellt er u.a. den Beweisantrag, den er schon innerhalb der Frist zur Klageerwiderung gegen die Teilklage hätte stellen müssen. Er erklärt weiter, dass das Beweisangebot darüber hinaus auch zur Verteidigung gegen die Klage gelten solle.

Hier wurde durch die Widerklage dem Rechtsstreit als Ganzem die Entscheidungsreife genommen. Die Widerklage oder Klageerweiterung selbst ist - wie oben gezeigt - gerade kein Angriffs- oder Verteidigungsmittel i.d.S., sondern sie stellt den Angriff selbst dar, und dieser kann nicht präkludiert werden.[576] Bezüglich dieses Teils des Rechtsstreits kommt auch keine Präklusion der Angriffs- und Verteidigungsmittel in Betracht, weil insoweit eben erst Rechtshängigkeit eingetreten ist.

---

573 Vgl. etwa BGH, NJW 1987, 502; BGH, NJW-RR 1999, 787; NJW 2012, 2808 [Rn. 12 f.]: **alle Entscheidungen = juris**byhemmer.

574 So BGHZ 77, 306-310; BGH, NJW 1986, 2257-2258 (2258); vgl. auch BGH, NJW 1995, 1223-1224 (1224): **alle Entscheidungen = juris**byhemmer; THOMAS/PUTZO, § 296, Rn. 19. Zu den Konsequenzen für die Taktik in der Anwaltsklausur (Klageerwiderung) siehe in Assessor-Basics, Anwaltsklausur,, § 2, Rn. 25.

575 Zu dem wohl noch bedeutsameren Problem der „Flucht in die Säumnis" (THOMAS/PUTZO, § 340, Rn. 9) siehe ausführlich unten im Kapitel „Säumnisverfahren" (§ 11, Rn. 65 ff.).

576 Vgl. THOMAS/PUTZO, § 296, Rn. 21 i.V.m. § 146, Rn. 2.

Allenfalls könnte das Gericht eine Zurückweisung des neuen Vorbringens aussprechen, soweit es sich *alleine auf die Klage* bezieht, weil er über diese theoretisch bereits jetzt durch Teilurteil entscheiden könnte, eine solche teilweise Vorabentscheidung aber durch das neue Beweisangebot verhindert wird. Genau diese Argumentation soll nach BGH aber grds. nicht zur Begründung des § 296 I ZPO ausreichen, weil nur eine Verzögerung eines einzelnen Verfahrensabschnitts, nicht aber des gesamten Rechtsstreits droht. Folge: Das neue Beweismittel ist also grds. insgesamt zuzulassen, für Klage und Widerklage.

Allerdings hat selbst der BGH angedeutet, dass eine Zurückweisung möglicherweise in Betracht käme, wenn das Verhalten „rechtsmissbräuchlich wäre, insbesondere nur den Sinn haben könnte, den Verspätungsfolgen zu entgehen".[577]

b. Rechtsfolge der Zurückweisung

Rechtsfolge der Zurückweisung

Die Rechtsfolge der Zurückweisung gemäß § 296 I ZPO besteht darin, dass das betreffende Vorbringen bei der Entscheidung unberücksichtigt bleibt.[578]

Dies bedeutet im Detail:

⇨ Bei verspäteten Tatsachenbehauptungen des Klägers wird diese Tatsache als nicht vorgetragen behandelt; sie kann bei der Prüfung der anspruchsbegründenden Tatsachen also nicht herangezogen werden.

⇨ Bei verspätetem Bestreiten des Beklagten gilt dieses als zugestanden i.S.d. § 138 III ZPO.

⇨ Erfolgt die Zurückweisung eines Beweismittels unmittelbar nach § 296 I ZPO, hat dies zur Folge, dass der Beweis als nicht geführt anzusehen ist.

In all diesen Fällen entfällt jedenfalls die Notwendigkeit der Beweisführung über diesen Aspekt.

c. Behandlung der Präklusion in den Entscheidungsgründen

Klausuraufbau / Behandlung in den Entscheidungsgründen

Statt eine Beweiserhebung durchzuführen hat das Gericht (Klausurbearbeiter) in den Entscheidungsgründen genau das Vorliegen der Voraussetzungen der Präklusion darzulegen.[579] Im Aufbau erfolgt die Begründung unmittelbar bei dem Begründungselement, für das der verspätete Vortrag bestimmt ist.

Das wird oft nur ein einzelnes (aber evtl. entscheidendes) Tatbestandsmerkmal der Anspruchsgrundlage, Einwendung oder Einrede sein, kann aber auch das gesamte Anspruchs- oder Verteidigungsvorbringen betreffen.[580]

---

577 BGH, NJW 1986, 2257-2258 (2258) = **juris**byhemmer.
578 THOMAS/PUTZO, § 296, Rn. 43.
579 BGH, NJW-RR 1996, 961 = **juris**byhemmer; THOMAS/PUTZO, § 296, Rn. 43.
580 Vgl. dazu etwa HUBER, Rn. 275 ff. Zur Behandlung des § 296 ZPO im Tatbestand des Urteils siehe bereits oben (§ 8, Rn. 21).

Formulierungsbeispiel	„Die Klage ist auch begründet. Der Anspruch des Klägers ergibt sich aus § 7 I StVG.
	.....
	Ein Mitverschulden des Klägers (§ 9 StVG[581] i.V.m. § 254 BGB) ist nicht gegeben. Insbesondere ergibt sich dieses nicht aufgrund der Beklagtenbehauptung, der Kläger sei mit seinem Rennrad mit überhöhter Geschwindigkeit von mindestens 60 km/h auf die Unfallkreuzung zugefahren. Diese Behauptung ist nämlich gemäß § 296 I ZPO zurückzuweisen.
Verspätung	Der Beklagte erhob diese Behauptung erstmals in der mündlichen Verhandlung vom 20. April 2019, obwohl ihm durch die am 12. Januar 2019 zugestellte Verfügung vom 9. Januar 2019 eine dreiwöchige Frist zur Stellungnahme auf die Klage gesetzt worden war (§ 276 I 2 ZPO).
Kausale Verzögerung	Hierdurch bedingt würde auch eine Verzögerung des Rechtsstreits eintreten. Dabei kann der Streit um die Notwendigkeit von Einschränkungen bzw. um die Reichweite des von der Rechtsprechung grds. vertretenen sog. absoluten Verzögerungsbegriffes im konkreten Fall sogar dahingestellt bleiben. Dieser wirkt sich im vorliegenden Fall nämlich nicht aus, weil ..... (es folgen Details).
Keine Entschuldigung	Da der Beklagte auch keine Entschuldigung für sein verspätetes Vorbringen genannt hat, liegen die Voraussetzungen der Zurückweisung gemäß § 296 I ZPO vor.
	Mangels anderer Ansatzpunkte für Mitverschulden des Klägers ist daher keinerlei Abzug von seinen Ansprüchen vorzunehmen."

4. Entfallen der Beweiserhebung wegen Bindung an frühere gerichtliche Entscheidungen

Entfallen der Beweiserhebung wegen Bindung	Selbstverständlich entfällt die Notwendigkeit einer Beweisführung auch dann, wenn eine Tatsache zwar streitig ist, das Gericht aber einer Bindung an eine andere gerichtliche Entscheidung unterliegt.
Materielle Rechtskraft	Hier wäre zum einen die materielle Rechtskraft gemäß § 322 ZPO zu nennen, bei der in den Grenzen der grds. geltenden sog. inter-partes-Wirkung eine Bindung an den im Tenor des Urteils enthaltenen *Rechtsfolgenausspruch* gegeben ist.
Nebeninterventionswirkung gemäß §§ 74 III, 68 ZPO	Außerdem ergibt sich eine Bindung oft aus der Nebeninterventionswirkung gemäß §§ 74 III, 68 ZPO, bei der sich die Bindung auch auf Dritte erstreckt und auch insoweit über die Rechtskraft hinausgeht, als einzelne Teile der Entscheidungsgründe (sog. Urteilselemente) von ihr erfasst sind.
	In beiden Fällen ist es dem Richter nicht nur erlaubt, auf eine erneute Beweisführung über diese Frage zu verzichten. Eine solche Beweisführung ist ihm vielmehr *untersagt*, da er die Sache als geklärt hinzunehmen hat. Im Urteil müsste also gegebenenfalls in eine bestimmte Richtung entschieden werden, obwohl eine Partei nun Beweise für die Richtigkeit des Gegenteils präsentiert hat![582]
keine Bindung des Zivilrichters an Urteile des Strafrichters	Eine Bindung des Zivilrichters oder Arbeitsrichters an ein Urteil des Strafrichters existiert allerdings nicht.[583]

---

581 § 17 I 2 StVG ist hier nicht einschlägig, weil nur auf Beklagtenseite, nicht auch auf Klägerseite ein Kraftfahrzeug im Spiel ist.

582 Eine weitergehende Darstellung dieser komplizierten zivilprozessualen Fragen würde trotz ihrer enormen Examensrelevanz die Intention dieses Skripts (Zivil*urteil*) völlig sprengen. Probleme der materiellen Rechtskraft und der Nebeninterventionswirkung nehmen aber im Hemmer-Assessorkurs eine zentrale Rolle ein. Zu Aufbaufragen siehe auch bereits oben im Kapitel Entscheidungsgründe (§ 9, Rn. 4 ff.).

583 Eine solche sollte ursprünglich durch das 2004 in Kraft getretene „1. JuMoG" eingeführt werden (§ 415a ZPO des Entwurfs), doch wurden diese Pläne nach Kritik der Praxis wieder zurückgenommen (vgl. etwa HUBER, JuS 2004, 873, 875).

D. Beweislast

I. Begriffe

1. Behauptungslast (Darlegungslast)

Behauptungslast (Darlegungslast)

Die Behauptungslast (Darlegungslast) regelt die Frage, welche Behauptungen jede Partei aufstellen muss, um prozessuale Nachteile zu vermeiden.

Kommt die darlegungsbelastete Partei ihrer Pflicht nicht nach, liegt also kein schlüssiger Tatsachenvortrag ihrerseits vor, tritt das Gericht grundsätzlich nicht in die Beweisaufnahme ein. Es fehlt dann an der Entscheidungserheblichkeit des Parteivorbringens.

> **Hinweis: Die Frage nach Darlegungs- und Beweisführungslast stellt sich nur im Geltungsbereich des Verhandlungsgrundsatzes.** Im Bereich des Untersuchungsgrundsatzes (etwa § 26 FamFG) muss das Gericht auch ohne Tatsachenvortrag oder Beweisangebote den Sachverhalt selbst ermitteln. Bei den Familienstreitsachen i.S.d. § 112 FamFG (Unterhalt, Zugewinn, „Nebengüterrecht") ist dieser § 26 FamFG nicht anwendbar. Er wird von der in § 113 I FamFG verankerten Verweisung auf die ZPO verdrängt. Beweisrechtlich gelten dort also die hier darzustellenden Regeln!

2. Subjektive Beweislast

subjektive Beweislast (Beweisführungslast)

Die subjektive Beweislast (Beweisführungslast) gibt Auskunft darüber, welcher Partei *die Beibringung* von Beweismitteln obliegt. Sie spielt im Prozess keine Rolle, falls *beide* Parteien für eine streitige Tatsache Beweis angeboten haben.

Keine Beweisaufnahme ohne Beweisangebot der richtigen Partei!!

Hat aber nur eine Partei Beweis angeboten, darf das Gericht - soweit nicht ausnahmsweise eine Beweisaufnahme von Amts wegen zulässig ist - diesen Beweis nur erheben, wenn die Partei auch tatsächlich beweisführungsbelastet ist. Es gilt der Grundsatz: Kein Gegenbeweis ohne Hauptbeweis!

hemmer-Klausur-Tipp

> Prägen Sie sich diese Regel genau ein, denn sie spielt in Klausuren recht häufig eine Rolle. Unerfahrene Klausurbearbeiter wundern sich nicht selten, warum in einem Klausursachverhalt keine Beweisaufnahme erfolgt ist, obwohl eine Tatsache umstritten ist und auch ein Beweisangebot einer Partei vorliegt. Des Rätsels Lösung kann darin liegen, dass die Tatsache gar nicht entscheidungserheblich ist. Möglich ist aber auch, dass der Beweisantrag letztlich von der falschen Person gestellt worden war. Auch dann hat ihn das Gericht zu Recht übergangen; das Urteil kann dann gefertigt werden, ohne dass eine Vertagung nötig wäre.

3. Objektive Beweislast

objektive Beweislast (Feststellungslast)

Die objektive Beweislast (Feststellungslast) bestimmt, welche Partei das Risiko der Beweislosigkeit trägt. Kommt das Gericht nach der Beweisaufnahme zu dem Ergebnis, dass der Hauptbeweis nicht gelungen ist, also ein „non liquet" besteht, muss er den Prozess nach den Grundsätzen der objektiven Beweislast entscheiden.

II. Beweislastverteilung

Beweislastverteilung

Darlegungslast, Beweisführungslast und Feststellungslast folgen weitgehend den gleichen Grundsätzen.[584]

1. Grundregeln der Darlegungs- und Beweislast

Günstigkeitsregel

Die Grundregeln lassen sich auf einen Satz zurückführen: Jede Partei trägt grds. die Darlegungs- und Beweislast für die tatsächlichen Voraussetzungen der ihr günstigen Rechtsnorm.[585]

⇨ Wer ein Recht geltend macht, muss also die tatsächlichen Voraussetzungen der rechts*begründenden* und rechtserhaltenden Tatbestandsmerkmale beweisen.

⇨ Wer demgegenüber das Bestehen eines Rechts leugnet, trägt die Beweislast für die tatsächlichen Voraussetzungen der rechtshindernden, rechtshemmenden und rechtsvernichtenden Tatbestandsmerkmale.

2. Unerheblichkeit der prozessualen Parteirolle

Prozessuale Parteirolle grds. unerheblich!

Auf die Stellung der Parteien im Prozess kommt es dabei grds. nicht an. Wer das Bestehen eines Anspruchs behauptet, trägt die Beweislast für dessen tatsächliche Voraussetzungen.

Beispiel: negative Feststellungsklage

> **Bsp.:** Im Rahmen einer negativen Feststellungsklage ist umstritten und kann in der Beweisaufnahme nicht endgültig geklärt werden, ob zwischen den Parteien tatsächlich ein Vertrag zustande kam oder ob es bei bloßen Vorgesprächen ohne Rechtsbindungswillen geblieben war.

Das Zustandekommen des Vertrages als anspruchs*begründende* Tatsache muss der Gläubiger der Forderung darlegen und beweisen. Der Gläubiger ist bei einer negativen Feststellungsklage aber naturgemäß in der *Beklagten*rolle. Also liegt die Beweislast hier beim Beklagten. Bei etwaigen Einwendungen oder Einreden würde sie - wiederum spiegelbildlich - beim (vermeintlichen) Schuldner liegen, also beim Kläger.[586] Folge im Beispielsfall: Die negative Feststellungsklage wäre erfolgreich!

Ausnahme bei Abänderung (§§ 323, 323a ZPO bzw. §§ 238 ff FamFG)

Allerdings existiert eine Ausnahme von der Regel, dass die prozessuale Parteistellung unerheblich ist: Im Rahmen der Abänderungsklage nach § 323 ZPO oder § 323a ZPO hat *der Kläger* die Darlegungs- und Beweislast für *alle* Behauptungen, auf die er die Änderung stützen will.[587]

Diese einseitige Beweislastverteilung erklärt sich daraus, dass der Kläger mit der Abänderung eine Durchbrechung der Rechtskraft erreichen will bzw. - soweit er Abänderung eines *Prozessvergleichs* begehrt (vgl. § 323a ZPO) - eine Durchbrechung des Grundsatzes „pacta sunt servanda".

---

584 Zu Ausnahmen siehe unten.
585 Vgl. BGH, NJW 1986, 2426-2428 (2427 m.w.N.) = **juris**byhemmer.
586 Vgl. hierzu etwa BGH, NJW 1993, 1760; THOMAS/PUTZO, vor § 284, Rn. 23 bzw. § 256, Rn. 59.
587 Vgl. etwa BGH, NJW 1987, 1201-1203 = **juris**byhemmer; THOMAS/PUTZO, § 323, Rn. 21; ZÖLLER/VOLLKOMMER, § 323, Rn. 32.

> **Hinweis:** § 323 ZPO hatte bis August 2009 seinen absoluten Hauptanwendungsbereich im Unterhaltsrecht. Dadurch, dass nun mit §§ 238 ff FamFG gerade dafür (inhaltsgleiche) Sonderregeln existieren, ist die Bedeutung von § 323 ZPO extrem zurückgegangen. Die hier dargestellte Beweisregel gilt im Rahmen eines Beschlusses (§ 116 I FamFG) über ein Abänderungsverfahren gemäß §§ 238 ff FamFG genauso.

3. Auseinanderfallen von Darlegungs- und Beweislast

Regeln zur Darlegungslast (weitgehend identisch zur Beweislast)

Die Darlegungslast bestimmt sich grds. nach den gleichen Grundsätzen wie die Beweislast.[588] Regelmäßig muss also jede Partei die für sie günstigen Tatsachen vortragen und, soweit streitig, beweisen: Der Anspruchsteller die anspruchsbegründenden Umstände, der Anspruchsgegner die Einwendungen und Einreden.

Darlegungslast und Beweisführungslast können aber ausnahmsweise auseinander fallen, wenn erst die Darlegungen des Beklagten die Beweislast des Klägers auslösen.[589]

Besonderheiten, z.B. negative Tatsachen

Eine bedeutsame Ausnahme, in der die Darlegungs- und Beweislast nicht völlig identisch sind, wird v.a. bei *negativen* Tatsachen (etwa Pflichtverletzung durch Unterlassen) gemacht.[590]

> *Beispiel:* Verletzung der Anzeigepflicht für Mängel der Mietsache gemäß § 536c I BGB.

Nach Ansicht des BGH trägt *der Vermieter* jedenfalls im Rahmen eines *Schadensersatz*anspruchs nach § 536c II S. 1 BGB die Darlegungs- und Beweislast für die Verletzung der Anzeigepflicht nach § 536c I BGB, weil es sich um eine anspruchs*begründende* Tatsache handele (Pflichtverletzung), nicht um eine Einwendung.[591]

Aber: Da es um eine *negative* Tatsache geht, trifft den Mieter eine *sekundäre Darlegungslast*, um dem Vermieter die Beweisführung nicht unnötig zu erschweren. Dies bedeutet, dass der Vermieter nur solche Mängelanzeigen ausräumen muss, die vom Mieter in zeitlicher, inhaltlicher Weise und räumlicher Hinsicht *spezifiziert worden* sind. Der Mieter hat also die Darlegungslast für ganz bestimmte Mängelanzeigen. Behauptet der Mieter unsubstanziiert, er habe den Mangel „rechtzeitig angezeigt", gilt die Behauptung des Vermieters, er habe keine (rechtzeitige) Anzeige bekommen, als zugestanden; dann braucht sie der Vermieter nicht mit Beweisen zu widerlegen.[592]

> *Weiteres Beispiel:* „ohne rechtlichen Grund" i.S.d. § 812 I BGB.

4. Ausdrückliche Regelungen der Beweislast / Vermutungen

ausdrückliche Regelungen der Beweislast

Das materielle Recht enthält zum Teil *ausdrückliche* Beweislastregeln, vgl. etwa § 363 BGB oder § 2336 III BGB.

---

588 Vgl. ZÖLLER/GREGER, vor § 284, Rn. 18.
589 Vgl. ZÖLLER/GREGER, vor § 284, Rn. 18.
590 Vgl. hierzu etwa THOMAS/PUTZO, vor § 284, Rn. 18.
591 Vgl. BGH, NJW 2013, 1299 [Rn. 27 ff]. Dabei ließ er ausdrücklich offen, welcher Partei im Rahmen *des Ausschlusstatbestands* des § 536c II *Satz 2* BGB die Beweislast für die (Nicht-)Erfüllung der Anzeigepflicht aufzuerlegen ist.
592 Vgl. BGH, NJW 2013, 1299 [Rn. 36].

gesetzliche Vermutungen	Gesetzliche Vermutungen entfalten eine ähnliche Wirkung wie ausdrückliche Beweislastregelungen. Diese Vermutungen können sich auf Tatsachen richten, sog. *Tatsachen*vermutungen (z.B. §§ 938, 1117 III, 1253 II, 2009, 2255 S. 2 BGB) oder sich auf Rechte beziehen, sog. *Rechts*vermutungen (z.B. §§ 891, 921, 1006, 1138, 1155, 1362, 1964 II, 2365 BGB).	85

Vermutungen sind grundsätzlich *widerlegbar*, soweit das Gesetz nicht ein anderes vorschreibt (§ 292 ZPO). Unwiderlegbare Vermutungen enthält das Gesetz z.B. in § 1566 BGB sowie in § 267 ZPO[593] oder § 739 ZPO.[594]

Unterschied: Darlegungs- und Beweislast bezüglich der zugrunde liegenden Tatsachen!

Anders als bei gesetzlichen Regelungen der Beweislast wird die durch eine gesetzliche Vermutung begünstigte Partei aber nicht gänzlich von der Beweislast befreit. Vielmehr muss sie die der Vermutung zu Grunde liegenden Tatsachen darlegen und beweisen.[595]

> **Bsp.:** Wer sich auf die Vermutung des § 1006 I BGB berufen will, muss seinen (Eigen)Besitz beweisen.[596]

Nach § 1006 I BGB wird nicht grundsätzlich das Eigentum des Besitzers vermutet, sondern nur, dass der Besitzer bei Erwerb des Besitzes Eigenbesitz begründete, dabei unbedingtes Eigentum erwarb und es während der Besitzzeit behielt. § 1006 I BGB greift demnach nicht ein, wenn der Besitzer selbst behauptet, schon vor dem Besitzerwerb Eigentümer gewesen zu sein oder zunächst nur Fremdbesitz gehabt zu haben.[597]

Unterschied auch bezüglich Behauptungslast

Ein weiterer Unterschied zwischen gesetzlichen Vermutungen und Beweislastregelungen liegt in der *Behauptungs*last. 86

⇨ Bei gesetzlichen Vermutungen muss nur die Vermutungstatsache (z.B. bei § 1006 I BGB der Eigenbesitz) und nicht die Vermutungs*folge* (bei § 1006 I BGB das Eigentum) behauptet werden.[598]

⇨ Bei Beweislastregelungen hingegen muss die Partei den gesetzlichen Tatbestand vollumfänglich behaupten.

§ 477 BGB n.F. bei Verbrauchsgüterkäufen

Eine wichtige Beweislastumkehr und Abweichung von § 363 BGB enthält § 477 BGB für Verbraucherkaufverträge (§§ 474, 13, 14 BGB), der inzwischen von der Rechtsprechung deutlich ausgeweitet wurde: Die in § 477 BGB vorgesehene Beweislastumkehr zugunsten des Käufers greift schon dann, wenn diesem der Nachweis gelingt, dass sich innerhalb von sechs Monaten ab Gefahrübergang ein mangelhafter Zustand (eine Mangelerscheinung) gezeigt hat, der – *unterstellt*, er hätte seine Ursache in einem dem Verkäufer zuzurechnenden Umstand – dessen Haftung wegen Abweichung von der geschuldeten Beschaffenheit begründen würde. Dagegen muss der Käufer weder darlegen und nachweisen, auf welche Ursache dieser Zustand zurückzuführen ist, noch dass diese in den Verantwortungsbereich des Verkäufers fällt.[599]

---

593 Vgl. THOMAS/PUTZO, § 267, Rn. 1.
594 Vgl. THOMAS/PUTZO, § 739, Rn. 9.
595 Vgl. THOMAS/PUTZO, § 292, Rn. 3.
596 Vgl. PALANDT/HERRLER, § 1006, Rn. 1.
597 Vgl. PALANDT/HERRLER, § 1006, Rn. 4.
598 Vgl. THOMAS/PUTZO, § 292, Rn. 3.
599 Vgl. BGH NJW 2017, 1039 [Rn. 36] = Life & Law 2017, 1; Pal./Weidenkaff § 477, Rn. 8; anders die frühere Rechtsprechung seit BGHZ 159, 215-220: **alle Entscheidungen** = jurisbyhemmer.

Liegen diese Voraussetzungen vor und bleibt unklar, ob der Defekt bei Übergabe der Kaufsache bereits vorhanden war, wird letzteres grds. vermutet, und der Verkäufer muss das Gegenteil beweisen.

Fehlen *ausdrückliche* Regelungen im Gesetz, stellt sich das Problem, ob es sich um eine anspruchs*begründende* negative Tatsache oder um eine rechtsvernichtende Tatsache handelt.

> *Bspe.:* „Ohne rechtlichen Grund" i.R.d. § 812 I BGB ist anspruchsbegründende negative Tatsache mit der Folge, dass der Anspruchssteller die Beweislast trägt. Bei der Geschäftsunfähigkeit hingegen handelt es sich um eine rechtshindernde Tatsache, sodass den Anspruchsgegner die Beweislast trifft.

5. Rückschluss aus Gesetzesformulierung

Regel-Ausnahmeverhältnis aus Gesetzesformulierung

In einigen Fällen ergibt sich aus der Formulierung des Gesetzeswortlauts ein Regel-Ausnahmeverhältnis. Beweisbelastet ist dann diejenige Partei, die sich auf den Ausnahmefall beruft.

> *Bsp.:* Der Gesetzgeber geht grundsätzlich von der Gutgläubigkeit des Erwerbers i.R.d. § 932 I 1 BGB aus. Dies ergibt sich aus der Formulierung „es sei denn". Die Beweislast hinsichtlich der Gutgläubigkeit trägt damit nicht der potentielle Erwerber, sondern der (Alt)Eigentümer, der einen gutgläubigen Erwerb bestreitet.

Beweislast für Vertretenmüssen oft umgekehrt

Große Auswirkung haben v.a. die Regelungen, die die Beweislast hinsichtlich des Vertretenmüssens umkehren.

wichtig: § 280 I 2 BGB!

Besonders bedeutsam ist § 280 I 2 BGB. Dort ist eine *gesetzliche Vermutung* des Vertretenmüssen geregelt („..., wenn der Schuldner die Pflichtverletzung nicht zu vertreten hat").

Vergleichbares ist in § 311a II 2 BGB für den Fall *anfänglicher* (objektiver und subjektiver) Unmöglichkeit i.S.d. § 275 BGB geregelt.

Verzug

Geht es um die Prüfung des Verzugs des Schuldners (vgl. dazu etwa §§ 280 II, 287, 288, 498, 543 II BGB) ist ebenfalls Vertretenmüssen erforderlich, doch wird dieses in § 286 IV BGB wiederum vermutet; auch dies ergibt sich daraus, dass diese Regelung negativ formuliert ist („kommt nicht in Verzug ...").

Beispiele

> **Weitere Beispiele:**
> ⇨ „es sei denn, dass" (§§ 153, 178, 406, 407, 651 f. BGB)
> ⇨ „sofern nicht" (§§ 179 I, 370 BGB)
> ⇨ „jedoch nicht" (§ 179 II BGB)
> ⇨ „ausgeschlossen" (§§ 815, 861 II, 1004 II BGB)

6. (Ungeschriebenes) Regel-Ausnahme-Verhältnis

(ungeschriebenes) Regel-Ausnahme-Verhältnis

Dieses Regel-Ausnahmeprinzip lässt sich verallgemeinern und auch auf Konstellationen anwenden, in denen das Gesetz zur Frage der Beweislast schweigt.

Wer entgegen der erfahrungsgemäßen Regel eine Ausnahme für sich in Anspruch nimmt, hat ihre tatbestandlichen Voraussetzungen zu beweisen[600].

---

600 Vgl. THOMAS/PUTZO, vor § 284, Rn. 24.

§ 10 BEWEISPROBLEME IM ZIVILURTEIL

Beispiele

Bspe.:

Ein Volljähriger, der seine Geschäftsunfähigkeit behauptet, muss diese nachweisen, da ein Erwachsener grundsätzlich als geschäftsfähig anzusehen ist.

Ist umstritten, ob ein Rechtsgeschäft im eigenen oder fremden Namen vorgenommen wurde, so ist derjenige beweispflichtig, der behauptet, erkennbar nicht für sich selbst, sondern für einen anderen gehandelt zu haben.[601]

Legt der Kläger zur Anspruchsbegründung eine schriftliche Kaufvertragsurkunde vor und wendet der Beklagte hiergegen ein, es sei mündlich vereinbart worden, dass der Kaufvertrag unter einer aufschiebenden und bislang nicht eingetretenen Bedingung geschlossen sei, so trifft den Beklagten die Beweislast, weil die Vermutung der Vollständigkeit der schriftlichen Urkunde besteht.[602]

Höchst umstritten wäre dieser Fall, wenn keine schriftliche Urkunde vorläge: Die von der wohl h.M. vertretene sog. Leugnungstheorie nimmt an, dass die Unbedingtheit zu dem vom Anspruchsteller zu beweisenden Klagegrund gehört und dass auch das Regel-Ausnahme-Verhältnis nicht eingreife.[603]

7. Sonderfall der Arzthaftung

Zur Arzthaftung ist mit Wirkung zum 6. Februar 2013 eine gesetzliche Regelung in den §§ 630a ff BGB in Kraft getreten, die in einer Kodifizierung der vorherigen Rechtsprechung besteht.

Arzthaftung

Bei der Arzthaftung geht es um Schadensersatzpflichten für einen durch eine ärztliche Heilbehandlung erlittenen Schaden, wobei sich die Ansprüche aus § 280 I BGB bzw. § 823 I BGB ergeben, weil §§ 630a ff BGB keine eigene Anspruchsgrundlage für Schlechterfüllung enthalten.[604] Strukturell geht es um einen Sonderfall des Dienstvertragsrechts (vgl. § 630b BGB).

Die anspruchsbegründenden Tatsachen Pflichtverletzung (= Behandlungsfehler), Schaden und Kausalität zwischen beiden sind für den geschädigten Patienten oft extrem schwer nachzuweisen, am schwersten regelmäßig die Kausalität.

Deswegen hat die Rechtsprechung seit Jahrzehnten mit zahlreichen Vermutungen geholfen, die sich nun in § 630h BGB wiederfinden.

§ 630h BGB befasst sich in seinen ersten drei Absätzen mit dem Nachweis des Behandlungsfehlers, also des anspruchsbegründenden Merkmals Pflichtverletzung. Im Umkehrschluss kann man dieser Regelung entnehmen, dass im „Normalfall" der Patient – insoweit noch den allgemeinen Regeln der Beweislast entsprechend – den Behandlungsfehler darlegen und beweis muss. V.a. die in §§ 630f, 630g BGB geregelten Dokumentationspflichten und Einsichtnahmerechte werden ihm dabei aber ggf. helfen.

---

601 Vgl. PALANDT/ELLENBERGER, § 164, Rn. 18. § 164 II BGB bestätigt dies, hat aber mehr die Funktion, die Anfechtung nach § 119 I BGB auszuschließen. Bei sog. unternehmensbezogenen Geschäften besteht jedoch eine tatsächliche Vermutung, dass der Handelnde für das Unternehmen aufgetreten ist (vgl. BGH, NJW 1984, 1347-1348 = **juris**byhemmer).
602 Vgl. Palandt/Ellenberger, § 125, Rn. 15.
603 Vgl. Palandt/Ellenberger, Einführung vor § 158, Rn. 14.
604 Vgl. dazu etwa KATZENMEIER, NJW 2013, 817.

In Einzelfällen Beweislastumkehr für Pflichtverletzung	Hat sich im Rahmen eines „voll beherrschbaren Risikos" ein Schaden ergeben, wird der Fehler allerdings vermutet. Dies bedeutet, dass dann der Arzt gemäß § 292 ZPO den Beweis des Gegenteils führen muss.[605]	92
Kausalität	In seinen Absätzen IV und V regelt § 630h BGB – wiederum nur für *Sonder*fälle – Vermutungen für die Ursächlichkeit.	

III. Richterrechtliche Modifikationen der Beweislast

richterrechtliche Modifikation der Beweislast	Der Grundsatz, dass jede Partei die für sie günstigen Voraussetzungen behaupten und beweisen muss, führt in einigen Bereichen zu unbilligen Ergebnissen. Um diese zu vermeiden, hat die Rechtsprechung richterrechtliche Regeln der Beweislastumkehr entwickelt mit der Folge, dass die Beweislast dem Gegner der an sich beweisbelasteten Partei aufgebürdet wird.	93

1. Vertragsrecht: „Sphärentheorie"

Vertragsrecht	Dem Wortlaut nach bezieht sich § 280 I 2 BGB alleine auf das *Vertretenmüssen*. Der Gläubiger muss also grundsätzlich noch selbst beweisen, dass den Schuldner eine objektive *Pflichtverletzung* trifft und dass diese kausal für den eingetretenen Schaden ist. Kann er dies nicht, so nützt ihm auch die Beweislastumkehr bezüglich des Vertretenmüssens nichts.	94
Problem: Beweislast für Pflichtverletzung	In einigen wichtigen Fällen wird dies aber durch Richterrecht zu Gunsten des Gläubigers des Schadensersatzanspruchs modifiziert.	
erfolgsbezogene Pflicht	Trifft den Schuldner die erfolgsbezogene Pflicht, einen Schaden wie den eingetretenen zu verhindern, so genügt es, wenn der Gläubiger den Schadenseintritt sowie den Kausalitätszusammenhang mit einer Handlung des Schuldners beweisen konnte. Letzteren trifft dann die Beweislast für das Nichtvorliegen einer Pflichtverletzung.[606]	95
	Bsp.: *Beim Beförderungsvertrag trifft den Unternehmer die erfolgsbezogene Pflicht, dass der Gläubiger „wohlbehalten" am Bestimmungsort anlangt. Das Vorliegen einer Schädigung ist daher gleichzeitig eine Vermutung für das Vorliegen einer Pflichtverletzung.*[607]	
Schadensursache aus alleinigem Verantwortungsbereich des Schuldners	Der Rückschluss von der Schädigung auf eine Pflichtverletzung ist nach der Rechtsprechung auch dann gerechtfertigt, wenn der Gläubiger beweisen kann, dass die Schadensursache allein aus dem Verantwortungsbereich des Schuldners herrühren kann.[608]	96
	Bsp.: *Ein Vermieter kann beweisen, dass die Mietsache im Moment ihrer Rückgabe eine bestimmte Beschädigung aufwies, die im Moment der Übergabe der Mietsache an den Mieter noch nicht vorhanden gewesen war.*	
	In diesem Fall arbeitet die Rechtsprechung mit einer Vermutung dahin gehend, dass die Beschädigung durch eine Pflichtverletzung des Mieters zustande kam.	

---

605 Vgl. dazu etwa KATZENMEIER, NJW 2013, 817 (821).
606 PALANDT/GRÜNEBERG, § 280, Rn. 36.
607 BGHZ 8, 239-243 (242) = **juris**byhemmer.
608 BGH, NJW-RR 1991, 568-579 (576), NJW 1993, 1706-1709. Vgl. auch BGH, NJW 2009, 145-148: **alle Entscheidungen** = **juris**byhemmer für den Fall der Schädigung des Mieters durch Vorgänge in der Sphäre des Vermieters (Prüfung einer Schutzpflichtverletzung i.S.d. § 241 II BGB).

Diese Vermutung entfällt aber beispielsweise dann wieder, wenn der Mieter nachweisen kann, dass außer ihm und den von ihm in die Wohnung gelassenen Personen auch noch andere Personen Zugang zu der Sache hatten.[609]

Ausnahmefall: Beweislast des Schuldners für Nicht-Kausalität

Eine Beweislast *des Schuldners* für die Kausalität zwischen Pflichtverletzung und Schaden ließ die h.M. nur bei Verletzung vertraglicher oder vorvertraglicher Beratungs- oder Aufklärungspflichten sowie bei der groben Verletzung von Berufspflichten zu. Hier trägt *der Schuldner* die Beweislast dafür, dass der Schaden auch bei ordnungsgemäßer Beratung eingetreten wäre.[610]

2. Produzentenhaftung

Arzt- und Produzentenhaftung

Im Bereich des Deliktsrechts gilt zunächst der Grundsatz, dass der Geschädigte alle anspruchsbegründenden Tatsachen beweisen muss.

Als Beweiserleichterung können dabei in vielen Fällen die Grundsätze des Anscheinsbeweises dienen.[611] Für den Bereich der Produzentenhaftung wird darüber hinausgehend von der h.M. eine teilweise Beweislastumkehr angenommen.

Grundgedanke: typische Beweisnot

Diese teilweise Beweislastumkehr rechtfertigt sich daraus, dass der Geschädigte nicht vollen Einblick in den Gefahrenbereich des Schädigers hat. Er befindet sich damit *typischerweise* in einer unzumutbaren Beweisnot.

a. Begriff Produzentenhaftung und Abgrenzung

Anwendbarkeit neben Produkthaftung (vgl. § 15 II ProdHaftG)

Der Verbraucher wird weitgehend durch die Produkthaftung nach dem ProdHaftG geschützt. Die Haftung des Herstellers nach dem allgemeinen Deliktsrecht, die sog. Produzentenhaftung, ist damit aber nicht entbehrlich, da die §§ 823 ff. BGB einige Vorteile gegenüber dem ProdHaftG haben (vgl. etwa § 10 ProdHaftG). Die §§ 823 ff. BGB sind deshalb neben der Produkthaftung anwendbar (vgl. § 15 II ProdHaftG).

b. Reichweite der Beweislastumkehr

Reichweite der Beweislastumkehr

Eine Beweisnot des Geschädigten liegt nur bezüglich solcher Umstände vor, die allein im Gefahrenbereich des Schädigers liegen. Hier ist eine Beweislastumkehr angebracht, da der Geschädigte keinen Einblick in die Betriebsinterna hat. Bezüglich anderer Umstände bleibt es bei der allgemeinen Regel, dass der Geschädigte alle anspruchsbegründenden Voraussetzungen darlegen und beweisen muss.

Der Geschädigte muss demnach beweisen, dass[612]

Umfang der Beweislast des Geschädigten

1. eines seiner Rechtsgüter verletzt worden ist und er dadurch einen Schaden erlitten hat

---

609 Siehe zu diesem Problem BGH, NJW 1996, 321-325 (323); BGH, NJW 1994, 2019-2021: **alle Entscheidungen** = **juris**byhemmer; EMMERICH, JuS 1994, 886; PALANDT/GRÜNEBERG, § 280, Rn. 37.
610 Vgl. PALANDT/GRÜNEBERG, § 280, Rn. 39 (m.w.N.).
611 Dazu siehe unten (Rn. 107 ff.).
612 PALANDT/SPRAU, § 823, Rn. 219 (m.w.N.).

2. der Hersteller das Produkt in den Verkehr gebracht hat und es zu diesem Zeitpunkt fehlerhaft gewesen ist und

3. die Kausalität zwischen fehlerhaftem Produkt, Rechtsgutsverletzung und erlittenem Schaden.

Zum Beweis dieser Tatsachen ist kein Einblick in die Betriebsabläufe notwendig.

Umfang der Beweislast des Herstellers

Anders ist dies aber, wenn es um die Frage geht, ob den Hersteller an der Fehlerhaftigkeit des Produkts ein Verschulden trifft. Dieses Verschulden ist ohne Kenntnis der Organisation des Betriebes und des Produktionsablaufs nicht beweisbar. Hier liegt eine unzumutbare Beweisnot vor, die eine Beweislastumkehr rechtfertigt. Hat der Geschädigte also obige Tatsachen bewiesen, muss der Hersteller beweisen, dass ihn an der Fehlerhaftigkeit des Produkts kein Verschulden trifft.[613]

Diese Beweislastumkehr gilt auch bei Inhabern von Kleinbetrieben.[614]

Der Hersteller muss somit beweisen, dass

1. die Konstruktion des Produkts und die Auswahl der verwendeten Materialien dem zur Zeit der Herstellung erkennbaren Stand der Wissenschaft und Technik entspricht (Konstruktionsfehler),

2. er bei der Auswahl seiner Beschäftigten und dem Ablauf der Fabrikation alle möglichen und zumutbaren Sicherheitsvorkehrungen und Kontrolleinrichtungen getroffen hat, um ein Inverkehrbringen eines fehlerhaften Produkts zu vermeiden (Fabrikationsfehler), und dass

3. zum Zeitpunkt des Inverkehrbringens nach dem damaligen Stand von Wissenschaft und Technik keine weiter gehende als die erfolgte Instruktion angezeigt war (Instruktionsfehler).

Keine Haftung für sog. Ausreißer (Unterschied zum ProdHaftG)

Hat der Hersteller diese Grundsätze beachtet, haftet er nach §§ 823 ff. BGB mangels Verschuldens nicht für sog. Ausreißer.[615] Die *verschuldensunabhängige* Haftung nach dem ProdHaftG bleibt davon unberührt.[616]

3. Beweisvereitelung

a. Begriff und Voraussetzungen

grds. Vor.: zumindest fahrlässige Erschwerung der Beweisführung des Gegners

Von einer Beweisvereitelung spricht man, wenn einer Partei die Führung eines ihr obliegenden Beweises vom Gegner schuldhaft unmöglich gemacht oder erschwert wird, indem dieser Beweismittel vernichtet, vorenthält oder ihre Benutzung erschwert.[617]

---

613 Vgl. BGHZ 51, 91-108 = **juris**byhemmer; PALANDT/SPRAU, § 823, Rn. 220.
614 BGHZ 116, 104-117 = **juris**byhemmer; PALANDT/SPRAU, § 823, Rn. 220.
615 Vgl. PALANDT/SPRAU, § 823, Rn. 205.
616 Vgl. umfassend dazu HEMMER/WÜST, Deliktsrecht II, Rn. 347 ff., 365.
617 Vgl. BGH, NJW 1998, 79-81 (81) = **juris**byhemmer; THOMAS/PUTZO, § 286, Rn. 17.

Bsp.: Bei einem Auffahrunfall behauptet der Auffahrende, das Bremslicht seines Vordermannes habe nicht funktioniert, sodass diesen zumindest ein Mitverschulden an dem Unfall träfe. Der Unfallgegner lässt sein Auto verschrotten, bevor es von einem Sachverständigen untersucht werden konnte.

Oder: Jemand gestaltet seine Unterschriften bewusst in einer so großen Vielfalt und Variationsbreite, dass der Fälschungseinwand mit Hilfe eines Schriftsachverständigengutachtens nicht widerlegt werden kann, und um die Möglichkeit zu haben, sich jederzeit auf die angebliche Unechtheit seiner Unterschrift berufen zu können.[618]

Explizit geregelt ist das Problem der Beweisvereitelung im Bereich des Urkundsbeweises (vgl. §§ 427, 441 III und 444 ZPO), sowie der Parteivernehmung (vgl. §§ 446, 453 II, 454 I ZPO). Aus diesen Einzelregelungen werden die allgemeinen Grundsätze der Beweisvereitelung abgeleitet.

Erforderlich ist zumindest im Regelfall eine schuldhafte, d.h. i.S.d. § 276 BGB zumindest fahrlässige Erschwerung der Beweisführung.[619] Dies kann auch bereits vorprozessual geschehen.

Problemfall: Nichtbefreiung von der Schweigepflicht

Kritisch ist insoweit der Fall, in dem eine Partei einen *von der Gegenseite* aufgebotenen Zeugen, den sie selbst von der Schweigepflicht befreien könnte, nicht von dieser befreit.

Teilweise[620] wird vertreten, dass ein solches Verhalten zwar im Rahmen der freien Beweiswürdigung gewertet werden dürfe. Es seien aber nicht die Grundsätze der Beweisvereitelung anwendbar, da diese sich nur auf ein vorwerfbares, missbilligenswertes Verhalten beziehen würden.

Nach Ansicht des BAG[621] kann die Weigerung, den behandelnden Arzt von der Schweigepflicht zu entbinden, um dadurch zur Sachaufklärung beizutragen, unter Umständen - nach erfolgloser Belehrung und Fristsetzung (§ 356 ZPO) – als Beweisvereitelung angesehen werden. Ein *schuldhaftes* Verhalten sei dafür nicht immer erforderlich.

Auch der BGH hat sich diesen Ansatz teilweise zu eigen gemacht, indem er bei schuldlosem Verhalten in Einzelfällen mit Treuwidrigkeit gemäß § 242 BGB argumentierte.[622]

b. Rechtsfolgen

Rechtsfolgen der Beweisvereitelung

Die Rechtsfolgen der Beweisvereitelung sind umstritten. Der BGH tendiert in den meisten Fällen zu einer Beweislastumkehr.[623] Gegenansichten wollen die Beweisvereitelung lediglich i.R.d. Beweiswürdigung berücksichtigen.[624] Vermittelnde Ansichten differenzieren nach Art des Verschuldens.[625]

---

618 In diesem Fall hat der BGH (NJW 2004, 222-223 = **juris**byhemmer) eine vorsätzliche Beweisvereitelung bejaht.
619 Eine beispielhafte Aufzählung einzelner Fallgruppen bei OBERHEIM, JuS 1997, 61 (62).
620 Vgl. THOMAS/PUTZO, § 383, Rn. 8; § 286, Rn. 17 a.E.
621 Vgl. dazu BAG, NZA 1997, 705-709 (709) = **juris**byhemmer.
622 Vgl. BGH, ZIP 2000, 2329-2332 = **juris**byhemmer; THOMAS/PUTZO, § 286, Rn. 18 a.E.
623 Vgl. BGH, NJW 1998, 79-81 (81) = **juris**byhemmer; THOMAS/PUTZO, § 286, Rn. 18 (m.w.N.).
624 Vgl. ZÖLLER/GREGER, vor § 284, Rn. 21 (m.w.N.).
625 Vgl. OBERHEIM, JuS 1997, 61 (63 m.w.N.).

IV. Beweiserleichterungen

1. Indizienbeweis

Wie oben gezeigt, ist eine Beweisführung nicht nur unmittelbar möglich, sondern auch mittelbar durch Indizien.

2. Anscheinsbeweis (prima facie Beweis)

Anscheinsbeweis

Von besonderer Bedeutung für Praxis und Klausur ist der Anscheinsbeweis.[626]

Vor. ein nach der Lebenserfahrung typischer Geschehensablauf

Ein Anscheinsbeweis ist dann möglich, wenn sich unter Berücksichtigung aller unstreitigen bzw. festgestellten Einzelumstände und besonderen Merkmale des Sachverhalts ein für die zu beweisende Tatsache nach der Lebenserfahrung typischer Geschehensablauf ergibt. Dann kann von einer feststehenden Ursache auf einen bestimmten Erfolg geschlossen werden oder umgekehrt.[627]

a. Anwendungsbereich

Die wichtigsten Anwendungsbereiche hierfür sind die Prüfung des Verschuldens, aber auch die Prüfung der sog. *haftungsbegründenden* Kausalität.[628]

Beispiel 1: Autounfall

Bsp. 1: Die Beweisaufnahme ergibt, dass von zwei Kfz, die kollidiert sind, dasjenige des Klägers hinten beschädigt wurde und dasjenige des Beklagten vorne. Außerdem standen beide Fahrzeuge bei Eintreffen der Polizei unmittelbar vor einer Ampel.

Hier indizieren Standort und Art der Beschädigungen, dass es sich um einen typischen Auffahrunfall des Beklagten handelt, dieser also vom Beklagten verschuldet (Betriebsgefahrerhöhung im Rahmen des § 17 StVG) und für den Kläger unvermeidbar war. Nach der Lebenserfahrung resultiert ein Auffahren in den weitaus meisten Fällen entweder aus einem zu geringen Sicherheitsabstand und / oder aus Unachtsamkeit des Fahrers des nachfolgenden Fahrzeugs.[629]

Beispiel 2: postalischer Zugang empfangsbedürftiger Willenserklärungen

Bsp. 2: Der Kläger hat schriftlich den Widerruf eines privat abgeschlossenen Abzahlungskaufes erklärt (§ 355 i.V.m. §§ 506 I, 507, 495 BGB). Die Beklagte behauptet, nie eine Widerrufserklärung bekommen zu haben. Der Kläger erklärt, den Widerruf als Einwurfeinschreiben abgesandt zu haben und legt zum Beweis des Zugangs die Dokumente der Post vor.

empfangsbedürftige Willenserklärung

Der Beweis des Zugangs von Willenserklärungen gehört gewiss mit zu den wichtigsten Problembereichen des Beweisrechts. Für das konkrete Beispiel ist dabei klarzustellen, dass der Zugang auch hier unverzichtbar ist, da es sich beim Widerruf um eine *empfangsbedürftige* Willenserklärung handelt.

---

626 Hierzu vgl. THOMAS/PUTZO, § 286, Rn. 12 ff; ausführlich auch OBERHEIM, JuS 1996, 918 ff.

627 Vgl. THOMAS/PUTZO, § 286, Rn. 12, 13 (m.w.N.).

628 Vgl. etwa BGH, NJW 2010, 1072-1073 = **juris**byhemmer zum Anscheinsbeweis beim Hantieren mit Feuerzeug in einer mit Stroh gefüllten Scheune. Die Erleichterung des § 287 ZPO gilt nicht für die haftungsbegründende Kausalität, wohl aber für die haftungs-*ausfüllende* Kausalität (vgl. THOMAS/PUTZO, § 287, Rn. 4). Zu den Begriffsunterschieden siehe etwa PALANDT/GRÜNEBERG, vor § 249, Rn. 24. Zu den Anforderungen an den Anscheinsbeweis bei anwaltlicher Falschberatung, wenn es um die Frage geht, ob der Mandant sich andernfalls auch wirklich beratungsgemäß verhalten hätte, siehe BGH, NJW 1998, 749-751 = **juris**byhemmer bzw. BGH, NJW 2014, 2795 = **juris**byhemmer.

629 Vgl. auch BGH NJW 2017, 1177 zur Reichweite des Anscheinsbeweises bei Auffahrunfällen mit Spurwechsel auf der Autobahn.

§ 10 BEWEISPROBLEME IM ZIVILURTEIL

kein Anscheinsbeweis für Zugang bei Nachweis der Einlieferung bei der Post

Nach der Rechtsprechung[630] gibt es keinen Anscheinsbeweis für den Zugang einer Willenserklärung, wenn nur deren *Einlieferung bei der Post* nachgewiesen wurde. Dies liegt daran, dass jedes Jahr eine gewisse Anzahl von Sendungen bei der Post verloren geht, sodass eine ausreichende Lebenserfahrung dafür, dass ein abgesandter Brief auch wirklich zuging, nicht existiert. Ein Zeugenbeweis für die „normale" Absendung eines Schreibens ist also nicht geeignet, den Beweis für den Zugang (§ 130 I BGB) zu bringen.[631]

Rückschein: Vermutung entspr. § 175 ZPO

Ähnliches gilt beim Übergabe-Einschreiben (nur) dann, wenn der Absender keine schriftliche Empfangsbestätigung beibringen kann. Ist ein Rückschein vorhanden, so begründet dieser in Anlehnung an § 175 ZPO die Vermutung, dass das Einschreiben an dem *im Rückschein genannten Datum* zugestellt worden ist.[632]

wohl h.M. lässt Anscheinsbeweis bei Einwurfeinschreiben zu

Beim Einwurf-Einschreiben ist die Frage nach der Möglichkeit des Anscheinsbeweises für den Zugang höchst umstritten.

Verfahren der Post AG

Hier kann der Absender grds. auf zwei Beweismittel zurückgreifen: Zum einen erhält er einen Einlieferungsbeleg der Post AG, der eine Urkunde i.S.d. ZPO darstellt. Anschließend wird zunächst ein schriftlicher Auslieferungsbeleg erstellt, auf dem der Postbote die Tatsache des Briefeinwurfs mit Datum und Unterschrift bestätigt.

Dieser Auslieferungsbeleg wird allerdings beim Einscannen im Lesezentrum der Post zerstört. Der Empfänger bekommt eine telefonische Auskunft und einen schriftlichen *Datenauszug* des Lesezentrums. Dieser ist keine Urkunde i.S.d. §§ 415 ff. ZPO, weil keine verkörperte Gedankenerklärung, sondern nur eine technische Aufzeichnung vorliegt.[633]

Datenauszug über Auslieferung (vgl. § 371 ZPO) und Einlieferungsbeleg (Urkunde) wirken zusammen

In diesem Fall des Einwurf-Einschreibens ist nach wohl h.M. ein Anscheinsbeweis für den Zugang möglich, *wenn die Ablieferung korrekt nach dem vorgeschriebenen Verfahren dokumentiert wird und der Postmitarbeiter unmittelbar nach dem Einwurf mit seinem Namenszeichen und Datumsangabe bestätigt.*

Der Datenauszug der Post AG über die Auslieferung habe als Augenscheinsobjekt i.S.d. § 371 ZPO Beweiswert im Sinne eines starken Indizes. Zusammen mit dem Einlieferungsbeleg (Urkunde i.S.d. §§ 415 ff. ZPO) sei dieser Beweiswert so stark, dass nach der Lebenserfahrung auf den Zugang geschlossen werden könne, also ein Anscheinsbeweis gegeben sei.[634]

---

630 Vgl. BGHZ 24, 308-325 (312) = **juris**byhemmer; PALANDT/ELLENBERGER, § 130, Rn. 21.

631 In eine ähnliche Richtung geht BGH, NJW 2006, 300-301 = **juris**byhemmer beim Streit um die Erfüllung (§ 362 I BGB) durch Bezahlung von Nachnahmesendungen: Die *Weitergabe* versandfertig verpackter Ware an ein Beförderungsunternehmen mit dem Auftrag, die Sendung per Nachnahme zuzustellen, begründet noch keinen Anscheinsbeweis dafür, dass die dem Empfänger ausgehändigte Ware von diesem bei Übergabe auch tatsächlich bezahlt worden ist. „Denn aus der bloßen Auftrags*erteilung* folgt nicht bereits die ordnungsgemäße Auftrags*erfüllung*; insoweit besteht auch kein allgemeiner Erfahrungssatz."

632 Vgl. PALANDT/ELLENBERGER, § 130, Rn. 21 (m.w.N.). Ein Nachteil des Übergabe-Einschreibens liegt darin, dass der Einwurf eines Benachrichtigungsscheins samt Niederlegung bei der Post im Falle des Nichtantreffens noch nicht als Zugang gilt (PALANDT/ELLENBERGER, § 130, Rn. 7 m.w.N.) und auch die Grundsätze der Zugangsvereitelung *nicht immer* helfen (dazu siehe den lehrreichen Fall von BGH, NJW 1996, 1967-1968 = **juris**byhemmer; vgl. PALANDT/ELLENBERGER, § 130, Rn. 18).

633 Vgl. hierzu BAUER/DILLER, NJW 1998, 2795; REICHERT, NJW 2001, 2523 (2524).

634 Vgl. BGH, NJW 2017, 68 [Rn. 33 m.w.N. auch zur Gegenansicht] = **juris**byhemmer; MROSK, NJW 2013, 1481 (1482 f.); REICHERT, NJW 2001, 2523 (2524).

Selbst bei einem Einschreiben bleibt für den Empfänger theoretisch immer noch die Möglichkeit zu bestreiten, dass es den behaupteten Inhalt hatte. *Damit alleine* käme er dann aber nicht durch: Vielmehr fordert die Praxis in diesem Fall ein substanziiertes Bestreiten: Der Bestreitende muss vortragen, was er *stattdessen* für ein Schreiben erhalten habe.[635]

Beispiel 3: Entreicherung bei Gehaltsüberzahlung

Bsp. 3: *Ein Arbeitnehmer hat wegen eines Rechenfehlers bei der Berücksichtigung von Überstundenzuschlägen mehrfach ca. 100 € Gehalt zu viel bezahlt bekommen. Als der Fehler bemerkt wird, fordert der Arbeitgeber dies zurück. Der Arbeitnehmer beruft sich darauf, er habe bereits alles für die Lebensführung ausgegeben.*

Hier ist zunächst materiell-rechtlich klarzustellen, dass eine Entreicherung gemäß § 818 III BGB vorliegt, wenn das Geld tatsächlich für den laufenden Lebensbedarf verbraucht wurde. Anders wäre dies nur, wenn Schulden getilgt oder sonstige Geschäfte getätigt wurden, die man unter die Kategorie „Ersparnis von Aufwendungen" einordnen kann.[636]

Beweislast für § 818 III BGB beim (angeblich) Entreicherten

Da jeder die für ihn günstigen Tatsachen beweisen muss, obliegt *dem Schuldner* einer Bereicherungsforderung grds. der Beweis für diese rechtsvernichtende *Einwendung*.

Ein konkreter Nachweis, um solche laufenden Überzahlungen nicht mehr bereichert zu sein, kann aber in aller Regel nicht geführt werden.

Zwei Voraussetzungen für Anscheinsbeweis

Der Arbeitnehmer müsste hier also im Einzelnen die Tatsachen darlegen und gegebenenfalls auch beweisen, aus denen sich ergibt, dass die Bereicherung weggefallen ist, dass er also weder Aufwendungen erspart hat, die er ohnehin gemacht hätte, noch Schulden getilgt und dadurch seinen Vermögensstand verbessert hat.

Unter bestimmten Voraussetzungen spricht aber der Beweis des ersten Anscheins für den Wegfall der Bereicherung auf Seiten des Arbeitnehmers, weil dann *erfahrungsgemäß und typischerweise* anzunehmen ist, dass die Zuvielzahlung für den laufenden Lebensunterhalt verbraucht wird:[637]

⇨ Voraussetzung ist zum einen, dass die Lebenssituation des Arbeitnehmers, insbesondere seine wirtschaftliche Lage, so ist, dass die Verwendung der Überzahlung für die laufende Lebensführung *nahe liegt*. Das ist regelmäßig dann der Fall, wenn Arbeitnehmer mit geringem oder mittlerem Einkommen nicht über nennenswerte weitere Einkünfte verfügen, sodass sie die Nettobezüge aus ihrem Arbeitsverhältnis verwenden, um den laufenden Lebensunterhalt für sich und eventuell ihren Familienhaushalt zu bestreiten. Bei entsprechend hohem Einkommen fließt regelmäßig gerade nicht alles in die Lebenshaltung, sondern es wird typischerweise ein nicht unbeträchtlicher Teil *zur Vermögensbildung* verwendet.

⇨ Voraussetzung ist zum anderen, dass es sich um Überzahlungen in relativ geringer Höhe handelt. Je höher die Überzahlung im Verhältnis zum Realeinkommen ist, umso weniger lässt sich annehmen, die zusätzlichen Mittel würden im Haushalt verbraucht.

---

635 Vgl. hierzu etwa Büttner, FamRZ 2000, 921, 922.
636 Zum Ganzen vgl. etwa PALANDT/SPRAU, § 818, Rn. 30, 34, 38.
637 PALANDT/SPRAU, § 818, Rn. 55; BAG, NZA 1996, 27-29 (28 m.w.N.) = **juris**byhemmer.

§ 10 BEWEISPROBLEME IM ZIVILURTEIL

Gegenbeispiel (hier keine derartige Typizität)

Handelt es sich aber um eine *beträchtliche* Überzahlung oder hat der Arbeitnehmer entsprechende Einkünfte (u.U. aus anderen Quellen), so kann auf eine *typische* Lebenssituation, die zum Verbrauch der zusätzlichen Mittel führt, nicht geschlossen werden; dann liegen die Voraussetzungen für den Anscheinsbeweis nicht vor.[638]

b. Reichweite des Anscheinsbeweises / „Gegenmaßnahmen"

Reichweite des Anscheinsbeweises

Ein Anscheinsbeweis führt nicht zur Umkehr der Darlegungs- und Beweislast, sondern nur zur Erleichterung der Beweisführung.[639]

113

⇨ Die (immerhin grds. nicht beweispflichtige) Gegenseite muss keinen Vollbeweis der Unrichtigkeit des Anscheinsbeweises führen.

Erschütterung des Anscheinsbeweises reicht für Gegner

⇨ Es reicht vielmehr bereits aus, wenn sie den Anscheinsbeweis erschüttern kann, indem sie Tatsachen behauptet und ggf. beweist, aus denen sich die *ernsthafte Möglichkeit* eines anderweitigen, nicht typischen Geschehensverlaufs ergibt.

⇨ Gelingt der Gegenseite der Nachweis der ernsthaften Möglichkeit eines *atypischen Geschehensablaufs*, so kann sich der Beweispflichtige auf den Ablauf des Geschehens nach der Lebenserfahrung nicht mehr berufen, sondern muss nun seinerseits der ihn treffenden Darlegungs- und Beweislast in *vollem* Umfang nachkommen.[640]

> **Anmerkung: Hierin liegt der Hauptunterschied zur Beweislastumkehr, bei der voller Beweis des Gegenteils zu erbringen ist.**

„Erschütterung" i.d.S. in den jeweiligen Beispielen

Im obigen Beispiel 1 weist der von hinten aufgefahrene Beklagte Umstände nach, aus denen sich ergibt, dass der Kläger wahrscheinlich noch kurz vor dem Aufprall die Fahrspur wechselte und die Ampel auch gar nicht rot war.

114

Lebenserfahrung hier nicht mehr zwingend

Hier ist die Vermutung, dass der Aufgefahrene die Alleinschuld hat, noch nicht voll widerlegt. Es sind aufgrund jetzt *feststehender* Fakten aber *ernsthafte Zweifel* aufgetaucht, ob nicht doch der Kläger schuld ist bzw. zumindest mitverantwortlich ist. Hier funktioniert der Anscheinsbeweis jetzt nicht mehr.

atypischer Ablauf bei der Post

Im obigen Beispiel 2 stellt sich heraus, dass die für den Zugangsvorgang verantwortliche Postmitarbeiterin den vorgeschriebenen und üblichen Verfahrensablauf nicht eingehalten hatte. Sie hatte sich angewöhnt, aus Zeitgründen ihre Unterschrift nicht erst unmittelbar nach dem jeweiligen Einwurf des Einschreibens auf den Auslieferungsbeleg zu setzen, sondern hatte dies jeweils noch in den Betriebsräumen der Post getan, also zeitlich und räumlich weit vor der eigentlichen Zustellung.

115

Hier ist zwar wesentlich mehr dokumentiert als nur das *Verbringen zur Post*, da auch ein Großteil des Weges des Schreibens im Verfügungsbereich der Post nach den obigen Grundsätzen nachgewiesen werden kann. Da aber ein Verlust *auf der Strecke vom Postamt zum Zustellungsort* nicht ausgeschlossen werden kann, existiert hier keine ausreichend sichere Lebenserfahrung für einen wirklichen Zugang. Ein Anscheinsbeweis für den Zugang ist also nicht möglich.[641]

---

638 Vgl. BAG, NZA 1996, 27-29 (28). Zum Ganzen siehe auch BAG, NZA 2001, 966-968: **alle Entscheidungen** = **juris**byhemmer.
639 Vgl. THOMAS/PUTZO, § 286, 13; BAG, NZA 1996, 27-29 (28 m.w.N.) = **juris**byhemmer.
640 BGHZ 6, 169-172; vgl. auch THOMAS/PUTZO, § 286, Rn. 12 ff.
641 LG Potsdam, NJW 2000, 3722 = **juris**byhemmer; zustimmend REICHERT, NJW 2001, 2523 (2524).

Arbeitnehmer mit zusätzlichen Einnahmequellen?

Im obigen Beispiel 3 trägt der Arbeitgeber unwidersprochen vor, dass der Arbeitnehmer einige Monate vor der Gehaltsüberzahlung eine umfangreiche Erbschaft gemacht hat, aus der er möglicherweise Zusatzeinnahmen (Kapitalertrag, Mieterträge) erzielt.

Auch hier ist die Lebenserfahrung, das Erlangte sei vollständig für den Konsum (statt für die Vermögensbildung) ausgegeben worden, nun ernsthaft erschüttert. Es ist dann Sache des Bereicherungsschuldners, darzustellen, *welche anderen Einkünfte* vorhanden sind und inwieweit *trotzdem* noch der Schluss auf einen typischen Ablauf, den Verbrauch zum Lebensunterhalt, möglich ist.[642]

116

Hinweis: In der Klausur hat nun auf *dieser* Basis eine umfassende Beweiswürdigung (zu dieser siehe unten) einzusetzen, bei der gewiss ein nicht unbeträchtlicher Teil der Punkte zu holen sein wird.

c. Abgrenzung zu anderen Beweiserleichterungen

Gemeinsamkeit mit Indizienbeweis und gesetzlichen Vermutungen

Mit dem Indizienbeweis und den gesetzlichen Vermutungen hat der Anscheinsbeweis gemeinsam, dass in all diesen Fällen vom Vorliegen einzelner, an sich *unmittelbar nicht erheblicher* Tatsachen auf das Gegebensein *anderer* Tatsachen geschlossen wird, die zu den Tatbestandsmerkmalen einer im Streit einschlägigen Norm gehören.

117

Diese Schlussfolgerung beruht sowohl beim Anscheins- wie auch beim Indizienbeweis auf der allgemeinen Lebenserfahrung. Gesetzliche Vermutungen sind dagegen gewissermaßen gesetzlich normierte Fälle des Anscheinsbeweises.

Unterschied zwischen Anscheins- und Indizienbeweis

Nach der Rechtsprechung und h.M.[643] besteht allerdings durchaus ein Unterschied zwischen Anscheins- und Indizienbeweis, nämlich ein unterschiedliches Regel-Ausnahme-Verhältnis:

⇨ Voraussetzung des Indizienbeweises ist es, dass nach Würdigung aller Einzelindizien *positiv* der Schluss auf die Haupttatsache gezogen werden kann. Nur dann kann auch ohne unmittelbaren Beweis *ausnahmsweise* von deren Vorliegen ausgegangen werden. Der Indizienbeweis bedarf damit einer Entscheidung im Einzelfall und setzt eine *möglichst große Zahl von Indizien* voraus.

⇨ Beim Anscheinsbeweis wird der Schluss von den feststehenden auf die angenommen Tatsachen *regelmäßig* angenommen, weil es sich um einen absolut *typischen* Zusammenhang handelt, der sich gleichsam aufdrängt. Beim Anscheinsbeweis bedarf es also gar *nicht möglichst vieler* Details, sondern nur eines bestimmten „Grundsachverhalts", aus dem sich die maßgebliche Lebenserfahrung ableiten lässt.[644]

Hinweis: Die Tatsachen, die als Grundlage für einen Anscheinsbeweis notwendig sind, müssen aber *selbst* wiederum unstreitig oder bewiesen sein! Nur dann ist ein „feststehender" Sachverhalt gegeben, der als Grundlage für eine entsprechende Lebenserfahrung dienen kann. Dies wird in Klausuren oft übersehen.

---

642 Zum Ganzen vgl. BAG, NZA 1996, 27-29 (28) = **juris**byhemmer.
643 Vgl. etwa die Nachweise (auch zur Gegenmeinung, die keinen Unterschied zwischen Anscheins- und Indizienbeweis sieht und den Anscheinsbeweis als eigenständige Fallgruppe deswegen für entbehrlich hält) bei OBERHEIM, JuS 1996, 918.
644 Zum Ganzen vgl. OBERHEIM, JuS 1996, 918 (m.w.N.).

3. „Schätzung" nach § 287 ZPO

„Schätzung" nach § 287 ZPO

Für einzelne Elemente einer Anspruchsgrundlage kann (und muss) gegebenenfalls auch § 287 ZPO als Beweiserleichterung herangezogen werden.

keine volle richterliche Überzeugung nötig; „höhere Wahrscheinlichkeit" reicht

§ 287 ZPO begründet keine Umkehr der Beweislast. Die Norm stellt aber eine Ausnahme vom Grundsatz des Strengbeweises dar, weil diese Schätzung ohne förmliche Beweisaufnahme hierüber erfolgt. Vor allem aber handelt es sich um eine Ausnahme vom Grundsatz des Vollbeweises, weil keine volle richterliche Überzeugung notwendig ist. Es reicht vielmehr aus, dass das Gericht eine „höhere Wahrscheinlichkeit" annimmt.[645]

Anwendbarkeit für Schaden und haftungsausfüllende Kausalität

Der wichtige § 287 I ZPO betrifft Schadensersatzansprüche. Die Beweiserleichterung bezieht sich dabei auf den Schaden und auf die haftungs*ausfüllende* Kausalität, nicht auf die haftungs*begründende* Kausalität. Dies müsste zunächst nach allgemeinen Regeln, also mit dem Vollbeweis des § 286 ZPO dargetan werden.[646] Zum Beweis der haftungsbegründenden Kausalität können aber u.U. andere Erleichterungen (Indizienbeweis, Anscheinsbeweis) zu Hilfe genommen werden.

„Schätzung" entgangenen Gewinns

Der vielleicht wichtigste Fall in diesem Bereich ist die „Schätzung" entgangenen Gewinns.

> **Bsp.:** Der Kläger betrieb ein kleines Fuhrunternehmen, wobei er neben einer Hilfskraft selbst als Fahrer im Einsatz war und auch selbst die gesamte Organisation bewältigte. Er wurde durch einen vom Beklagten verschuldeten Unfall schwer verletzt und lag deswegen monatelang im Krankenhaus. Daraufhin meldete er das Unternehmen wieder ab und verlangt nun entgangenen Gewinn.

Ergänzung durch § 252 S. 2 BGB

Da die *rein hypothetische* Tatsache eines entgangenen Gewinnes als Schaden sich nie sicher wird beweisen lassen, hat der Gesetzgeber zum einen die Erleichterung des § 287 I ZPO geschaffen, zusätzlich aber auch mit § 252 S. 2 BGB eine *weitere* Erleichterung hinzugefügt. Hiernach braucht der Kläger nur die Dinge darzulegen und in den Grenzen des § 287 I ZPO notfalls zu beweisen, aus denen sich nach dem gewöhnlichen Verlauf der Dinge oder den besonderen Umständen des Falles *die Wahrscheinlichkeit* des Gewinneintritts ergibt.[647]

Allerdings muss der Anspruchssteller die konkreten Ausgangs- und Anknüpfungstatsachen für die Ausübung des Ermessens schlüssig darlegen und notfalls beweisen, wobei hieran aber keine überhöhten Anforderungen gestellt werden dürfen, wenn man die Norm nicht entwerten will.[648] Er müsste im konkreten Beispiel also Angaben machen über Art und Umfang seines Unternehmens, seine bisherige Geschäftsentwicklung, Auftragsvolumen und Ähnliches.

---

645 Zum Ganzen vgl. etwa THOMAS/PUTZO, § 287, Rn. 11; ausführlich dazu OBERHEIM, JuS 1996, 921 (jeweils m.w.N.).
646 Vgl. BGH, NJW 1998, 3417-3418 = **juris**byhemmer; THOMAS/PUTZO, § 287, Rn. 4.
647 Vgl. PALANDT/GRÜNEBERG, § 252, Rn. 5; BGH, NJW 1998, 1633-1634; BGH, NJW 1998, 1634 (jeweils m.w.N.). Vgl. auch BGH, NJW 2011, 1146-1146 und BGH, NJW 2011, 1148-1151 zur Prognose über die hypothetische berufliche Entwicklung (Erwerbsschaden) eines bei Verletzung noch recht jungen Kindes: **alle Entscheidungen** = **juris**byhemmer.
648 BGH, NJW 1995, 1023-1024; BGH, NJW 1998, 1634-1636 (1635): **alle Entscheidungen** = **juris**byhemmer; THOMAS/PUTZO, § 287, Rn. 6.

Unkostenpauschale bei Verkehrsunfällen	Weiteres Beispiel: Bei Verkehrsunfällen, die nicht nur Bagatellschäden darstellen, kann in Anwendung von § 287 I ZPO ohne weitere Spezifizierung eine Unkostenpauschale zuerkannt werden.[649]	120

V. Beweisverwertungsverbote

Beweisverwertungsverbote

Liegt ein Beweis*verwertungs*verbot vor, darf das Gericht seine Überzeugungsfindung nicht auf solchermaßen gewonnene Beweismittel stützen.

121

Immer wieder einmal Klausurthema ist die Frage, ob Beweismittel, die durch schlichte Täuschung oder in rechtswidriger Weise erlangt wurden, einem solchen Beweisverwertungsverbot unterliegen.

Anwendung einfacher Tricks grds. zulässig

Für die Anwendung einfacher Tricks (Anruf eines Bekannten beim Prozessgegner unter Angabe einer unzutreffenden Motivation) ist dies zu verneinen; der Freund könnte als Zeuge über das Telefonat vernommen werden.

Auch „schlichte Rechtswidrigkeit" steht der Verwertung noch nicht entgegen.

Beweisverwertungsverbot evtl. bei Eingriff ins Persönlichkeitsrecht (Abwägung!)

Ein Beweisverwertungsverbot ist aber oft dann anzunehmen, wenn ein Verstoß gegen verfassungsrechtlich geschützte Individualrechte vorliegt, insbesondere das allgemeine Persönlichkeitsrecht (Art. 2 I i.V.m. 1 I GG). Insoweit hat eine Einzelfallabwägung zu erfolgen zwischen dem Schutz des Persönlichkeitsrechts der konkreten Person, insbesondere also der Tiefe des Eingriffs in dieses, und den *berechtigten* Interessen des Beweisführers.

122

Hierzu Beispiel und Gegenbeispiel:

Bsp.: *absichtlich heimlich eingestellte Lautsprechanlage am Telefon*

Beispiel: absichtlich heimlich eingestellte Lautsprechanlage

Ein Beweiserhebungs- und Beweisverwertungsverbot für das mitgehörte Telefonat wird i.d.R. gegeben sein, wenn die spätere Partei absichtlich einen Dritten über eine eingestellte Lautsprechanlage ein Telefonat mithören lässt, ohne dass dies dem Gesprächspartner zuvor mitgeteilt worden war. Eine Beweiserhebung und -verwertung würde dann einen Eingriff in das Recht am gesprochenen Wort (Art. 2 I i.V.m. 1 I GG) darstellen.

Ein solcher Eingriff ist *regelmäßig* verfassungsrechtlich nicht gerechtfertigt. Das allgemeine Interesse an einer funktionstüchtigen Straf- und Zivilrechtspflege bzw. das Interesse, sich ein Beweismittel für zivilrechtliche Ansprüche zu sichern, reicht jedenfalls nicht aus.[650]

anders bei Versehen?

Sofern die beweispflichtige Partei gar nicht bemerkt hatte, dass der Dritte das Telefongespräch mithört, besteht dagegen kein Beweisverwertungsverbot.[651]

Gegenbeispiel: *Belehrungsfehler im parallelen Strafverfahren*

---

649 Vgl. BGH, NJW 2011, 2871 = **juris**byhemmer.
650 BVerfG, NJW 2002, 3619-3624 (3624); BGH, NJW 2003, 1727-1729; vgl. auch BGHZ 27, 284-291 (290); BGH, NJW 1998, 155-156: **alle Entscheidungen** = **juris**byhemmer; THOMAS/PUTZO, § 286, Rn. 8. Ähnlich: BAG NZA 2017, 1327: Verwertungsverbot bei Überwachung des Dienst-PC mittels eines Keyloggers.
651 Vgl. BAG, NZA 2009, 974-980 (977 f.) = **juris**byhemmer.

Gegenbeispiel: Belehrungsfehler im parallelen Strafverfahren

Ist die Partei des Zivilprozesses in einem vorangegangenen Strafverfahren entgegen §§ 163a IV, 136 I 2 StPO nicht belehrt worden, so folgt im Zivilprozess nicht alleine daraus ein Beweisverbot bezüglich der Vernehmung der Verhörsperson als Zeuge und der urkundlichen Verwertung der polizeilichen Niederschrift über diese Vernehmung. Über die Frage der Verwertbarkeit ist vielmehr aufgrund einer Interessen- und Güterabwägung im Einzelfall zu entscheiden.

Jedenfalls wenn das Strafverfahren bereits rechtskräftig zu einem Freispruch geführt hat, ist ein Schutzbedürfnis der Partei grundsätzlich nicht mehr gegeben.[652]

hemmer-Klausur-Tipp

> **Konzentrieren Sie sich in der Klausur auf Ihre eigentliche Aufgabe: Lösung des konkreten Einzelfalls; diesen müssen Sie *mit all seinen Details* im Lichte dieser Grundsätze analysieren und *Ihr* Ergebnis in einer ausführlichen und überzeugenden Argumentation darlegen. Die Grundregeln sind schnell im Kommentar zu finden. Daher bringt es schon alleine deswegen nicht allzu viele Punkte, wenn Sie diese einfach stereotyp wiedergeben. Bei der unverzichtbaren Einzelfallprüfung müssen Sie sich bewusst sein, dass u.U. jede noch so (scheinbar) kleine Änderung des Sachverhalts das Ergebnis der Abwägung gegenüber dem im Kommentar stehenden „so ähnlichen" Fall kippen kann.[653]**

VI. Beweisvereinbarungen

Beweisvereinbarungen

Das gesamte Zivilprozessrecht, auch die Beweisregeln, sind beherrscht von der Parteimaxime. Was beweisbedürftig ist, bestimmen die Parteien selbst durch ihr Vorbringen (Beibringungsgrundsatz), Bestreiten und Geständnis. Dementsprechend können sie auch durch Vereinbarungen *die Beweislast* abweichend von obigen Grundsätzen regeln oder Beweiserleichterungen zulassen.[654]

§ 309 Nr. 12 BGB beachten

Grenzen sind solchen Verträgen individualvertraglich nur durch §§ 138, 242 BGB gesetzt. Sind Beweislastvereinbarungen in AGB enthalten, so ist § 309 Nr. 12 BGB zu beachten.

123

E. Beweisführung

I. Beweisantrag

Beweisantrag

Eine Beweisaufnahme hat grds. nur zu erfolgen, wenn die beweis*belastete* Partei einen ordnungsgemäßen, hinreichend bestimmten und nicht präkludierten Beweisantrag gestellt hat.

124

Der Beweisantritt erfolgt im Anwaltsprozess durch vorbereitenden Schriftsatz (§ 130 Nr. 5 ZPO) und Vortrag in der mündlichen Verhandlung (§ 137 ZPO), wobei jedoch eine ausdrückliche oder konkludente Bezugnahme auf den Schriftsatz genügt (§ 137 III ZPO).[655]

---

652 Vgl. BGH, NJW 2003, 1123-1125 = **juris**byhemmer.
653 Siehe dazu gerade den Fall von BAG, NZA 2009, 974-980 = **juris**byhemmer, wo das BAG erkennbar ein „Hintertürchen" suchte, um das sich nach den Grundsätzen von BVerfG und BGH ergebende Regelfallergebnis nicht anwenden zu müssen.
654 THOMAS/PUTZO, vor § 284, Rn. 38.
655 BGH, NJW-RR 1996, 1459-1460 = **juris**byhemmer; ZÖLLER/GREGER, vor § 284, Rn. 3.

Inhalt: Beweismittel und Beweisthema

Inhaltlich ist zu beachten, dass der Beweisantrag nicht nur das Beweismittel nennen muss, sondern auch das Beweisthema: Nötig ist eine *spezifizierte* Bezeichnung der Tatsachen, die bewiesen werden soll. Der Grad der notwendigen Substanziierung richtet sich nach der Einlassung des Gegners.[656]

Ausforschungsbeweis unzulässig

Unzulässig und daher abzulehnen ist der sog. Ausforschungsbeweis. Ein solcher liegt dann vor, wenn die Partei nicht zu einer konkreten Tatsachenbehauptung in der Lage ist und sich erst die Grundlage für eine solche Behauptung schaffen will.

Darunter fällt auch der Fall, in dem der Beweisführer „ins Blaue hinein" bzw. erkennbar aus der Luft gegriffen eine Behauptung aufstellt, für die jeglicher Anhaltspunkt fehlt; dies wäre ein in die Form eines scheinbaren Beweisantrages gekleideter Beweisermittlungsantrag, der als rechtsmissbräuchlich behandelt wird.

Da andererseits aber kein sicheres Wissen des Beweisführers verlangt werden kann und bezüglich der Annahme von Rechtsmissbrauch Zurückhaltung geboten ist, kann die Abgrenzung im Einzelfall schwierig werden. Dies gilt vor allem bei *inneren* Tatsachen, also der Behauptung von Arglist, Vorsatz usw.[657]

II. Beweiserhebung

1. Beweisanordnung durch das Gericht

Beweisanordnung durch formlosen Beschluss oder formellen Beweisbeschluss

Die Beweisanordnung durch das Gericht kann durch formlosen Beschluss erfolgen (etwa bei einem mitgebrachten Zeugen), aber auch durch einen eigenständigen formellen Beweisbeschluss (vgl. §§ 358 ff. ZPO). Für eine Parteivernehmung ist ein formeller Beweisbeschluss i.S.d. § 359 ZPO unverzichtbar (§ 450 I 1 ZPO).[658]

selbständiges Beweisverfahren gemäß §§ 485 ff. ZPO

Nicht selten liegt der Fall aber auch so, dass sich die Beweisaufnahme im Rahmen eines selbständigen Beweisverfahrens gemäß §§ 485 ff. ZPO abspielte, das der Klageerhebung vorgeschaltet war.

Bei der Einbeziehung in den späteren Prozess wird dann gemäß § 493 I ZPO letztlich so getan, als hätte die Beweisaufnahme in diesem Prozess selbst stattgefunden.[659] Ein im selbständigen Beweisverfahren gewonnenes Sachverständigengutachten ist dann als „echter" Sachverständigenbeweis zu behandeln, also - anders als ein Privatgutachten - nicht nur als urkundlich belegter Parteivortrag!

hemmer-Klausur-Tipp

> Taucht bei Ihrer Sachverhaltsanalyse der Klausur ein selbständiges Beweisverfahren auf, so fertigen sie sich sicherheitshalber sofort einen Doppelhinweis (etwa am Sachverhaltsrand: „§ 493 II ZPO und § 204 I Nr. 7 BGB!"). Oft geht es in der Klausur nämlich um mehr als nur um Beweisführung, sondern zusätzlich um Verjährung. Erkennt die Gegenpartei (später) die Beweisergebnisse an und stellt die Behauptung unstreitig, geht es sogar *alleine* um letztere. Dabei wird dieser – nur bis zum Abschluss des Beweisverfahrens andauernde (vgl. §§ 204 II, 209 BGB) – Hemmungstatbestand in Klausuren nicht selten übersehen.

---

656 Vgl. BGH, NJW 1972, 1710-1711; zum Ganzen vgl. ZÖLLER/GREGER, vor § 284, Rn. 4.
657 Vgl. THOMAS/PUTZO, § 284, Rn. 3; ausführlich hierzu (mit Beispielen) ZÖLLER/GREGER, § 284, Rn. 55 ff.
658 Vgl. zum Ganzen THOMAS/PUTZO, vor § 284, Rn. 3; § 358, Rn. 2; ZÖLLER/GREGER, vor § 284, Rn. 8.
659 Siehe hierzu das Klausurbeispiel in Assessor-Basics, Klausurentraining Zivilurteile (Fallsammlung), Fall 3.

2. Beweisaufnahme

Protokoll der Hauptverhandlung (vgl. § 160 III Nr. 4 und Nr. 5 ZPO)

Anschließend erfolgt die Beweisaufnahme durch das Gericht nach den Regeln der §§ 355 bis 455 ZPO, also etwa eine Zeugenvernehmung. Hierzu finden Sie in Ihrer Klausur Angaben im Protokoll der Hauptverhandlung (vgl. § 160 III Nr. 4 und Nr. 5 ZPO).

Soweit im Klausursachverhalt zu bestimmten Tatsachen keine Beweise erhoben wurden, kann der Bearbeiter davon ausgehen, dass dies aus irgendeinem der oben genannten Gründe nicht notwendig war.

F. Beweiswürdigung

I. Notwendigkeit der Darstellung im Urteil

Begriff „freie Beweiswürdigung"

Wesentlich für das Verständnis der Aufgabe, die sich dem Gericht bzw. Klausurbearbeiter im Rahmen der Beweiswürdigung stellt, ist der Begriff der „freien Beweiswürdigung". Damit ist keinesfalls eine Willkür im Sinne einer Entscheidung „frei nach Schnauze" gemeint. Vielmehr bedeutet die Vorschrift nur, dass das Gericht den *Beweiswert* eines Beweismittels ohne Bindung an im Voraus festgelegte Regeln zu beurteilen hat (vgl. auch § 286 II ZPO).[660]

nachvollziehbare Darlegung

Das Gericht hat die wesentlichen Gesichtspunkte für seine Überzeugungsbildung nachvollziehbar im Urteil darzulegen.[661]

persönliche Überzeugung entscheidet

Andererseits besteht durchaus auch ein gewisser Freiraum, den etwa das BAG folgendermaßen beschrieb: „Angesichts der Unzulänglichkeit der menschlichen Erkenntnismöglichkeiten ist eine *jeden* Zweifel ausschließende Gewissheit kaum je erreichbar; sie kann daher auch nicht gefordert werden. Es kommt daher auf die *persönliche* Überzeugung des entscheidenden Gerichts an, der sich jedoch in zweifelhaften Fällen mit einem für das praktische Leben brauchbaren Grad von Gewissheit begnügen muss. Es ist daher rechtsfehlerhaft, einen Beweis deswegen als nicht erbracht anzusehen, weil keine *absolute*, über jeden denkbaren Zweifel erhabene Gewissheit gewonnen werden konnte. ...

... Zu würdigen sind auch die prozessualen und vorprozessualen Handlungen, Erklärungen und Unterlassungen der Parteien und ihrer Vertreter, die für die richterliche Überzeugung von Bedeutung sein können."[662]

II. Formulierungsbeispiele

1. Normalfall des § 286 ZPO

Normalfall des § 286 ZPO

Gerade die letztgenannten Formulierungen zeigen, dass es bei der Beweiswürdigung um viele Dinge gehen kann, die in einer Examensklausur nicht oder zumindest nur schwer darstellbar sind. Allein anhand des knappen Aktenauszugs, wie ihn eine Examensklausur darstellt, lassen sich viele Dinge allenfalls in Grundzügen abprüfen.

---

660 Vgl. HUBER, Rn. 235.

661 Vgl. nur THOMAS/PUTZO, § 286, Rn. 3; BGH, NJW 1991, 1894-1896; BGH, NJW 1998, 2736-2738: **alle Entscheidungen = ju**ris*by*hemmer.

662 Vgl. BAG, NZA 1997, 705-709 (708) = **juris***by*hemmer. Zum Beweismaß im Normalfall des § 286 ZPO siehe auch THOMAS/PUTZO, § 286, Rn. 2.

a. Erfolgreiche Beweiswürdigung in einfachen Fällen

Die begrenzten Gestaltungsmöglichkeiten im Rahmen einer Klausur dürfen aber nicht - wie es in Klausuren manchmal zu beobachten ist - dazu führen, dass man die Beweiswürdigung gleich ganz weglässt.

War (und ist)[663] ein Sachmangel der Kaufsache streitig und wurde er erst durch Sachverständigengutachten erwiesen, so wäre es nicht korrekt, diese Notwendigkeit der Beweisaufnahme zu übergehen, indem man etwa wie folgt formuliert:

Negativbeispiel (Stil wie im Referendarexamen)

„Ein Sachmangel i.S.d. § 434 I 1 BGB lag im Moment des Gefahrüberganges vor, weil der verkaufte Wagen einen Schaden am Rahmen hatte, sodass die Ist- von der Sollbeschaffenheit abwich."

Zumindest ein Ansatz von Beweiswürdigung, eine entsprechende u.U. rein sprachliche Äußerung hierzu, muss sich auch in einem völlig klaren Fall finden:

„Mini-Beweiswürdigung" eines einfachen Falles (Sachverständigenbeweis)

„Ein Sachmangel in Form der Ungeeignetheit zur vertraglich vereinbarten Verwendung des störungsfreien Fahrens mit dem Fahrzeug (§ 434 I 2 Nr. 1 BGB) lag im Moment des Gefahrüberganges vor. Denn die Beweisaufnahme ergab zur Überzeugung des Gerichts, dass der Wagen einen Schaden am Rahmen hatte, der aufgrund des Fortschritts der Korrosion in einer Zeitspanne von zwischen fünf und neun Monaten, also jedenfalls vor Verkauf und Übergabe des Wagens entstanden sein muss.

Zu dieser Überzeugung gelangte das Gericht durch das vom Gericht in Auftrag gegebene Gutachten des Sachverständigen Dr. Wühler, der diese Zusammenhänge präzise erläutert hat. Das Gericht sieht keinen Anlass, an der Richtigkeit dieser Folgerungen zu zweifeln, insbesondere ..."

Ähnlich ist bei einem einfachen Zeugenbeweis vorzugehen, wie er sich oft in Klausuren findet.

Beispiel zum Zeugenbeweis

Bsp.: Zeugenbeweis für rechtzeitige Absendung einer Widerrufserklärung; der Gegner hat den Zugang zugestanden, meint aber, aufgrund des (angeblich) späten Zugangstermins könne schon die Absendung nicht innerhalb der Frist erfolgt sein.

Die kurze Beweiswürdigung könnte folgendermaßen aussehen:

„... Der Widerruf erfolgte innerhalb dieser Frist, da die Erklärung unstreitig zugegangen ist, trotz des Bestreitens des Beklagten aber davon auszugehen ist, dass das Absenden des Widerrufsschreibens bereits am 20. März 2019 erfolgte.

Die Zeugin Rüffel sagte aus, das Schreiben am betreffenden Tag nach Büroschluss in den Briefkasten geworfen zu haben. Sie verwies dabei auf genaue Details, durch die sie sich auch an das konkrete Datum erinnern konnte. Es sind nach Ansicht des Gerichts keine Anhaltspunkte gegeben, um an der Glaubwürdigkeit der Zeugin zu zweifeln, weil alleine ihre Stellung als Arbeitnehmerin der Klägerseite nichts Ausreichendes für derartige Zweifel hergibt."

b. Nicht erfolgreiche Beweiswürdigung

Vergleich der Zeugenaussage mit den sog. objektiven Beweismitteln

Relativ ausführlich muss es begründet werden, wenn ein Beweismittel nicht erfolgreich ist, insbesondere also, wenn einem Zeugen nicht geglaubt werden soll. Zumindest in Klausuren wird es dann meist um einen Vergleich der Zeugenaussage mit den sog. objektiven Beweismitteln gehen, etwa den Feststellungen von Beschädigungen in einem Gutachten.

---

663 Anders aber bei einem ausdrücklichen Unstreitigstellen nach Beweisaufnahme, wie es in Klausuren nicht selten vorkommt. In einem solchen Fall ist keine Beweiswürdigung mehr durchzuführen.

"Ein Mitverschulden des Klägers (§ 9 StVG i.V.m. § 254 BGB) kann nicht angenommen werden.

Beweiswürdigung bei Unglaubhaftigkeit der Aussage

Zwar bestätigte der Zeuge Dr. Mein-Eidiger, der als Beifahrer des Beklagten den Unfall miterlebte, die Behauptung des Beklagten, der Kläger sei plötzlich von dem rechts der Straße befindlichen Fahrradweg auf seine Spur gewechselt, sodass der Zusammenprall auf der rechten Vorderseite kaum zu vermeiden war. Diese Aussage erscheint allerdings nicht als glaubhaft. Sie steht schon in klarem Widerspruch zu den Feststellungen der Beschädigungen am Kfz des Beklagten und am Rennrad des Klägers. Ersteres ist, wie die vom Kläger vorgelegten Fotos klar zeigen, auf seiner linken Seite beschädigt, wobei ... (es folgen nun entsprechende Details)."

"Beifahrer-Rechtsprechung" gilt heute nicht mehr!

Zu beachten ist allerdings, dass entgegen früherer Rechtsprechung und einem auch heute noch verbreiteten Vorurteil die Stellung als Beifahrer *alleine* nicht ausreicht, um per se auf Unglaubwürdigkeit zu schließen.[664]

134

Auch das Problem der „faktischen Partei" in der formellen Zeugenrolle gehört hierher.

Parteiischer Zeuge

Bsp.: *Der Zedent einer Forderung sagt als Zeuge aus und bestätigt die vom Beklagten bestrittene Behauptung, die Parteien hätten sich bereits endgültig auf einen Vertrag geeinigt gehabt.*

Wie oben gezeigt, hat der Zedent formell die Stellung eines Zeugen. Die neutrale Position, die ein Zeuge zumindest typischerweise einnehmen sollte, kann er von vornherein nicht haben. Daher wird einer solchen Zeugenaussage i.d.R. keine höhere Beweiskraft zu Teil werden als einer Parteivernehmung.[665] Wird die Aussage also nicht von anderen, möglichst wiederum von sog. objektiven Beweismitteln, bestärkt, wird sie nicht zur richterlichen Überzeugungsbildung ausreichen. Genau dies ist dann im Urteil darzulegen und zu begründen.[666]

2. Beweiswürdigung beim Anscheinsbeweis

Beweiswürdigung beim Anscheinsbeweis

Eine nur eingeschränkte Beweiswürdigung findet beim Anscheinsbeweis statt. Dort werden zunächst die Anknüpfungstatsachen für die konkrete Lebenserfahrung erörtert, dann wird diese begründet und schließlich wird gegebenenfalls auf etwaige besondere Aspekte des Einzelfalles eingegangen. Als Beispiel sei der obige Fall des Einwurfeinschreibens gewählt:

135

Formulierungsbeispiel

„... Die Klägerin, die für den Zugang des streitigen Widerrufs als empfangsbedürftige und für sie günstige Willenserklärung darlegungs- und beweispflichtig ist, hat diesen Beweis erfolgreich geführt.

Sie hat durch entsprechenden Aufgabebeleg der Post (Urkunde i.S.d. § 415 ff. ZPO) nachgewiesen, dass sie am betreffenden Tag ein sog. Einwurfeinschreiben zur Post gegeben hat. Da sie weiterhin auch den Datenauszug der Post AG über den Einwurf des Schreibens am 21. Februar 2019 in den Briefkasten des jetzigen Beklagten als Augenscheinsobjekt i.S.d. § 371 ZPO vorgelegt hat, kann nach der Lebenserfahrung auf den tatsächlichen Zugang durch Einwurf des Postboten geschlossen werden. Voraussetzung für die Erstellung eines solchen Datenauszugs ist es nämlich bekanntermaßen, dass zuvor ein Postmitarbeiter einen solchen Einwurf mit Datum und Unterschrift schriftlich bestätigt.

Nach der Lebenserfahrung kann davon ausgegangen werden, dass eine solche Erklärung eines Postmitarbeiters im absoluten Regelfall nur abgegeben wird, wenn er tatsächlich unmittelbar zuvor die betreffende Handlung durchgeführt hat.

---

664 Vgl. BGH, NJW 1988, 566-568 (567) = **juris**byhemmer; kritisch hierzu FOERSTE, NJW 2001, 321 ff.
665 Vgl. BGH, WM 1976, 424-425 = **juris**byhemmer; ZÖLLER/GREGER, § 373, Rn. 5; FOERSTE, NJW 2001, 321 (324 m.w.N.).
666 Im Übrigen kann dies oft auch ein Ansatz für eine Parteivernehmung des Gegners von Amts wegen gemäß § 448 ZPO sein („Waffengleichheit"; siehe THOMAS/PUTZO, § 448, Rn. 4 und oben (Rn. 35).

Besondere Umstände des Einzelfalles, die diese Lebenserfahrung ausnahmsweise erschüttern könnten, wurden vom Beklagten nicht vorgetragen und sind auch sonst nicht ersichtlich. ..."

3. Beweiswürdigung bei Möglichkeit der Schätzung (§ 287 ZPO)

Beweiswürdigung bei § 287 ZPO

Auch im Falle der „Schätzung", etwa des entgangenen Gewinns als Schaden, müssen die Formulierungen die Besonderheiten der Beweisführung deutlich machen.

„Die Höhe des dem Kläger entstandenen Schadens in Form des entgangenen Gewinns schätzt das Gericht in Anwendung von §§ 287 I ZPO, 252 S. 2 BGB.

Hierbei geht es davon aus, dass der Kläger in den letzten drei Jahren vor seiner schweren Verletzung einen monatlichen Gewinn von durchschnittlich 2.500 € hatte, nämlich nie unter 2.000 € und nie über 3.000 €. Dabei ist weiterhin zu berücksichtigen, dass der Auftragseingang zuletzt um ca. 30 % angestiegen war und ... (es folgen weitere Details zur Würdigung der sog. Anknüpfungstatsachen für die Ausübung des Ermessens).

4. Beweiswürdigung bei einstweiligem Rechtsschutz (§§ 920 II, 936, 294 I ZPO)

Beweiswürdigung bei § 294 I ZPO

Wie oben gezeigt, tritt bei einstweiliger Verfügung und Arrest wegen § 920 II ZPO (evtl. i.V.m. § 936 ZPO) die Glaubhaftmachung i.S.d. § 294 ZPO an die Stelle des Vollbeweises nach § 286 ZPO. Deswegen ist in der Beweiswürdigung einer solchen Klausur darauf zu achten, dass man die Erleichterungen im Grad der Überzeugungsbildung (Beweismaß) in den Formulierungen deutlich genug zum Ausdruck bringt.

Formulierungsbeispiel für die (auszugsweise) Beweiswürdigung im Fall einer Unterlassungsverfügung nach § 1004 I BGB:

Formulierungsbeispiel

Denn der Verfügungskläger hat sowohl die zur Bejahung der Dringlichkeit (Verfügungsgrund) führende Tatsache der Gefahr des Abrisses der Hütte, als auch den Verfügungsanspruch ausreichend glaubhaft gemacht.

„die nicht unbeträchtliche Wahrscheinlichkeit, dass ..."

Eine ausreichende Glaubhaftmachung des Verfügungsgrundes, also der Dringlichkeit gerichtlichen Einschreitens, ist gegeben. Der von Klägerseite in mündlicher Verhandlung gestellte[667] Zeuge Schlaumeier hat glaubhaft versichert, den Beklagten nicht nur mehrfach auf dem streitgegenständlichen Grundstück gesehen zu haben, sondern darüber hinaus gehört zu haben, dass dieser erklärt habe, noch „vor dem ersten Frost" müsse „das Ding hier weg sein." Zwar hat der Beklagte derartige Äußerungen bestritten, doch besteht trotzdem nach Ansicht des Gerichts die nicht unbeträchtliche Wahrscheinlichkeit, dass der Beklagte die Hütte einreißen wird, wenn nicht zuvor ein gerichtliches Einschreiten erfolgt. ..."

hemmer-Klausur-Tipp

> Bedenken Sie immer, dass dies einer der Hauptunterschiede zwischen der Klausur zum Hauptsacheverfahren und derjenigen im einstweiligen Rechtsschutz ist. Entsprechend hoch ist die Bedeutung für die Benotung. Führen Sie dem Korrektor daher in Ihren Formulierungen deutlich vor Augen, dass Sie diese Besonderheit des Beweismaßes erkannt haben. Tun Sie dies auch dann, wenn Sie in einem Fall bereits die *volle* Überzeugung von der Richtigkeit einer Tatsachenbehauptung erlangt haben sollten.

---

[667] Zeugen werden - wie bereits gezeigt - im e.V.-Verfahren nicht geladen; vgl. BGH, NJW 1958, 712; THOMAS/PUTZO, § 294, Rn. 2; zur Auswirkung auf die Anwaltsklausur siehe Assessor-Basics Anwaltsklausur, § 3, Rn. 28.

§ 11 Urteile im Säumnisverfahren

häufiger Prüfungsstoff

Die Besonderheiten des Säumnisverfahrens stellen in den meisten Bundesländern die am häufigsten geprüfte zivilprozessuale Problematik überhaupt dar. Der Grund liegt gewiss darin, dass bei diesem Klausurtyp einerseits eine ganze Reihe von Besonderheiten bei der Tenorierung zu beachten ist, ohne dass diese für den Aufgabensteller einen allzu großen Aufwand bei der Sachverhaltserstellung nach sich ziehen, dass aber v.a. - wie im Folgenden zu zeigen sein wird - auch eine ganze Reihe anderer ZPO-Probleme (etwa notwendige Streitgenossenschaft oder Streithilfe) hier ihren gewiss bedeutsamsten „Aufhänger" finden.

Es lassen sich mehrere Klausurtypen unterscheiden, bei denen jeweils andere Vorschriften im Vordergrund stehen und für die deswegen auch jeweils völlig unterschiedliche Regeln gelten.

A. Urteil im Säumnistermin bzw. schriftlichen Vorverfahren (§§ 330, 331 ZPO)

1. Klausurvariante: Erlass des VU selbst (§§ 330, 331 ZPO)

Die chronologisch erste Variante, in der sich die Besonderheiten des Säumnisverfahrens auf ein richterliches Urteil auswirken können, ist die Entscheidung unmittelbar infolge der Säumnis einer der Parteien, also das auf § 330 oder § 331 ZPO gestützte Urteil.

I. Voraussetzungen des Versäumnisurteils

Für den Erlass eines Versäumnisurteils gegen den Beklagten (§ 331 ZPO) gilt folgendes Prüfungsschema:[668]

Prüfungsschema

⇨ Prozessantrag gerade auf Versäumnisurteil-Erlass neben dem Sachantrag.

⇨ Ordnungsgemäße Terminbestimmung zur mündlichen Verhandlung oder Fristsetzung im schriftlichen Vorverfahren.

⇨ Säumnis der Partei.

⇨ Keine Hindernisse nach §§ 335, 337 ZPO.

⇨ Zulässigkeit der Klage (auch hier unverzichtbar!).

⇨ Schlüssigkeit der Klage (nur im Falle des § 331 ZPO zu prüfen).

II. Zu einzelnen Prüfungspunkten

1. Prozessantrag auf Erlass eines Versäumnisurteils

Prozessantrag

Unverzichtbar ist ein besonderer Prozessantrag auf Erlass eines Versäumnisurteils, der also zusätzlich zum Sachantrag gestellt worden sein muss. Wenn ein solcher fehlen sollte, gilt § 251a ZPO, sodass regelmäßig ein Ruhen des Verfahrens gegeben sein wird, u.U. aber aufgrund von Entscheidungsreife eine Entscheidung nach Aktenlage in Betracht kommt.

---

[668] Vgl. hierzu KNÖRINGER, § 19 I; THOMAS/PUTZO, vor § 330, Rn. 1 ff.

Auslegung der Anträge nötig

Allerdings wird der VU-Antrag regelmäßig zusammen mit dem Sachantrag gestellt *("beantrage ich, den Beklagten - gegebenenfalls im Wege des Versäumnisurteils - zur Zahlung von ... zu verurteilen.")*. Auch kann es sein, dass sich ein solcher VU-Antrag im Wege der Auslegung aus dem Sachantrag ergibt.

hemmer-Klausur-Tipp

> Verhalten Sie sich als Klausurbearbeiter in kritischen Grenzfällen nicht zu formalistisch, sondern prüfen Sie genauestens, ob ein vermeintlich fehlender Prozessantrag der einen anwesenden Partei nicht doch im Wege der Auslegung zu gewinnen ist! Ein Vorgehen über § 251a ZPO ist als Klausurstrickmuster denkbar ungeeignet und wird daher normalerweise nicht beabsichtigt sein.

2. Säumnis

Begriff Säumnis

Hinsichtlich dieses Begriffes könnte man unterscheiden zwischen einer Säumnis im engeren Sinne und einer Säumnis im weiteren Sinne.[669]

Säumnis im engeren Sinne liegt dann vor, wenn eine Partei in einem Verhandlungstermin nicht erscheint oder nicht verhandelt (§ 333 ZPO). Dagegen wird der Begriff Säumnis aber oft auch in einem weiteren Sinne verstanden, bei dem die zusätzliche Prüfung der Erlasshindernisse der §§ 335, 337 ZPO mit von diesem Prüfungspunkt erfasst ist. Letztlich ist es – zumindest in der ersten Instanz – kaum bedeutsam, ob man die §§ 335, 337 ZPO als eigenständige Prüfungspunkte ansieht[670] oder nicht.

a. Nichterscheinen

häufiger "Problemaufhänger"

So einfach dieser Begriff des Nichterscheinens in einem Verhandlungstermin[671] auf den ersten Blick zu sein scheint, so häufig bietet er in Klausuren doch wiederum Gelegenheit, eine kurze Schachtelprüfung anderer Regelungskomplexe mit einzubeziehen.

aa. Fehlende Postulationsfähigkeit

Postulationsfähigkeit nach § 78 ZPO

Säumnis liegt trotz persönlicher Anwesenheit vor, wenn gemäß § 78 I ZPO Anwaltszwang besteht, weil eine nicht postulationsfähige Person als nicht erschienen gilt.[672]

> Hinweis: Im Familienverfahrensrecht existiert inzwischen mit § 114 FamFG eine Spezialregelung zur Postulationsfähigkeit.

Einordnung der Prüfung von § 78 ZPO in den Aufbau der Klausur (häufige Fehlerquelle!!)

Achten Sie immer auf die richtige Einordnung der Prüfung von § 78 ZPO in den Aufbau der Klausur. Insbesondere dann, wenn es – wie im Regelfall – darum geht, dass die Postulationsfähigkeit *des Beklagten* in Streit steht, wäre eine Prüfung im Rahmen der Zulässigkeit der Klage falsch:

---

669 Siehe dazu etwa THOMAS/PUTZO, vor § 330, Rn. 1 ff, wo der Begriff Säumnis zunächst in Rn. 1 in der Überschrift als Sammelbegriff für alle *formellen* Unterpunkte verwendet wird und dann in Rn. 5 nochmals als Unterpunkt.
670 So etwa KNÖRINGER, § 19 I 1.
671 Hierzu siehe auch die Problematik des reinen *Beweis*termins (§ 367 I ZPO), an den sich aber meist gemäß § 370 ZPO ein *Verhandlungs*termin, wie er für die Annahme einer Säumnis erforderlich ist, unmittelbar anschließt (vgl. etwa KNÖRINGER, § 19 I 4).
672 Vgl. etwa THOMAS/PUTZO, vor § 330, Rn. 5.

Es handelt sich nicht um eine Sachurteilsvoraussetzung, sondern um eine Prozess*handlungs*voraussetzung, und überdies wäre es extrem sinnwidrig, ein Defizit *auf Beklagtenseite* zum Anlass zu nehmen, die Zulässigkeit der Klage in Frage zu stellen.

Es geht hier stattdessen um die Frage, *nach welchen Regeln* (den „normalen" oder denen des § 331 I ZPO) die *Begründetheit* zu prüfen ist; also muss dieser Punkt entweder zwischen die Zulässigkeit und Begründetheit eingeschoben oder – m.E. besser – als erster Unterpunkt der Begründetheit vor der eigentlichen Sachprüfung selbst geprüft werden.

> **Hinweis: Ist die Postulationsfähigkeit *des Klägers* problematisch (was in Klausuren seltener vorkommt), so kann das Problem oft in den § 253 ZPO eingebaut werden, da eine wirksame Klageerhebung im Anwaltsprozess nur bei Postulationsfähigkeit gegeben ist. Gegebenenfalls ist die Prüfung aber auch im Zusammenhang mit der Einspruchseinlegung gemäß §§ 338, 339, 340 ZPO zu prüfen oder – spiegelbildlich zur hier diskutierten Variante – im Rahmen der Säumnis gemäß § 330 ZPO.**

bb. Streithilfe (§ 67 ZPO)

Auch Fragen der Streithilfe gemäß §§ 66, 67 ZPO finden sich in diesem Zusammenhang immer wieder in Klausuren.

> *Bsp.:* In einem Prozess am Amtsgericht ist eine Partei nicht erschienen, allerdings erscheint eine andere Person und erklärt, dem Prozess als Streithelfer auf dessen Seite beitreten zu wollen und insoweit gleich zu verhandeln.

Vertretungsfiktion des § 67 ZPO

Liegen hier alle Voraussetzungen des § 67 ZPO vor, was der Regelfall sein wird, so verhindert das Erscheinen und Verhandeln des Streithelfers aufgrund dieser Vertretungsfiktion die Säumnis der Hauptpartei. Es kann also nicht gegen die Hauptpartei ein Versäumnisurteil ergehen und gegen den Streithelfer eine andere Art der Entscheidung: Diesem gegenüber ergeht - von Kosten abgesehen (vgl. § 101 ZPO) - nämlich überhaupt keine Entscheidung; das Urteil ergeht nur zwischen den Parteien selbst, wobei der Streithelfer so behandelt wird, als habe gewissermaßen der „verlängerte Arm" der unterstützten Partei gehandelt.[673]

Interesse am Beitritt grds. nicht zu prüfen!

Zu beachten ist dabei, dass es zur Erzielung dieser Vertretungswirkung grds. nur auf die wirksame *Erklärung* des Beitritts ankommt. Die Prozess*handlungs*voraussetzungen sind also zu prüfen. Es ist dagegen regelmäßig unerheblich, ob die vor dem Beitritt des Streithelfers an diesen erklärte Streitverkündung überhaupt zulässig i.S.d. § 72 ZPO ist bzw. die sonstigen Voraussetzungen von § 66 ZPO vorliegen. Es ist also grds. nicht zu prüfen, ob der Streithelfer „mit Recht" den Beitritt erklärt hatte. Die Voraussetzungen des Beitritts werden im anhängigen Prozess nur auf Zurückweisungsantrag gemäß § 71 ZPO geprüft.

Auf diese kommt es grds. nur im Folgeprozess bei der Frage des Vorliegens der Nebeninterventionswirkung gemäß §§ 74, 68 ZPO an.[674]

---

673 Vgl. THOMAS/PUTZO, vor § 330, Rn. 5; § 67, Rn. 2, 4, 6 ff.
674 Vgl. THOMAS/PUTZO, § 68, Rn. 3; KNÖRINGER, § 17 I. Auch im Folgeprozess wird das rechtliche Interesse am Beitritt (§§ 66, 72 ZPO) im Urteil grds. nur geprüft, wenn der Beitritt *unterblieben* ist (vgl. etwa THOMAS/PUTZO, § 68, Rn. 3; 74, Rn. 1 und Rn. 4).

cc. (Notwendige?) Streitgenossenschaft (§ 62 ZPO)

Prüfung notwendiger Streitgenossenschaft gemäß § 62 ZPO

Ein ähnliches Problem, das oft schachtelweise im Begriff Säumnis zu prüfen ist, ist die Frage nach dem Vorliegen einer notwendigen Streitgenossenschaft gemäß § 62 ZPO. In diesem Fall sieht § 62 I ZPO vor, dass die säumigen Streitgenossen als durch die anwesenden vertreten angesehen werden. Allerdings werden die Voraussetzungen hierfür im Regelfall gerade nicht gegeben sein.

> *Bsp.:* In einem Prozess eines Verkäufers gegen eine Gesellschaft als Käufer (Anspruch aus § 433 II BGB) sowie (u.a.) einen bereits ausgeschiedenen Komplementär (Haftung nach §§ 128, 160 HGB) erscheint nur für die Gesellschaft ein Anwalt. Der Ex-Komplementär ist dagegen trotz Ladung weder anwesend noch vertreten.

Da in einem solchen Fall die Entscheidung trotz Akzessorietät durchaus unterschiedlich ausfallen kann (vgl. etwa §§ 129, 160 HGB), liegt - wie meist - nur eine *einfache* Streitgenossenschaft i.S.d. §§ 59, 60 ZPO vor. Daher ist hier ein Versäumnisurteil gegen den einen Streitgenossen (Ex-Komplementär) und ein streitiges Endurteil gegen den/die anderen Streitgenossen zu erlassen.[675]

b. Nichtverhandeln

Nichtverhandeln § 333 ZPO

Ein völliges Nichtverhandeln zum gesamten Streitgegenstand oder zu einem abgrenzbaren Teil davon steht gemäß § 333 ZPO der Säumnis gleich.

„Flucht in die Säumnis"

Teilweise wird dies gezielt dazu genutzt, um durch eine sog. „Flucht in die Säumnis" eine andernfalls drohende Zurückweisung nach § 296 I ZPO etwa wegen eines verspäteten Beweisangebotes zu umgehen.[676]

Im Regelfall wird bereits die Antragstellung der Partei die Säumnis verhindern können, da damit meist eine Bezugnahme auf vorheriges schriftliches Vorbringen verbunden sein wird.[677] Erklärt die Partei später also nichts mehr zur Sache, so liegen die Voraussetzungen des Versäumnisurteils regelmäßig nicht vor (vgl. auch § 334 ZPO).

Zu beachten ist, dass Erklärungen zu Zulässigkeitsfragen ein „Verhandeln" i.S.d. § 333 ZPO darstellen. Anders als etwa im Rahmen der §§ 39, 267 und vor allem § 345 ZPO muss, wie sich klar aus dem Wortlaut ergibt, nicht *zur Sache* verhandelt werden.

c. Erlasshindernis gemäß § 337 ZPO: fehlendes Verschulden

Behandlung des fehlenden Verschuldens; Erlasshindernis gemäß § 337 ZPO

Die Behandlung des Verschuldens ist in diesem Zusammenhang zwiespältig: Zwar muss Verschulden nicht positiv erkennbar sein, doch steht fehlendes Verschulden der Rechtmäßigkeit des Versäumnisurteils über das Erlasshindernis gemäß § 337 ZPO entgegen.

---

675 Dazu siehe nochmals unten beim Aufbau (§ 11, Rn. 33 f.).
676 Vgl. THOMAS/PUTZO, § 340, Rn. 9; dazu ausführlich unten (§ 11, Rn. 65f.: Begründetheitsprüfung nach Einspruch gegen das Versäumnisurteil).
677 THOMAS/PUTZO, § 333, Rn. 2 m.w.N.

Das Gericht prüft diese Voraussetzung vor Erlass des Versäumnisurteils also nur bei Vorliegen entsprechender Anhaltspunkte. Er darf das Versäumnisurteil etwa dann nicht erlassen, wenn der Anwalt per Handy mitgeteilt hat, dass er trotz grds. ausreichendem Zeitpolster wegen eines Verkehrsstaus oder einer Panne der Bahn zu spät kommen werde.

Liegen derartige Anhaltspunkte nicht vor, wird das Versäumnisurteil ergehen, weil kein positives Tatbestandsmerkmal Verschulden existiert. Stellt sich später ein Vorfall wie der eben geschilderte heraus, so liegt aber objektiv ein gesetzeswidriges Versäumnisurteil vor; dies also auch dann, wenn das Gericht das Problem nicht erkennen konnte.[678] Auswirkungen hat dies im *späteren* Verfahrensverlauf allerdings nur bei der Kostenfolge (§ 344 ZPO).[679]

Die Verschuldensfrage beinhaltet gemäß § 85 II ZPO auch das Verschulden des Prozessvertreters und ist entsprechend derjenigen zu beurteilen, die bei Wiedereinsetzung in den vorigen Stand gemäß § 233 ZPO gilt.[680]

d. Erlasshindernisse gemäß § 335 ZPO

Erlasshindernisse gemäß § 335 ZPO

Weiterhin zu prüfen sind die Erlasshindernisse gemäß § 335 ZPO, von denen § 335 I Nr. 2 ZPO mit Abstand am klausurrelevantesten ist. Da für eine Terminbestimmung eine förmliche Zustellung nötig ist (vgl. § 329 I 2 ZPO), lassen sich hier Zustellungsprobleme in die Klausur einbauen. Dafür sind v.a. Fragen der Ersatzzustellung (siehe §§ 180 ff. ZPO) geeignet.[681]

3. Zulässigkeit der Klage

Zulässigkeit der Klage

Ein Versäumnisurteil ist immer ein Sachurteil, hat also eine volle materielle Rechtskraftwirkung. Dies gilt auch im Falle des § 330 ZPO, obwohl dort gar keine Prüfung des materiellen Rechts erfolgt (siehe unten).

Deswegen darf ein Versäumnisurteil bei unzulässiger Klage nicht ergehen (Grundsatz des Vorrangs der Sachurteilsvoraussetzungen), wobei aber auf eine etwaige Heilung des Mangels zu achten ist.[682] Die Geständnisfiktion des § 331 I 1 ZPO darf nicht zur Begründung eines gewillkürten Gerichtsstandes herangezogen werden (§ 331 I 2 ZPO).

Bsp.: Der Kläger hat ein örtlich unzuständiges Gericht angerufen. Der Beklagte erscheint in der mündlichen Verhandlung nicht, doch behauptet der Kläger, der Beklagte habe sich außerprozessual nach Entstehung der Streitigkeit mit einer Festlegung des Gerichtsstands am betreffenden Ort einverstanden erklärt.

---

678 Vgl. KNÖRINGER, § 19 I 1.
679 Liegt bereits die zweite Säumnis vor und ergeht ein technisch zweites Versäumnisurteil gemäß § 345 ZPO, so kann das Nichtverschulden auch im Rahmen der Berufung gegen dieses zweite Versäumnisurteil geltend gemacht werden (vgl. § 514 II ZPO).
680 Vgl. BGH, NJW 1999, 2120-2123 = **juris**byhemmer = **Life&Law 1999, Heft 10, 640-647**. Zu Einzelfällen siehe v.a. THOMAS/PUTZO, § 337, Rn. 3 ff; gegebenenfalls könnte in kritischen Grenzfällen auch die Kommentierung zu § 233 ZPO herangezogen werden.
681 Siehe etwa den Zustellungsfehler der Ladung als Aufhänger für die Berufung gegen ein zweites Versäumnisurteil in Assessor-Basics, zivilrechtliche Anwaltsklausuren, Klausur Nr. 5.
682 Siehe hierzu THOMAS/PUTZO, vor § 330, Rn. 12 und v.a. § 331, Rn. 3. Für eine Urteilsklausur dürfte diese Problematik wenig geeignet sein.

keine Anwendung der Geständnisfiktion

Hier werden vom Kläger Tatsachen vorgetragen, die u.U. über § 38 ZPO zu einer Zuständigkeit aufgrund Gerichtsstandsvereinbarung führen könnten. Gemäß § 331 I 2 ZPO dürfen diese Behauptungen aber gerade nicht einfach als richtig unterstellt werden. Vielmehr muss der Kläger hier die Überzeugung des Gerichts von der Wahrheit der behaupteten Tatsachen herbeiführen, was etwa über einen Urkundenbeweis möglich sein könnte;[683] andernfalls droht ihm trotz der Säumnis des Gegners eine Klageabweisung als unzulässig (sog. unechtes Versäumnisurteil).

§ 331 I 2 ZPO schließt also keineswegs das Versäumnisurteil an Gerichtsständen aus §§ 29 II, 38 ZPO generell aus, nur greift insoweit nicht die Geständnisfiktion des § 331 I 1 ZPO.

4. Schlüssigkeit der Klage

Schlüssigkeitsprüfung nur bei § 331 ZPO nötig, nicht auch bei § 330 ZPO

Die Prüfung der Schlüssigkeit der Klage ist nur im Falle des Versäumnisurteils gegen den Beklagten (§ 331 ZPO) nötig, nicht auch beim Versäumnisurteil gegen den Kläger (§ 330 ZPO); im letztgenannten Fall liegt vielmehr eine Art fingierter (aber trotzdem rechtskraftfähiger)[684] Verzicht auf den zuvor geltend gemachten Anspruch vor. Das Versäumnisurteil *gegen den Kläger* ergeht also auch dann, wenn die Klage evident schlüssig und das Vorbringen des Beklagten evident unerheblich ist.

a. Wirkung der Wahrunterstellung (§ 331 I 1 ZPO)

Wirkung der Wahrunterstellung (§ 331 I 1 ZPO)

Nach § 331 I 1 ZPO ist der Klage stattzugeben, wenn sich aufgrund des nun *als wahr zu unterstellenden* Vortrags des Klägers ergibt, dass sein Antrag gerechtfertigt ist. Entbehrlich ist damit eine Beweisaufnahme. Dies hat eine sehr weitreichende Wirkung:

> **Bsp.:** *Der jetzt säumige Beklagte hatte zunächst in Schriftsätzen oder einer vorausgegangenen mündlichen Verhandlung die anspruchsbegründenden Tatsachen bestritten.*

Geständnisfiktion trotz vorherigen Bestreitens!

Wegen § 332 ZPO ist das frühere Vorbringen des jetzt Säumigen für das Versäumnisurteil unerheblich; es muss letztlich so getan werden, als wäre dieses Bestreiten nie erfolgt.[685]

Dies gilt auch für bisherige Beweisergebnisse, Anerkenntnisse oder Geständnisse.

> **Bsp.:** *Der jetzt säumige Beklagte hatte in einer vorausgegangenen mündlichen Verhandlung für eine von ihm behauptete, aber vom Kläger bestrittene Einwendung (etwa: teilweise Erfüllung) Beweis erbracht.*

Dieses bisherige Beweisergebnis ist nun aufgrund der Säumnis (zunächst) völlig bedeutungslos geworden. Der Inhalt des Versäumnisurteils kann also in vollem Widerspruch zu dem stehen, was sich in der bisherigen Verhandlung ergeben hat.[686] Mit dieser Ausschaltung bzw. Ignorierung von vorhandenen, aber eben juristisch „gesperrten" Erkenntnissen tun sich erfahrungsgemäß viele Klausurbearbeiter schwer.

---

683 Vgl. THOMAS/PUTZO, § 331 ZPO, Rn. 4.
684 Vgl. THOMAS/PUTZO, § 330, Rn. 4.
685 Vgl. THOMAS/PUTZO, § 332, Rn. 1.
686 Vgl. KNÖRINGER, § 19 I 3.

> Beachten Sie aber auch die Kehrseite: Wenn später ein zulässiger Einspruch (§ 338 ZPO) eingelegt wird, so lebt der gesamte frühere Vortrag aufgrund der Restitutionswirkung von § 342 ZPO wieder auf.[687] Diese Behauptungen müssen also nicht erneut in den Prozess eingeführt werden. Etwas anderes ergibt sich auch nicht aus § 340 III ZPO, der nur die bislang *noch nicht* vorgebrachten Einwendungen meint.

Bsp. 2: Von zwei einfachen Streitgenossen[688] auf Beklagtenseite, die beide in den Schriftsätzen bestritten haben, ist einer säumig. Dagegen findet beim anderen, nicht säumigen Streitgenossen eine Beweisaufnahme statt.

einfache Streitgenossen völlig trennen

In einem solchen - in Klausuren nicht seltenen - Fall muss gegebenenfalls innerhalb eines Urteils (Versäumnis- und Endurteil) dieselbe Tatsachenbehauptung beim einen Streitgenossen so und beim anderen Streitgenossen anders behandelt werden.

Das Gericht bzw. der/die Klausurbearbeiter/in darf also nicht das in der Beweisaufnahme beim einen Streitgenossen gewonnene Wissen verwerten, um damit auch die Klage gegen den anderen abzuweisen. Letztlich handelt es sich nur um eine lose Zusammenfassung zweier getrennt zu führender Prozesse.

b. Volle Prüfung des materiellen Rechts

Prüfung des materiellen Rechts

Nicht entbehrlich ist dabei natürlich die materiell-rechtliche Prüfung; reines Rechtsvorbringen darf also nie als wahr unterstellt werden. Die Arbeitsweise des Gerichts ist also insoweit ähnlich wie die des Bearbeiters einer Klausur im Ersten Staatsexamen: Er hat eine *einseitige* Sichtweise der Dinge (bzw. muss eine andere Sichtweise, soweit sie schon vorgetragen war, völlig ignorieren!) und hat anhand derer die möglichen Anspruchsgrundlagen durchzuprüfen.

Das Vorbringen des Klägers ist also daraufhin zu untersuchen, ob es das Vorliegen aller *anspruchsbegründenden* Tatbestandsmerkmale ergibt.

c. Besonderheiten bei Einwendungen / Einreden

Behandlung von Einwendungen

Zu Einwendungen muss der Kläger gar nicht vortragen, da er für diese keine Darlegungslast hat. Ergibt sich aus seinem Vortrag aber das Vorliegen von Einwendungen, so hat das Gericht dies von Amts wegen zu prüfen und daher die Klage als unschlüssig abzuweisen (sog. unechtes Versäumnisurteil).

Behandlung von bloßen Einreden

Noch beschränkter kann seine Prüfungskompetenz bei bloßen *Einreden* sein: Diese sind grundsätzlich nur von Bedeutung, wenn sie vom Anspruchsgegner *erhoben* worden sind (vgl. etwa § 214 I BGB für die Berücksichtigung der Verjährung).

Allerdings muss diese Einrede vom Schuldner nur überhaupt geltend gemacht werden; nicht notwendig ist nach h.M., dass sie gerade *vom Schuldner im Prozess selbst* geltend gemacht wird. Trägt also der Kläger *die Erhebung* der Einrede selbst in seinen Schriftsätzen vor, macht er sie zum Prozessstoff und damit zum Gegenstand der Schlüssigkeitsprüfung.[689]

---

687 Vgl. THOMAS/PUTZO, § 342, Rn. 2.
688 Bei notwendigen Streitgenossen würde dann wegen § 62 ZPO gar keine Säumnis vorliegen, so dass sich dieses Problem nicht stellt.
689 Vgl. THOMAS/PUTZO, vor § 253, Rn. 49; § 331, Rn. 5. Dazu siehe auch das Klausurbeispiel in Assessor-Basics, Zivilrechtliche Anwaltsklausuren, Klausur Nr. 5.

> *Bsp.:* „Zwar erhebt der Beklagte außerprozessual die Einrede der Verjährung, doch kann er damit nicht gehört werden, denn ..." (es folgt meist Rechtsvorbringen).

Trifft hier der rechtliche Standpunkt des Klägers nicht zu, hat er seine Klage selbst unschlüssig gemacht.

III. Die Entscheidung des Gerichts

1. Entscheidungsform

a. „Echtes" Versäumnisurteil

„echtes" und „unechtes" Versäumnisurteil unterscheiden

Liegen alle genannten gesetzlichen Voraussetzungen vor, so ergeht ein „echtes" Versäumnisurteil. Dieser Begriff wird dann verwendet, wenn das Urteil *wegen* der Säumnis *gegen* den Säumigen ergeht. Es ist dann *als solches* zu bezeichnen (vgl. § 313b I 2 ZPO).

b. „Unechtes" Versäumnisurteil

Fehlt es an einer der Voraussetzungen, hat aber trotzdem keine Vertagung zu erfolgen, weil der Fall entscheidungsreif ist, so ergeht ein „unechtes" Versäumnisurteil. Dies ist eigentlich ein normales Endurteil, das auch mit „Endurteil" überschrieben wird. Die ganzen Besonderheiten des Versäumnisurteils (§§ 338 ff, 514 ZPO, 708 Nr. 2 ZPO) gelten für dieses Urteil nicht.

Eine solche Entscheidung kann *gegen* den Säumigen ergehen (etwa: Unzulässigkeit der Klage bei Säumnis des Klägers) oder aber auch *zugunsten* des Säumigen (etwa: Abweisung der Klage als unzulässig oder unschlüssig bei Säumnis des Beklagten).

c. Teil-Versäumnisurteil

Kombination von beidem möglich

Liegen die Voraussetzungen des Versäumnisurteils teilweise vor, so ergeht eine Kombination von beidem: „Versäumnis- und Endurteil".

> *Bspe.:* Die Klage ist nur teilweise schlüssig und/oder es ist Säumnis nur eines einfachen Streitgenossen gegeben.

2. Die Tenorierung

Tenorierung

Hinsichtlich des Tenors in der Hauptsache und des Kostenausspruchs sind - anders als bei den anderen Klausurvarianten (dazu s.u.) - grds. keine Besonderheiten gegeben.

Hinsichtlich der vorläufigen Vollstreckbarkeit ist allerdings auf § 708 Nr. 2 ZPO zu achten. Da § 711 ZPO auf diese Regelung nicht anwendbar ist, ist das Urteil ohne Sicherheitsleistung *und ohne Abwendungsbefugnis* vorläufig vollstreckbar. Diese Regelung setzt aber den Erlass eines „echten" Versäumnisurteils voraus.

a. „Echtes" Versäumnisurteil gegen den Kläger (§ 330 ZPO)

Fall des § 330 ZPO

Aus den §§ 313b I 2, 91, 708 Nr. 2 ZPO ergibt sich folgender Tenor:

Versäumnisurteil:

1. Die Klage wird abgewiesen.

2. Der Kläger trägt die Kosten des Rechtsstreits.

3. Das Urteil ist vorläufig vollstreckbar.

b. „Unechtes" Versäumnisurteil gegen den Kläger

„unechtes" VU gegen Kläger

Hier sind die §§ 313b I 2, 708 Nr. 2 ZPO nicht anwendbar, wohl aber die §§ 91, 708 Nr. 11, 711 bzw. § 709 S. 1 ZPO. Es ergeht ein Endurteil. Diese wird – wie oben[690] bereits ausgeführt – nur in einigen Bundesländern (Bayern) ausdrücklich mit „Endurteil" überschrieben ist, in den meisten Bundesländern dagegen schlicht mit „Urteil". Dabei ergibt sich beispielsweise folgender Tenor:

1. Die Klage wird abgewiesen.

2. Der Kläger trägt die Kosten des Rechtsstreits.

3. Das Urteil ist gegen Sicherheitsleistung von ... vorläufig vollstreckbar.[691]

c. „Echtes" Versäumnisurteil gegen Beklagten (§ 331 ZPO)

Fall des § 331 ZPO

Aus den §§ 313b I 2, 91, 708 Nr. 2 ZPO ergibt sich folgender Tenor:

Versäumnisurteil:

1. Der Beklagte wird verurteilt, 7.500 € nebst zwölf Prozent Zinsen hieraus ab ... an den Kläger zu bezahlen.

2. Der Beklagte trägt die Kosten des Rechtsstreits.

3. Das Urteil ist vorläufig vollstreckbar.

d. Teil-Versäumnisurteil gegen Beklagten (§ 331 ZPO)

Teil-Versäumnisurteil gegen Beklagten (§ 331 ZPO)

Kann nur teilweise ein Versäumnisurteil ergehen, so muss in der Überschrift (vgl. § 313b I 2 ZPO) zum Ausdruck kommen, dass es sich um ein Urteil mit zwei völlig unterschiedlichen Teilen handelt. Auf den Tenor in der Hauptsache und die Kostenentscheidung wirkt sich diese Trennung nur manchmal aus, auf die Vollstreckbarkeitsentscheidung allerdings immer.

Beispiel 1: Klage teilweise unschlüssig

Bsp. 1: *Die zulässige Klage gegen einen Säumigen ist nur teilweise (4.000 € von geforderten 6.000 € nebst zwölf Prozent Zinsen) schlüssig.*

Üblicherweise wird der erfolgreiche (schlüssige) Teil als Versäumnisurteil vorangestellt. Dabei ist es nicht üblich, im Tenor selbst noch einmal deutlich zu machen, dass dies der VU-Teil des Urteils ist, weil sich dies aufgrund der Gesamtzusammenhänge (etwa die Vollstreckbarkeitsentscheidung) bzw. der Entscheidungsgründe ohnehin klar genug ergibt.

---

[690] Siehe dazu § 3, Rn. 4 und Rn. 14.
[691] So im Falle von § 709 S. 1 ZPO; im Übrigen (§§ 708 Nr. 11, 711 ZPO) siehe im Kapitel „Vorläufige Vollstreckbarkeit".

Versäumnis- und Endurteil:[692]

1. Die Beklagte wird verurteilt, 4.000 € nebst zwölf Prozent Zinsen hieraus ab ... an die Klägerin zu bezahlen.

2. Im Übrigen wird die Klage abgewiesen.

3. Von den Kosten des Rechtsstreits trägt die Beklagte 2/3 und die Klägerin 1/3.

4. Das Urteil ist für die Parteien jeweils vorläufig vollstreckbar. Die Klägerin kann die Vollstreckung durch die Beklagte allerdings durch Sicherheitsleistung in Höhe von 110 % des insgesamt vollstreckbaren Betrags abwenden, wenn nicht die Beklagte zuvor Sicherheit in Höhe von 110 % des jeweils zu vollstreckenden Betrags leistet.

In der Vollstreckbarkeitsentscheidung ist darauf zu achten, dass § 708 Nr. 2 ZPO nur für den VU-Teil gilt, also nur für Ziffer 1. Dagegen musste die Vollstreckbarkeit des klageabweisenden Endurteils („unechtes Versäumnisurteil") an §§ 708 Nr. 11, 711 ZPO (bei entsprechend hohem Betrag gegebenenfalls an § 709 S. 1 ZPO) orientiert werden; insoweit geht es - wie bei jeder Klageabweisung - nur um die Vollstreckung im Kostenpunkt.

Beispiel 2: Säumnis nur eines Streitgenossen; Klage schlüssig, aber Einwendungen begründet

Bsp. 2: *Die Klage ist insgesamt zulässig und schlüssig (6.000 € nebst zwölf Prozent Zinsen). Es ist Säumnis nur eines von zwei einfachen Streitgenossen auf Beklagtenseite gegeben, und der andere (Beklagter zu 2) kann seine Einwendungen erfolgreich beweisen.*

Auch hier ist zunächst in Ziffer 1 der erfolgreiche Teil, also das Versäumnisurteil gegen den Beklagten zu 1), voranzustellen. Anschließend ergeht die Klageabweisung hinsichtlich des Beklagten zu 2), die den streitigen Teil (Endurteil) dieses Urteils darstellt.

Versäumnis- und Endurteil:

1. Die Beklagte zu 1) wird verurteilt, 6.000 € nebst zwölf Prozent Zinsen hieraus ab ... an den Kläger zu bezahlen.

2. Im Übrigen wird die Klage abgewiesen.

(Oder: Die Klage gegen die Beklagte zu 2) wird abgewiesen.)

3. Von den Gerichtskosten tragen die Klägerin und die Beklagte zu 1) jeweils die Hälfte. Von den außergerichtlichen Kosten der Klägerin trägt die Beklagte zu 1) ebenfalls ½. Die Klägerin trägt die außergerichtlichen Kosten der Beklagten zu 2) ganz. Im Übrigen tragen die Parteien ihre außergerichtlichen Kosten selbst.

4. Das Urteil ist für die Parteien jeweils vorläufig vollstreckbar. Die Klägerin kann die Vollstreckung durch die Beklagte zu 2) allerdings durch Sicherheitsleistung in Höhe von 110 % des insgesamt vollstreckbaren Betrags abwenden, es sei denn, die Beklagte zu 2) leistet zuvor Sicherheit in Höhe von 110 % des jeweils zu vollstreckenden Betrags.

Baumbach'sche Formel!

Hinsichtlich der Kosten war aufgrund des *unterschiedlichen* Ergebnisses gegenüber zwei Streitgenossen die Baumbach'sche Formel anzuwenden.[693] Anzuwenden waren §§ 92 I, 100 I ZPO. § 100 IV ZPO war hier dagegen nicht einschlägig, weil nur *ein* Beklagter verurteilt wurde.

In der Vollstreckbarkeitsentscheidung ist wiederum darauf zu achten, dass § 708 Nr. 2 ZPO nur für den VU-Teil gilt, also nur für Ziffer 1.

---

692 Teilweise wird auch umgekehrt End- und Versäumnisurteil formuliert; das macht letztlich keinen Unterschied.
693 Dazu siehe oben im Kapitel „Kostenentscheidung" (§ 6, Rn. 64 f.).

§ 11 URTEILE IM SÄUMNISVERFAHREN

Beispiel 3: Säumnis nur eines Streitgenossen; Klage schlüssig und begründet

Bsp. 3: *Die Klage gegen zwei gesamtschuldnerische Beklagte ist insgesamt zulässig und schlüssig (16.000 € nebst zwölf Prozent Zinsen). Es ist Säumnis nur eines von zwei einfachen Streitgenossen auf Beklagtenseite gegeben, die Klage erweist sich aber auch nach Beweisaufnahme als begründet.*

Hier ist zu berücksichtigen, dass einerseits die Klage gegen *beide* Beklagte erfolgreich ist und andererseits der unterschiedliche Weg, auf dem das Gericht zu diesem Ergebnis kam, im Tenor der Hauptsache selbst – anders als in der Überschrift – nicht zum Ausdruck gebracht wird. Deshalb werden beide Urteilsteile trotz ihres völlig unterschiedlichen Charakters in der Hauptsache und im Kostenpunkt zusammengezogen.

Zusammenfassung in der Hauptsache!

Versäumnis- und Endurteil:

1. Die Beklagten werden gesamtschuldnerisch verurteilt, 16.000 € nebst zwölf Prozent Zinsen hieraus ab ... an die Klägerin zu bezahlen.

2. Die Beklagten tragen gesamtschuldnerisch die Kosten des Rechtsstreits.

3. Das Urteil ist vorläufig vollstreckbar; dies gegenüber dem Beklagten zu 2) allerdings nur gegen Sicherheitsleistung in Höhe ....

hier keine Baumbach'sche Formel!

Die Baumbach'sche Formel war hier nicht anzuwenden, weil kein *unterschiedliches* Ergebnis gegenüber den Streitgenossen vorliegt. Einschlägig sind hier die §§ 91, 100 IV ZPO.

In der Vollstreckbarkeitsentscheidung allerdings zeigt sich der unterschiedliche Charakter der beiden Urteilsteile: Nur gegenüber dem säumigen Beklagten zu 1) gilt § 708 Nr. 2 ZPO, im Übrigen sind wiederum §§ 708 Nr. 11, 711 ZPO oder (so hier § 709 S. 1 ZPO) anzuwenden.

IV. Aufbau der Entscheidungsgründe / Klausurbedeutung

§ 313b ZPO beachten!

Die Fertigung des Versäumnisurteils selbst ist im Assessorexamen eine – im Vergleich zum Urteil *nach Einspruch* gegen Versäumnisurteil (dazu s.u.) – seltenere Klausurvariante. Der Grund dürfte hauptsächlich in § 313b ZPO liegen, nach der gerade keine Entscheidungsgründe nötig sind. Die Examensaufgabe „Fertigung der förmlichen Entscheidung des Gerichts" ist dadurch ihres entscheidenden Inhalts beraubt.

Einigermaßen Sinn macht diese Aufgabe aber einerseits dann, wenn die Klage ganz oder teilweise *unschlüssig* ist. Dann nämlich liegen die Voraussetzungen von § 331 ZPO insoweit nicht vor, sodass dann – zumindest teilweise - ein sog. „unechtes Versäumnisurteil" ergeht; auf dieses aber ist § 313b ZPO nicht anwendbar. Dann wären Entscheidungsgründe zumindest über den unschlüssigen Teil zu fertigen.

Häufigster Fall dieser Klausurvariante: Säumnis eines von mehreren Streitgenossen

Eine andere Variante, in der eine gegenwärtige Säumnis in einer Klausur auftauchen kann, ohne dass das Urteil völlig seines Inhalts beraubt wird, ist die Säumnis bei Streitgenossen:

Bsp.: *Von zwei Streitgenossen auf Beklagtenseite, die als Gesamtschuldner verklagt sind, ist einer anwesend (bzw. anwaltlich vertreten) und der andere (Beklagter zu 2) nicht. Der Kläger stellt seine Sachanträge, wobei er gegenüber dem Beklagten zu 2) durch Versäumnisurteil entschieden haben will.*

"Knackpunkt": Vorliegen von notwendiger Streitgenossenschaft?

In einer solchen Konstellation stellt sich v.a. die Frage nach dem etwaigen Vorliegen einer notwendigen Streitgenossenschaft; dann nämlich würde die Vertretungsfiktion des § 62 ZPO eingreifen und die Säumnis verhindern. Da die notwendige Streitgenossenschaft aber ein verhältnismäßig seltener Fall ist, wird sie meist nicht gegeben sein, die Säumnis also gerade zu bejahen sein.[694]

Gesamtschuldner sind schon wegen § 425 BGB nur einfache Streitgenossen,[695] sodass das Urteil ihnen gegenüber also unterschiedlich ausfallen kann.

Wenn die Klage zulässig und (zumindest) schlüssig ist, ergibt sich für die Entscheidungsgründe folgender Klausuraufbau:

Aufbau bei Zulässigkeit und Schlüssigkeit

⇨ Beginn - wie immer - mit dem „großen Obersatz". Dabei ist in diesem eine kurze Klarstellung sinnvoll, dass die Entscheidungsgründe für den säumigen Bekl. zu 2) entbehrlich sind (§ 313b ZPO).

⇨ Zulässigkeitsprüfung für den nicht säumigen Bekl. zu 1).

⇨ Begründetheitsprüfung für den nicht säumigen Bekl. zu 1): Hier also nicht nur *Schlüssigkeits*prüfung; es kann sich infolge von Einwendungen bzw. Einreden oder schlichtweg durch eine für den Kläger ungünstige Beweisaufnahme also eine andere Entscheidung ergeben als beim säumigen Streitgenossen!

⇨ Begründung der Kostenentscheidung (zusammengefasst; kann in der Sache aber natürlich unterschiedlich ausfallen).

⇨ Begründung der Vollstreckbarkeit (zusammengefasst).

⇨ Ist ein Hilfsgutachten vom Bearbeitervermerk zugelassen, so wird erst dort die richterliche Prüfung von Fragen der Zulässigkeit und *Schlüssigkeit* nach § 331 ZPO dargelegt, soweit sie nur den säumigen Streitgenossen betreffen. Soweit die Prüfung identisch ist mit der des nicht säumigen Streitgenossen, kann auch dies unterbleiben.

Ist die Klage dagegen unzulässig (das ist eher atypisch) oder unschlüssig, kann man beide Streitgenossen trotz der Säumnis des einen im Klausuraufbau zusammenfassen. Dann ist die Klage beiden gegenüber *aus denselben Gründen* abzuweisen. Auch formell ergeben sich keine Unterschiede, weil dann gar kein „echtes", also auf die Säumnis gestütztes Versäumnisurteil ergeht, sodass die Voraussetzungen von § 313b ZPO gar nicht vorliegen.

V. Tatbestand

Wegen § 313b ZPO wieder nur, soweit „unechtes" Versäumnisurteil

Der Tatbestand muss wiederum wegen § 313b ZPO nur hinsichtlich des Teils gefertigt werden, der als „unechtes" Versäumnisurteil ergeht. Oft werden sich die Tatsachen aber gar nicht klar abtrennen lassen, sodass sie vollständig darzustellen sind. Auch bei der Schilderung der Prozessgeschichte hat man, wenn der Tatbestand nicht völlig unverständlich werden soll, letztlich auf die vollständigen Anträge und die Säumnis einzugehen.

---

694 Vgl. hierzu THOMAS/PUTZO, § 62, Rn. 7 ff. und v.a. HEMMER/WÜST, ZPO I, Rn. 452 ff.
695 Vgl. THOMAS/PUTZO, § 62, Rn. 15.

B. Streitiges Urteil nach Einspruch gegen ein Versäumnisurteil

2. Klausurvariante: Streitiges Urteil nach Einspruch gegen ein VU

Das streitige Urteil nach Einspruch gegen ein Versäumnisurteil ist die mit Abstand häufigste Klausurvariante im Themenbereich Versäumnisurteil. In Bayern etwa ist statistisch in jedem zweiten bis dritten Examenstermin mit einer solchen Aufgabenstellung zu rechnen.

I. Vorbereitung des Ergebnisses / Prüfungsschritte

1. Überblick

Vorbereitung des Ergebnisses

Die Prüfungssystematik – und damit natürlich auch der Aufbau der Entscheidungsgründe (dazu s.u.) – richtet sich nach der Rechtsfolge eines zulässigen Einspruchs, also nach § 342 ZPO. Hierin ist nur von der Zulässigkeit des Einspruchs die Rede, nicht auch von einer Begründetheit des Einspruchs. Da andererseits aber hierdurch noch kein Prozesserfolg eintritt, sondern nur die Zurückversetzung in den Stand vor Eintritt der Säumnis, sind anschließend die „normalen" Prüfungsschritte für die Erfolgsaussichten einer Klage vorzunehmen.

Prüfungsaufbau

Um das richtige Ergebnis in der Hauptsache herauszuarbeiten, ist daher mit folgendem Prüfungsaufbau zu arbeiten:

⇨ Zulässigkeit des Einspruchs:
- Statthaftigkeit gemäß § 338 ZPO.
- Form gemäß § 340 I, II ZPO.
- Frist des § 339 ZPO.

⇨ Zulässigkeit der Klage.

⇨ Begründetheit (nicht Schlüssigkeit!) der Klage.

hemmer-Klausur-Tipp

> **Oft werden Anwälten in Klausursachverhalten die Sätze „das Versäumnisurteil hätte nie ergehen dürfen, denn ..." und/oder „der Einspruch ist schon deswegen begründet, weil ...". Lassen Sie sich hierauf gar nicht erst ein. Das sind „Provokationen", mit denen getestet werden soll, ob der Bearbeiter routiniert mit der Situation umgehen kann oder ob er doch nicht so ganz sattelfest ist. Im absoluten Regelfall genügt es in der Klausur, das Vorliegen eines „echten" Versäumnisurteils (= *wegen* der Säumnis *gegen* den Säumigen) ganz kurz festzustellen. Alles andere spielt hier keine Rolle, sondern wird regelmäßig nur bei den Kosten (§ 344 ZPO) relevant. Verbreitet ist insbesondere die überflüssige Diskussion der sog. Meistbegünstigungstheorie durch den Prüfling in Fällen, in denen diese überhaupt nichts zu suchen hat (dazu nochmals unten). Diejenigen Bearbeiter, die sich verunsichern lassen und in solche Fallen tappen, werden von den Korrektoren im Examen meist hart abgestraft.**

2. Zulässigkeit des Einspruchs

a. Statthaftigkeit gemäß § 338 ZPO

„echtes" VU nötig

Ein eingelegter Einspruch ist gemäß § 338 ZPO dann statthaft, wenn es sich um ein echtes Versäumnisurteil i.S.d. §§ 330, 331 ZPO handelt.

Gegen ein „unechtes" Versäumnisurteil im oben beschriebenen Sinne ist der Einspruch also grds. nicht statthaft; dieses wird ja auch nicht mit „Versäumnisurteil", sondern mit „Endurteil" überschrieben.

aa. Behandlung unklarer Urteile

Behandlung unklarer Urteile

Manchmal stellt sich die Frage, wie mit einem unklaren bzw. in seiner Art zweifelhaften Urteil umzugehen ist.

der Art nach zweifelhaftes Urteil

> **Bsp.:** Der Kläger ist säumig, und das Gericht erlässt gegen ihn ein mit „Versäumnisurteil" überschriebenes Urteil. Dieses enthält aber Entscheidungsgründe, in denen ausdrücklich erklärt wird, dass die Klage als unzulässig abgewiesen worden sei, weil es am Feststellungsinteresse i.S.d. § 256 I ZPO mangele.

Der Überschrift nach handelt es sich hier um ein „echtes" Versäumnisurteil.

Da die Klage aber *ausdrücklich* als unzulässig abgewiesen wird, läge nach seiner Urteilsbegründung (die bei einem echten Versäumnisurteil gemäß § 313b ZPO auch überflüssig wäre) jedoch ein unechtes, d.h. streitiges Urteil (hier ein Prozessurteil) vor. Denn eine Entscheidung nach § 330 ZPO hat nach h.M. eine volle Rechtskraftwirkung und setzt daher eine zulässige Klage voraus.

Damit ist das Urteil *seiner Art nach zweifelhaft*, weil *schon äußerlich erkennbar* in sich widersprüchlich.

Lösung mit sog. Meistbegünstigungstheorie

Zu lösen ist dieses Problem mit der von der h.M. vertretenen sog. Meistbegünstigungstheorie. Denn eine Partei darf durch ein unrichtiges Verfahren des Gerichtes keinen Nachteil in ihren prozessualen Rechten erleiden. Deshalb stehen dieser Partei beide möglichen Rechtsbehelfe zur Verfügung, sodass ein Wahlrecht zwischen Einspruch gemäß § 338 ZPO und Berufung gemäß §§ 511 ff. ZPO gegeben ist.[696]

Vorsicht Fehlerquelle!

Allerdings wird der recht begrenzte Anwendungsbereich dieser Theorie von Klausurbearbeitern oft völlig überbewertet. Es ist nämlich insbesondere kein Fall der Meistbegünstigungstheorie, wenn das Gericht eine unzutreffende rechtliche Würdigung des Falles vornimmt, dann aber in der Wahl der Urteilsart letztlich prozessual *konsequent* handelt.

keine Fälle der Meistbegünstigungstheorie

> **Bsp.:** Eine Klage ist unschlüssig und der Beklagte ist säumig. Das Gericht gibt dem Antrag des Klägers nach § 331 I 1 ZPO statt, weil es den Fall materiell-rechtlich falsch würdigt.
>
> Oder: Das Gericht nimmt Säumnis des Beklagten an, obwohl eine ordnungsgemäße Ladung nicht gegeben ist (vgl. § 335 I Nr. 2 ZPO).

Verlautbarungsfehler nötig

In diesen Fällen ist jeweils *allein* der Einspruch des Beklagten gemäß § 338 ZPO statthaft. Das Gericht hat sein Urteil nicht falsch bezeichnet. Vielmehr war unter Zugrundelegung der Rechtsansicht des Gerichtes die Anwendung von § 331 ZPO durchaus *konsequent*. Bei der Meistbegünstigungstheorie geht es also nicht um inhaltliche Fehler, sondern nur um die prozessual falsche oder unklare Bezeichnung (sog. Verlautbarungsfehler).[697]

hemmer-Klausur-Tipp

> Gerade hier gilt: Nicht vom Sachverhalt provozieren lassen! Die Frage, ob das Versäumnisurteil *hätte* ergehen dürfen, ist frühestens bei den Kosten von Bedeutung. Im Rahmen der Statthaftigkeit genügt es im absoluten Regelfall bereits, kurz festzustellen, *dass* es unzweifelhaft als solches ergangen *ist*. Die Anwendbarkeit der Meistbegünstigungstheorie ist im Assessorexamen ein sehr seltener Fall.

---

696 Vgl. THOMAS/PUTZO, vor § 511, Rn. 6; BGH, NJW 1999, 583-584 (584 m.w.N.) = **juris**byhemmer.
697 Vgl. etwa auch BGH, NJW 1994, 665-666 = **juris**byhemmer; KNÖRINGER, § 19 II 4.

bb. Sonderproblem: Statthaftigkeit des Einspruchs vor vollständigem Erlass des Versäumnisurteils

Einspruch vor vollständigem Erlass des Versäumnisurteils

Im Prozessrecht gilt grds. die Regel, dass ein Rechtsbehelf vor endgültigem Erlass der anzufechtenden Entscheidung nicht eingelegt werden kann („kein Rechtsbehelf auf Vorrat"). Dies wirft bei einem Versäumnisurteil in mündlicher Verhandlung normalerweise keine Probleme auf. Wohl aber kann sich daraus beim Erlass eines Versäumnisurteils im schriftlichen Vorverfahren (§ 331 III ZPO) ein Problem ergeben.

43

> **Bsp.:** *Der Beklagte legt Einspruch ein, nachdem die Zustellung des im schriftlichen Vorverfahren gemäß § 331 III ZPO gegen ihn ergangenen Versäumnisurteils an ihn wirksam erfolgt ist. Es stellt sich aber heraus, dass die Zustellung an den Kläger bislang unterblieb oder (klausurrelevanter!) an einem Fehler leidet.*

Problem des § 310 III ZPO

Da es im schriftlichen Vorverfahren - anders als beim Erlass in einem Termin - an einer „echten" Verkündung fehlt, diese vielmehr gemäß § 310 III ZPO durch Zustellung ersetzt wird, ist grds. davon auszugehen, dass das Urteil erst dann vollständig *existent* ist, wenn es *an beide Parteien* wirksam zugestellt worden ist.

h.M.: Eine wirksame Zustellung genügt für Einspruch

Nach zutreffender h.M. ist der Einspruch aber trotzdem dann statthaft, wenn - wie hier – zumindest die erste der beiden erforderlichen Zustellungen erfolgt ist.

Dies schon deswegen, weil mit der ersten Zustellung bereits eine Bindung des Gerichts an sein Urteil eingetreten ist. Im Übrigen ist durch die erste Zustellung auch zumindest schon der Rechtsschein eines wirksamen Urteils eingetreten, sodass für den Einspruchsführer die Berechtigung zur Beseitigung dieses Rechtsscheins gegeben sein muss.[698]

cc. Statthaftigkeit bei Vollstreckungsbescheid:

Auswirkungen von § 700 ZPO

Zu beachten ist im Rahmen der Statthaftigkeitsprüfung auch die Sondervorschrift des § 700 I ZPO: Handelt es sich gar nicht um ein eigentliches Versäumnisurteil, wohl aber um einen Einspruch gegen einen im Mahnverfahren ergangenen Vollstreckungsbescheid, so gelten weitgehend die gleichen Regeln. Es sind allerdings jeweils die Besonderheiten in § 700 II bis VI ZPO zu beachten.

44

Umgekehrt aber wird aufgrund von § 700 I ZPO aus einem Versäumnisurteil, das nach einem Erlass eines Vollstreckungsbescheides gegen dieselbe Person ergeht, oftmals (nicht immer; dazu s.u.), ein zweites Versäumnisurteil, für das die Sonderregel des § 345 ZPO gilt. Dann ist der Einspruch gerade nicht mehr zulässig.

dd. Statthaftigkeit bei „nicht-technisch-erstem" Versäumnisurteil

Abgrenzung zu § 345 ZPO

Der Einspruch kann teilweise auch dann statthaft sein, wenn gegen ein und dieselbe Person im selben Verfahren bereits zum zweiten Male ein Versäumnisurteil erging.

45

---

698 Vgl. Thomas/Putzo, § 339, Rn. 1; § 310, Rn. 3; Schneider, NJW 1978, 833.

Bsp.: *Gegen den Beklagten war bereits im schriftlichen Vorverfahren ein Versäumnisurteil ergangen (§ 331 III ZPO). Er legt zulässigen Einspruch ein. Im anberaumten Einspruchstermin erscheint er und stellt Anträge. Das Gericht hatte einen benannten Zeugen nicht geladen, weil er ihn für überflüssig hielt, und bemerkt nun während der Beweisaufnahme, dass dieser doch benötigt wird. Daraufhin wird vertagt. In diesem Folgetermin ist der Beklagte säumig.*

enger Begriff Vertagungstermin

Hier ist abzugrenzen zum zweiten Versäumnisurteil gemäß § 345 ZPO, gegen das kein Einspruch statthaft wäre. Da keine Säumnis im Einspruchstermin selbst vorliegt, müssten die Voraussetzungen von § 345 2. Alt. ZPO vorliegen („Sitzung, auf welche die Verhandlung vertagt ist"). Dies ist aber nicht der Fall: Wenn im Einspruchstermin schon *zur Sache verhandelt* worden war und erst dann eine Vertagung erfolgt, kommt § 345 ZPO nicht in Betracht. Diese Norm will nach allg. Ansicht nur die zweimal *unmittelbar hintereinander* folgende Säumnis derart hart bestrafen.

In einem solchen Fall muss vielmehr – zum zweiten Mal! – ein sog. technisch erstes Versäumnisurteil ergehen, gegen das dann erneut die §§ 338 ff. ZPO einschlägig wären. Sein Tenor richtet sich nach § 343 ZPO.[699]

eher für Anwaltsklausuren geeignet

> **Hinweis:** Dies ist ein vieldiskutiertes Problem, das dennoch selten in Urteilsklausuren auftaucht. Der Grund dürfte auf der Hand liegen: Anders als in der Anwaltsklausur muss hier schon im Sachverhalt ein Rechtsbehelf eingelegt worden sein. Da ein unzulässiger Rechtsbehelf eine sehr kurze richterliche Entscheidung zur Folge haben würde und damit eine wenig sinnvolle Aufgabenstellung wäre, wird der Sachverhalt einen Einspruch zum Ausgangsgericht (im Unterschied zur Berufung existiert kein Devolutiveffekt) enthalten. Dadurch aber ist die Aufgabe schon wieder weitgehend „entschärft", da der Prüfling nur noch *den Grund* für dieses Vorgehen nennen muss.
> Wesentlich interessanter ist die Problematik aber für die Anwaltsklausur: Dort besteht dann eine der Hauptaufgaben des Anwalts gerade darin herauszufinden, welcher Rechtsbehelf nun überhaupt eingelegt werden kann und muss.

b. Form gemäß § 340 I, II ZPO

Form gemäß § 340 I, II ZPO

Für die Zulässigkeit des Einspruchs ist gemäß § 340 I, II ZPO weiterhin ein formgerechtes Einspruchsschreiben notwendig. Dieser Prüfungspunkt ist, weil es sich um einen bestimmenden Schriftsatz handelt, als „Einfallstor" für die bei nicht wenigen Aufgabenstellern beliebten Telefax-Probleme geeignet.[700] Außerdem kann auch hier eine „Schachtelprüfung" von Fragen der Postulationsfähigkeit gemäß § 78 ZPO nötig werden.

§ 340 III ZPO ist, das zeigt schon sein Wortlaut, keine Zulässigkeitsvoraussetzung für den Einspruch. Vielmehr droht bei einem Verstoß nur die Gefahr des Verlustes von Angriffs- oder Verteidigungsmitteln gemäß § 296 ZPO.[701]

richtiges Zitat genügt i.d.R.

Dies sollte heutzutage eine derartige Selbstverständlichkeit sein, dass eine große Diskussion dieser Frage entbehrlich sein wird. Im Regelfall reicht es daher, ist aber auch sinnvoll, nicht einfach § 340 ZPO zu zitieren, sondern das Zitat auf § 340 I, II ZPO einzugrenzen.

---

[699] Dazu siehe unten in § 11, Rn. 99; zu diesem Problem vgl. auch THOMAS/PUTZO, § 345, Rn. 2; KNÖRINGER, § 19 III 2.
[700] Siehe hierzu etwa THOMAS/PUTZO, § 129, Rn. 13.
[701] Vgl. auch THOMAS/PUTZO, § 340, Rn. 7.

hemmer-Klausur-Tipp

> Achten Sie aber immer auf den „Sound" des konkreten Sachverhalts. Wenn die Frage der fehlenden oder angeblich zu ungenauen Einspruchsbegründung im Sachverhalt ausdrücklich diskutiert wird, dann gehören in Ihrer Lösung zwangsläufig ein paar Sätze mehr dazu. Eine solche Diskussion durch die Anwälte findet sich bis heute in Sachverhalten tatsächlich immer wieder, obwohl die Frage seit Jahrzehnten vom BGH geklärt ist.

c. Frist des § 339 ZPO

Einspruchsfrist des § 339 ZPO

Für den Einspruch gilt gemäß § 339 ZPO eine Zweiwochen-Frist, die eine Notfrist darstellt und grds. mit wirksamer Zustellung des Versäumnisurteils beginnt. 47

In der Arbeitsrechtsklausur ist darauf zu achten, dass vor den Arbeitsgerichten trotz grds. Geltung der ZPO (vgl. §§ 46 II 1 ArbGG, 495 ZPO) nach § 59 ArbGG eine Ein-Wochen-Frist gilt.[702]

aa. Fristbeginn

Fristbeginn

Grundsätzlich ist für den Beginn dieser Zwei-Wochen-Frist auf die Zustellung *an die jeweilige Person* abzustellen; dies jedenfalls dann, wenn das Versäumnisurteil in mündlicher Verhandlung verkündet worden war. Beim Einspruch des Beklagten interessiert dann also nur, wann ihm gegenüber eine wirksame Zustellung erfolgte. 48

Wenn der Sachverhalt schweigt, ist nach Bearbeitervermerk i.d.R. davon auszugehen, dass die Zustellung ordnungsgemäß war. Im Übrigen sollte man v.a. die Beachtung des § 172 I 1 ZPO bzw. der Ersatzzustellung gemäß §§ 180 ff ZPO überprüfen, die beliebte „Problemaufhänger" darstellen. Liegt tatsächlich ein Zustellungsfehler vor, ist gegebenenfalls eine Heilung nach § 189 ZPO zu prüfen.

§ 223 ZPO

Gemäß § 223 ZPO muss – auch am Landgericht – eine Rechtsbehelfsbelehrung erfolgen. Inzwischen ist aber geklärt, dass bei Fehlen dieser Rechtsbehelfsbelehrung kein Zustellungsfehler vorliegt, die Frist also trotzdem beginnt und allenfalls ein Wiedereinsetzungsgrund gegeben sein kann.[703] 49

Besonderheit wieder beim VU im schriftlichen Vorverfahren

Eine Besonderheit gilt wieder beim Versäumnisurteil gegen den Beklagten im schriftlichen Vorverfahren (§ 331 III ZPO): Bei einem solchen ist für den Fristbeginn gemäß § 339 I ZPO nicht immer auf die Zustellung an den Beklagten selbst abzustellen; entscheidend ist vielmehr *die letzte Zustellung*, egal an wen sie erfolgt.[704]

Der Grund dafür ist wiederum die Besonderheit, dass es im schriftlichen Vorverfahren an einer Verkündung fehlt und diese daher gemäß § 310 III ZPO durch Zustellung ersetzt wird; vorher ist das Urteil noch gar nicht vollständig existent. Der Beginn des Ablaufes von Anfechtungsfristen vor Existenz des Urteils ist aber nicht denkbar.

hemmer-Klausur-Tipp

> Obwohl dies ein häufiges Klausurproblem ist, dürfen Sie es nicht „mit Gewalt" in Ihrer Lösung unterbringen. Manchmal ist im Sachverhalt einzig die Zustellung an den Säumigen erwähnt und trotzdem findet sich das Problem nicht in der amtlichen Lösung.

---

[702] Zum Versäumnisurteil im Arbeitsrecht vgl. ausführlich in Assessor-Basics, Klausurentraining Arbeitsrecht, Fall 7.
[703] Vgl. BGH, NJW 2011, 522 [zur Vorgängerregelung in § 338 S. 2 ZPO a.F.]; THOMAS/PUTZO, § 331, Rn. 9.
[704] Vgl. THOMAS/PUTZO, § 339, Rn. 1.

> **Hintergrund:** Bei Schweigen des Sachverhaltes darf man nicht immer einfach einen Fehler oder ein gänzliches Unterbleiben der anderen Zustellung unterstellen, da dem meist der Bearbeitervermerk der Klausur entgegensteht: „Ladungen, Zustellungen, Vollmachten und sonstige Formalien sind in Ordnung, soweit sich nicht ausdrücklich das Gegenteil aus dem Sachverhalt ergibt." Das beschriebene Problem ist vielmehr regelmäßig nur gewollt, wenn tatsächlich etwas zu *beiden* Zustellungen mitgeteilt wird und sich hieraus ein Fehler entnehmen lässt.

bb. Berechnung

Fristberechnung nach § 222 I ZPO i.V.m. §§ 187, 188 BGB

Hinsichtlich der Fristberechnung gelten keine Besonderheiten. Sie richtet sich grds. nach § 222 I ZPO i.V.m. §§ 187, 188 BGB. Dabei ist auf die Ablaufhemmung infolge des Wochenendes oder von Feiertagen zu achten (§ 222 II ZPO).

cc. Wiedereinsetzung in den vorigen Stand

notfalls Wiedereinsetzung prüfen

Sollte eine Frist abgelaufen sein, so ist regelmäßig die Wiedereinsetzung in den vorigen Stand gemäß § 233 ZPO zu prüfen, die dann „schachtelweise" an diese Stelle des Prüfungsaufbaus eingeordnet werden muss.

Von Bedeutung ist in solchen Fällen regelmäßig der Unterschied zwischen einem Verschulden des Anwalts, das der Partei selbst gemäß § 85 II ZPO zugerechnet wird, und dem Verschulden untergeordneter Hilfspersonen, das nicht zugerechnet wird, soweit nicht wiederum ein Organisationsverschulden gegeben ist.[705]

hemmer-Klausur-Tipp

> Wenn sich in Ihrem Klausursachverhalt ein Wiedereinsetzungsantrag des Einspruchsführers befindet, dürfen Sie keinesfalls sofort routinemäßig zur Prüfung der Wiedereinsetzungsgründe übergehen. Überprüfen Sie ganz genau, ob die Frist wirklich abgelaufen ist. Kontrollieren Sie den Sachverhalt auf das oben beschriebene Problem der unterschiedlichen Zustellungstermine, auf etwaige versteckte Zustellungsfehler oder – ganz banal, aber oft wichtig – auf die „Hilfestellung" von Sonn- und Feiertagen! In vielen Klausuren ist die vermeintlich abgelaufene Frist dann doch gar nicht abgelaufen, sodass der Wiedereinsetzungsantrag überflüssig und letztlich auch unstatthaft ist; er stellt also manchmal eine Vernebelung des eigentlichen Problems dar.

dd. Einbau eines Streithelfers

Einbau eines Streithelfers

Nicht selten spielen in Versäumnisurteil-Klausuren Probleme der Streithilfe eine Rolle. Neben dem oben schon beschriebenen Aufhänger der Verhinderung des Versäumnisurteils steht dabei als zweite Variante diejenige im Raum, bei der der Streithelfer sich erst aktiv einschaltet, als schon Versäumnisurteil ergangen ist.

rechtzeitiger Einspruch (nur) durch den Streithelfer

> **Bsp.:** *In einem Schadensersatzprozess eines Käufers gegen einen Verkäufer erging Versäumnisurteil gegen den beklagten Verkäufer. Obwohl die Frist für den Einspruch am 1. Juni (Montag) ablief, ging der Einspruch des Beklagten gegen das Versäumnisurteil erst am 2. Juni bei Gericht ein. Allerdings hatte der Beklagte zuvor einem Vorlieferanten gemäß §§ 72, 73 ZPO den Streit verkündet, und dieser hatte einen Schriftsatz geschickt, der am 31. Mai bei Gericht einging. In diesem hatte er erklärt, sich dem Rechtsstreit auf Seiten des Beklagten anschließen zu wollen und gleichzeitig Einspruch gegen das Versäumnisurteil einzulegen.*

---

705 Siehe hierzu THOMAS/PUTZO, § 233, Rn. 12, 13 und v.a. 15 ff.

Wirkung des § 67 ZPO

Da Beitrittserklärung und Einspruchseinlegung gemäß § 66 II ZPO[706] in einem Akt zusammen erfolgen können, greift hier die Wirkung des § 67 ZPO ein: Der Einspruch des Streithelfers wahrt, wenn er – wie hier – rechtzeitig und formwirksam eingeht und nicht *gegen den Willen* der unterstüzen Partei erfolgt (vgl. § 67 letzter Hs. ZPO)[707], die Frist für die unterstützte Partei. Mit der fristwahrenden Einlegung des Einspruchs durch den Streithelfer erlangt die unterstützte Hauptpartei die Stellung, als hätte sie selbst fristgemäß Einspruch eingelegt.[708]

Regel: zwei Einspruchsschreiben, aber ein einheitlicher Rechtsbehelf

In einem solchen Fall erfolgt dann auch keine Verwerfung des verspäteten Einspruchs der Hauptpartei nach § 341 I ZPO: Der Streithelfer hat nämlich keine selbständige Rolle, sondern ist gewissermaßen nur „verlängerter Arm" der unterstüzen Partei; bei den zwei Einspruchsschreiben von Streithelfer und Kläger handelt es sich um einen *einheitlichen Rechtsbehelf*. Daher ist letztlich so zu tun, als hätte die selbe Partei zweimal denselben Schriftsatz geschickt, einmal rechtzeitig und einmal zu spät; der spätere Schriftsatz wird im Urteil dann schlichtweg ignoriert.[709]

Das gilt natürlich auch im umgekehrten Fall: Auf den Schriftsatz des Streithelfers kommt es für das Urteil gar nicht mehr an, wenn bereits zuvor ein zulässiger Einspruch der unterstützten Partei eingegangen ist.

hemmer-Klausur-Tipp

> **Gehen Sie in der Klausur grundsätzlich einfach chronologisch vor. Im Regelfall beginnen Sie die Prüfung also mit dem jeweils früher eingegangenen Schriftsatz, rechnen dessen Fristwahrung vor und erklären und begründen dann kurz, dass es auf den Einspruch des jeweils anderen nicht ankommt. Sollte bei diesem ein ernsthaftes Problem existieren, so ist dazu im Hilfsgutachten Stellung zu nehmen, wenn ein solches gefordert ist.**
> **Haben Sie bei den Vorüberlegungen allerdings festgestellt, dass der frühere Schriftsatz formunwirksam ist (Unterschriftsproblem o.Ä.), so müssen Sie zumindest *im Urteil selbst* natürlich anders aufbauen: Nur der zulässige Einspruch wird im Urteil gebracht.**

Teilweise sind dabei in Klausuren zwei Zusatzfragen zu erörtern:

Interesse am Beitritt grds. nicht zu prüfen!

Wie oben bereits gezeigt, kommt es zum einen grds. nur auf die wirksame *Erklärung* des Beitritts an. Liegt kein Zurückweisungsantrag gemäß § 71 ZPO vor, ist nicht zu prüfen, ob der Streithelfer „mit Recht" den Beitritt erklärt hatte.

Keine eigene Frist (Unterschied zum Streitgenossen)!

Zum anderen ist zu beachten, dass für den Streithelfer insoweit keine eigene Frist läuft, sondern die Frist der unterstützten Hauptpartei gilt.[710] Selbst wenn der Beitritt bereits zuvor erfolgt ist, ist gemäß § 317 I 1 ZPO eine Zustellung nur an die Hauptpartei nötig, nicht auch an den Streithelfer.[711] Anders ist dies nur bei streitgenössischer Nebenintervention.

---

706 Die Formulierung „Rechts*mittel*" ist hier nach allg. Ansicht nicht ganz wörtlich zu nehmen, erfasst also nicht nur Berufung, Beschwerde und Revision (vgl. THOMAS/PUTZO, § 67, Rn. 6).
707 Dazu siehe etwa THOMAS/PUTZO, § 67, Rn. 13.
708 Vgl. THOMAS/PUTZO, § 67, Rn. 10.
709 Vgl. BGH, NJW 1993, 2944-2945 = **juris**byhemmer. Dort hatte § 67 ZPO zur Folge, dass allein die Rücknahme der Revision durch die Hauptpartei grds. ohne jede Folge geblieben wäre, weil zusätzlich der Streithelfer Revision eingelegt hatte (vgl. THOMAS/PUTZO, § 67, Rn. 10). Allerdings war diese dann wegen *ausdrücklichem* Widerspruch der Hauptpartei doch unzulässig (vgl. § 67 2. Hs. ZPO; THOMAS/PUTZO, § 67, Rn. 13).
710 Vgl. THOMAS/PUTZO, § 67, Rn. 12.
711 Vgl. THOMAS/PUTZO, § 67, Rn. 9 a.E.

Der Streitverkündungsempfänger kann dann nicht mehr beitreten, wenn die Hauptpartei bereits die maßgebliche Frist des einschlägigen Rechtsbehelfs verpasst hat; diese wirkt auch ihm gegenüber.[712]

ee. Behandlung von Streitgenossen

Ein ähnliches Problem stellt sich beim Einbau von Streitgenossen in die Klausur.

rechtzeitiger Einspruch durch nur einen Streitgenossen

Bsp.: *In einem Prozess eines Verkäufers gegen den Käufer (Anspruch aus § 433 II BGB) und dessen Bürgen (Anspruch aus § 765 I BGB) erging Versäumnisurteil gegen beide Beklagte, das beiden gleichzeitig am (Montag) 18. Mai zugestellt wurde. Während der Bürge (Beklagter zu 2) bereits am 27. Mai Einspruch eingelegt hatte, ging der Einspruch des Käufers (Beklagter zu 1) gegen das Versäumnisurteil erst am (Dienstag) 2. Juni bei Gericht ein.*

Hier ist zunächst festzuhalten, dass die Einspruchsfrist des § 339 ZPO aufgrund der einheitlichen Zustellung für beide Beklagte in jedem Fall am 1. Juni (Montag) ablief (§§ 222 I ZPO, 187, 188 BGB).[713] Daher ging nur der Einspruch des Beklagten zu 1), also des Bürgen, rechtzeitig bei Gericht ein.

Wirkung des § 62 ZPO?

Dies wäre wiederum (nur) dann unerheblich, wenn die Vertretungsfiktion des § 62 ZPO eingreifen würde. Dann wäre die (in diesem Fall auch nur *scheinbare*) Verfristung des zweiten Einspruchs völlig unerheblich, weil dieser Streitgenosse praktisch vom anderen „im Rennen gehalten" wird. Er könnte nun auch selbst wieder an der weiteren Prozessführung teilnehmen und beispielsweise selbst wiederum später über § 62 ZPO ein weiteres Versäumnisurteil zu Lasten des anderen verhindern.

Im konkreten Fall der akzessorischen Haftung liegt allerdings - wie im absoluten Regelfall - nur eine einfache Streitgenossenschaft i.S.d. §§ 59, 60 ZPO vor. Dies ist damit zu begründen, dass das BGB es ermöglicht, dass unterschiedliche Urteile gegen die beiden Streitgenossen ergehen können: Dem Bürgen stehen zwar grds. alle Einwendungen und Einreden des Hauptschuldners zu (vgl. §§ 767, 768, 770 BGB), er kann aber gleichzeitig Einwendungen haben, die dem Hauptschuldner selbst nicht zustehen (Unwirksamkeit des Bürgschaftsvertrages, Einrede der Vorausklage).

bei einfachen Streitgenossen isolierte Prüfung und Entscheidung

Da die Vertretungsfiktion nicht eingreift, sind die beiden Einsprüche folglich jeweils völlig isoliert zu prüfen. Daher ist der Einspruch des Käufers (Beklagter zu 1) als unzulässig zu verwerfen (§ 341 ZPO), während aufgrund des Einspruchs des Bürgen (Beklagter zu 2) über die Zulässigkeit und Begründetheit der Klage (nur) gegen diesen streitig zu verhandeln und zu entscheiden ist (§ 342 ZPO).

---

712 Vgl. BGH, NJW 1990, 190-191 = **juris**byhemmer; BGH, NJW 1991, 229-230 = **juris**byhemmer; THOMAS/PUTZO, § 67, Rn. 12. Als Ausgleich dafür kann in solchen Fällen gemäß § 68 2.Hs. ZPO auch eine Beschränkung der Nebeninterventionswirkung gegeben sein, wenn die Verfristung von der Hauptpartei (Streitverkünder) zu verantworten ist.

713 Hier käme es aber - anders als beim Streithelfer (s.o.) - auf die Zustellung an den konkreten Streitgenossen an. Dies würde sogar bei notwendiger Streitgenossenschaft gelten, da auch bei dieser die Streitgenossen jeweils eine verhältnismäßig *selbständige* Stellung haben (vgl. THOMAS/PUTZO, § 62, Rn. 16 ff; KNÖRINGER, § 14 III; HEMMER/WÜST, ZPO I, Rn. 465 ff.); die Besonderheit liegt nur in der Vertretungsfiktion des § 62 ZPO.

d. Rechtsfolge der Unzulässigkeit des Einspruchs (§ 341 ZPO)

Rechtsfolge der Unzulässigkeit des Einspruchs (§ 341 ZPO)

Bei einem unzulässigen (etwa verfristeten) Einspruch kommt es zu dessen Verwerfung nach § 341 I ZPO. Dies ist kein Versäumnisurteil, sondern ein streitiges Endurteil.[714] Folge dieses Verwerfungsurteils ist, wenn es nicht durch eine Berufung aufgehoben wird, der Eintritt der formellen Rechtskraft des ersten Versäumnisurteils.

> **Hinweis:** Da die Begründung eines solchen Urteils sehr kurz ist und sich insbesondere überhaupt nicht zur materiellen Rechtslage oder auch nur zur Zulässigkeit der Klage äußert, erscheint dies als eine denkbar ungeeignete Klausuraufgabe. Denkbar - und nicht selten schon gestellt worden - ist aber das eben dargelegte Klausurstrickmuster, bei dem die Unzulässigkeit des Einspruchs nur bei einem einfachen Streitgenossen vorliegt. Dann ergeht gegenüber dem anderen ein vollständiges Urteil, und die Begründung des § 341 I ZPO stellt nur einen kleinen Zusatzaspekt dar, bei dem in erster Linie bei der Diskussion des § 62 ZPO, evtl. auch über den Klausuraufbau, gepunktet werden kann.

3. Zulässigkeit der Klage

Zulässigkeit der Klage

Hinsichtlich der Prüfung der Zulässigkeit der Klage sind grds. keine Besonderheiten gegeben.

Allerdings existiert in diesem Bereich ein „Klausurklassiker", mit dem der Aufgabensteller zwei Probleme miteinander verbindet: Die (in Klausuren meist nur *teilweise*) Klagerücknahme (§ 269 I ZPO) nach Versäumnisurteil und Einspruch. Dabei sind mehrere Konstellationen zu unterscheiden.

Fall 1 (Streitfall)

> **Bsp. 1:** Im ersten Termin zur mündlichen Verhandlung ergeht antragsgemäß Versäumnisurteil gegen den säumigen Kläger (§ 330 ZPO). Nachdem dieser zulässigen Einspruch eingelegt hatte, nimmt er die Klage in Höhe eines Teilbetrags zurück.

Ausgangspunkt des Problems ist hier die Tatsache, dass zunächst der Punkt überschritten worden war, von dem ab eine Klagerücknahme nach dem Gesetzeswortlaut nicht mehr ohne Zustimmung des Beklagten möglich wäre: Es wurde nämlich ein Antrag gestellt, wie ihn § 269 I ZPO meint; ein sog. *einseitiges Verhandeln* durch Antrag *des Beklagten* auf Erlass eines Versäumnisurteils ist nämlich grds. ausreichend.[715]

Wirkung des § 342 ZPO!

Die Wirkung des einseitigen Verhandelns entfiel hier aber wieder, da der Prozess gemäß § 342 ZPO in das Stadium vor Säumnis *zurückversetzt* wurde.[716]

Nach BGH ist davon auszugehen, dass eine Partei schon mit ihrem Nichtauftreten bzw. ihrem Nichtverhandeln *von Anfang an* säumig ist. § 342 ZPO will dem Säumigen die Möglichkeit geben, durch seinen Einspruch die Folgen seiner Säumnis wieder zu beseitigen. Dieser Zweck wird *nur dann* erreicht, wenn die Säumnis spätestens für den Zeitpunkt angenommen wird, in dem aus ihr für den Säumigen Nachteile wie der Verlust des Rechts auf einwilligungsfreie Klagerücknahme entstehen können.

---

714   H.M.; vgl. THOMAS/PUTZO, § 341, Rn. 6.
715   Vgl. etwa THOMAS/PUTZO, § 269, Rn. 9. Sollte eine Reduzierung im Sinne des § 264 Nr. 2 ZPO vorliegen, so wäre dies nach h.M. insoweit unerheblich, weil § 269 I ZPO dann *kumulativ* zu dieser Regelung zu prüfen wäre (vgl. THOMAS/PUTZO, § 264, Rn. 6).
716   THOMAS/PUTZO, § 269, Rn. 9; BGH, NJW 1993, 861-362 = **juris**byhemmer.

§ 220 II ZPO steht dem nicht entgegen, weil diese Vorschrift einen anderen Zweck hat. Sie will nur sicherstellen, dass die Partei, die anfänglich nicht aufgetreten ist, noch bis zum Schluss des Termins die Möglichkeit hat, zu verhandeln und dadurch den Erlass eines Versäumnisurteils gegen sich abzuwenden.

Fall 2 (Beklagtensäumnis)

Bsp. 2: *Im ersten Termin zur mündlichen Verhandlung ergeht antragsgemäß Versäumnisurteil gegen den säumigen Beklagten (§ 331 ZPO). Nachdem dieser zulässigen Einspruch eingelegt hatte, nimmt der Kläger die Klage in Höhe eines Teilbetrags zurück.*

Kein Beklagtenantrag i.S.d. § 269 I ZPO

Dieser Fall[717] hat zwar das gleiche Endergebnis wie der erste (Wirksamkeit der Klagerücknahme), ist aber wesentlich einfacher zu lösen: Der Gesetzeswortlaut des § 269 I ZPO stellt nämlich eindeutig nur auf ein Verhandeln durch Antrag *des Beklagten* ab; da dieser abwesend war, konnte er unmöglich Anträge stellen! Der dann nur vorliegende Antrag des Klägers selbst (§ 331 ZPO) reicht schon nach dem Wortlaut des § 269 I ZPO nicht aus, um einen Beginn i.d.S. anzunehmen. Auf die Wirkung des § 342 ZPO kommt es dann gar nicht mehr an.

Fall 3 (spätere Säumnis)

Bsp. 3: *Nachdem bereits in einem Termin mündlich verhandelt worden war, ist der Kläger (oder – hier egal – der Beklagte) in einem Folgetermin säumig. Es ergeht antragsgemäß Versäumnisurteil gegen den Säumigen. Nachdem dieser zulässigen Einspruch eingelegt hatte, nimmt der Kläger die Klage in Höhe eines Teilbetrags zurück.*

Hier ist die Wirksamkeit der Klagerückname gemäß § 269 I ZPO von der Zustimmung des Beklagten abhängig.

Der Prozess wurde gemäß § 342 ZPO in das Stadium vor Säumnis zurückversetzt. Allerdings wird über § 342 ZPO *nicht der komplette* bisherige Verfahrensgang rückgängig gemacht, sondern es tritt (nur) der Zustand ein, der *vor Eintritt der Säumnis* bestanden hatte. Die - hier gegebene - Antragstellung des Beklagten *vor* Eintritt der Säumnis ist daher nicht von der Wirkung des § 342 ZPO erfasst.

hemmer-Klausur-Tipp

> **Immer erst das Gesetz bearbeiten, dann erst Kommentar lesen! Diese Problematik ist – wie die Korrektur u.a. in den Hemmer-Kursen immer wieder zeigt – ein typisches Beispiel dafür, wie gefährlich die umgekehrte Reihenfolge sein kann. Diese eben beschriebenen Fälle werden in Klausuren oft verwechselt, weil Bearbeiter „am Kommentar kleben" (insoweit die Fundstelle Thomas/Putzo, § 269, Rn. 9). Dabei meint diese Fundstelle nur den ersten der drei Fälle. Der Bearbeiter hat dann die berühmt-berüchtigte „so ähnliche" Klausur gelöst.**
> **Gerade dieser Problembereich ist also ein typisches Beispiel dafür, dass der richtige Umgang mit dem Kommentar erst gelernt und geübt sein muss und dieser andernfalls zur gefährlichen Falle werden kann.**

4. Prüfung der Begründetheit der Klage

Begründetheit der Klage

In der Begründetheit der Klage erfolgt nun die volle Prüfung der Beweislage und des materiellen Rechts. Es geht hier also nicht mehr um die bloße Schlüssigkeit!

---

717 Vgl. hierzu auch Assessor-Basics, Klausurentraining Zivilurteile (Fallsammlung), Fall 2.

a. Allgemeines / Einheit der mündlichen Verhandlung

Einheit der mündlichen Verhandlung

Zu beachten ist dabei, dass der zunächst eingetretene Verlust des Vorbringens vor dem Säumnistermin, der durch die Geständnisfiktion gemäß §§ 331 I, 332 ZPO eingetreten war, aufgrund der Restitutionswirkung des § 342 ZPO wieder völlig rückgängig gemacht wird.

> *Bsp.: Der Beklagte erbrachte zunächst in mündlicher Verhandlung für eine von ihm behauptete, aber vom Kläger bestrittene Einwendung (etwa teilweise Erfüllung) Beweis. Als der Beklagte in einem weiteren Termin säumig war, erließ das Gericht ein Versäumnisurteil (§ 331 I ZPO) gegen ihn.*

Wie oben gezeigt, hat hier das Gericht korrekt gehandelt: Aufgrund des Grundsatzes der Einheit der mündlichen Verhandlung (vgl. § 332 ZPO) wurde das vorherige Beweisergebnis aufgrund der Säumnis (zunächst) völlig bedeutungslos.

Reichweite der Restitutionswirkung von § 342 ZPO

Aufgrund der Restitutionswirkung von § 342 ZPO lebt nun infolge des zulässigen Einspruchs aber alles wieder auf, was vor der Säumnis geschehen war.[718] Hier gilt dies zum einen für den gesamten früheren Vortrag des Beklagten, sodass dieser seine Behauptungen nicht erneut in den Prozess einführen muss. Zum anderen sind nun aber auch die zuvor in der Beweisaufnahme gewonnenen Erkenntnisse wieder von Bedeutung; die Beweisaufnahme muss also ebenfalls nicht wiederholt werden.

Letztlich kann in der Begründetheitsprüfung also – anders als beim Hauptsachetenor oder bei den Nebenentscheidungen – so getan werden, als sei das vorherige Versäumnisurteil nie ergangen.

b. Sonderproblem: „Flucht in die Säumnis"

„Flucht in die Säumnis"

Ein sehr praxisrelevantes, aber auch immer wieder in Klausuren auftauchendes Problem ist die sog. „Flucht in die Säumnis".

> *Bsp.: Als der Anwalt des Beklagten unmittelbar vor einem Hauptverhandlungstermin bemerkt, dass er für eine bestimmte Tatsachenbehauptung beweispflichtig ist und es trotz Fristsetzung gemäß § 276 I ZPO unterlassen hatte, den Zeugen rechtzeitig zu benennen, erklärt er in der mündlichen Verhandlung, heute nicht verhandeln zu wollen (vgl. § 333 ZPO). Im Einspruchsschreiben benennt er den Zeugen, sodass die Ladung bis zum Einspruchstermin noch gelingt.*

Voraussetzungen von § 296 I ZPO

Das Beweisangebot ist jedenfalls nicht nach § 340 III i.V.m. § 296 I ZPO präkludiert, da das Verteidigungsmittel *in der Einspruchsschrift* vorgebracht wurde. Jedoch kommt hier eine Zurückweisung *unmittelbar* nach § 296 I ZPO in Betracht, mit der Folge, dass der Beweis als nicht geführt anzusehen wäre. Wie bereits ausführlich[719] dargelegt, erfordert die Anwendung von § 296 I ZPO das Vorliegen von mehreren *kumulativen* Voraussetzungen: Neben einer unentschuldigten Verspätung (Versäumung einer gesetzten Frist) muss gerade *dadurch* eine Verzögerung verursacht worden sein.

Im Beispielsfall ist durchaus eine nicht ausreichend entschuldigte Verspätung gegeben: Dem Beklagten war gemäß § 276 I ZPO eine Frist gesetzt worden, die er ohne ausreichende Entschuldigung hat verstreichen lassen.

---

[718] Vgl. THOMAS/PUTZO, § 342, Rn. 2.
[719] Dazu siehe oben im Kapitel „Beweisrecht" (§ 10, Rn. 59 ff.).

normativer Verzögerungsbegriff

Eine *dadurch verursachte* Verzögerung liegt nach der Rechtsprechung aber nicht vor: Das Gericht hat nun die Pflicht, den Zeugen unverzüglich zur mündlichen Verhandlung zu laden. Die dann tatsächlich eingetretene Verzögerung ist gesetzliche Folge *von Versäumnisurteil und Einspruch*, hat also bei der Beurteilung der Verzögerung infolge des verspäteten Vorbringens außer Betracht zu bleiben (sog. normativer Verzögerungsbegriff). Diese Verzögerung wäre genauso eingetreten, wenn ein Versäumnisurteil ergangen wäre, *ohne* dass ein Problem des § 296 I ZPO im Raume stünde.[720]

Insbesondere liegt in einem solchen Verhalten auch kein Rechtsmissbrauch. Die sog. „Flucht in die Säumnis" wird als prozessuale Gestaltungsmöglichkeit der Parteien allgemein gebilligt. Die ZPO verbietet derartiges Verhalten weder ausdrücklich noch aus ihrem Gesamtzusammenhang. Die andere Partei ist durch § 708 Nr. 2 ZPO und die Kostenfolge gemäß § 344 ZPO ausreichend geschützt.

Hätte der Beklagte sofort den Beweisantrag gestellt und wäre damit zurückgewiesen worden, so hätte er - Rechtmäßigkeit der Zurückweisung unterstellt - eine Präklusion für den *gesamten* Prozess erlitten, er hätte diesen Zeugenbeweis auch in zweiter Instanz nicht mehr vorbringen können (vgl. § 531 I ZPO). Dies wurde durch die „Flucht in die Säumnis" verhindert.

Allerdings hat auch diese Prozesstaktik ihre Grenzen. Sie kann nur das retten, was im turnusgemäß angesetzten Einspruchstermin noch verwertet werden kann. Der Säumige hat dagegen keinen Anspruch darauf, den Einspruchstermin so lange hinauszuzögern, um die Verwertung noch herbeiführen zu können.[721]

Problemfall Sachverständigengutachten

Bsp.: Der Beklagte hat erst verspätet einen Beweisantrag für eine Einwendung gestellt, der ein Sachverständigengutachten nötig macht, das erst nach vier bis fünf Monaten beigebracht werden kann. Das Gericht hat den Einspruchstermin (vgl. § 341a ZPO) aber ca. zwei Monate nach dem Einspruchseingang angesetzt.

Hier liegen die Voraussetzungen der Zurückweisung nach § 296 I ZPO i.d.R. vor, weil es grds. nicht nötig ist, die Terminierung noch weiter hinauszuzögern. Allerdings kann dies anders zu beurteilen sein, wenn sich die konkrete Verzögerung auch bei rechtzeitig gestelltem Beweisantrag ergeben hätte. Die Rechtsprechung hat - nicht zuletzt aufgrund von Eingriffen durch das BVerfG - nämlich den früher relativ starr vertretenen sog. absoluten Verzögerungsbegriff mit normativen Elementen eingeschränkt, ohne sich aber ganz den von der Literatur vertretenen sog. relativen Verzögerungsbegriff zu eigen zu machen.[722]

5. Besonderheiten in der Kostenentscheidung (§ 344 ZPO)

Hinsichtlich der Kostenentscheidung gelten grds. wieder die allgemeinen Regeln, also insbesondere die §§ 91, 92 ZPO. Zusätzlich zu prüfen ist allerdings gegebenenfalls § 344 ZPO.

---

720 Vgl. BGHZ 76, 173-179 = **juris**byhemmer; THOMAS/PUTZO, § 340, Rn. 9; ZÖLLER/GREGER, § 296, Rn. 17 und v.a. Rn. 40; KNÖRINGER, § 19 II 5.
721 BGH, NJW 1981, 286 = **juris**byhemmer; ZÖLLER/GREGER, § 296, Rn. 40 (m.w.N.).
722 Vgl. BGH, NJW-RR 1999, 787-788; BVerfG, NJW 1995, 1417-1418: **alle Entscheidungen** = **juris**byhemmer; THOMAS/PUTZO, § 296, Rn. 12 und Rn. 14. Dazu siehe bereits oben im Kapitel „Beweisrecht" (§ 10, Rn. 68).

§ 11 URTEILE IM SÄUMNISVERFAHREN

Voraussetzungen des § 344 ZPO

Diese Vorschrift kommt zunächst nur dann in Betracht, wenn das Versäumnisurteil ganz oder teilweise aufgehoben wird.[723] Wird dieses in vollem Umfang aufrechterhalten, macht die Regelung nicht viel Sinn, da dann der vormals Säumige ohnehin die gesamten „Kosten des Rechtsstreits" trägt, zu denen etwaige Zusatzkosten aufgrund der Säumnis auch gehören. Allerdings muss in diesem Fall ein Ausspruch zu den dann nach dem ersten Versäumnisurteil angefallenen „weiteren Kosten" erfolgen.[724]

Weiterhin ist für eine Anwendung von § 344 ZPO erforderlich, dass das Versäumnisurteil in gesetzmäßiger Weise ergangen ist. Erst hier, im Rahmen des § 344 ZPO kann sich also die häufige Sachverhaltsdiskussion auswirken, ob das Versäumnisurteil *hätte ergehen dürfen*. Hier spielen also etwaige Erlasshindernisse (§§ 335, 337 ZPO) eine Rolle.

Entschuldigung des Säumigen verhindert § 344 ZPO!

Der Erlass des Versäumnisurteils verstößt gegen § 337 S. 1 ZPO, wenn die Säumnis unverschuldet ist. Die Vorschrift ist auf die beklagte Partei, die im schriftlichen Vorverfahren keine Verteidigungsanzeige macht, entsprechend anzuwenden.[725] Dabei kommt es nicht darauf an, ob das fehlende Verschulden des Beklagten am Erscheinen für das Gericht *erkennbar* war. Maßgeblich ist allein die *objektive* Rechtslage.[726] Für den Begriff des Verschuldens i.S.d. § 337 S. 1 ZPO ist die Rechtsprechung zum Wiedereinsetzungsgrund nach § 233 ZPO heranzuziehen.[727]

Im Fall des § 331 ZPO ist außerdem zu prüfen, ob die Klage nicht bereits (teilweise) un*schlüssig* war.

Immer wieder einmal kommen Klausurbearbeiter auf die Idee, die Zusatzkosten keiner der beiden Parteien (und damit ausdrücklich oder „konkludent" letztlich der Staatskasse) aufzuerlegen, weil der Fehler, der zur Ungesetzlichkeit des Versäumnisurteils führte, vom Gericht gemacht wurde. Derartiges kommt selbstverständlich nicht in Betracht: Es ist gewissermaßen das allgemeine Lebensrisiko eines jeden, der erfolglos einen Prozess führt, dass sich durch Fehler der Justiz seine Kosten erhöhen![728]

Tenor: abtrennbare Kosten!

Wichtig für die Tenorierung ist die Tatsache, dass es sich hierbei § 344 ZPO um *abtrennbare* Kosten handelt, für die der Grundsatz der Einheit der Kostenentscheidung nicht gilt.[729]

Im Urteil muss nur der Ausspruch als solcher erfolgen[730], während die Höhe dieser Kosten im Rahmen der Kostenentscheidung nicht interessiert; dies wird erst im Kostenfestsetzungsverfahren entschieden.[731]

---

723 Vgl. THOMAS/PUTZO, § 344, Rn. 1.
724 Vgl. ZÖLLER/HERGET, § 344, Rn. 1; THOMAS/PUTZO, § 343, Rn. 5. Dazu siehe auch unten in den Tenorierungsbeispielen.
725 BGH, NJW 2004, 2309-2311 (2311) = **juris**byhemmer.
726 BGH, NJW 2004, 2309-2311 (2311) = **juris**byhemmer.
727 Danach muss eine Partei, die nicht bereits in einen Prozess verwickelt ist und auch nicht mit dem Beginn eines Verfahrens rechnen muss, keine allgemeinen Vorkehrungen für eine mögliche Fristwahrung treffen (BGH, NJW 2004, 2309-2311 (2311 m.w.N.) = **juris**byhemmer). Vgl. im Übrigen THOMAS/PUTZO, § 233, Rn. 12 ff.
728 § 21 GKG bezieht sich wegen § 1 GKG nur auf die Gerichtskosten (Gebühren und Auslagen), nicht auf die Parteikosten bzw. die Gebühren und Auslagen eines Anwalts (HARTMANN, GKG, § 21, Rn. 1 m.w.N.).
729 Vgl. THOMAS/PUTZO, § 344, Rn. 3.
730 Dazu siehe sogleich in den Tenorierungsbeispielen.
731 Vgl. ZÖLLER/HERGET, § 344, Rn. 2. Hierbei geht es um zusätzliche Fahrkosten und Ähnliches: Die 0,5 Termingebühr nach Nr. 3105 VV-RVG kann wegen § 15 II RVG *nicht zusätzlich* zur der 1,2 Termingebühr nach Nr. 3104 VV-RVG entstehen (vgl. HARTMANN, RVG, § 15, Rn. 20). Zusätzliche Gerichtskosten entstehen ebenfalls nicht (vgl. etwa Musielak/Stadler, § 344, Rn. 3).

Insbesondere ist - anders als bei Klagerücknahme, streitwertverändernder Klagehäufung oder Erledigung - also keine Berechnung von sog. Stufenstreitwerten nötig.

6. Besonderheit in der Vollstreckbarkeitsentscheidung (§ 709 S. 3 ZPO)

bei Aufrechterhaltung § 709 S. 3 beachten

Im Rahmen der Vollstreckbarkeitsentscheidung ist im Falle der Aufrechterhaltung des Versäumnisurteils auf den - in Klausuren oft übersehenen - § 709 S. 3 ZPO zu achten. Das Versäumnisurteil war gemäß § 708 Nr. 2 ZPO *ohne* Sicherheitsleistung für vorläufig vollstreckbar zu erklären. Jetzt bleibt die Sachentscheidung letztlich unverändert, allerdings handelt es sich nicht mehr um ein Versäumnisurteil, sondern um ein Endurteil, das dem Rechtsmittel der Berufung nach den *allgemeinen* Regeln (§§ 511 f ZPO, nicht § 514 ZPO) unterliegt. Durch § 709 S. 3 ZPO wird dann genau der Zustand hergestellt, der bestehen würde, wenn das Urteil gleich als streitiges Endurteil ergangen wäre.

hemmer-Klausur-Tipp

> **Schreiben Sie sich diese Regelung des § 709 S. 3 ZPO im Schönfelder bei § 343 oder § 344 ZPO an den Rand, wenn dies die Prüfungsordnung in Ihrem Bundesland zulässt. § 709 S. 3 ZPO wird von Klausurbearbeitern sehr oft übersehen und wirkt sich auf den Tenor aus, wo jeder Fehler überproportionale Auswirkungen hat. Eine solche Verweisung reduziert bei Anwendung der richtigen Arbeitsmethode und klausurtechnischen Automatismen die Gefahr dieses Leichtsinnsfehlers.**

gilt nicht im Anwendungsbereich von § 708 ZPO

§ 709 S. 3 ZPO gilt aber selbstverständlich nur in dem Fall, in dem die grds. Anwendbarkeit von § 709 S. 1 ZPO gegeben ist. Die Norm gilt also nicht, wenn die §§ 708 Nr. 11, 711 ZPO einschlägig sind.[732]

Bei Aufhebung des Versäumnisurteils sind die gewöhnlichen §§ 708, 711 ZPO bzw. § 709 S. 1 ZPO anzuwenden. Bei Teilaufhebung des Versäumnisurteils sind die jeweiligen Regelungen zu kombinieren.

II. Die Formalia des (streitigen) Urteils

1. Tenorierung des Endurteils

Tenorierung des Endurteils

In der Tenorierung ist zu berücksichtigen, dass bereits eine gerichtliche Entscheidung in der Sache vorliegt. Würde man nun also einfach wiederum (nur) zur Sache selbst Stellung nehmen, so könnte es geschehen, dass zwei Urteile über dieselbe Sache existieren, in denen der Beklagte zur Zahlung verurteilt wurde oder in der - was etwas weniger schlimm, aber dennoch v.a. für den Gerichtsvollzieher (Kosten!) gewiss verwirrend wäre - die Klage abgewiesen wird.

enge Orientierung an § 343 ZPO

Um dies zu vermeiden, hat der Gesetzgeber mit § 343 ZPO die Regeln für die Tenorierung so vorgegeben, dass immer eine Art Bezugnahme gegeben ist und aus dem Zusammenspiel des Tenors des Versäumnisurteils und des sich anschließenden Endurteils klar wird, wie es um den Rechtsstreit nun insgesamt steht.

Es sind nun verschiedene Varianten streng zu unterscheiden.[733]

---

732 Vgl. THOMAS/PUTZO, § 709, Rn. 4; ZÖLLER/HERGET, § 709, Rn. 8.
733 Einige Fälle sind bei KROIß/NEURAUTER, Muster Nr. 12 unter Punkt D. aufgeführt.

§ 11 URTEILE IM SÄUMNISVERFAHREN

a. Einspruch des Beklagten / erfolgreiche Klage[734]

Einspruch des Beklagten / erfolgreiche Klage

In diesem Fall geht es in der Hauptsache letztlich nur darum, die schon im Versäumnisurteil getroffene Entscheidung (Verurteilung) zu bestätigen. Nicht übersehen werden darf, dass dies nun ein *streitiges* Urteil ist, das – je nach Bundesland – mit „Endurteil" oder schlicht „Urteil" zu überschreiben ist.

> *1. Das Versäumnisurteil vom ... wird aufrechterhalten.[735]*
>
> *2. Die weiteren Kosten trägt der Beklagte.[736]*
>
> *3. Das Urteil ist für den Kläger gegen Sicherheitsleistung in Höhe von 110 % des jeweils zu vollstreckenden Betrags vorläufig vollstreckbar. Die Vollstreckung aus dem Versäumnisurteil darf nur gegen Leistung dieser Sicherheit fortgesetzt werden.*

umgekehrter Fall ebenso

Genauso, nur spiegelbildlich, wird verfahren, wenn ein Versäumnisurteil gegen den Kläger (§ 330 ZPO) ergangen war und sich die Klage nach dessen Einspruch als unbegründet erweist. Auch dann wird einfach „aufrechterhalten".

b. Einspruch des Beklagten / abzuweisende Klage

Einspruch des Beklagten / abzuweisende Klage

In diesem Fall geht es um eine völlige Korrektur der im Versäumnisurteil getroffenen Entscheidung (Verurteilung) durch streitiges *Endurteil*. Dabei ist wichtig und wird in Klausuren immer wieder übersehen, dass in diesem Fall *zwei* Entscheidungen zu treffen sind: Aufhebung *und* Klageabweisung. Wenn man nur das Versäumnisurteil aufheben würde, wäre eine Art Schwebezustand geschaffen, weil es dann an jeglicher Entscheidung in der Sache selbst fehlen würde.

doppelter Ausspruch!

> *1. Das Versäumnisurteil vom ... wird aufgehoben und die Klage abgewiesen.*
>
> *2. Der Beklagte trägt die durch seine Säumnis entstandenen Kosten, die übrigen Kosten des Rechtsstreits trägt der Kläger.*
>
> *3. ... (Vollstreckbarkeit für den Beklagten bezüglich seiner Prozesskosten sowie für den Kläger wegen der Kosten des § 344 ZPO jeweils nach §§ 708 Nr. 11, 711 bzw. § 709 S. 1, S. 2 ZPO).*

War das Versäumnisurteil nicht gesetzmäßig ergangen (etwa: schon unschlüssige Klage), so ist § 344 ZPO nicht anzuwenden. Dann trägt der Kläger die gesamten Kosten des Rechtsstreits.

c. Einspruch des Beklagten / teilweise erfolgreiche Klage

Einspruch des Beklagten / teilweise erfolgreiche Klage

Dies ist gewiss die schwierigste Variante, die auch entsprechend viele Klausurfehler provoziert. Auch in diesem Fall darf nämlich nicht einfach ganz aufgehoben und noch einmal neu tenoriert werden.

Dies ergibt sich schon aus dem Wortlaut von § 343 ZPO, liegt aber v.a. auch daran, dass andernfalls der Rang einer etwaigen Vollstreckungsmaßnahme verloren ging (§§ 775 Nr. 1, 776 ZPO).[737]

---

734 Vgl. § 343 ZPO und THOMAS/PUTZO, § 343, Rn. 3.

735 Das Aktenzeichen braucht – anders als bei Aufhebung eines Vollstreckungsbescheids – nicht genannt zu werden, weil es zwangsläufig mit demjenigen dieses Urteils identisch ist.

736 Vgl. hierzu THOMAS/PUTZO, § 343, Rn. 5. Bezüglich der *vorher schon* entstandenen Kosten gilt ja noch das Versäumnisurteil. § 344 ZPO ist hier nicht einschlägig, weil keine abändernde Entscheidung vorliegt.

737 Vgl. THOMAS/PUTZO, § 343, Rn. 3; KNÖRINGER, § 19 II 2.

Der Tenor hinsichtlich Kosten und Vollstreckbarkeit wird allerdings nicht aufrechterhalten.[738]

Nie ganz aufheben!

1. Das Versäumnisurteil vom ... wird insoweit aufrechterhalten, *als der Beklagte zur Zahlung von ... € zuzüglich ... Zinsen hieraus ab ... verurteilt wurde.*

Im Übrigen wird das Versäumnisurteil vom ... aufgehoben *und die Klage abgewiesen.*

2. Der Beklagte trägt die durch seine Säumnis entstandenen Kosten; von den übrigen Kosten des Rechtsstreits trägt der Kläger 1/3, sowie der Beklagte 2/3.[739]

3. Das Urteil ist für den Kläger gegen Sicherheitsleistung in Höhe von 110 % des jeweils zu vollstreckenden Betrags vorläufig vollstreckbar. Die Vollstreckung aus dem Versäumnisurteil darf nur gegen Leistung dieser Sicherheit fortgesetzt werden.[740]

Die Vollstreckung durch den Beklagten kann abgewendet werden durch Sicherheitsleistung in Höhe von 110 % des insgesamt vollstreckbaren Betrags, wenn nicht der Beklagte zuvor Sicherheit in Höhe von 110 % des jeweils zu vollstreckenden Betrags leistet.[741]

(Nur) notfalls „Neufassung" des Tenors vornehmen

Aus Gründen der Verständlichkeit wird aber teilweise[742] auch vertreten, man könne in komplizierten Fällen, ohne dabei den Wortlaut von § 343 ZPO zu verletzen, auch eine „Neufassung" des Tenors vornehmen.

Bsp.: „Das Versäumnisurteil vom ... wird teilweise (!) aufgehoben und wie folgt neu gefasst:

Der Beklagte wird verurteilt, ..." (es folgt nun der korrekte Tenor, wie er auszusprechen wäre, wenn erstmals geurteilt werden würde).

hemmer-Klausur-Tipp

> Machen Sie nur im „Notfall", also bei wirklich komplizierten Tenorierungen, von dieser Möglichkeit Gebrauch. Andernfalls droht u.U. die Gefahr, dass Ihnen ein etwas oberflächlich lesender Korrektor doch - zu Unrecht - eine Verletzung des § 343 ZPO vorwirft!

keine „Abänderung" tenorieren

Keinesfalls erfolgt im Tenor eine „Abänderung" des Versäumnisurteils. Dies ist die Terminologie, die gesetzlich für das Berufungsurteil vorgesehen ist (vgl. § 528 S. 2 ZPO).

d. Einspruch des Klägers / erfolgreiche Klage

Einspruch des Klägers / erfolgreiche Klage

In diesem Fall geht es in der Hauptsache des streitigen Endurteils wiederum um eine völlige Korrektur des ergangenen Versäumnisurteils, in dem die Klage abgewiesen worden ist. Wieder ist zu beachten, dass nicht nur die Aufhebung ergehen darf, sondern *zusätzlich* eine Sachentscheidung erfolgen muss, die nun aber positiv ist.

---

738 Vgl. etwa ANDERS/GEHLE, H, Rn. 20.
739 Das ist natürlich nur ein (willkürliches) Beispiel für eine Quotelung nach § 92 I 1 2. Alt. ZPO. Denkbar ist hier u.U. auch eine Kostenaufhebung nach § 92 I 1, 1. Alt. ZPO oder eine Entscheidung nach § 92 II i.V.m. § 91 ZPO.
740 Dieser Teil beruht wiederum auf § 709 S. 2 i.V.m. § 709 S. 1 ZPO (s.o.).
741 So natürlich nur im (hier unterstellten) Falle von §§ 708 Nr. 11, 711 ZPO, nicht bei § 709 S. 1 ZPO.
742 Vgl. ANDERS/GEHLE, H, Rn. 20.

doppelter Ausspruch!

1. Das Versäumnisurteil vom ... wird aufgehoben.
2. Der Beklagte wird zur Zahlung von ..... € zuzüglich ... Zinsen hieraus ab .. verurteilt.
3. Der Kläger trägt die durch seine Säumnis entstandenen Kosten[743], die übrigen Kosten des Rechtsstreits trägt der Beklagte.
4. ... (Vollstreckbarkeit für den Kläger in der Hauptsache plus Kosten u.a. (§§ 708 Nr. 11, 711 bzw. § 709 S. 1 ZPO) sowie für den Beklagten bezüglich der Kosten des § 344 ZPO [i.d.R. §§ 708 Nr. 11, 711 ZPO]).

e. Tenor bei unzulässigem Einspruch

Verwerfung bei unzulässigem Einspruch (§ 341 I ZPO)

Bei einem unzulässigen (etwa verfristeten) Einspruch käme es zu dessen Verwerfung nach § 341 I ZPO, also durch streitiges Endurteil.[744] Folge wäre dann die Rechtskraft des ersten Versäumnisurteils. Für die Kosten gilt hier § 97 I ZPO analog, für die Vollstreckbarkeit § 708 Nr. 3 ZPO[745], auf den § 711 ZPO nicht anwendbar ist.

77

1. Der Einspruch des Beklagten gegen das Versäumnisurteil vom ... wird als unzulässig verworfen.
2. Die weiteren *Kosten* trägt der Beklagte.
3. Das Urteil ist vorläufig vollstreckbar.

Entsprechend den obigen Ausführungen macht auch diese Variante als Urteilsklausur eigentlich nur Sinn, wenn zumindest ein Teil des Rechtsstreits doch in der Hauptsache entschieden wird; sonst wäre ja einzig eine kurze Begründung *der Unzulässigkeit des Einspruchs* vorzunehmen.

Examensrealistisch ist daher fast nur das Auftreten einfacher Streitgenossen. Wenn von zwei beklagten einfachen Streitgenossen einer rechtzeitig Einspruch einlegte und damit eine Sachentscheidung erzwang, der andere aber verspätet agierte, so ergibt sich bei erfolgreicher Klage folgender Tenor:

Unzulässigkeit nur eines Streitgenossen (Teilverwerfung)

1. Der Einspruch des Beklagten zu 1) gegen das Versäumnisurteil vom ... wird als unzulässig verworfen.
2. Hinsichtlich des Beklagten zu 2) wird das Versäumnisurteil vom ... aufrechterhalten.
3. Die weiteren *Kosten* tragen die Beklagten gesamtschuldnerisch.
4. Das Urteil ist vorläufig vollstreckbar. Die Vollstreckung gegenüber dem Beklagten zu 2) darf allerdings nur gegen Sicherheitsleistung in Höhe von 110 % des jeweils zu vollstreckenden Betrags fortgesetzt werden.[746]

2. Tatbestand

Tatbestand

Bei diesem Klausurtyp „Streitiges Urteil nach Einspruch gegen Versäumnisurteil" ist in jedem Fall ein Tatbestand zu fertigen, wenn dieser nicht vom Bearbeitervermerk erlassen wurde.

78

---

743 Diese sich aus § 344 ZPO ergebende Entscheidung kommt - wie oben gezeigt - nur in Betracht, wenn das Versäumnisurteil gesetzmäßig ergangen war. Andernfalls trägt der Verlierer des Prozesses (hier der Beklagte) die *gesamten* Kosten des Rechtsstreits.
744 H.M.; vgl. THOMAS/PUTZO, § 341, Rn. 6.
745 Vgl. THOMAS/PUTZO, § 341, Rn. 6; ZÖLLER/HERGET, § 341, Rn. 9.
746 § 708 Nr. 3 gilt hier nur für den Beklagten zu 1), im Übrigen gelten wieder die allgemeinen Regeln, wobei hier nun eine für § 709 S. 1, 2 ZPO ausreichende Hauptsache unterstellt wurde.

§ 313b ZPO betrifft diesen Fall jedenfalls nicht mehr, da nun - wie gezeigt - ein streitiges Endurteil zu fertigen ist.

("kleine") Prozessgeschichte: vor die Anträge

Der Erlass und die Zustellung des Versäumnisurteils gehört nach h.M. in die Prozessgeschichte *vor die Anträge*, da diese andernfalls praktisch nicht verständlich wären.[747] Die Kosten- und Vollstreckbarkeitsentscheidung aus dem Versäumnisurteil muss aber nicht wiedergegeben werden. Ebenso ist nicht unbedingt ein eigener Satz für den Inhalt des Versäumnisurteils nötig, sondern dieses kann – wie im Beispiel hier – etwas umschrieben werden.[748]

> *Das Gericht hat den Beklagten durch Versäumnisurteil vom 8. April 2019 antragsgemäß verurteilt, an den Kläger 50.000 € nebst 9 Prozent Zinsen hieraus seit 15. Januar 2019 zu bezahlen. Dieses wurde den Prozessvertretern beider Parteien am 11. April 2019 zugestellt. Durch Schriftsatz vom 15. April 2019, bei Gericht eingegangen am selben Tag, legte der Beklagte hiergegen Einspruch ein.*
>
> *Der Kläger beantragt nunmehr, das Versäumnisurteil aufrecht zu erhalten.*
>
> *Der Beklagte beantragt, ...*

keine Vorwegnahme rechtlicher Wertungen!

Ein häufiger Klausurfehler ist die Schilderung, dass *„zulässiger Einspruch eingelegt"* worden sei: Auch hier dürfen, und wenn es noch so evident ist, keinesfalls schon rechtliche Wertungen vorgenommen werden. Es sind die nackten Fakten (Urteilszustellung, Eingang des Einspruchs usw.) zu schildern, der Rest folgt erst in den Entscheidungsgründen.

„Hauptantrag" auf Verwerfung?

Verbreitet ist es in Klausuren auch, dass der Gegner des Einspruchsführers primär die Verwerfung des Einspruchs als unzulässig beantragt und hilfsweise die Aufrechterhaltung des Versäumnisurteils. In diesem Fall ist wiederum zu beachten, dass es sich gemäß § 341 I ZPO bei der Zulässigkeit des Einspruchs um eine *von Amts wegen* zu prüfende Voraussetzung handelt. Daher liegt insoweit gar kein „echter" Antrag vor, eher handelt es sich um eine „Anregung". Dennoch wird der „Antrag" auf Verwerfung – anders als dies bei den „Anträgen" zu Kosten und Vollstreckbarkeit üblich ist – in der Praxis dennoch meist im Tatbestand geschildert.

3. Entscheidungsgründe

a. Aufbau

Entscheidungsgründe

Der Aufbau der Entscheidungsgründe entspricht natürlich den oben aufgeführten Prüfungsschritten bei der Vorbereitung der Entscheidung; es ist also folgender Aufbau zu wählen, der sich nach den beiden Möglichkeiten § 341 ZPO bzw. §§ 342, 343 ZPO richtet:

Aufbauschema (fünfstufig)

⇨ Zulässigkeit des Einspruchs:
- Statthaftigkeit gemäß § 338 ZPO.
- Form gemäß § 340 I, II ZPO.
- Frist des § 339 ZPO.

---

[747] Vgl. THOMAS/PUTZO, § 313, Rn. 23.
[748] Vgl. etwa ANDERS/GEHLE, H, Rn. 22. Siehe auch das Klausurbeispiel in Assessor-Basics, Klausurentraining Zivilurteile (Fallsammlung), Fall 2.

§ 11 URTEILE IM SÄUMNISVERFAHREN

⇨ Zulässigkeit der Klage.

⇨ Begründetheit der Klage.

⇨ Kostenentscheidung.

⇨ Vollstreckbarkeitsentscheidung.

b. Schreibstil / Typische Formulierungen

Schreibstil / Formulierungen

An diesem Klausurtyp „Streitiges Urteil nach Einspruch gegen Versäumnisurteil" lassen sich mustergültig die stilistischen Regeln des Urteilsstils exerzieren, insbesondere das Arbeiten mit den Obersätzen. Zur Demonstration folgendes Fallbeispiel: 81

Fallbeispiel:

Das Gericht hat antragsgemäß ein Versäumnisurteil auf Zahlung von 20.000 € erlassen, gegen das der Beklagte wiederum fristgerecht Einspruch eingelegt hat. Daraufhin nahm der Kläger einen Streitgegenstand zurück und reduzierte deswegen seine Forderung. Der Urteilsverfasser kommt nun in seinen Vorüberlegungen zu dem Ergebnis, dass die Begründetheit der übrigen Klage nach dem Ergebnis der Beweisaufnahme nicht gegeben ist.

Als Einleitung der Entscheidungsgründe fasst nun der „große Obersatz" alle Ergebnisse der Prüfung zusammen. 82

„großer Obersatz"

„Das Versäumnisurteil war aufzuheben. Der Einspruch des Beklagten ist zulässig, sodass der Prozess in den Stand vor Eintritt der Säumnis zurückversetzt worden ist (§ 342 ZPO). Die Klage ist, soweit über sie noch zu entscheiden war, zwar zulässig, aber unbegründet."

Anschließend folgen die Unterabschnitte der Prüfung, wobei praktisch die Zwischenergebnisse mit „kleineren" Obersätzen vorangestellt werden. Dies beginnt mit der Prüfung der Zulässigkeit des Einspruchs:

„kleine Obersätze"

„I. Der Einspruch des Beklagten ist zulässig, sodass das Verfahren gemäß § 342 ZPO in den Stand vor Eintritt der Säumnis zurückversetzt worden ist. ..." (es folgt nun die Erläuterung, dass §§ 338, 339, 340 I, II ZPO beachtet wurden).

Nun folgt in ähnlicher Weise die Prüfung der Zulässigkeit der Klage: 83

„II. Die Klage ist zulässig, soweit noch über sie zu entscheiden war.

Dabei ist allerdings vorab klarzustellen, dass die Rechtshängigkeit der Klage in Höhe von 8.000 € durch wirksame Teilklagerücknahme erloschen ist, sodass insoweit nicht mehr zu entscheiden war. ... (es folgt die Begründung von § 269 I ZPO; anschließend wird z.B. unter 2. zur Zuständigkeit Stellung genommen usw.)

Schließlich wird die Unbegründetheit der Klage behauptet und danach ausführlich durch Erörterung sämtlicher in Betracht kommender Anspruchsgrundlagen belegt.

III. Allerdings ist die Klage nicht begründet, da der nach wie vor geltend gemachte Anspruch auf Zahlung von 12.000 € nicht besteht.

Insbesondere ist kein vertraglicher Anspruch aus § 433 II BGB gegeben, weil ein wirksamer Kaufvertrag nicht zustande kam. ...

richtige Schwerpunktsetzung

Hinzuweisen ist auch in diesem Zusammenhang wiederum auf die Notwendigkeit einer richtigen Schwerpunktsetzung. 84

Schwache Klausuren zeichnen sich sehr oft schon dadurch aus, dass zunächst ein sehr ausführlicher Tatbestand geschrieben wird und dann die Prüfung der Zulässigkeit des Einspruchs und der Zulässigkeit der Klage, die meist gerade recht unproblematisch sind, in geradezu epischer Breite diskutiert wird, der Arbeit nach hinten dann aber „die Luft ausgeht".

Meist wird ein umgekehrtes Vorgehen angezeigt sein: Versäumnisurteil-Klausuren, bei denen 80 Prozent oder mehr der Rohpunkte erst in der Begründetheit zu holen sind, sind keineswegs eine Seltenheit!

C. Zweites Versäumnisurteil (§ 345 ZPO)

Zweites Versäumnisurteil (§ 345 ZPO)

Eine weitere, häufig schon geprüfte Aufgabenstellung ist die Fertigung einer Entscheidung bei erneuter Säumnis einer Partei im Einspruchstermin. In diesem Fall kommt der Erlass eines zweiten Versäumnisurteils gemäß § 345 ZPO in Betracht.

I. Voraussetzungen des § 345 ZPO

Voraussetzungen des § 345 ZPO

Es sind folgende Voraussetzungen zu prüfen:

Prüfungsschema

⇨ Prozessantrag auf Erlass eines (weiteren) Versäumnisurteils.

⇨ Zulässiger Einspruch.

⇨ Säumnis im Einspruchstermin oder im Vertagungstermin.

⇨ falls kein erstes VU, sondern Vollstreckungsbescheid vorausging: Gesetzmäßigkeit des ergangenen Vollstreckungsbescheids (vgl. § 700 I, VI ZPO).

1. Zulässiger Einspruch

Zulässiger Einspruch

Auch ein zweites Versäumnisurteil gemäß § 345 ZPO kommt nur dann in Betracht, wenn der Einspruch überhaupt zulässig war. Andernfalls wäre nach zutreffender h.M. nicht § 345 ZPO einschlägig, sondern es käme *ungeachtet der Säumnis* zur Verwerfung des Einspruches nach § 341 I ZPO. Denn wegen § 341 I ZPO sind die Voraussetzungen eines zulässigen Einspruches in *jeder* Lage des Verfahrens von Amts wegen zu prüfen und zu beachten.[749]

2. Säumnis im Einspruchs- oder Vertagungstermin:

Säumnis im Einspruchs- oder Vertagungstermin

Weiter erforderlich ist schon nach dem Wortlaut des § 345 ZPO die Säumnis im Einspruchs- oder Vertagungstermin. Es kommt also erneut auf die allgemeinen Prüfungsschritte der Säumnis an.[750]

Das Gericht darf einen Termin zur mündlichen Verhandlung über den Einspruch gegen ein Versäumnisurteil erst *nach* dem Eingang des Einspruchs bestimmen. Vor diesem Zeitpunkt ist die Bestimmung eines Termins auch dann unzulässig, wenn sie in einer verkündeten Entscheidung „für den Fall des Einspruchs" erfolgt. Die ordnungsgemäße Terminsbestimmung ist Voraussetzung für die Säumnis der im Termin nicht erschienenen Partei. Fehlt es daran, darf gegen sie kein (zweites) Versäumnisurteil ergehen.[751]

---

749 Vgl. etwa BGH, NJW 1995, 1561 = **juris**byhemmer; THOMAS/PUTZO, § 345, Rn. 1; ZÖLLER/HERGET, § 341, Rn. 9.
750 Dazu ausführlich oben § 11, Rn. 5 ff.
751 Vgl. BGH, NJW 2011, 928-929 = **juris**byhemmer.

§ 11 URTEILE IM SÄUMNISVERFAHREN

Weiterhin ist hier insbesondere die schon angesprochene Abgrenzung zum technisch ersten Versäumnisurteil zu prüfen: Wenn schon zur Sache verhandelt worden ist und erst dann eine Vertagung erfolgt, kommt § 345 ZPO nicht in Betracht, sondern es müsste zum zweiten Male ein sog. technisch erstes Versäumnisurteil ergehen, gegen das dann erneut die §§ 338 ff. ZPO einschlägig wären.[752]

3. Gesetzmäßigkeit des ersten Versäumnisurteils / Vollstreckungsbescheides

Klausurschwerpunkt: Streit um Gesetzmäßigkeit des ersten VU / Vollstreckungsbescheids

Mit großer Wahrscheinlichkeit wird bei diesem Klausurtyp vom Beklagten die Gesetzmäßigkeit des vorausgegangenen ersten Versäumnisurteils bzw. Vollstreckungsbescheids im Sachverhalt in Frage gestellt werden. In diesem Punkt, der in Klausuren üblicherweise dann die zentrale Rolle einnimmt, wirkt sich der Hauptunterschied zwischen einem Vollstreckungsbescheid und einem „echten" Versäumnisurteil aus, der sich aus § 700 VI ZPO ergibt.

88

a. Säumnis nach vorangegangenem Vollstreckungsbescheid

Variante 1: Säumnis nach vorangegangenem Vollstreckungsbescheid

Der Vollstreckungsbescheid steht nach § 700 I ZPO einem für vorläufig vollstreckbar erklärten Versäumnisurteil grds. gleich. Ist der Beklagte im Einspruchstermin gegen den Vollstreckungsbescheid säumig, kann nach § 700 VI ZPO der Einspruch gegen den Vollstreckungsbescheid aber nur dann gemäß § 345 ZPO verworfen werden, wenn die in § 331 ZPO für eine Entscheidung durch Versäumnisurteil bestimmten Voraussetzungen vorliegen (Zulässigkeit, Schlüssigkeit, Säumnis). Liegen die Voraussetzungen für den Erlass des Vollstreckungsbescheids nicht vor, wird dieser im Einspruchstermin trotz Säumnis des Beklagten gemäß § 700 VI 2 ZPO aufgehoben.

89

Grund dieser Regelung ist, dass bei Erlass des Vollstreckungsbescheids noch keine richterliche Kontrolle stattgefunden hat. Rechtskraftfähige Entscheidungen bedürfen aber zumindest einmal der richterlichen Prüfung.[753]

> **Hinweis:** Aufgrund dieser weiter gehenden Prüfungspflicht, die recht schnell in das materielle Recht führen wird, ist diese Konstellation natürlich ein sehr geeigneter Klausuraufhänger!

b. Säumnis nach vorangegangenem „echten" Versäumnisurteil

Variante 2 (Streitfall): Säumnis nach vorangegangenem „echten" VU

Höchst umstritten ist, ob auch die Gesetzmäßigkeit eines „echten" ersten Versäumnisurteils als Voraussetzung für den Erlass eines zweiten Versäumnisurteils i.S.d. § 345 ZPO zu prüfen ist.

90

Die früher wohl h.M. bejahte eine solche Prüfungspflicht.[754] Es könne nicht Sinn des Gesetzes sein, dem Gericht vorzuschreiben, sehenden Auges unrichtige Entscheidungen zu erlassen.

---

752 Vgl. etwa THOMAS/PUTZO, § 345, Rn. 2.

753 Diese Überlegungen gelten auch für das Berufungsverfahren (vgl. § 514 II ZPO). Konsequenterweise ist deshalb von einem Gleichlauf der Prüfungsrahmen des Einspruchsgerichts einerseits und des Berufungsgerichts andererseits auszugehen. Eine Aufspaltung der Prüfungsmaßstäbe der ersten und zweiten Instanz erscheint systemfremd und wenig praktikabel (vgl. BGHZ 112, 367-375 (371 ff.) = jurisbyhemmer). Dazu ausführlich in Assessor-Basics, zivilrechtliche Anwaltsklausur, § 4. Ein Klausurbeispiel hierzu finden Sie in zivilrechtliche Anwaltsklausuren, Klausur Nr. 5.

754 Vgl. etwa THOMAS/PUTZO, 22. Aufl., § 345, Rn. 4; ZÖLLER/HERGET, § 345, Rn. 4; BAG, NZA 1994, 1102-1104 (1103) = jurisbyhemmer.

BGH: Umkehrschluss aus § 700 VI ZPO

Nach Ansicht des BGH[755] ist die Gesetzmäßigkeit des ersten Versäumnisurteils nicht als Voraussetzung für den Erlass eines zweiten Versäumnisurteils i.S.d. § 345 ZPO zu prüfen. Gerade der Vergleich mit der Rechtslage beim Vollstreckungsbescheid ergäbe, dass der Gesetzgeber eine derartige Überprüfungspflicht nicht wünscht.

Anders als vor Erlass eines Vollstreckungsbescheids zwingt das Gesetz das Gericht vor Erlass eines „echten" ersten Versäumnisurteils zur Prüfung der Zulässigkeit und Schlüssigkeit der Klage und etwaiger Erlasshindernisse gemäß §§ 335, 337 ZPO. Eine effektive richterliche Kontrolle ist demnach gewährleistet. Eine erneute Prüfung dieser Voraussetzungen sehe § 345 ZPO ausweislich seines Wortlauts nicht mehr vor: Der Begriff der Säumnis sei hier nämlich im selben Sinne zu verstehen wie beim ersten Versäumnisurteil.

hemmer-Klausur-Tipp

> Bedenken Sie auch hier die Wirkung des § 313b ZPO, der auch für das Zweite Versäumnisurteil gilt! Da wohl kein Prüfungsamt der Auffassung sein wird, es sei besonders sinnvoll, ein Urteil ohne Tatbestand und Entscheidungsgründe schreiben zu lassen, ist das zweite Versäumnisurteil zwischen einem Kläger und einem Beklagten als Klausurthema eigentlich mit der eben angesprochenen Rechtsprechung „gestorben". Sinnvoller ist das zweite Versäumnisurteil als Klausur im Falle des Einbaus von einfachen Streitgenossen: Gegen einen der beiden ergeht zweites Versäumnisurteil, während gegen den anderen, der nicht säumig ist, ein streitiges Endurteil ergeht, im dem die Rechtslage exakt darzulegen ist. Das zweite Versäumnisurteil stellt bei diesem Strickmuster dann gar keine Abkürzung des Urteils dar, sondern gerade umgekehrt eine Problem*kumulierung*: Zu fertigen ist ein ganz normales Endurteil bezüglich des einen Streitgenossen, das nur im Tenor um den Aspekt des § 345 ZPO bezüglich des anderen Streitgenossen ergänzt wird. Die Voraussetzungen für dessen Erlass, insbesondere die Diskussion der eben dargestellten Streitfrage, sind dann im Hilfsgutachten darzulegen, wenn ein solches im Bearbeitervermerk zugelassen ist.[756]

klare Trennung bei einfachen Streitgenossen!

Ergeht ein zweites Versäumnisurteil nur gegen einen von zwei einfachen Streitgenossen, während der andere Streitgenosse verhandelt, so führt auch diese Besonderheit nicht dazu, dass die Unzulässigkeit oder Unschlüssigkeit eine Auswirkung auf den säumigen Streitgenossen hätte.

> *Bsp.:* Von zwei einfachen Streitgenossen, die beide zulässigen Einspruch eingelegt haben, ist einer im Einspruchstermin erneut säumig (der Beklagte zu 2) und einer (der Beklagte zu 1) verhandelt. Es stellt sich heraus, dass die Klage von Anfang an unschlüssig war.

Hier besteht die Besonderheit, dass sich aus den Entscheidungsgründen bezüglich des Beklagten zu 1) *ausdrücklich* ergibt, dass die Voraussetzungen für den Erlass des ersten Versäumnisurteils nie vorlagen. Dennoch wird diese bei diesem Streitgenossen gewonnene Erkenntnis nicht auf den anderen übertragen; bei diesem ist jegliche Prüfung der Sache untersagt. Hinsichtlich des Beklagten zu 2) wird also auf Verwerfung nach § 345 ZPO entschieden und damit letztlich bewusst und ausdrücklich eine falsche Entscheidung bestätigt. Dies ist eben die Härte dieser Regelung. Eine andere Auffassung würde die Tatsache verkennen, dass es sich bei einfacher Streitgenossenschaft um zwei nur äußerlich zusammengefasste, aber grds. *völlig trennbare* Prozesse handelt; die „Zufälligkeit" dieser Zusammenfassung darf dem Säumigen keine Vorteile bringen!

---

[755] Vgl. NJW 1999, 2599-2600 = **Life&Law 1999, 640-646 (644)** = juris*byhemmer*.

[756] So beispielsweise das Strickmuster der Klausur Nr. 1 im bayerischen Assessorexamen im November 1999. Dort war gegen den Bürgen streitig zu entscheiden, während der zum zweiten Male säumige Hauptschuldner nach §§ 345, 313b ZPO behandelt wurde.

II. Tenorierungsvarianten bei erneuter Säumnis

1. Vollständiger Erlass eines zweiten Versäumnisurteils

Vollständiges zweites VU

Liegen alle oben genannten Voraussetzungen vor, so hat ein zweites Versäumnisurteil zu ergehen. Dessen Tenor hat sich am Wortlaut des § 345 ZPO („Einspruch verworfen") zu orientieren. Im Unterschied zu § 341 I ZPO heißt es nicht *„als unzulässig* verworfen".

Dabei wird in der Bezeichnung des Urteils der Zusatz „zweites" zumindest überwiegend verwendet.[757] Unbedingt notwendig ist dies nicht, da aufgrund des Wortlauts des Tenors selbst eine ausreichende Abgrenzung zu den anderen Entscheidungsvarianten möglich ist. Andererseits kann es aber auch nicht schaden, den Urteilscharakter damit *doppelt deutlich* klarzustellen.

Zweites Versäumnisurteil:

1. Der Einspruch des Beklagten gegen das Versäumnisurteil vom ... (oder: den Vollstreckungsbescheid vom ... [Az.: ...]) wird verworfen.

2. Die weiteren Kosten trägt der Beklagte.

3. Das Urteil ist (ohne Sicherheitsleistung) vorläufig vollstreckbar.[758]

Die Kostenentscheidung des zweiten Versäumnisurteils („weitere Kosten") ergibt sich aus § 97 I ZPO analog.[759] Die Kosten „des Rechtsstreits" wurden derselben Person ja bereits im ersten Versäumnisurteil auferlegt.

Ist der Kläger, gegen den bereits ein Versäumnisurteil nach § 330 ZPO ergangen war, im Einspruchstermin erneut säumig, so sieht der Tenor entsprechend aus, nur dass nun eben der Einspruch des Klägers verworfen wird.

2. Ablehnung des zweiten Versäumnisurteils

unechtes VU bei Fehlen der Voraussetzungen

Ganz anders sieht die Entscheidung aus, wenn die Voraussetzungen des zweiten Versäumnisurteils nicht gegeben sind. Insoweit handelt es sich um ein sog. unechtes Versäumnisurteil.[760]

Das gewiss klausurrelevanteste Beispiel hierfür ist die unschlüssige Klage im Falle des vorausgegangenen Vollstreckungsbescheides (vgl. § 700 VI ZPO). In diesem Fall ist - anders etwa als im Falle nicht gegebener Säumnis - der Fall entscheidungsreif, sodass im nun ergehenden streitigen Endurteil *zusätzlich* zur Aufhebung des Vollstreckungsbescheides die Klageabweisung auszusprechen ist.

doppelter Ausspruch!

1. Der Vollstreckungsbescheid vom ... wird aufgehoben und die Klage abgewiesen.

2. Die Kosten des Rechtsstreits trägt der Kläger.

3. ... (Vollstreckbarkeit bezüglich der Prozesskosten des Beklagten).

---

757 Vgl. etwa THOMAS/PUTZO, § 345, Rn. 6; KNÖRINGER, § 19 III 2; KROIß/NEURAUTER, Muster Nr. 12, unter Anmerkung 2 D; ANDERS/-GEHLE, H, Rn. 16.

758 Da § 711 ZPO auf § 708 Nr. 2 ZPO nicht anwendbar ist (nur auf die Nrn. 4 bis 11) darf auch keine Abwendungsbefugnis angeordnet werden.

759 Vgl. THOMAS/PUTZO, § 345, Rn. 6.

760 Vgl. THOMAS/PUTZO, § 345, Rn. 7; vor § 330, Rn. 12.

3. Teilweises Vorliegen der Voraussetzungen

teilweise Unschlüssigkeit

Für Klausuren besonders interessant ist die Variante, in der die Voraussetzungen für den Erlass des zweiten Versäumnisurteils nur teilweise vorliegen. So etwa im Falle der teilweisen Unschlüssigkeit der Klage bei Säumnis des Beklagten, nachdem gegen diesen bereits ein Vollstreckungsbescheid ergangen war.

Hier sind die beiden Varianten von oben nun zu kombinieren, was zu einer schwierigen Tenorierung führen kann.

(Zweites) Versäumnis- und Endurteil:

unschlüssiger Teil (doppelter Ausspruch)

1. Der Vollstreckungsbescheid vom ... wird insoweit aufgehoben, als er über eine Verurteilung zu einem Betrag von ... € nebst ... Zinsen hieraus ab ... hinausgeht. Insoweit wird die Klage abgewiesen.

schlüssiger Teil

Im Übrigen wird der Einspruch verworfen.[761]

2. ... (Kosten, Vollstreckbarkeit kombiniert).

4. Zweite Säumnis eines von zwei Streitgenossen

Zweite Säumnis eines von zwei Streitgenossen (klausurrelevantester Fall!)

Das - wie bereits gezeigt - gewiss griffigste Klausurstrickmuster ist die Säumnis nur eines von zwei einfachen Streitgenossen. Hier ist dann sauber zwischen den beiden Streitgenossen zu trennen.

Ist die Klage gegen den nicht säumigen Streitgenossen nur teilweise begründet, so ergibt sich folgender Tenor:

(Zweites) Versäumnis- und Endurteil:

1. Der Einspruch der Beklagten zu 2) gegen das Versäumnisurteil vom ... wird verworfen.

2. Auf den Einspruch der Beklagten zu 1) hin wird das Versäumnisurteil vom ... insoweit aufrechterhalten, als es die Beklagten zu 1) zur Zahlung von 4.000 € nebst ... Zinsen seit ... verurteilt.

Soweit es die Beklagten zu 1) weiter gehend verurteilt, wird das Versäumnisurteil aufgehoben und die Klage abgewiesen.[762]

3. Kostenentscheidung und

4. vorläufige Vollstreckbarkeit.

5. Tenor beim erneuten „technisch ersten" Versäumnisurteil

„technisch erstes" Versäumnisurteil

Wie oben gezeigt, kann es passieren, dass eine Partei bereits zum zweiten Male säumig ist, aber dennoch kein zweites Versäumnisurteil i.S.d. § 345 ZPO ergehen kann, sondern ein sog. technisch erstes Versäumnisurteil ergehen muss. Dann ist nicht der Wortlaut des § 345 ZPO (Verwerfung des Einspruchs) einschlägig, sondern es sind die Formulierungen des § 343 ZPO anzuwenden.

---

[761] Dies ist nun die *teilweise* Anwendung des § 345 ZPO (vgl. dessen Wortlaut). Durch diese Formulierung (statt „Aufrechterhaltung") wird zum Fall des § 343 ZPO, gegen den ja ganz andere Rechtsmittel einschlägig sind, abgegrenzt.

[762] Es ist zu beachten, dass es bei der negativen Entscheidung nicht ausreichend ist, nur das erste Versäumnisurteil aufzuheben; *zusätzlich* muss die Klage insoweit auch abgewiesen werden (sonst wäre hierüber ja gar keine Entscheidung mehr vorhanden).

§ 11 URTEILE IM SÄUMNISVERFAHREN

Versäumnisurteil:

1. Das Versäumnisurteil vom ... wird aufrechterhalten.

2. Die weiteren Kosten trägt der Beklagte.

3. Das Urteil ist vorläufig vollstreckbar.

Da es sich um ein erstes Versäumnisurteil handelt, nicht um ein Endurteil (= Unterschied zum ersten Beispiel oben), ist nicht § 709 S. 2 ZPO anzuwenden, sondern § 708 Nr. 2 ZPO.[763]

6. Sonderfall: Teils erstes und zweites Versäumnisurteil

Sonderfall: Teils erstes und zweites VU

Anspruchsvoll ist auch die Tenorierung im Fall der Säumnis nach einer Klageerweiterung, die wiederum nach Erlass eines ersten Versäumnisurteils erfolgte. Hier ist dann zu beachten, dass nur bezüglich des ursprünglichen Streitgegenstandes eine zweite Säumnis i.S.d. § 345 ZPO vorliegt und im Übrigen ein normales erstes Versäumnisurteil zu ergehen hat.[764] Im Falle der Zulässigkeit und Schlüssigkeit ergibt sich dann folgender Tenor:

(Zweites) Teilversäumnis- und erstes Schlussversäumnisurteil:[765]

1. Der Einspruch der Beklagten gegen das Versäumnisurteil vom ... wird verworfen.

2. Der Beklagte wird verurteilt, weitere 6.000 € nebst ... Zinsen seit ... an den Kläger zu bezahlen.

3. Der Beklagte trägt die weiteren Kosten.

4. Das Urteil ist vorläufig vollstreckbar.

100

---

763 Vgl. auch KNÖRINGER, § 19 III 2; ZÖLLER/HERGET, § 345, Rn. 1.

764 Vgl. THOMAS/PUTZO, § 345, Rn. 5.

765 Diese Bezeichnung wird bei ZÖLLER/HERGET, § 345, Rn. 6 und KNÖRINGER, § 19 III 4 verwendet. Mit dem Begriff Schlussurteil wird gekennzeichnet, dass es sich um die „zweite Hälfte" eines Teilurteils handelt und nunmehr der gesamte Streitgegenstand entschieden ist (MÜKO-MUSIELAK, § 301, Rn. 2). Allerdings ist es üblicherweise so, dass Teilurteil und Schlussurteil chronologisch *nacheinander* folgen. Im konkreten Fall erschiene m.E. auch eine Überschrift mit „Zweites und erste Versäumnisurteil" als ausreichend, da der Tenor ausreichend deutlich macht, welche Überschrift sich auf was bezieht.

§ 12 Der Tenor in weiteren Sonderfällen des Zivilurteils

hier weniger Vorgaben durch die Anträge der Anwälte im Sachverhalt

Kommt eine besondere Urteilsart aufgrund eines speziellen Verfahrensablaufes in Betracht, so ist die Aufgabe für das Gericht regelmäßig schwieriger als in den oben im Kapitel „Tenor in der Hauptsache" aufgeführten Beispielen, weil hier weniger Vorgaben durch die Anträge der Anwälte im Sachverhalt gegeben sind. Ob beispielsweise die Voraussetzungen für ein Teilurteil oder Vorbehaltsurteil gegeben sind und welche Besonderheiten das Gericht dabei beachten muss, hat er weitgehend selbst festzustellen.

Die gewiss mit Abstand wichtigste Fallgruppe in diesem Bereich sind die verschiedenen Varianten der Tenorierung im Zusammenhang mit dem Säumnisverfahren nach §§ 330 ff. ZPO. Insoweit sei auf oben (§ 11) verwiesen. Daneben gibt es aber auch noch eine ganze Reihe anderer Sonderformen des Urteils, die - allerdings unterschiedlich große - Examensrelevanz besitzen.

A. Urteil bei Klage und Widerklage

Trennung bei der Hauptsacheentscheidung

Im Tenor eines Urteils bei Klage und Widerklage muss das Gericht deutlich erkennen lassen, inwieweit sich die Entscheidung jeweils auf Klage oder Widerklage bezieht. Daher wird die Hauptsacheentscheidung zu Klage und Widerklage üblicherweise in *getrennten* Ziffern formuliert.

Zins: unterschiedliche Daten!

Dies gilt auch hinsichtlich der Zinsentscheidungen zu Klage und Widerklage. Bei diesen ist insbesondere auch darauf zu achten, dass jeweils unterschiedliche Zustellungsdaten gegeben sein werden, sodass im Tenor bei der Klage und der Widerklage jeweils unterschiedliche Daten einzusetzen sind.

Grundsatz der Einheit der Kostenentscheidung!

Anders bei der Kostenentscheidung, bei der nicht zwischen den „Kosten der Klage" und den „Kosten der Widerklage" getrennt wird; vielmehr sind die Gesamtkosten beider Klagen wegen des Grundsatzes der Einheit der Kostenentscheidung zusammenzurechnen als „Kosten des Rechtsstreits".[766]

Vollstreckbarkeit: § 45 I 1 GKG und § 12 II Nr. 1 GKG beachten

Soweit trotz § 709 S. 2 ZPO ausnahmsweise eine Sicherheitsleistung berechnet werden muss, ist darauf zu achten, dass die Gebühren nur einmal und einheitlich aus dem zusammengerechneten Streitwert von Klage und Widerklage anfallen (vgl. § 45 I 1 GKG). Dabei muss dann weiter auf § 12 II Nr. 1 GKG geachtet werden, wonach der Beklagte für die Widerklage keinen Gerichtskostenvorschuss erbringen musste.

keine „doppelte" Parteibezeichnung

Im Hinblick auf die Parteibezeichnung ist zu beachten, dass die Parteien nur im Rubrum *doppelt* („Kläger und Widerbeklagter zu 1") bezeichnet werden, während sie bereits hier im Tenor – wie dann auch später im Tatbestand und in den Entscheidungsgründen – *nur* mit ihrer ursprünglichen Parteirolle („Kläger" und „Beklagter") bezeichnet werden.[767]

---

766 Vgl. etwa THOMAS/PUTZO, § 33, Rn. 30; hierzu siehe auch oben im Kapitel „Kostenentscheidung" (§ 6, Rn. 19) und bei KNÖRINGER, § 3 V, Beispiel 3.

767 Vgl. etwa ANDERS/GEHLE, M, Rn. 10; KNÖRINGER, § 12 II.

Im Falle der *jeweils nur teilweise* gegebenen Begründetheit von Klage und Widerklage ergäbe sich daher folgender Tenor:[768]

Tenorierungsbeispiel

1. Der Beklagte wird verurteilt, an den Kläger 9.500 € nebst Zinsen in Höhe von 5 Prozentpunkten über dem jeweiligen Basiszinssatz hieraus seit 11. April 2019 zu bezahlen.

2. Auf die Widerklage hin wird der Kläger verurteilt, an den Beklagten 5.000 € nebst Zinsen in Höhe von 5 Prozentpunkten über dem jeweiligen Basiszinssatz hieraus seit 13. Mai 2019 zu bezahlen.

3. Im Übrigen werden die Klage und die Widerklage abgewiesen.

4. Von den Kosten des Rechtsstreits hat der Kläger 1/3 und der Beklagte 2/3 zu tragen.

5. Das Urteil ist für beide Parteien gegen Sicherheitsleistung in Höhe von 110 % des jeweils zu vollstreckenden Betrags vorläufig vollstreckbar.

B. Urteil bei Erledigungserklärung

I. Tenor bei einseitiger Erledigungserklärung (Sonderfall einer Feststellungsklage)

einseitige Erledigungserklärung

Die einseitige Erledigungserklärung durch den Kläger ist kein Fall von § 91a ZPO. Letztere setzt die Zustimmung des Beklagten zur Erledigung voraus und hat völlig andere Rechtsfolgen.

hemmer-Klausur-Tipp

> **Untersuchen Sie im Klausursachverhalt genau, wie das Gericht und der Beklagte auf die Erledigungserklärung des Klägers jeweils reagiert haben. Gemäß § 91a I 2 ZPO ist nämlich eine Fiktion der Zustimmung möglich, sodass bei Schweigen des Beklagten eine *beiderseitige* Erledigungserklärung vorliegen *kann*. Aber: Hierfür muss der Beklagte auch darauf hingewiesen werden, dass das Gericht über die Kosten des Rechtsstreits unter Berücksichtigung des bisherigen Sach- und Streitstands nach billigem Ermessen entscheiden wird, falls er der Erledigungserklärung des Klägers nicht fristgerecht widerspricht. Selbst gegenüber einem Anwalt ist es nicht ausreichend darauf hinzuweisen, dass bei nicht rechtzeitigem Widerspruch „die Erledigung unterstellt" werde.[769]**

Nach gefestigter Rechtsprechung handelt es sich bei der einseitigen Erledigungserklärung um eine Klageänderung in eine Feststellungsklage.[770] Diese ist begründet, wenn die Klage zunächst zulässig und begründet war und erst *nach* Rechtshängigkeit durch ein erledigendes Ereignis – etwa durch Zahlung oder Aufrechnung – unbegründet oder unzulässig wurde.

Bei „Erledigung" nach Anhängigkeit, aber *vor* Rechtshängigkeit liegen diese Voraussetzungen also nicht vor. Für diesen Fall existiert gemäß § 269 III 3 ZPO die Möglichkeit, eine Klagerücknahme zu erklären, bei der die Kosten in Ausnahme zur Grundregel des § 269 III 2 ZPO *dem Beklagten* auferlegt werden. Hat der Kläger diesen Weg aber nicht gewählt, ist das Gericht hieran gebunden: Ein Antrag auf Feststellung der Erledigung wäre in einem solchen Fall definitiv als unbegründet abzuweisen.

---

768 Siehe auch die Klausurbeispiele in Assessor-Basics, Klausurentraining Zivilurteile (Fallsammlung) (Fälle 1 und 3).
769 Vgl. BGH, NJW 2009, 1973-1974 (1974) = **juris**byhemmer.
770 Vgl. THOMAS/PUTZO, § 91a, Rn. 32 (m.w.N.).

hemmer-Klausur-Tipp

> Prüfen Sie genau, ob wirklich ein erledigendes Ereignis vorliegt. Insbesondere im Themenbereich Erfüllung können sich hier versteckte Fallen verbergen! Bedenken Sie: Um eine *einseitige* Erledigungserklärung geht es dann, wenn der Beklagte der Erledigungserklärung des Klägers nicht zustimmt. Dies macht ein logisch denkender Mensch nur dann, wenn er sich gerade *nicht* für verpflichtet hält. Dann aber ist es sehr wahrscheinlich, dass er auch bei der Vornahme der geforderten Leistung irgendwelche Proteste erklärt hatte. Suchen Sie den Sachverhalt *gezielt* nach Vortrag hierzu ab, um nicht in eine Falle zu gehen! In der Lösung ist dann wie folgt zu unterscheiden:
> Die unter der *aufschiebenden Bedingung* der rechtskräftigen Bestätigung der zu Grunde liegenden Verbindlichkeit erfolgende Zahlung stellt nicht die geschuldete Leistung dar und hat keine Erfüllungswirkung i.S.d. § 362 BGB. So i.d.R. bei Zahlungen auf Grund eines vorläufig vollstreckbaren Urteils, etwa eines Versäumnisurteils.[771] Oder: Der Besitzverlust, den der Besitzer einer Sache infolge einer (drohenden) Zwangsvollstreckung eines auf die Herausgabe der Sache gerichteten vorläufig vollstreckbaren Titels erleidet, lässt den Herausgabeanspruch (etwa § 546 I, II BGB oder § 985 BGB) nicht entfallen und hat daher nicht die Erledigung der Hauptsache zur Folge.[772]
> Ein Vorbehalt steht der Bejahung von § 362 I BGB dagegen nicht entgegen, wenn dieser nur den Ausschluss von § 814 BGB bewirkt und der Zahlende im Falle der Rückforderung nach § 812 I BGB die Beweislast für das Nichtbestehen des Rechtsgrundes hat.[773]

Bei einer *einseitigen* Erledigungserklärung ergeht kein Beschluss, wie es § 91a ZPO vorsieht, sondern ein Endurteil, das als Sachurteil voll rechtskraftfähig ist.[774] Die Formulierungen im Tenor richten sich danach, weisen aber durchaus auch Besonderheiten auf.

1. Tenor bei Vorliegen aller drei Voraussetzungen:[775]

Tenor bei Vorliegen aller drei Voraussetzungen

Sind tatsächlich alle drei Prüfungsschritte positiv zu beantworten, so formuliert man im Tenor:

„Der Rechtsstreit ist in der Hauptsache erledigt".

Oder: „Es wird festgestellt, dass der Rechtsstreit in der Hauptsache erledigt ist".

Letzteres erscheint als überzeugender, weil so das Vorliegen eines Feststellungsurteils deutlicher herausgestellt und gleichzeitig besser zum Fall des § 91a ZPO abgegrenzt würde. Nicht korrekt wäre aber folgende Formulierung:

Fehlerbeispiel

„Der Rechtsstreit ist in der Hauptsache erledigt erklärt."

Dies wäre der völlig andere Fall des § 91a ZPO, bei dem es aus Sicht des Gerichts nicht auf *tatsächliche* Erledigung, sondern auf *die Erklärung* der Erledigung durch die Parteien (Dispositionsmaxime) ankommt!

---

771 Vgl. BGH NJW 2012, 1717, Rn. 7 = **juris**byhemmer.
772 Vgl. BGH NJW 2014, 2199 = Life & Law 2014, 567 [Rn. 8 ff] = **juris**byhemmer; PAL./HERRLER, § 985, Rn. 5.
773 Vgl. hierzu PAL./GRÜNEBERG, § 362, Rn. 14.
774 Vgl. THOMAS/PUTZO, § 91a, Rn. 51.
775 Vgl. hierzu THOMAS/PUTZO, § 91a, Rn. 38.

2. Tenor bei Fehlen einer der drei Voraussetzungen:

Tenor bei Fehlen einer der drei Voraussetzungen

Im Falle des Fehlens einer der drei Voraussetzungen (ursprüngliche Klage war unzulässig oder unbegründet bzw. es ist gar kein erledigendes Ereignis gegeben), sind keine Besonderheiten gegenüber einer „normalen" negativen Entscheidung gegeben. Es heißt einfach:

> „Die Klage wird abgewiesen."

Dies gilt auch dann, wenn es darum geht, dass die *ursprüngliche* Klage unzulässig war. Auch dies ist ja - anders als die Zulässigkeit des jetzt zur Entscheidung stehenden Erledigungs-Feststellungsantrages - *in der Begründetheit* der *jetzigen* Feststellungsklage zu prüfen. Der nach h.M. ohnehin generell nicht nötige Zusatz „als unzulässig", wäre hier also in jedem Fall *falsch*.

3. Tenor bei Erfolg einer Teilerledigungserklärung

Tenor bei Teilerledigungserklärung

Bei einer einseitigen Teilerledigungserklärung gelten die obigen Regeln entsprechend. Es ist aber darauf zu achten, dass deutlich wird, welcher Teil der Klage für erledigt erklärt wurde und welcher nicht. Die Formulierung „im Übrigen" kann dazu oft aber schon ausreichen.[776]

> „1. Der Beklagte wird verurteilt, an die Klägerin 6.500 € nebst ... Zinsen hieraus seit ... zu bezahlen.
>
> 2. Im Übrigen wird festgestellt, dass der Rechtsstreit in der Hauptsache erledigt ist."

4. Tenor bei Teilerfolg einer vollständigen Erledigungserklärung

Tenor bei Teilerfolg einer vollständigen Erledigungserklärung

Im Falle einer vollständigen Erledigungserklärung (im Beispiel Räumung und Mietnachzahlung), die aber nur teilweise erfolgreich ist, sollte der erfolgreiche Teil (im Beispiel Räumung) klar beschrieben und vorangestellt werden:

> „1. Es wird festgestellt, dass der Rechtsstreit insoweit in der Hauptsache erledigt ist, als der Kläger beantragt hatte, den Beklagten zur sofortigen Räumung der Mietwohnung in Würzburg, Belgradstraße 23, 1. Stock (Wohnung Nr. 4), zu verurteilen.
>
> 2. Im Übrigen wird die Klage abgewiesen."

5. Tenor bei Teilerfolg einer teilweisen Erledigungserklärung:

Tenor bei Teilerfolg einer teilweisen Erledigungserklärung

Die größte Sorgfalt erfordert der Tenor bei einem Teilerfolg im Falle einer nur teilweisen einseitigen Erledigungserklärung.

> **Bsp.:** *Klage auf Herausgabe von Gegenstand X und Gegenstand Y, sowie auf Zahlung von 15.000 € plus Zinsen. Erledigungserklärung hinsichtlich beider Herausgabeanträge, wobei die ursprüngliche Begründetheit (nur) hinsichtlich des Gegenstands X gegeben ist. Außerdem Begründetheit des Zahlungsantrages in Höhe von 5.000 €.*

In der Formulierung ist wiederum darauf zu achten, dass die Anträge, soweit sie erfolgreich sind, möglichst präzise (vollstreckbar) dargestellt werden, was bei unterschiedlichen Anträgen i.d.R. eine Trennung erfordern wird. Dagegen kann man die nicht erfolgreichen Anträge unbeschadet ihres unterschiedlichen Inhalts mit „im Übrigen" zusammenfassen.

---

776 Vgl. etwa THOMAS/PUTZO, § 91a, Rn. 45.

Hauptsachetenor mit drei Elementen	„1. Der Beklagte wird verurteilt, an die Klägerin 5.000 € nebst ... Zinsen hieraus seit ... zu bezahlen.
	2. Es wird festgestellt, dass der Rechtsstreit insoweit in der Hauptsache erledigt ist, als der Kläger die Herausgabe von ... (genaue Beschreibung von Gegenstand X) forderte.
	3. Im Übrigen wird die Klage abgewiesen."

Im Abschlusssatz sind hier also *zwei* Klageabweisungen enthalten: Diejenige des Zahlungsantrages, soweit er über 5.000 € hinausgeht und diejenige der Erledigungserklärung über Gegenstand Y.

II. Tenor bei einverständlicher Teilerledigung (§ 91a ZPO)

Fall des § 91a ZPO — Im Falle einer *beiderseitigen* Erledigungserklärung gemäß § 91a ZPO ergeht keine rechtskraftfähige Sachentscheidung, sondern grds. nur noch ein Beschluss über die Kosten.

hier kein Beschluss — Dies ist in dem Fall der beiderseitigen *Teil*erledigungserklärung in der Sache selbst nicht anders zu behandeln. Allerdings gilt dort der *formelle* Unterschied, dass dazu kein eigenständiger Beschluss ergeht, sondern die Kostenentscheidung über den erledigt erklärten Teil wegen des Grundsatzes der Einheit der Kostenentscheidung zusammen mit der Kostenentscheidung des streitig gebliebenen Teils *im Urteil* vorzunehmen ist.[777]

Grundsatz: Schweigen im Tenor — Grundsätzlich taucht dann der erledigt erklärte Teil des ursprünglichen Rechtsstreits - anders als bei *einseitiger* Erledigungserklärung - im Tenor des Urteils gar nicht mehr auf.[778] Teilweise wird aber auch eine rein *deklaratorische* Klarstellung im Tenor des Endurteils vorgenommen; dies jedenfalls bei Klageabweisung, um damit klarzustellen, dass die Abweisung sich auf diesen Teil nicht bezieht:

„1. Die Klage wird abgewiesen, soweit die Parteien nicht den Rechtsstreit einverständlich für erledigt erklärt haben."[779]

Die Notwendigkeit oder zumindest Zweckdienlichkeit einer Tenorierung über den für erledigt erklärten Teil kann dann gegeben sein, wenn die einverständliche Erledigungserklärung erfolgt, nachdem zuvor bereits eine gerichtliche Entscheidung über die gesamte Sache ergangen war.

anders z.B. bei Teilerledigung nach VU-Erlass — **Bsp.:** Zunächst ergeht ein Versäumnisurteil gemäß § 331 III ZPO (bzw. Vollstreckungsbescheid) über 12.000 € gegen den Beklagten. Nachdem dieser zulässigen Einspruch eingelegt hat, erklären die Parteien den Rechtsstreit in Höhe von 4.000 € für erledigt und streiten weiter über den Rest.

deklaratorische Klarstellung analog § 269 III 3 ZPO — In solchen Fällen gelten § 269 III S. 1 und § 269 IV ZPO analog:[780] Bei Vorliegen eines entsprechenden Antrages hat ein Ausspruch, dass die Hauptsache sich erledigt hat und damit das VU wirkungslos geworden ist, zu erfolgen.

---

777 Vgl. BGH, NJW 1962, 2252; NJW 1963, 583-584; THOMAS/PUTZO, § 91a, Rn. 44; ZÖLLER/VOLLKOMMER, § 91a, Rn. 54; ANDERS/-GEHLE, P, Rn. 29; (Ausnahme: komplette Erledigung gegenüber einem von mehreren Streitgenossen). Dies ist im Übrigen der Grund, warum die beiderseitige *Teil*erledigungserklärung wesentlich klausurrelevanter ist als die beiderseitige und *vollständige* Erledigungserklärung. Dazu siehe bereits oben in § 9, Rn 27a. Zu den Kostenproblemen siehe oben in § 6, Rn. 50 ff.
778 Vgl. KNÖRINGER, § 11 III 1.
779 Vgl. hierzu WALLISCH/SPINNER, JuS 2000, 377 (378); KNÖRINGER, § 11 III 1.
780 Vgl. THOMAS/PUTZO, § 91a, Rn. 25; ZÖLLER/VOLLKOMMER, § 91a, Rn. 12 und 23 (m.w.N.).

§ 12 DER TENOR IN WEITEREN SONDERFÄLLEN DES ZIVILURTEILS

Bei Fehlen eines entsprechenden Antrages ist ein solcher Ausspruch nicht notwendig, aber möglich. § 269 IV ZPO verbietet nicht, von Amts wegen einen Ausspruch zu tätigen, sondern regelt nur, dass der Ausspruch bei Vorliegen eines entsprechenden Antrages *zwingend* zu erfolgen hat. Meist aber wird eine solche Klarstellung sehr sinnvoll sein.[781]

Formulierungsbeispiel

„1. Das Versäumnisurteil vom ... wird insoweit aufrechterhalten, als der Beklagte zur Zahlung von ... verurteilt wurde.

2. Im Übrigen wurde das Versäumnisurteil durch einverständliche Erledigungserklärung wirkungslos."

Die andernfalls für das Vollstreckungsorgan gegebene Diskrepanz von Tenor des Versäumnisurteils und Tenor des Endurteils, die nur durch den Blick in die Entscheidungsgründe geklärt werden könnte, wird mit einer solchen Klarstellung vermieden. Nur so wird schon aus dem Tenor klar, dass das Versäumnisurteil vollständig wirkungslos geworden ist. Die Voraussetzungen für eine *Aufhebung* des Versäumnisurteils i.S.d. § 343 ZPO liegen ja gerade nicht vor, da diese Norm auf einer *Sachentscheidung* über diesen Streitgegenstand beruht.[782]

C. Entscheidungen im Rahmen einer Stufenklage (§ 254 ZPO)

I. Urteil über die erste Stufe (Auskunft)

Entscheidung über die erste Stufe (Auskunft)

Die obigen Aussagen zu den Anforderungen an Inhalt und Bestimmtheit bei Tenorierung eines Auskunftsanspruchs gelten hier entsprechend.[783]

Die Ausnahme des § 254 ZPO vom Bestimmtheitsgrundsatz des § 253 II 2 ZPO bezieht sich zum einen nur auf die dritte Stufe, also nicht auf die in erster Stufe eingeklagte Auskunft.

im Erfolgsfalle Teilurteil!

Die Entscheidung über diese erste Stufe ergeht im Erfolgsfalle in Form eines Teilurteils.[784] Eine Kostenentscheidung ergeht dann nicht, weil dies bei einem Teilurteil grds. nicht erfolgt.[785] Dagegen muss eine Entscheidung über die vorläufige Vollstreckbarkeit grds. ergehen.[786]

bei Abweisung meist Endurteil, evtl. aber auch Teilurteil

Bei Abweisung der Auskunftsklage wird aus exakt demselben Grund meist auch schon über den noch nicht bezifferten Zahlungs- oder Herausgabeantrag entschieden werden können. Dann ist die gesamte Klage auch schon vor Bezifferung durch Endurteil abzuweisen.

Besteht kein Auskunftsanspruch, ist es aber dennoch denkbar, dass ein Zahlungs- oder Herausgabeanspruch besteht, so ist eine Abweisung durch Teilurteil auszusprechen.

---

781 Vgl. ZÖLLER/GREGER, § 269, Rn. 17.
782 Vgl. etwa THOMAS/PUTZO, § 343, Rn. 1.
783 Siehe dazu im Kapitel „Der Tenor über die Hauptforderung" (§ 4, Rn. 20).
784 Vgl. THOMAS/PUTZO, § 254, Rn. 6, 11.
785 Vgl. THOMAS/PUTZO, § 254, Rn. 6; § 301, Rn. 5; WALLISCH/SPINNER, JuS 2000, 64 (68): Ausnahme: Teilurteil gegen einen von mehreren Streitgenossen (vgl. THOMAS/PUTZO, § 301, Rn. 5; ZÖLLER/VOLLKOMMER, § 301, Rn. 11; WALLISCH/SPINNER, JuS 2000, 64 (68)).
786 Vgl. etwa THOMAS/PUTZO, § 704, Rn. 3 ff. Siehe bereits oben in § 7, Rn. 13b.

Bei einer Stufenklage des Pflichtteilsberechtigten gegen den Erben (§ 2314 BGB) wäre bei entsprechendem erfolgreichen Antrag der Klägerseite also beispielsweise zu formulieren:[787]

Teilurteil:

Detailangaben zum Umfang der Auskunftspflicht

„1. Die Beklagte wird verurteilt, der Klägerin Auskunft über den Bestand des Nachlasses der am 4. März 2019 verstorbenen Erna Fritz durch Vorlage eines durch einen Notar aufgenommenen Verzeichnisses[788] zu erteilen.

keine Kostenentscheidung!!

2. Die Kostenentscheidung bleibt dem Schlussurteil vorbehalten.

3. Das Urteil ist hinsichtlich der Auskunftspflicht vorläufig vollstreckbar. Der Beklagte kann die Vollstreckung durch Sicherheitsleistung in Höhe von ..... € abwenden, wenn nicht der Kläger vor der Vollstreckung Sicherheit in gleicher Höhe leistet."[789]

kein „Teil- und Endurteil" erlassen!

Manchmal kam es im Examen vor, dass mit der Entscheidung über die erste Stufe dieser Stufenklage eine Entscheidung über einen anderen, bereits bezifferten Streitgegenstand zu verbinden war und über diesen bereits *abschließend* entschieden werden konnte.

Die Überschrift lautet dann, weil eben noch nicht der *gesamte* Prozess abschließend entschieden ist, dennoch insgesamt Teilurteil, und eine Kostenentscheidung ist insgesamt noch nicht zu treffen (Grundsatz der Einheit der Kostenentscheidung).

Wenn Referendare in einer solchen Situation ein „Teil- und Endurteil" erlassen, so erlassen sie in anderen Begrifflichkeiten ausgedrückt letztlich eine Art „halbes und ganzes Urteil"; dies ist natürlich in sich widersprüchlich.[790]

II. Urteil über die dritte Stufe (Leistung)

Urteil über die dritte Stufe (Leistung)

Wurde - notfalls unter Zuhilfenahme von Zwangsvollstreckungsmaßnahmen - dann die Auskunft erteilt, so wird nach Termins*antrag* das Verfahren fortgesetzt.[791] Ab jetzt ist ein *bestimmter* Leistungsantrag i.S.d. § 253 II ZPO erforderlich. Auch hinsichtlich der Tenorierung sind keine großen Besonderheiten mehr zu beachten, wenn man einmal von der Überschrift absieht: Es ergeht Schlussurteil.

Nun, im Schlussurteil, muss natürlich eine Kostenentscheidung ergehen.[792]

---

787 Hier ist erneut darauf hinzuweisen, dass man den *genauen* Inhalt des jeweiligen Auskunftsanspruches bei jeder Anspruchsgrundlage für sich isoliert genauestens überprüfen sollte. Dafür ist der Blick in den Kommentar oft unverzichtbar (siehe dazu bereits oben im Kapitel „Der Tenor über die Hauptforderung").

788 Vgl. hierzu den Anspruch nach § 2314 I 3 BGB.

789 Wegen der geringen Beschwer werden zumindest *meist* die §§ 708 Nr. 11, 711 ZPO anwendbar sein. Auch liegt hier kein Fall von § 709 S. 2 (i.V.m. § 711 S. 2) ZPO vor, und über die Prozesskosten, die unter diese Regelung fallen würden, wird hier in Ziffer 2 gerade noch nicht entschieden. Eine *teilweise* Anwendung von § 709 S. 2 ZPO kommt in Betracht, wenn *zusätzlich noch andere* Streitgegenstände eingeklagt und im Teilurteil bereits mitentschieden werden (zum Ganzen siehe bereits in § 7, Rn. 13b m.w.N.). Achten Sie wegen des geringen Beschwer, die sich aus einer *reinen* Auskunftsverurteilung ergibt, in diesem Zusammenhang aber immer auf § 511 II Nr. 2, IV ZPO (dazu oben in § 2, Rn. 11 ff.)!.

790 Bei der Formulierung „Versäumnis- und Endurteil" wird dagegen eine völlig andere *Qualität* von Urteil, bei dem – anders als bei bloßen Teilen eines Urteils – jeweils andere Rechtsbehelfsmöglichkeiten bestehen, zum Ausdruck gebracht.

791 Vgl. etwa THOMAS/PUTZO, § 254, Rn. 6.

792 Zu den sich dabei stellenden Fragen siehe etwa THOMAS/PUTZO, § 254, Rn. 11.

III. Behandlung der zweiten Stufe

i.d.R. keine Entscheidung über die zweite Stufe

Ein Problem stellt sich dabei für Referendare immer wieder: Was ist mit der zweiten Stufe der Stufenklage, dem Antrag auf eidesstattliche Versicherung? Im Regelfall wird über diese zweite Stufe überhaupt nicht entschieden, was sich aus folgendem ergibt:

Stufenklage als dreistufige Klage, aber mit „hängender" zweiter Stufe

Die Stufenklage ist zwar einerseits eigentlich eine *dreistufige* Klage, doch hat sie im optimalen Fall gewissermaßen eine „hängende" zweite Stufe: Der Klägeranwalt muss nämlich berücksichtigen, dass er keinesfalls immer einen Anspruch auf Erteilung einer eidesstattlichen Versicherung hat, sondern dieser *nur dann* besteht, wenn die Voraussetzungen von §§ 259 II, 260 II BGB vorliegen. Eine wirklich fachmännisch gestellte Stufenklage versieht daher *die zweite Stufe* mit der Floskel, der Beklagte werde „gegebenenfalls verurteilt". Der Antrag auf Erteilung einer eidesstattlichen Versicherung ist damit zunächst *nur angekündigt*, also noch gar nicht anhängig oder rechtshängig.[793]

Liegen dann später die gesetzlichen Voraussetzungen des Anspruchs auf Erteilung einer eidesstattlichen Versicherung nicht vor, so wird direkt von der Auskunftserteilung zum Zahlungsantrag übergegangen; der Antrag auf Erteilung einer eidesstattlichen Versicherung wird in einem solchen Fall überhaupt nie rechtshängig.[794]

D. Entscheidungen im Urkundenprozess

zweigliedriger Prozess

Der Urkundenprozess ist ein in zwei Abschnitte zergliederter Prozess, mit dessen Hilfe der Kläger schneller als sonst zu einem vollstreckbaren Titel kommen kann.[795] In einem ersten Abschnitt, dem eigentlichen Urkundenprozess, wird in einem besonderen Verfahren regelmäßig ein Vorbehaltsurteil angestrebt. In einem zweiten Abschnitt, dem Nachverfahren, kommt es dann zur endgültigen Entscheidung, dem Schlussurteil.

Beschränkung der Beweismittel im ersten Prozessabschnitt

Die Besonderheit des ersten Abschnitts des Urkundenprozesses ist die Beschränkung der Beweismittel: Die Beweisbarkeit muss gemäß § 592 S. 1 ZPO grds. durch Urkunden gewährleistet sein; andernfalls kann der Urkundenprozess schon unstatthaft (Sonderfall von Unzulässigkeit) sein.

Der Kläger muss also zum Beweis der bestrittenen anspruchsbegründenden Tatsachen Urkunden vorlegen.[796] Es muss also ein Urkundenbeweis (§§ 415 ff. ZPO) geführt werden, evtl. gemäß § 595 II ZPO auch eine Parteivernehmung (§§ 445, 447 ZPO). Ein Zeugenbeweis ist daher nicht zulässig.[797]

---

793 Vgl. THOMAS/PUTZO, § 254, Rn. 6 und BGH, NJW 2001, 833-834 = **juris**byhemmer: Der BGH erlaubt dem Kläger die Möglichkeit einer solchen bloßen *Ankündigung* künftiger Anträge sogar innerhalb der ersten Stufe (dort bezüglich des zusätzlichen Wertermittlungsantrags gemäß § 214 I 2 BGB).

794 Zum Vorgehen in der Anwaltsklausur siehe Assessor-Basics Anwaltsklausur, § 1, Rn. 100. Das „gegebenenfalls" im Antrag Ziffer III. (Leistung) bezieht sich dagegen nicht auf die *Klageerhebung* selbst, sondern nur auf ein etwaiges „Zwischenreinschieben" der zweiten Stufe. Die dritte Stufe ist also in jedem Fall von Anfang an mit Zustellung der noch unbezifferten Stufenklage rechtshängig.

795 Zum taktischen Einsatz dieser Verfahrensart in der Anwaltsklausur siehe Assessor-Basics, Anwaltsklausur, § 1, Rn. 79.

796 Vgl. THOMAS/PUTZO, § 592, Rn. 6.

797 Auch gilt hier ein allg. Umgehungsverbot. Beweisprotokolle aus anderen Verfahren, schriftliche Sachverständigengutachten u.ä. sind zwar "Urkunden", im Urkundenprozess aber dennoch unbrauchbar, wenn sie den Augenscheins-, Zeugen- oder Sachverständigenbeweis nur ersetzen sollen (BGHZ 1, 218-223 = **juris**byhemmer; THOMAS/PUTZO, § 592, Rn. 7; ZÖLLER/GREGER, § 592, Rn. 16). Wenn ein derartiger Beweisantrag (zu Recht) zurückgewiesen worden ist, ist damit gleichzeitig klar, dass dieser Haupt-

Zurückweisung von Einwendungen

Macht *der Beklagte* dagegen Einwendungen geltend, die sich nicht aus Urkunden ergeben, führt dies nicht zur Unstatthaftigkeit des Urkundenprozesses, sondern ist in der Begründetheit von Bedeutung: Das Gericht geht hierauf dann zunächst nicht ein und verlagert diese Frage in den zweiten Verfahrensabschnitt, also in das Nachverfahren.[798]

> **Bsp.:** *Der Kläger legt eine äußerlich korrekte Urkunde vor, in der die Parteien erklären, dass der Beklagte als Bürge für eine bestimmte Kaufpreisforderung haften solle. Außerdem legt er eine Kaufvertragsurkunde vor, auf die sich die Bürgschaft bezieht. Der Beklagte bestreitet die Wirksamkeit des Kaufvertrages wegen einer Anfechtung und bietet Zeugenbeweis an für einen Anfechtungsgrund (arglistige Täuschung).*

Hier wird der Kläger den ersten Verfahrensabschnitt gewinnen, weil der Beklagte wegen § 595 II ZPO zunächst keinen Zeugenbeweis über die die Anfechtung begründenden Tatsachen führen kann. Diese Beweisführung über die Anfechtung mit Zeugenbeweis wird auf das Nachverfahren verwiesen. Dort kann sie sich dann bei erfolgreicher Beweisführung über § 767 BGB auf die Bürgschaft auswirken.

I. Entscheidungsmöglichkeiten im ersten Verfahrensabschnitt

1. Entscheidung gegen den Kläger

Entscheidung gegen den Kläger (immer Endurteil)

Wenn die Entscheidung gegen den Kläger ergehen soll, so ist zunächst zu beachten, dass dann kein Vorbehaltsurteil, sondern ein normales Endurteil ergeht.

Dabei sind mehrere Fälle zu unterscheiden:

Drei Varianten

⇨ Fehlen die *allgemeinen* Prozessvoraussetzungen, so ergeht ein *Prozess*urteil, für das keine Besonderheiten gelten.[799]

⇨ Ist die Klage unschlüssig, so ergeht ein klageabweisendes *Sach*urteil, für das ebenfalls keine Besonderheiten gelten.[800]

⇨ Fehlen aber gerade die *spezifischen* Voraussetzungen des Urkundenprozesses (der Kläger beantragt *selbst* Zeugenbeweis), so erfolgt gemäß § 597 II ZPO eine besondere Art von Abweisung der Klage durch Prozessurteil. Diese Klarstellung wird nicht erst in den Entscheidungsgründen, sondern bereits im Tenor zum Ausdruck gebracht.[801]

> 1. Die Klage wird als im Urkundenprozess unstatthaft abgewiesen.
> 2. Der Kläger trägt die Kosten des Rechtsstreits. ...

2. Erfolgreicher Urkundenprozess / Entscheidung zugunsten des Klägers

Widerspruch (§ 599 I ZPO) als Voraussetzung für Vorbehaltsurteil

Im Falle des erfolgreichen Urkundenprozesses ist entscheidend, ob der Beklagte dem Klageanspruch i.S.d. § 599 I ZPO widersprochen hat.

---

gegenstand des Nachverfahrens sein wird, weil damit eine Bindung nach § 318 ZPO (s.u.) nicht gegeben ist.

798 Der Sinn und Zweck des Urkundenprozesses, dem Kläger *gerade auch in streitigen Fällen* einen schnellen Titel zu beschaffen, wäre andernfalls auch völlig verfehlt.
799 Vgl. THOMAS/PUTZO, § 592, Rn. 2.
800 Vgl. THOMAS/PUTZO, § 597, Rn. 4.
801 Vgl. etwa ANDERS/GEHLE, Q, Rn. 26; HUBER, Rn. 50; KNÖRINGER, § 2 II.

Nur ein solcher Widerspruch in mündlicher Verhandlung führt dazu, dass dann (von Amts wegen) ein Vorbehaltsurteil ergeht. Dieses stellt ein auflösend bedingtes Endurteil dar.[802]

Ein Ermessen des Gerichts ist hier - anders als bei den Vorbehaltsurteilen wegen Aufrechnung (dazu s.u.) - nicht gegeben.[803] Dabei ist allerdings der Begriff „Widerspruch" sehr großzügig auszulegen; sogar der bloße Abweisungsantrag kann ausreichen.[804] Eines *Antrages* auf den Vorbehalt bedarf es dagegen nicht.[805]

Wegen § 599 III ZPO muss das Urteil für vorläufig vollstreckbar erklärt werden. Für diese vorläufige Vollstreckbarkeit ist § 708 Nr. 4 ZPO zu beachten, auf den wiederum § 711 ZPO anwendbar ist.

Formulierungsbeispiel für Urkunden-Vorbehaltsurteil

Urkunden-Vorbehaltsurteil:

1. Der Beklagte wird verurteilt, an die Klägerin ... € zuzüglich ... Prozent Zinsen ab ... zu bezahlen.

2. Der Beklagte trägt die Kosten des Rechtsstreits.

3. Dem Beklagten bleibt die Ausführung seiner Rechte im Nachverfahren vorbehalten.

4. Das Urteil ist vorläufig vollstreckbar. Der Beklagte kann die Vollstreckung jedoch abwenden durch Sicherheitsleistung in Höhe von 110 % des insgesamt vollstreckbaren Betrags, wenn nicht der Kläger zuvor Sicherheit in Höhe von 110 % des jeweils zu vollstreckenden Betrags leistet.

II. Entscheidungsmöglichkeiten im Nachverfahren

Urteil im sog. Nachverfahren

Hat der Beklagte im eigentlichen Urkundenprozess den Widerspruch erklärt (s.o.), dann kann er mit Hilfe dieses Vorbehalts seiner Rechte gemäß § 600 I ZPO in einem sog. Nachverfahren eine endgültige Entscheidung herbeiführen.

Das Nachverfahren ist kein neues Verfahren, sondern bildet zusammen mit dem eigentlichen Urkundenprozess („Vorverfahren") eine Einheit. Es beginnt ohne neue Klage mit der Verkündung des Vorbehaltsurteils.[806]

kein Devolutiveffekt

Zuständig ist das Gericht erster Instanz, es fehlt also am Devolutiveffekt.[807] Die gerichtliche Entscheidung *kann* dann durchaus unterschiedlich zum Vorbehaltsurteil ausfallen.

Im Nachverfahren können nun nämlich grundsätzlich *alle Beweismöglichkeiten* ausgeschöpft werden.

Bindung nach § 318 ZPO beachten

Allerdings kann im Nachverfahren nicht völlig losgelöst vom Ergebnis des Vorverfahrens entschieden werden. Vielmehr kommt in bestimmten Fällen gemäß § 318 ZPO eine Bindung an die Entscheidungen des Vorverfahrens in Betracht. Auch das Vorbehaltsurteil ist nämlich Endurteil i.S.d. § 318 ZPO. Diese Bindungswirkung erstreckt sich auf alles, was schon *für das Vorverfahren* entscheidungserheblich war. Solche Fragen darf das Gericht im Nachverfahren nicht noch einmal neu überprüfen.

---

802 Vgl. etwa THOMAS/PUTZO, § 302, Rn. 1.
803 Vgl. KNÖRINGER, § 7 III 2a.
804 Vgl. dazu etwa THOMAS/PUTZO, § 599, Rn. 3 und 4.
805 Vgl. ZÖLLER/GREGER, § 599, Rn. 5.
806 Vgl. THOMAS/PUTZO, § 600, Rn. 1.
807 Vgl. THOMAS/PUTZO, § 600, Rn. 3.

evtl. in die Berufung gehen

Bsp.: Die Klärung der Formgültigkeit der Bürgschaft hat nichts mit der Beschränkung der Beweismittel zu tun. Also tritt insoweit Bindung ein. Will der Beklagte sich hiergegen wehren, müsste er gegen das Vorbehaltsurteil in die Berufung gehen.

Umgekehrt heißt das, dass die Bindung all das nicht erfassen kann, was der Beklagte im Vorverfahren *aufgrund der Beschränktheit der Beweismittel* nicht hatte vorbringen können.

Tenorierungsvarianten

Hinsichtlich der Tenorierung des Schlussurteils ist nun je nach Ergebnis des Nachverfahrens zu unterscheiden.

1. Klage immer noch begründet

Klage immer noch begründet

Kann der Beklagte im obigen Beispiel die arglistige Täuschung nicht beweisen, so wird das Vorbehaltsurteil im Ergebnis bestätigt. Es ergibt sich folgendes Urteil:

25

Schlussurteil:

1. Das Vorbehaltsurteil vom ... wird für vorbehaltlos erklärt.

2. Die weiteren Kosten des Rechtsstreits trägt der Beklagte.

3. Das Urteil ist vorläufig vollstreckbar. Der Beklagte ...

Die Beschränkung auf die „weiteren" Kosten[808] ergibt sich daraus, dass bezüglich der vorherigen Kosten mit dem Vorbehaltsurteil schon ein Titel gegeben ist.

Für die vorläufige Vollstreckbarkeit gilt § 708 Nr. 5 ZPO, auf den wiederum § 711 ZPO anwendbar ist.

2. Klage nun unbegründet

Klage nun unbegründet

Kann der Beklagte im obigen Beispiel die arglistige Täuschung dagegen beweisen, so wird das Vorbehaltsurteil inhaltlich korrigiert. Dann muss das Vorbehaltsurteil gemäß §§ 302 IV 2, 600 II ZPO aufgehoben werden. Wie bei einem Versäumnisurteil muss aber *zusätzlich* der Anspruch als solcher abgewiesen werden. Es ergibt sich folgendes Urteil:[809]

26

Schlussurteil:

1. Die Klage wird unter Aufhebung des Vorbehaltsurteils vom ... abgewiesen.

2. Der Kläger trägt die Kosten des Rechtsstreits. ...

3. ... (Vollstreckbarkeit nach allg. Regeln; §§ 708 Nr. 11. 711 oder § 709 ZPO)

3. Klage nun nur noch teilweise begründet

Klage nun nur noch teilweise begründet

Wenn das Vorbehaltsurteil nur teilweise bestätigt wird, weil beispielsweise die Anfechtbarkeit von nur einem von zwei Kaufverträgen, auf die sich die Bürgschaft bezieht, nachgewiesen werden kann, ergibt sich folgender Tenor:

27

---

808 Vgl. THOMAS/PUTZO, § 600, Rn. 7; ANDERS/GEHLE, Q, Rn. 35.
809 Vgl. dazu auch ANDERS/GEHLE, Q, Rn. 36.

Schlussurteil:

1. Das Vorbehaltsurteil vom ... wird insoweit aufrechterhalten, als der Beklagte verurteilt ist, an den Kläger ... zu zahlen. Insoweit wird das Vorbehaltsurteil für vorbehaltlos erklärt. Im Übrigen wird das Vorbehaltsurteil aufgehoben und die Klage abgewiesen

2. Die Kosten des Rechtsstreits trägt der Kläger zu ... und der Beklagte zu ...

E. Vorbehaltsurteile bei Aufrechnung

Vorbehaltsurteile bei Aufrechnung

Ein weiterer Anwendungsbereich für Vorbehaltsurteile besteht im Zusammenhang mit einer Prozessaufrechnung; dies nämlich dann, wenn die Entscheidung über die Klageforderung isoliert für sich gesehen grds. entscheidungsreif wäre, nicht aber die zur Aufrechnung gestellte Gegenforderung des Beklagten. Dann kann das Gericht mit der gesamten Entscheidung warten, es hat aber auch die *Möglichkeit* (Ermessen![810]), ein Vorbehaltsurteil gemäß § 302 ZPO zu erlassen.

hemmer-Klausur-Tipp

Wenn Sie in der Klausur den Eindruck haben, ein solches Vorbehaltsurteil komme in der konkreten Situation in Betracht, so kontrollieren Sie sicherheitshalber *noch einmal* den Bearbeitervermerk des Sachverhalts. Sehr oft ist dort nämlich vorgegeben, dass die Entscheidungsreife zu unterstellen ist. Damit ist grds. die Entscheidungsreife des *gesamten* Falls gemeint, also auch die der Gegenforderung. In diesem Fall fehlt es dann gerade an den Voraussetzungen für ein bloßes Vorbehaltsurteil.

I. Fertigung des Vorbehaltsurteils

Fertigung des Vorbehaltsurteils

Wendet das Gericht § 302 ZPO an, so muss es einerseits deutlich machen, dass der Beklagte derzeit der Verlierer ist (deswegen auch derzeit die Kosten trägt), andererseits dies noch nicht das letzte Wort über den Rechtsstreit insgesamt ist.

Der genaue Wortlaut hängt davon ab, in welcher Höhe die Klageforderung unter Außerachtlassung der Gegenforderung *begründet* wäre und in welcher Höhe überhaupt eine Gegenforderung *zur Aufrechnung gestellt* ist.[811]

Ist die behauptete Gegenforderung nach den Erklärungen des Beklagten (mindestens) genauso hoch wie die Begründetheit der Klageforderung, so ergibt sich folgender Tenor:

Formulierungsbeispiel für Vorbehaltsurteil

Vorbehaltsurteil:

1. Die Beklagte wird verurteilt, an den Kläger ... € zuzüglich ... Prozent Zinsen hieraus ab ... zu bezahlen.

2. Die Beklagte trägt die Kosten des Rechtsstreits.

3. ... (Vorläufige Vollstreckbarkeit nach allgemeinen Regeln).

4. Die Entscheidung über die Aufrechnung der Beklagten mit der Gegenforderung aus Werkvertrag vom ... (oder: über die laut Tatbestand erklärte Aufrechnung) bleibt vorbehalten.

---

[810] Vgl. hierzu THOMAS/PUTZO, § 302, Rn. 6.

[811] Bei der Forderung des Klägers kommt es also darauf an, welche Höhe *das Gericht* annimmt; dieses hat diese Frage ja schon geprüft. Bei der Gegenforderung des Beklagten muss man dagegen auf die bloße *Geltendmachung* durch den Beklagten abstellen; *diese* Prüfung soll ja gerade noch aufgeschoben werden.

Die Aufrechnungsforderung soll möglichst genau bezeichnet werden. Da Ziffer 4. aber ohnehin nicht vollstreckt wird, ist kein Grund ersichtlich, warum für diese Konkretisierung nicht eine Bezugnahme auf die Details des Tatbestandes zu Hilfe genommen werden sollte.[812] Mit einer solchen Bezugnahme, wie sie unten im Beispiel in Klammern angeführt ist, wird der Eindruck vermieden, dass man bereits jetzt vom Bestehen dieser Gegenforderung ausgeht, und es wird auch ansonsten keine rechtliche Wertung dieser Gegenforderung vorweggenommen: Vielleicht ergibt ja die weitere Prüfung, dass gerade kein Werkvertrag vorliegt!

Tenor bei nur teilweise notwendigem Vorbehalt

Ist die geltend gemachte Gegenforderung des Beklagten geringer als die tatsächliche Höhe der Klägerforderung, kann schon jetzt klargestellt werden, dass das Urteil zumindest teilweise endgültig ist. Dies wird in der Überschrift und in der Beschränkung des Vorbehalts deutlich gemacht.[813] Im Falle einer begründeten Klageforderung von 12.000 € und einer behaupteten Gegenforderung von 7.000 € ergibt sich dann folgender Tenor:

Vorbehalts- und Endurteil:

1. Die Beklagte wird verurteilt, an den Kläger 12.000 € zuzüglich ... Prozent Zinsen ab ... zu bezahlen.

2. Die Beklagte trägt die Kosten des Rechtsstreits.

3. ... (Vorläufige Vollstreckbarkeit nach allgemeinen Regeln).

4. Hinsichtlich eines Betrages von 7.000 € bleibt die Entscheidung über die laut Tatbestand erklärte Aufrechnung vorbehalten.

II. Entscheidung über die Gegenforderung / Schlussurteil

1. Gegenforderung besteht nicht

Gegenforderung besteht nicht

Ergibt die rechtliche Prüfung im zweiten Verfahrensabschnitt, dass die Gegenforderung des Beklagten nicht besteht, so wird das Vorbehaltsurteil im Ergebnis bestätigt. Es gelten dann die oben beim Urkundenprozess angeführten Gesichtspunkte, sodass sich folgendes Urteil ergibt:

Schlussurteil:

1. Das Vorbehaltsurteil vom ... wird für vorbehaltlos erklärt.

2. Die weiteren Kosten des Rechtsstreits trägt der Beklagte.[814]

3. Das Urteil ist vorläufig vollstreckbar. Der Beklagte ...

Bindung an Vorbehaltsurteil beachten (§ 318 ZPO)

Bei der Fertigung dieses Schlussurteils ist wiederum auf die sich aus § 318 ZPO ergebende Bindung an die gerichtliche Entscheidung zu achten: Das Bestehen *der Hauptforderung* steht fest.[815] Diese kann der Beklagte nicht mehr in diesem Verfahrensabschnitt in Frage stellen, sondern nur mit Hilfe der Einlegung von Rechtsmitteln (Berufung) gegen das Vorbehaltsurteil.

---

812 Vgl. etwa THOMAS/PUTZO, § 302, Rn. 6; KNÖRINGER, § 7 III 1a.
813 Vgl. etwa THOMAS/PUTZO, § 302, Rn. 6; WALLISCH/SPINNER, JuS 2000, 377.
814 Über die vorherigen ist schon im Vorbehaltsurteil entschieden.
815 Vgl. etwa THOMAS/PUTZO, § 302, Rn. 7.

> **hemmer-Klausur-Tipp**
>
> Typisch für Klausuren ist, dass der Beklagte im Sachverhalt nach Erlass des Vorbehaltsurteils zu dieser bereits entschiedenen Frage „nachkartet". Dies ist dann eine Falle. Bleiben Sie souverän und legen Sie im Schlussurteil nur die Bindung gemäß § 318 ZPO als solche dar. Soweit bezüglich der Hauptforderung wirklich ein erwähnenswertes juristisches Problem existiert, gehen Sie darauf nur im Hilfsgutachten ein, und auch dies selbstverständlich nur, wenn ein solches im Bearbeitervermerk gefordert bzw. zugelassen ist.

2. Gegenforderung besteht

Gegenforderung besteht

Ergibt die rechtliche Prüfung im zweiten Verfahrensabschnitt, dass die zur Aufrechnung gestellte Gegenforderung des Beklagten tatsächlich (mindestens) in Höhe der Klageforderung besteht, wird das Vorbehaltsurteil gemäß § 302 IV 2 ZPO aufgehoben und *zusätzlich* die Klage insgesamt abgewiesen. Es ergibt sich folgendes Urteil:

Schlussurteil:

zwei Maßnahmen: Aufhebung und Abweisung

1. Die Klage wird unter Aufhebung des Vorbehaltsurteils vom ... abgewiesen.[816]

2. Der Kläger trägt die Kosten des Rechtsstreits. ...

3. ... (Vollstreckbarkeit nach allg. Regeln; §§ 708 Nr. 11, 711 oder § 709 ZPO)

Diese Kostenentscheidung hat diejenige aus dem Vorbehaltsurteil nun umgedreht (vgl. § 302 IV 2 ZPO: „anderweit") und betrifft die *gesamten* Prozesskosten. Bei der Quotelung ist die Addition gemäß § 45 III GKG zu beachten.

Kombination bei teilweise erfolgreicher Aufrechnung

Bei teilweise erfolgreicher Aufrechnung ist eine kombinierte Anwendung der beiden Entscheidungsvarianten durchzuführen, wie sie oben beim Urkundenprozess-Schlussurteil aufgeführt ist.

F. Urteil nach teilweisem Anerkenntnis

Anerkenntnis

Immer wieder tauchen in Klausuren auch Anerkenntnisse der Beklagtenseite auf. Ähnlich wie ein Verzichtsurteil wäre allerdings auch ein *vollständiges* Anerkenntnisurteil (§ 307 I ZPO) als Examensthema eine reichlich sinnlose Aufgabenstellung. Es wäre - wie gleich zu zeigen sein wird - nur sehr wenig zu prüfen und dieses wenige wäre wegen § 313b I 1 ZPO nicht einmal ins Urteil zu schreiben.

Teilanerkenntnis viel examensrelevanter (§ 313b I 1 ZPO)

Wesentlich bedeutsamer ist deswegen das Anerkenntnis hinsichtlich nur *eines Teils* des Klägerbegehrens. In einem solchen Fall sind hinsichtlich dieses Teils grds. die gleichen Voraussetzungen zu prüfen wie beim Vollanerkenntnis; der Aufgabensteller hat damit dann also ein paar ZPO-Besonderheiten mehr in seinen Fall eingebaut. Da das zu fertigende Urteil wegen des nicht beigelegten Streits über einen *anderen* Streitgegenstand oder Teil des Streitgegenstandes aber auch einen „normalen" Teil (Endurteil) enthält, treffen in einer solchen Klausur letztlich die zu lösenden rechtlichen Probleme mit formalen Besonderheiten zusammen.

---

816 Dies kann man natürlich auch in zwei eigene Ziffern auseinander reißen, vgl. WALLISCH/SPINNER, JuS 2000, 377.

I. Prüfungsschritte in den Vorüberlegungen

Voraussetzungen des Anerkenntnisurteils i.S.d. § 307 I ZPO

In den Vorüberlegungen hat der Klausurbearbeiter zunächst zu klären, ob überhaupt die Voraussetzungen des Anerkenntnisurteils i.S.d. § 307 ZPO gegeben sind.

Zulässigkeit der Klage

Zunächst ist die Zulässigkeit der Klage zu prüfen. Da ein Anerkenntnisurteil ein voll rechtskraftfähiges Sachurteil darstellt, gilt der Grundsatz des Vorrangs der Sachurteilsvoraussetzungen nämlich auch hier. Hierüber können sich die Parteien grds. nicht hinwegsetzen![817]

Abgabe eines wirksamen Anerkenntnisses

Nötig ist weiter die Abgabe eines wirksamen Anerkenntnisses durch den Beklagten. Hierfür müssen die Prozess*handlungs*voraussetzungen auf Seiten des Beklagten gegeben sein. Die Auslegung muss ergeben, dass er die vollständige *Rechtsfolge* der Klage anerkennen will[818]; will er nur (bestimmte einzelne oder alle) Tatsachen anerkennen, nicht aber die Rechtsfolge, so liegt nur ein Geständnis i.S.d. § 288 ZPO vor.[819]

zusätzlicher Antrag des Klägers nicht nötig

Ein Antrag des Klägers gerade auf Erlass eines Anerkenntnisurteils ist schon nach dem Gesetzeswortlaut nicht mehr nötig.[820] Es reicht der allgemeine Sachantrag.

keine Schlüssigkeitsprüfung

Liegen diese Voraussetzungen vor, so ist das Anerkenntnisurteil zu erlassen, *ohne* dass es einer weiteren Schlüssigkeitsprüfung bedarf.[821] Hierin liegt der Hauptunterschied zum Versäumnisurteil, wo über § 331 I BGB nur ein Geständnis i.S.d. § 288 ZPO fingiert wird, sodass eine Schlüssigkeitsprüfung noch notwendig ist.

II. Fall- und Formulierungsbeispiele

Fall- und Formulierungsbeispiele

Eine Klausur, die ein teilweises Anerkenntnis hinsichtlich eines abtrennbaren Streitgegenstandes enthält, ist in ihren Formalia davon geprägt, dass der Bearbeiter letztlich zwei Entscheidungen zusammensetzen muss, die sich nach jeweils ganz anderen Kriterien richten.

> **Bsp. 1:** Der Kläger klagt auf Zahlung des restlichen Kaufpreises (§ 433 II BGB), hilfsweise auf Rückgabe der Kaufsache Zug um Zug gegen Rückzahlung der vom Beklagten geleisteten Anzahlung (§§ 346, 348 BGB). Der Beklagte verteidigt sich gegen den Hauptantrag mit Rücktritt wegen Mangelhaftigkeit der Kaufsache (§§ 323 I, 437 Nr. 2 BGB) und erkennt den Hilfsantrag an. Die Beweisaufnahme ergibt, dass die Kaufsache tatsächlich mangelhaft i.S.d. § 434 BGB war und auch im Übrigen alle Rücktrittsvoraussetzungen vorliegen.

§ 313b I 2 ZPO beachten

Hier ist zunächst klarzustellen, dass der streitige Hauptantrag aufgrund des erfolgreichen Rücktritts zugunsten des Beklagten entschieden werden muss. Damit ist die Bedingung für den Hilfsantrag eingetreten, sodass auch über den Teil des Rechtsstreits zu entscheiden ist, auf den sich das abgegebene Anerkenntnis bezieht. Gemäß § 313b I 2 ZPO muss nun die Überschrift die zwei unterschiedlichen Teile des Urteils signalisieren.

---

817 Thomas/Putzo, § 307, Rn. 10.
818 Vgl. etwa Thomas/Putzo, § 307, Rn. 2.
819 Zu diesem siehe oben im Kapitel „Beweisrecht" (§ 10, Rn. 46 ff.).
820 Früher behalf man sich damit, dass dieser spezielle Prozessantrag zwangsläufig als „minus" schon im ursprünglichen Antrag auf streitiges Urteil stecke.
821 Vgl. Thomas/Putzo, § 307, Rn. 10.

Bei einem solchen bloßen *Teil*anerkenntnis muss auch deutlich werden, *welcher Teil* anerkannt wurde.

Formulierungsbeispiel bei Teilanerkenntnisurteil

Anerkenntnis- und Endurteil

1. Der Beklagte wird auf sein Anerkenntnis hin verurteilt, die Waschmaschine „Milo Blitz", Fabr. Nr. 758894 Zug um Zug gegen Rückzahlung von 1.500 € an den Kläger zurückzugeben.
2. Im Übrigen wird die Klage abgewiesen.
3. Der Kläger trägt die Kosten des Rechtsstreits.
4. (Vorläufige Vollstreckbarkeit).

Besonderheiten bei Kosten und Vollstreckbarkeit

In der Kostenentscheidung ist auf § 93 ZPO[822] zu achten, wobei im obigen Beispiel davon aber nur ein Teil erfasst ist. Die *vollständige* Auferlegung der Kosten auf den Kläger im Beispiel ergibt sich bei Vorliegen der Voraussetzungen des § 93 ZPO (sofortiges Anerkenntnis, keine Veranlassung für *diesen* Antrag) daraus, dass im Übrigen § 91 ZPO ebenfalls gegen den Kläger anzuwenden ist.

In der vorläufigen Vollstreckbarkeit ist hinsichtlich des anerkannten Teils § 708 Nr. 1 ZPO zu berücksichtigen, für den § 711 ZPO nicht gilt. Im Übrigen gelten wieder die allgemeinen Regeln, also v.a. auch §§ 708 Nr. 11, 711 ZPO.

G. Berufungsurteil

Berufungsurteil

Die Tenorierung eines Berufungsurteils ist davon geprägt, dass schon ein Urteil der ersten Instanz gegeben ist, das nun zur Überprüfung gestellt ist. Daher besteht bei allen Entscheidungsvarianten die Tenorierung aus einer *Bezugnahme* auf dieses Urteil der ersten Instanz.

I. Entscheidung im Misserfolgsfall

nicht abweisen!

Hier ist darauf zu achten, dass nicht die Terminologie der ersten Instanz („Die Klage wird *abgewiesen*.") einfach wiederholt wird. Stattdessen ist hier zwischen unzulässiger und unbegründeter Berufung zu differenzieren.

1. Unzulässige Berufung:

bei Unzulässigkeit verwerfen

Im Falle der unzulässigen Berufung ergibt sich der Tenor aus § 522 I ZPO: Es ist überhaupt nur dann ein Urteil zu fertigen, wenn eine mündliche Verhandlung vorausging, und es ist eine *Verwerfung* auszusprechen.

hemmer-Klausur-Tipp

> Gehen Sie im Normalfall des Vorhandenseins von nur jeweils *einer* Partei auf jeder Seite des Rechtsstreits davon aus, dass die Berufung zulässig sein wird und suchen Sie, wenn Probleme auftauchen, zielgerichtet schnell nach der Begründung für *diese* Lösung (z.B. kein Fristbeginn wegen Zustellungsfehler, Wiedereinsetzungsmöglichkeit oder Ähnliches). Insoweit gilt dasselbe, wie oben im Kapitel Säumnisverfahren dargestellt: Der Einbau einer unzulässigen Berufung ins Strickmuster einer Klausur ist letztlich nur dann sinnvoll und damit denkbar, wenn um mehrere Streitgenossen geht, von denen der andere eine zulässige Berufung eingelegt hat. Nur bei zumindest einer zulässigen Berufung hat die gestellte Aufgabe die notwendige Länge und Substanz für eine richterliche Examensklausur.

---

[822] Siehe hierzu bereits oben im Kapitel „Kostenentscheidung" (§ 6, Rn. 49). Das Beispiel bei WALLISCH/SPINNER, JuS 2000, 64 (68), wo auf die Kostenentscheidung verzichtet wird, ist ein anderer Fall: Dort wird, was als reichlich unrealistisch für eine Examensklausur erscheint, *nicht gleichzeitig* über den streitigen Teil entschieden.

Während bei einem Beschluss in Anlehnung an den Gesetzeswortlaut häufig die Zusatzwendung „als unzulässig" verworfen gebraucht wird[823], wird bei einem Urteil überwiegend[824] folgendermaßen tenoriert:

> 1. Die Berufung gegen das Urteil des Landgerichts Würzburg vom ... (Az.: ...) wird verworfen.
>
> 2. Der Kläger trägt auch die Kosten des Berufungsverfahrens.
>
> 3. Die Beschwer wird auf ... € festgesetzt.
>
> 4. Die Revision zum Bundesgerichtshof wird nicht zugelassen.
>
> 5. Das Urteil ist vorläufig vollstreckbar. Dem Kläger wird jedoch gestattet, ... (§ 711 ZPO).

Kosten: § 97 I ZPO

Die Kostenentscheidung ergibt sich im *Misserfolgs*falle aus § 97 I ZPO. Bei Anwendung dieser Norm wird dann nicht von den „Kosten des Rechtsstreits" gesprochen, über die schon ein Ausspruch in erster Instanz vorliegt, sondern nur über die neu hinzugekommenen Kosten, die in zweiter Instanz angefallen sind.

Zulassungsentscheidung (vgl. § 543 ZPO)

Die Notwendigkeit einer Entscheidung über die Zulassung der Revision ergibt sich aus § 543 ZPO, nach dem diese Zulassung nun für *jede* Revision nötig ist, also unabhängig vom Wert der Beschwer.

Vollstreckbarkeit

Hinsichtlich der vorläufigen Vollstreckbarkeit sind die §§ 542, 543 ZPO zu beachten: Die Revision ist unabhängig vom Ausgangsgericht und unabhängig von der Höhe des Beschwerdegegenstandes denkbar, sie setzt aber die Zulassung durch das Berufungsgericht voraus. Einschlägig sind die §§ 708 Nr. 10, 711 ZPO. Die gemäß § 711 ZPO grds. gegebene Abwendungsbefugnis entfällt wiederum dann, wenn – wie im Tenorierungsbeispiel hier – die Revision nicht zugelassen wird (§ 713 ZPO).[825]

2. Unbegründete Berufung:

Im Falle der zulässigen, aber unbegründeten Berufung ist folgendermaßen zu tenorieren:[826]

„zurückweisen", nicht „abweisen"!

> 1. Die Berufung gegen das Urteil des Landgerichts Würzburg vom ... wird zurückgewiesen.
>
> ... (weiter wie oben).

Für die Nebenentscheidungen gelten die oben gemachten Ausführungen entsprechend.

II. Entscheidung im (zumindest teilweise) Erfolgsfall

Entscheidung im (zumindest teilweisen) Erfolgsfall

Um die Problematik der Tenorierung im Erfolgsfalle der Berufung voll zu erfassen, sollte man sich zunächst einmal den genauen Wortlaut des Gesetzes vergegenwärtigen.

> ⇨ Sowohl § 520 III 2 Nr. 1 ZPO, als auch § 528 S. 2 ZPO und § 717 II ZPO sprechen von einer „Abänderung" des Urteils. Ganz offenkundig soll diese Abänderung *der Regelfall* sein.

---

823 Vgl. WALLISCH/SPINNER, JuS 2000, 377 (378).
824 Vgl. etwa THOMAS/PUTZO, vor § 511, Rn. 39; § 519b, Rn. 5; WALLISCH/SPINNER, JuS 2000, 377 (378).
825 Siehe auch THOMAS/PUTZO, § 708, Rn. 11.
826 Vgl. THOMAS/PUTZO, vor § 511, Rn. 40; KROIß/NEURAUTER, Muster Nr. 17.

⇨ Andererseits gibt es in der gesetzlichen Terminologie auch die „Aufhebung", so bei § 538 ZPO, aber auch etwa in § 717 II Nr. 1 ZPO.

Unterscheidung zwischen „Abänderung" und „Aufhebung"

Demnach ist grds. streng zu unterscheiden zwischen einer „Abänderung" und einer „Aufhebung" des erstinstanzlichen Urteils.

1. Aufhebung und Zurückverweisung

regelmäßig keine Zurückverweisung!

Auch für alle Sonderfälle gilt die ausdrücklich in § 538 I ZPO niedergelegte Regelung, dass das Berufungsgericht *primär selbst* zu entscheiden hat. 47

anders nur unter drei kumulativen Voraussetzungen

Eine Aufhebung und Zurückverweisung kommt gemäß § 538 II ZPO nur unter drei *kumulativen* Voraussetzungen in Betracht: 48

⇨ Vorliegen einer der sieben Ausnahmetatbestände und

⇨ Erforderlichkeit einer weiteren Verhandlung (keine Entscheidungsreife) und

⇨ Beantragung einer Zurückverweisung durch *eine* der Parteien.

Liegen ausnahmsweise einmal diese Voraussetzungen alle vor, so ist zu tenorieren: 49

Formulierungsbeispiel bei Zurückverweisung

„1. *Das Urteil des Amtsgerichts Köln vom ..... (Az.: ...) wird aufgehoben.*

2. *Das Verfahren wird zur erneuten Verhandlung und Entscheidung an das Amtsgericht Köln zurückverwiesen.*

3. Die Beschwer der Parteien wird auf je ... festgesetzt.

4. Das Urteil ist vorläufig vollstreckbar.

keine Kostenentscheidung

Die Kostenentscheidung unterbleibt in einem solchen Fall, da das Schicksal der Klage ja noch offen ist.[827] Dagegen wird wegen § 775 Nr. 1 ZPO ein Ausspruch zur vorläufigen Vollstreckbarkeit vorgenommen.

2. Regelfall: Eigene Sachentscheidung des Berufungsgerichts

Abänderung (§ 528 S. 2 ZPO)

Geht es nicht um den Sonderfall des § 538 II ZPO, so scheint aufgrund des Wortlauts der § 520 III 2 Nr. 1 ZPO, § 528 S. 2 ZPO und § 717 II ZPO nur ein Antrag auf *Abänderung* in Betracht zu kommen. 50

a. Voll erfolgreiche Berufung:

Streit bei voll erfolgreicher Berufung

Im Falle der voll erfolgreichen Berufung des Klägers oder Beklagten ist der Wortlaut der Tenorierung dennoch umstritten. 51

Beispiel bei Beklagtenberufung

Bsp.: *Der Kläger begehrt 3.000 € und bekam diese in erster Instanz auch voll zugesprochen. Der Beklagte will weiterhin volle Klageabweisung.*

Aufgrund der Tatsache, dass es hier darum geht, das Urteil 1. Instanz *insgesamt* in Frage zu stellen, plädieren hier viele[828] für die Benutzung des Wortes „Aufhebung", also für folgenden doppelten Tenor: 52

---

827 HUBER, Rn. 428; siehe auch KROIß/NEURAUTER, Muster Nr. 17.
828 Vgl. etwa KROIß/NEURAUTER, Muster Nr. 16 und Anmerkungen zu Muster Nr. 17; THOMAS/PUTZO, vor § 511, Rn. 42; KNÖRINGER, § 24 II 2; HUBER, Rn. 425.

Aufhebung oder Abänderung?

„1. Das Urteil des AG X vom ... (Datum; Az.) wird aufgehoben.

2. Die Klage wird abgewiesen."

Keinesfalls reicht es also, alleine die Aufhebung des erstinstanzlichen Urteils auszusprechen. Dann wäre nur die belastende Entscheidung beseitigt, aber überhaupt keine Entscheidung mehr vorhanden, weder eine für den Berufungsführer positive, noch eine negative.

Die wohl überwiegende Praxis[829] räumt dagegen auch insoweit dem Wortlaut des § 528 S. 2 ZPO den Vorrang ein und fordert deswegen folgende Tenorierung mit dem Begriff „Abänderung":

„Unter Abänderung des Urteils des AG X vom ... (Datum; Az.) wird die Klage abgewiesen."

umgekehrter Fall (erfolgreiche Klägerberufung)

Im Falle der (vollen) Berufung des Klägers wegen voller Klageabweisung stellt sich das gleiche Problem, nur spiegelbildlich. Möglich wäre daher einerseits der Antrag:

„1. Das Urteil des AG X vom ... (Datum; Az.) wird aufgehoben.

2. Der Beklagte wird verurteilt ... (es folgt Sachantrag wie in 1. Instanz)."

Orientiert man sich enger am Wortlaut des § 528 S. 2 ZPO, so ist gemäß dem oben Gesagten hier aber folgender Antrag empfehlenswert:

„Unter Abänderung des Urteils des AG X vom ... (Datum; Az.) wird der Beklagte verurteilt ... (es folgt Sachantrag wie in 1. Instanz)."

hemmer-Klausur-Tipp

> Arbeiten Sie in Klausuren mit letztgenannter Variante, und zwar – unabhängig von einer Bewertung der Qualität der eben genannten Argumente – aus taktischen Gründen. Bei einer teilweise begründeten Berufung ist sie die *einzig vertretbare* Tenorierung (dazu gleich). Haben Sie sich in Klausuren die Formulierung „aufgehoben" angewöhnt und bekommen dann in einer Klausur einen bloßen Teilerfolg, besteht die Gefahr eines Leichtsinnsfehlers aus Gewohnheit.[830] Haben Sie sich aber die Formulierung „abgeändert" angewöhnt, brauchen Sie nicht auf Differenzierungen zu achten und reduzieren so das Fehlerrisiko: Diese Formulierung ist in dem einen Fall nicht zwingend, aber überwiegende Praxis und im anderen Fall die einzig vertretbare. – Dieser Ratschlag gilt übrigens für das Parallelproblem der Antragstellung in der anwaltlichen Berufungsklausur.[831]

b. Tenor bei Erfolg einer nur teilweise eingelegten Berufung

Fall 2: Berufung des Beklagten wegen teilweiser Verurteilung

Da das erstinstanzliche Urteil in diesem Fall nicht ganz in Frage gestellt wird, gibt es hier keine Argumente mehr gegen eine Formulierung mit dem gesetzlichen Begriff „Abänderung".[832]

Bsp.: *Der Kläger begehrt 4.000 € und bekam in erster Instanz 2.000 € zugesprochen. Der Beklagte verfolgt nun sein erstinstanzliches Ziel der vollständigen Klageabweisung weiter.*

---

829 Vgl. etwa DOUKOFF, Rn. 226 (m.w.N.).

830 So ist dies etwa in der bayerischen Examensklausur Nr. 2 im Juni-Termin 2012 (anwaltlicher Berufungsbegründungsschriftsatz) zahlreichen Examenskandidaten passiert.

831 Dazu siehe etwa Assessor-Basics, Anwaltsklausur [Theorieband], § 5, Rn. 33 ff.

832 Vgl. auch die Differenzierung bei KNÖRINGER, § 24 II 2 und THOMAS/PUTZO, vor § 511, Rn. 42.

Der Tenor im Erfolgsfalle der Berufung lautet dann wie folgt:

1. Unter teilweiser Abänderung des Urteils des AG X vom ... (Datum; Az.) wird die Klage abgewiesen.

... (Kosten, Vollstreckbarkeit u.a.) ...

völlige „Neufassung" des Tenors in komplizierten Fällen möglich

In komplizierten Fällen, v.a. bei teilweiser Abänderung in *mehreren* Punkten (Hauptsache, Zinshöhe, Zinsdatum u.a.) ist u.U. eine *völlige Neufassung* des Tenors möglich und aus Gründen der Verständlichkeit angebracht.[833]

Aber auch hierbei muss klargestellt werden, dass es sich nicht um eine gänzliche Aufhebung handelt. Der Tenor kann dann wie folgt lauten:

„*Das Urteil des AG X vom ... (Datum; Az.) wird* abgeändert *und wie folgt neu gefasst:*

... (es folgt nun der Tenor, der korrekterweise schon von der ersten Instanz hätte ausgesprochen werden müssen.)"

hemmer-Klausur-Tipp

> Machen Sie nur im „Notfall", also bei wirklich komplizierten Tenorierungen, von dieser Möglichkeit Gebrauch. Andernfalls droht u.U. die Gefahr, dass Ihnen ein etwas oberflächlich lesender Korrektor doch – zu Unrecht – vorwirft, Sie hätten unerlaubter Weise alles noch einmal neu tenoriert!

ebenso „Abänderung" bei Berufung des Klägers wegen teilweiser Klageabweisung

Genauso verhält es sich, wenn es um eine Berufung des Klägers wegen teilweiser Klageabweisung geht: Der Kläger will gar keine vollständige Aufhebung des Urteils erster Instanz. Vielmehr soll dieses Urteil weiterhin gültig sein, soweit es für ihn günstig ist, also eine Verurteilung in 1. Instanz tatsächlich ausgesprochen wurde.

Würde er eine volle Aufhebung und eine sich daran anschließende neue „bessere" Verurteilung bekommen, so würde ihm der zeitlich frühere Vollstreckungstitel genommen werden und ein neuer gewährt werden. Dies hätte u.U. Auswirkung auf den Rang in der Zwangsvollstreckung (vgl. etwa §§ 775, 776 ZPO).[834]

Bsp.: Der Kläger begehrt 4.000 €, bekam in erster Instanz aber nur 2.000 € zugesprochen und verfolgt nun sein erstinstanzliches Ziel unbeschränkt weiter.

Der Tenor lautet im Falle des Erfolgs der Berufung dann:

1. In Abänderung des Urteils des AG X vom ... (Datum; Az.) wird der Beklagte verurteilt, an den Kläger 4.000 € nebst x Prozent Zinsen ab ... zu bezahlen.

... (Kosten, Vollstreckbarkeit u.a.).

c. Tenor bei Teilerfolg der Berufung

Tenor bei Teilerfolg der Berufung

Bei einer vollständig eingelegten, aber nur teilweise erfolgreichen Berufung gilt das eben Ausgeführte entsprechend. Allerdings ist dabei immer zusätzlich auch an den negativen Teil der Entscheidung zu denken.

---

833 Vgl. etwa THOMAS/PUTZO, vor § 511, Rn. 42; KNÖRINGER, § 24 II 2.
834 Insoweit handelt es sich um das Parallelproblem zum Einspruch gegen VU, wo aus demselben Grund das VU auch teilweise „aufrechterhalten" wird (§ 343 ZPO), wenn das VU teilweise korrekt war.

> 1. In Abänderung des Urteils des AG X vom ... (Datum; Az.) wird der Beklagte verurteilt, an den Kläger 2.000 € nebst ... Prozent Zinsen ab ... zu bezahlen.
>
> 2. Im Übrigen wird die Berufung zurückgewiesen.
>
> ... (Kosten, Vollstreckbarkeit u.a.).

H. Urteil im einstweiligen Rechtsschutzverfahren (Arrest, einstweilige Verfügung)

einstweiliger Rechtsschutz

Bei Urteilen im einstweiligen Rechtsschutzverfahren muss differenziert werden, ob es um einen Arrest geht oder um eine einstweilige Verfügung bzw. um welche genaue Art von einstweiliger Verfügung. Außerdem ist nach Verfahrensabschnitten zu unterscheiden.

zunächst Urteil oder Beschluss

Im ersten Verfahrensabschnitt, also vor Erlass der gerichtlichen Maßnahme, orientiert sich das Gericht hinsichtlich der Form der Entscheidung an § 922 I 1 ZPO (evtl. i.V.m. § 936 ZPO): Wenn eine mündliche Verhandlung stattfand, so ergeht ein Urteil, ansonsten nur ein Beschluss.

Ein dem Antrag stattgebender Beschluss bedarf - anders als das Urteil oder die ablehnende Entscheidung - nach h.M. wegen § 922 I 1 ZPO (evtl. i.V.m. § 936 ZPO) grds. gar keiner Begründung[835], sodass dessen Fertigung selbst also wenig als Examensthema geeignet ist.

nach Widerspruch gemäß § 924 ZPO immer Urteil, § 925 I ZPO

Gegen einen solchen Beschluss besteht allerdings die Möglichkeit des Widerspruchs gemäß § 924 ZPO (evtl. i.V.m. § 936 ZPO).[836] Bei diesem Vorgehen fehlt es dann am Devolutiveffekt.[837] Es kommt nun beim selben Gericht zu einer mündlichen Verhandlung mit Urteil, dessen Fertigung wiederum eine Examensaufgabenstellung sein kann.

I. Erlass eines Arrestes

Urteil wegen Erlass eines Arrestes (eher seltener Fall)

Der Arrest gem. §§ 916 ff. ZPO ist nur möglich hinsichtlich Geldforderungen oder Ansprüchen, die in solche übergehen können. Außerdem ist Regelungsgegenstand nur eine *Sicherung* (nicht Durchsetzung) dieser Geldforderung.

Ziel bzw. Folgen des Arrestes

Die Vollziehung des dinglichen Arrestes (Regelfall) in eine Forderung erfolgt gemäß § 930 I 3 ZPO durch Pfändung dieser Forderung. Die Überweisung der Forderung ist nicht möglich, weil diese bereits eine Befriedigung wäre.[838] Entsprechend bei beweglichen Sachen: Deren Pfändung aufgrund Arrestbefehls ist möglich, nicht aber die Verwertung durch Versteigerung gemäß §§ 817 ff. ZPO[839] (vgl. aber die Ausnahme in § 930 III ZPO). Für die Vollziehung bei Immobilien lässt § 932 ZPO die Eintragung einer Zwangshypothek als einziges zulässiges Mittel der Sicherung zu.[840]

---

835 Vgl. THOMAS/PUTZO, § 922, Rn. 2 m.w.N.

836 Dies ist gegenüber den Beschwerdevorschriften der ZPO dann vorrangig (vgl. BAUMBACH/HARTMANN, § 922, Rn. 12).

837 Vgl. THOMAS/PUTZO, § 924, Rn. 2.

838 THOMAS/PUTZO, § 930, Rn. 1; § 835, Rn. 1.

839 THOMAS/PUTZO, § 930, Rn. 1.

840 Vgl. THOMAS/PUTZO, § 932, Rn. 1. Ausführlicher hierzu, zur Abgrenzung gegenüber den §§ 620 ff., 644 ZPO und v.a. zu den Konsequenzen für die vom Anwalt zu treffende Auswahl des richtigen Weges siehe in Assessor-Basics Anwaltsklausur, § 3, Rn. 2 ff.

§ 12 DER TENOR IN WEITEREN SONDERFÄLLEN DES ZIVILURTEILS

Beim Arrest kommt es vor einer erstmaligen Entscheidung nur ausnahmsweise zu einer mündlichen Verhandlung, regelmäßig also „nur" zu einem Beschluss.

Fand aber eine mündliche Verhandlung statt, so ergeht Urteil. In diesem werden die Parteien nicht mehr als „Antragsteller" und „Antragsgegner" bezeichnet, sondern bereits als „Arrestkläger" und „Arrestbeklagter".

Formulierungsbeispiel für dinglichen Arrest

1. Zur Sicherung der Zwangsvollstreckung wegen einer Forderung des Arrestklägers auf Zahlung von 35.000 € nebst zehn Prozent Zinsen seit ... (evtl.: und einer Kostenpauschale von ca. ... €) wird der dingliche Arrest in das bewegliche und unbewegliche Vermögen des Arrestbeklagten angeordnet.

Lösungssumme gemäß § 923 ZPO

2. Durch die Hinterlegung von 39.000 € wird die Vollziehung dieses Arrestes gehemmt und der Schuldner berechtigt, die Aufhebung des vollzogenen Arrestes zu beantragen.

3. Die Kosten des Verfahrens trägt der Arrestbeklagte.[841]

Die sog. Lösungssumme (Ziffer 2.) ist gemäß § 923 ZPO von Amts wegen in den Tenor aufzunehmen.[842]

„kraft Natur der Sache" ohne Ausspruch vollstreckbar

Die Kostenentscheidung richtet sich nach den allgemeinen Regeln, also v.a. nach § 91 ZPO. Ein Ausspruch über eine vorläufige Vollstreckbarkeit entfällt im Falle *des Erfolges* des Antrages, da einstweiliger Rechtsschutz „kraft Natur der Sache" ohne Ausspruch vollstreckbar ist![843]

hemmer-Klausur-Tipp

Es handelt sich um eine sehr bedeutsame Folgerung aus den Grundgedanken des einstweiligen Rechtsschutzes. Lassen Sie daher den Korrektor möglichst nicht zweifeln, dass Sie das Problem erkannt haben und die Tenorierung mit guten Gründen – nicht „zufällig" – so gestaltet haben. Erläutern Sie Ihr Vorgehen daher ganz kurz im Hilfsgutachten, wenn ein solches vom Bearbeitervermerk erfasst ist. Dies gilt umso mehr, wenn der Antragsteller im Sachverhalt – klausurtypisch – eine „vorläufige Vollstreckbarkeit" (ggf. noch ausdrücklich „ohne Sicherheitsleistung") beantragt hat.

manchmal zusätzlich Vollziehung

Gegebenenfalls tritt bei Vorliegen eines entsprechenden *Antrages* noch eine weitere Tenorierungsziffer hinzu: Soll der Arrest durch *Forderungspfändung* vollstreckt werden, so besteht die Besonderheit, dass das für den Arrest zuständige Gericht wegen § 930 I 3 ZPO (also in Abweichung von § 828 ZPO) auch für die Vollstreckung (Pfändung, nicht auch Überweisung) selbst zuständig ist. Deswegen kann *auf Antrag* auch bereits die Pfändung ausgesprochen werden:

4. In Vollziehung des Arrestes wird die Forderung des Arrestbeklagten gegen die ... (Bank, Arbeitgeber) bis zum Höchstbetrag von ... € gepfändet. Der Arrestbeklagte hat sich insoweit jeder Verfügung über die Forderung zu enthalten. Der Drittschuldner darf an den Arrestbeklagten nicht mehr leisten.

Ein solcher Ausspruch unterbleibt, wenn der Antragsteller die Pfändung von beweglichen Sachen anstrebt, da dort gemäß § 930 I 1 i.V.m. § 808 ZPO der Gerichtsvollzieher für die Vollstreckung zuständig ist. Ebenso bei Immobilien, wo das Grundbuchamt für die Eintragung der Zwangshypothek (vgl. § 932 ZPO) zuständig ist.[844]

---

841 Eine Streitwertfestsetzung im Tenor soll nur bei Erlass eines Beschlusses nötig sein (vgl. KNÖRINGER, § 23 III 1b a.E.).
842 Vgl. zu dieser etwa THOMAS/PUTZO, § 923, Rn. 1. Bei der einstweiligen Verfügung gilt diese Regelung nicht (vgl. § 939 ZPO).
843 Vgl. etwa THOMAS/PUTZO, § 922, Rn. 3. Im Falle der *Ablehnung* des Antrages durch ein Urteil gelten die §§ 708 Nr. 6, 711 ZPO (THOMAS/PUTZO, § 922, Rn. 4).
844 Vgl. ZÖLLER/VOLLKOMMER, § 932, Rn. 7.

persönlicher Arrest (subsidiär)

Der *persönliche* Arrest ist subsidiär.[845] Er setzt nach § 918 ZPO voraus, dass gerade er erforderlich ist, um die gefährdete Zwangsvollstreckung in das Vermögen des Schuldners zu sichern, dass der dingliche Arrest also nicht genügend ist, vielmehr eine Beeinträchtigung der persönlichen Freiheit erforderlich ist.

Ist ausnahmsweise dennoch einmal ein persönlicher Arrest anzuordnen, so lautet der Tenor:

Formulierungsbeispiel für persönlichen Arrest

1. Zur Sicherung der Zwangsvollstreckung wegen einer Forderung des Arrestklägers auf Zahlung von 35.000 € nebst zehn Prozent Zinsen seit ... (evtl.: und einer Kostenpauschale von ca. ... €) wird der persönliche Sicherheitsarrest gegen den Arrestbeklagten angeordnet.[846]

2. In Vollzug dieses Arrestes wird die Haft gegen den Arrestbeklagten angeordnet.

II. Erlass einer einstweiligen Verfügung

Erlass einer einstweiligen Verfügung

Bei der einstweiligen Verfügung geht es um Ansprüche, die nicht auf Geldzahlung gerichtet sind.

drei Arten zu unterscheiden

Soweit diese nur gesichert werden sollen, ist die Sicherungsverfügung gemäß § 935 ZPO einschlägig. Manchmal geht es um die Regelung eines Zustandes, was mit Hilfe der Regelungsverfügung gemäß § 940 ZPO zu entscheiden ist.

Leistungsverfügung nur bei besonderer Dringlichkeit (grds. keine Vorwegnahme der Hauptsache!)

Schließlich kommt manchmal auch noch eine sog. Leistungsverfügung in Betracht, die auf eine direkte oder analoge Anwendung von § 940 ZPO gestützt wird.[847] Will der Antragsteller eine Herausgabe *an sich selbst* durchsetzen, so ist dies mehr als nur eine Sicherung i.S.d. § 935 ZPO, sodass dies nur mit einer Leistungsverfügung erreicht werden könnte. Diese aber steht im Spannungsverhältnis zur Grundregel, dass der einstweilige Rechtsschutz nicht die Hauptsache vorwegnehmen soll und ist daher nur unter besonderen Voraussetzungen möglich.

Grundsätzlich wird hier gefordert, dass der Antragsteller auf *die Befriedigung* so dringend angewiesen ist, dass er die Hauptsache nicht abwarten kann. Der Fall muss also so liegen, dass die Herausgabe *an den Gerichtsvollzieher*, der sie dann bis zur Entscheidung in der Hauptsache verwahrt (= Rechtsfolge der *Sicherungs*verfügung), nicht zumutbar ist.[848]

> **Bsp.:** *Ein Vermieter hat mit Hilfe seines Zweitschlüssels eigenmächtig Gegenstände aus der Wohnung des Mieters geräumt, darunter ein Laptop, das der Mieter dringend braucht, weil es unverzichtbare betriebliche Daten enthält, ohne die er nicht weiter seinem Gewerbe nachgehen kann.*

Für solche Fälle verbotener Eigenmacht (§ 861 I BGB) ist anerkannt, dass hier die Leistungsverfügung in Fällen der Dringlichkeit möglich ist.[849] Anders als bei der Sicherungsverfügung geht diese dann auf Herausgabe *an den Antragsteller selbst*.

---

845 THOMAS/PUTZO, § 918, Rn. 1.
846 Vgl. etwa GOTTWALD, 11.9.1.2. Zum Antrag in der Anwaltsklausur siehe etwa Assessor-Basics Anwaltsklausur, § 3, Rn. 33 ff. sowie Beck'sches Prozessformularbuch, Muster I R 2.
847 Hierzu siehe Assessor-Basics Anwaltsklausur, § 3, Rn. 12, 14.
848 Vgl. THOMAS/PUTZO, § 940, Rn. 6.
849 Vgl. THOMAS/PUTZO, § 940, Rn. 12.

hier grds. mündliche Verhandlung nötig (§ 937 II ZPO), daher Urteil (§§ 922 I 1, 936 ZPO)

Im Unterschied zum Arrest wird bei der einstweiligen Verfügung gemäß § 937 II ZPO grds. eine mündliche Verhandlung vorausgesetzt mit der Folge, dass ein Urteil ergeht (§§ 922 I 1, 936 ZPO). *Ohne* mündliche Verhandlung (und damit als Beschluss) ergeht die Entscheidung nur bei Abweisung und bei besonderer Dringlichkeit i.S.d. § 937 II ZPO. Hierfür genügt noch nicht der Verfügungsgrund als solcher. Erforderlich ist vielmehr, dass entweder eine selbst in kürzester Frist (§§ 217, 226 I ZPO) anberaumte mündliche Verhandlung nicht abgewartet werden kann oder der Zweck der einstweiligen Verfügung eine Überraschung des Gegners erfordert.[850]

Tenor einer Leistungsverfügung

Der Tenor einer Leistungsverfügung im obigen Beispiel könnte dann wie folgt lauten:

> *1. Dem Verfügungsbeklagten[851] wird aufgegeben, das im Eigentum des Verfügungsklägers stehende schwarze Laptop IBM Thinkpad 3003, Fabriknummer KK 17777/11 an den Verfügungskläger herauszugeben.*
>
> *2. Die Durchsuchung der Wohnung des Verfügungsbeklagten in ... wird gestattet.[852]*
>
> *3. Die Kosten des Verfahrens trägt der Verfügungsbeklagte.*

Im Falle einer bloßen Sicherungsverfügung, wenn also keine besondere Dringlichkeit der Nutzung gegeben, andererseits aber die Sicherstellung dringend ist (etwa bei Gefahr der Weggabe an Dritte), wäre dagegen zu formulieren:

Tenor einer Sicherungsverfügung

> *Dem Verfügungsbeklagten wird aufgegeben, das im Eigentum des Verfügungsklägers stehende schwarze Laptop IBM Thinkpad 3003, Fabriknummer KK 17777/11 an einen vom Antragsteller zu beauftragenden Gerichtsvollzieher herauszugeben. ... (im Übrigen wie oben)*

Unterschied Sequestration / Verwahrung

> **Anmerkung: Die Herausgabe an den Gerichtsvollzieher ist der Regelfall. Sie erfolgt, wenn es um die reine Verwahrung der Sache geht. Herausgabe an den Sequester ist nötig, wenn es zusätzlich Aufgabe ist, die Sache zu erhalten; Sequestration ist eine verwaltende Tätigkeit, die von der reinen Verwahrung (Sicherstellung) zu unterscheiden ist.[853]**

Hat der Verfügungskläger „mehr" beantragt, nämlich eine Herausgabe an sich selbst, doch liegen nur die Voraussetzungen der Sicherungsverfügung vor, nicht auch der Leistungsverfügung, so heißt es zusätzlich:

> *Im Übrigen wird der Antrag abgewiesen.*

Ein häufiger Fall ist auch die Unterlassungsverfügung, etwa zur Durchsetzung von Unterlassungsansprüchen aus § 1004 I BGB.[854]

---

850 Vgl. ZÖLLER/VOLLKOMMER, § 937, Rn. 2. Zum Ganzen siehe auch THOMAS/PUTZO, § 937, Rn. 2; KNÖRINGER, § 23 III 1b. Zu den Folgerungen für den anwaltlichen Schriftsatz siehe ausführlich Assessor-Basics Anwaltsklausur, § 3, Rn. 48.
851 Wie bereits mehrfach gezeigt, können die Parteien ab Erlass eines Urteils als „Verfügungskläger" usw. bezeichnet werden.
852 Vgl. hierzu §§ 758, 758a ZPO.
853 Vgl. ZÖLLER/VOLLKOMMER, § 938, Rn. 7 f.
854 Hierzu siehe bereits oben im Kapitel „Der Tenor über die Hauptforderung" (§ 4, Rn. 19).

III. Aufhebung von Arrest oder einstweiliger Verfügung nach Widerspruch gegen Beschluss

Aufhebung nach Widerspruch gegen Beschluss

Wie oben gezeigt, besteht im Falle des Erlasses eines Beschlusses die Möglichkeit des Widerspruchs gemäß § 924 ZPO (evtl. i.V.m. § 936 ZPO)[855], der eine mündliche Verhandlung beim selben Gericht mit anschließendem Urteil zur Folge hat. Besteht die Aufgabe in der Fertigung dieser Variante von Urteil, so muss sich der Bearbeiter vergegenwärtigen, dass mit dem Beschluss bereits eine Entscheidung besteht. Die Formulierung muss also deutlich machen, welches Schicksal diesem Beschluss nun widerfahren ist.

Kommt das Gericht nach mündlicher Verhandlung zu dem Ergebnis, dass es den Arrestbefehl aus jetziger Sicht zu Unrecht erlassen hat, so ist zu tenorieren:

zwei Aussprüche: Aufhebung und Zurückweisung (nicht Abweisung!)

1. Der Arrestbefehl vom ... wird aufgehoben und der Antrag auf Erlass eines Arrestes vom ... wird zurückgewiesen.

2. Die Kosten des Rechtsstreits (oder: des Arrestverfahrens) trägt der Arrestkläger.

3. ... (vorläufige Vollstreckbarkeit, vgl. §§ 708 Nr. 6, 711 ZPO)

Es ist also wiederum - wie beim Versäumnisurteil und beim Berufungsurteil - darauf zu achten, dass zwei Aussprüche kumulativ erfolgen: Neben der Aufhebung als vernichtende Maßnahme muss auch hier wieder die instanzabschließende Entscheidung der Zurückweisung (nicht Abweisung!)[856] treten.

Genauso wird tenoriert, wenn es um die Aufhebung einer einstweiligen Verfügung geht, nur dass dann eben von einer Aufhebung der einstweiligen Verfügung die Rede ist (statt vom Arrestbefehl).

bestätigende Entscheidung

Kommt das Gericht auch nach mündlicher Verhandlung zum selben Ergebnis wie bei Erlass des Beschlusses lautet der Tenor:

1. Der Arrestbefehl vom ... wird bestätigt.

2. Der Arrestbeklagte trägt die weiteren Kosten des Rechtsstreits (oder: des Arrestverfahrens).

wiederum keine Vollstreckbarkeitsentscheidung!

Es ergeht aus den oben genannten Gründen (Vollstreckbarkeit kraft „Natur der Sache") keine Entscheidung über eine vorläufige Vollstreckbarkeit. Bei einstweiliger Verfügung wird grds. wiederum genauso vorgegangen.

teilweise bestätigende Entscheidung

Diese Formulierungen sind miteinander zu kombinieren, wenn eine teilweise Korrektur des Arrestbefehls zu erfolgen hat, etwa weil der zu sichernde Anspruch nun geringer anzusetzen ist.

1. Der Arrestbefehl vom ... bleibt in Höhe eines Teilbetrages in Höhe von ... aufrechterhalten.

2. Im Übrigen wird der Arrestbefehl vom ... aufgehoben und der Antrag auf Erlass eines Arrestes vom ... zurückgewiesen.

3. ...

---

855 Dies ist gegenüber den Beschwerdevorschriften der ZPO dann vorrangig.
856 Vgl. etwa THOMAS/PUTZO, § 925, Rn. 2; MUSIELAK/HUBER, § 925, Rn. 6.

STICHWORTVERZEICHNIS

(Die erste Zahl bezeichnet den Fall, die zweite die jeweilige Randnummer)

A

Aktenzeichen	3/2
Anerkenntnis, Tenorierung	12/34 ff.
Anscheinsbeweis	10/107 ff.
Anwaltskosten	6/5
Arrest, Tenorierung	12/60 ff.
Aufbau des Zivilurteils	2/8
Aufrechnung im Prozess	
Kostenstreitwert	6/21
Kostenerstattung	6/67
Tatbestand	8/55 f.
Vorbehaltsurteile, Tenorierung	12/28 ff.
Arzthaftung, Beweislast	10/96 ff.

B

Berufung	
Entscheidung über Zulassung	9/70
Tenorierung im Berufungsurteil	12/39
Zulassung im Tenor	2/9
Beschwer nicht über 600 Euro	2/12
Beschwer über 600 Euro	2/13
Bestreiten	8/16 ff.
einfaches	8/17
mit Nichtwissen	8/20; 10/54
pauschales	8/22; 10/51
qualifiziertes	8/18
unzulässiges	8/19
verspätetes	8/21
Beweis	10/1 ff.
Beweisantrag	10/124
Beweisarten	10/2
Freibeweis	10/3
Strengbeweis	10/2
Beweisbedürftigkeit	10/41 ff.
allgemeinkundige Tatsachen	10/42
gerichtskundige Tatsachen	10/43
offenkundige Tatsachen	10/41
streitige Tatsachen	10/44
Beweiserleichterungen	10/106 ff.
Anscheinsbeweis	10/106
Indizienbeweis	10/106
Schätzung	10/118
Beweisführung	10/24 ff.
Beweisantrag	10/124 f.
Beweiserhebung	10/126 f.
Beweisgegenstand	10/36 ff.
Tatsachenbegriff	10/37
Entscheidungserheblichkeit	10/38 ff.
Beweislast	10/75 ff.
Behauptungslast (Darlegungslast)	10/77
bei Negativtatsachen	10/83
objektive Beweislast	10/79
subjektive Beweislast	10/78
Beweislastverteilung	10/80 ff.
Beweismittel	10/14 ff.
Augenschein	10/14
Sachverständiger	10/22
Urkunden	(siehe Urkunden)
Zeuge	10/15 ff.
Beweisrichtung	10/7 ff.
Haupt-/Gegenbeweis	10/7
un-/mittelbarer Beweis	10/8
Beweisvereinbarungen	10/123
Beweisvereitelung	10/103 ff.
Beweisverwertungsverbote	10/121 ff.
Beweiswürdigung	10/128 ff.
Bindung an frühere Urteile	10/74
Geständnis	10/46 ff.
Glaubhaftmachung	10/4
Parteivernehmung	10/33
Begriff	10/33
Zulässigkeit	10/34
Präklusion	10/58 ff.
richterl. Modifikation der Beweislast	10/90 ff.
Arzthaftung	10/96 ff.
Produzentenhaftung	10/99 ff.
Vertragsrecht	10/91 ff.

E

echtes VU	11/23 ff.
einstweilige Verfügung, Tenorierung	12/65 ff.
Entscheidungsgründe	9/1 ff.
Aufbau	9/4
Begründetheitsprüfung	9/34 ff.
Formalia	9/19 ff.
Vorprüfung	9/5 ff.
Zulässigkeitsprüfung	9/24 ff.
Bedeutung	9/2
Behandlung der Präklusion	10/73
begründete Klage, Aufbau	9/36 ff.
Bindung an andere Urteile	9/60
Nebenforderungen/-entscheidungen	9/65 ff.
Kostenentscheidung	9/67
Vollstreckbarkeitsentscheidung	9/69
Zinsforderung	9/66
Zulassung der Berufung	9/70
teilweise begründete Klage, Aufbau	9/44 ff.
unbegründete Klage, Aufbau	9/40 ff.
Verkehrsunfallklausur	9/46
Versäumnisurteil	11/33 ff.
einstweiliger Rechtsschutz	
Beweiswürdigung	10/137

Rubrum	3/21	Kostenentscheidung	6/1 ff.
Tenorierung	12/59 ff.	Begründung der Entscheidung	9/67
Einteilung von Urteilen		bei Änderung von Streitwert	6/72
Art des Zustandekommens	2/4	bei bes. Angriffs-/Verteidigungsmitteln	6/62
Bedeutung für Erledigung des Rechtsstreits	2/5	bei Beteiligung von Streitgenossen	6/57 ff.
Endurteil	2/6	bei Beteiligung von Streithelfern	6/57 ff.
Vorbehaltsurteile	2/8	bei sofortigem Anerkenntnis	6/49
Zwischenurteil	2/7	bei teilweisem Obsiegen	6/42
nach Rechtskraftwirkung	2/1	bei übereinst. Erledigterklärung	6/50
nach der Rechtsschutzform	2/3	beim Versäumnisurteil	11/68
Eintritt der Rechtshängigkeit	5/3	bei vollem Unterliegen	6/41
Erledigterklärung		Grundsatz der Kosteneinheit	6/35
einseitige		Kostengrundentscheidung	6/15
Kostenentscheidung	6/51 ff.	Kostenhaftung	6/8 ff.
Kostenstreitwert	6/24	Kostenschuld	6/9
Tatbestand	8/41 ff.	Kostenerstattung	6/11 ff.
übereinstimmende		Kostenfestsetzung	6/15
Kostenentscheidung	6/50	Kostenstreitwert	6/16 ff.
Kostenstreitwert	6/25	Kostentrennung	6/36
Tatbestand	8/44 ff.	Prozesskosten	6/2 ff.
Tenor	12/5 ff.	außergerichtl. Kosten	6/4
		Gerichtskosten	6/3
F		Urteile mit Kostenentscheidung	6/28
		Urteile ohne Kostenentscheidung	6/29 ff.
Familienverfahrensrecht (FamFG)			
Einstweiliger Rechtsschutz	3/21	**L**	
Entscheidungsform (Beschluss!)	2/8a		
Feststellungsklage		**Leistungsklage, Tenorierung**	4/5 ff.
Kostenstreitwert	6/22		
Tenor	4/21 ff.	**O**	
Flucht in die Säumnis	11/65		
Flucht in die Widerklage	10/70	**originärer Einzelrichter**	2/16
G		**P**	
Gerichtskosten	6/3	**Partei- und Prozessfähigkeit**	8/28
Gesetzlicher Parteiwechsel	3/18	**Parteivernehmung**	10/33
Gewillkürter Parteiwechsel	3/17	**Parteiwechsel**	
Grundsatz der Kosteneinheit	6/35	gesetzlicher	3/18
		gewillkürter	3/17
H		Tatbestand	8/54
		Postulationsfähigkeit, fehlende	11/7
Haupt- und Hilfsantrag		**Präklusion von Beweismitteln**	10/58 ff.
Entscheidungsgründe	9/12	**prima facie Beweis**	10/107 ff.
Kostenentscheidung	6/68 ff.	**Produzentenhaftung, Beweislast**	10/99 ff.
Tatbestand	8/47	**Prozessbevollmächtigte**	3/10
		Prozesskosten (siehe Kostenentscheidung)	
K		außergerichtl. Kosten	6/4
		Anwaltskosten	6/5
Klageänderung, Tatbestand	8/44	Parteikosten	6/7
Klagehäufung		Gerichtskosten	6/3
Entscheidungsgründe	9/8	**prozessualer Kostenanspruch**	6/12 ff.
Tatbestand	8/46 ff.	**Prozessurteil**	
Klagerücknahme		Rechtskraftwirkung	2/1
Kostenentscheidung	6/53 ff.	Tenorierung	4/12
Tatbestand	8/49	**Prozessvergleich, Tatbestand**	8/57

STICHWORTVERZEICHNIS

Prozesszinsen 4/2 ff.
    Eintritt der Rechtshängigkeit 5/3
    Höhe des Anspruchs 5/5
    Verschiebung nach § 187 BGB 5/4

R

Rechtskraftwirkung
    Prozessurteil 2/1
    Sachurteil 2/1
Richterunterschrift 2/16
Rubrum
    Aufbau 3/2
    beim Berufungsurteil 3/22
    bei einstweiligem Rechtsschutz 3/21
    bei Parteiausscheiden 3/16
    bei Parteiwechsel 3/17
    bei Streitgenossenschaft / Parteierweiterung 3/15
    bei Streithilfe 3/19
    bei Widerklage 3/20
    Parteibezeichnung 3/5
    Überschrift/Bezeichnung der Urteilsart 3/4
        Bedeutung des formellen Parteibeg. 3/6
        Betreff 3/11
        Bezeichnung des Gerichts 3/12
        Klage unter einer Firma 3/9
        Vertreterangabe 3/7
        Parteien kraft Amtes 3/8
        Schluss der mündlichen Verh. 3/13

S

Sachurteil
    Rechtskraftwirkung 2/1
    Tenorierung 4/11
Säumnisverfahren 11/1 ff.
    Aufbau der Entscheidungsgründe 11/33 ff.
    echtes VU 11/23
    Teil-VU 11/25
    Teils erstes und zweites VU 11/100
    Tenorierung 11/26 ff.
    „unechtes" VU 11/24
    Urteil im Säumnistermin/Vorverfahren 11/2 ff.
        Entscheidung des Gerichts 11/23 ff.
        Entscheidungsgründe 11/33 ff.
        Prozessantrag auf Erlass 11/4
        Säumnis 11/5
        Schlüssigkeit der Klage 11/16
        Tenorierung 11/26
        Zulässigkeit der Klage 11/14 ff.
    Urteil nach Einspruch 11/37 ff.
        Begründetheit der Klage 11/62 ff.
        Entscheidungsgründe 11/80 ff.
        „Flucht in die Säumnis" 11/65
        Tenorierung 11/71 ff.
        Zulässigkeit des Einspruchs 11/14 ff.
        Zulässigkeit der Klage 11/58 ff.
    zweites VU 11/85 ff.
        Gesetzmäßigkeit des ersten VU 11/88
        Säumnis im Einspruchstermin 11/87
        Tenorierungsvarianten 11/93 ff.
        zulässiger Einspruch 11/87
Sicherheitsleistung 7/4 ff.
Streitgenossen
    Entscheidungsgründe 9/16
    Kostenentscheidung 6/57 ff.
    Säumnis 11/9; 55
Streithelfer
    Kostenentscheidung 6/66
    Rubrum 3/19
    Säumnis 11/8; 52
    Tatbestand 8/58
    Vertretungsfiktion 11/8
Streitverkündung, Tatbestand 8/60
Streitwertfestsetzung 2/15
Stufenklage, Tenorierung 12/14 ff.

T

Tatbestand 8/1 ff.
    Allgemeines/Notwendigkeit 8/2 ff.
    Aufbau 8/5 ff.
        Anträge der Parteien 8/28 ff.
        unstr. Sachverhalt 8/9 ff.
        Prozessgeschichte 8/27; 35
        Replik 8/35
        str. Beklagtenvorbringen 8/31 ff.
        str. Klägervortrag 8/15 ff.
    Bestreiten 8/16 ff.
    Fallgruppen 8/39 ff.
    Formulierungsbeispiele 8/8 ff.
    Versäumnisurteil 11/36
Teil-VU 11/25
Tenorierung 4/1 ff.; 12/1 ff.
    bei Berufungsurteil 12/39 ff.
    bei Drittwiderspruchsklage 4/26
    bei einstweiligem Rechtsschutz 12/59 ff.
    bei Erledigterklärung 12/5 ff.
    bei Feststellungsklagen 4/21 ff.
        allg. Zivilrecht 4/21
        negative 4/24
        Zwischenfeststellungsklage 4/25
    bei Leistungsklagen 4/5 ff.
        Abgabe von WE 4/18
        Auskunftsklage 4/20
        Duldungs-/Unterlassungsklage 4/19
        erfolgreiche Klage 4/5
        Herausgabeklage 4/16
        Herausgabe- und SchErs-Klage 4/16a

Klageabweisung	**4**/11	Flucht in die Widerklage	**10**/70
Teilerfolg der Klage	**4**/14	Kostenstreitwert	**6**/19
Verschaffungsanspruch	**4**/17	Rubrum	**3**/20
Zahlungsanspruch Zug-um-Zug	**4**/15	Tatbestand	**8**/64 ff.
bei Stufenklage	**12**/14 ff.	Tenor	**12**/2
bei teilweisem Anerkenntnis	**12**/34 ff.	**Wiedereinsetzung**	
bei Vollstreckungsgegenklage	**4**/28	Kostenentscheidung	**6**/38
Begrenzung durch Parteianträge	**4**/2	Fristablauf bei Einspruch gg. VU	**11**/51
Eindeutigkeit und Vollstreckbarkeit	**4**/4	Tatbestand	**8**/67

Z

Urkundsprozess	**12**/18 ff.
Vorbehaltsurteil	**2**/25 ff.
Versäumnisurteil	**11**/26; 71; 93 ff.
Widerklage	**12**/2 ff.

Zinsentscheidung	**5**/1 ff.
Fragen der Tenorierung	**5**/5
Problemfelder	
geheilte Klageerhebungsfehler	**5**/7
Klageerweiterung	**5**/6
Teilabweisung	**5**/9
Prozesszinsen	**5**/2 ff.
Verzögerungsschaden	**5**/13
Anlagezinsen	**5**/15
Kreditzinsen	**5**/14
Verzugszinsen	**5**/12
Vollstreckungsfähigkeit	**5**/5

U

unechtes VU	**11**/24
Urkunden	**10**/24 ff.
Begriff	**10**/24
öffentliche über	**10**/26
amtliche Entscheidungen	**10**/29
andere Vorgänge	**10**/30
Willenserklärungen	**10**/27
Privaturkunden	**10**/32
Urkundsprozess, Tenorierung	**12**/18 ff.
Urteilsarten	**2**/1 ff.
Bezeichnung der Urteilsart	**3**/14
Endurteil	**2**/6
Vorbehaltsurteile	**2**/8
Zwischenurteil	**2**/7

V

Versäumnisurteil (s. auch Säumnisverfahren)	**11**/1 ff.
Urteil im Säumnistermin/Vorverfahren	**11**/2 ff.
Urteil nach Einspruch	**11**/37 ff.
zweites VU	**11**/85 ff.
Verzögerungsbegriff	**10**/68 ff.
Vorbehaltsurteil, Tenorierung	
vorläufige Vollstreckbarkeit	
Art, Bemessung und Höhe	**7**/23 ff.
Erfordernis des Ausspruchs	**7**/2 ff.
Urteile mit Ausspruch	**7**/2
Urteile ohne Ausspruch	**7**/3
gegen Sicherheitsleistung	**7**/13 ff.
ohne Sicherheitsleistung	**7**/4
Prüfungsschema	**7**/28
Versäumnisurteil	**11**/70
Vollstreckungsschutzanträge	**7**/16 ff.
Gläubigerschutzantrag	**7**/20
Schuldnerschutzantrag	**7**/17 ff.

W

Widerklage	
Entscheidungsgründe	**9**/17